하남성 하북성 서안 강소성 절강성
河南省　河北省　西安　江蘇省　浙江省

중국문화유적답사기
-中国文化遗址考察记-

공학박사 김종원 지음

중국 여행자들의 필독서

하남성 하북성 서안 강소성 절강성
河南省　河北省　西安　江蘇省　浙江省

중국문화유적답사기
-中国文化遗址考察记-

갑골문자가 새겨진 귀판

CONTENTS 목차

010 • 머리글   020 • 추천의 글

中華之源·錦秀河南
중화지원·금수하남

중화문명의 발상지
+ 중국역사문화의 축소판 허난성(河南省·하남성)

028 • 허난성 개요
033 • 피라미드 건축양식의 중국 3대 박물관 허난성박물원(河南省博物院)
050 • 장택단 명화 청명상하도 + 풍물 청명상하원(清明上河園)
062 • 북송 시대 천년 불탑 개보사탑(開寶寺塔)
068 • 북송 명신이자 청백리 판관 포청천(包青天)
077 • 일품 만두 요리 전문 제1루 샤오롱바오(小籠包·소롱포)
080 • 3,000년 역사의 고도 뤄양 모란꽃(牧丹花·목단화)
091 • 2,700년 전 동주시대 유물 천자가육박물관(天子駕六博物館)
095 • 촉한의 명장 관우가 잠들어 있는 관림(關林)
102 • '모란연채'로 유명한 천하제일연 진부동(眞不同)
105 • 중국 3대 석굴 용문석굴(龍門石窟), 백거이 체취 향산사(香山寺)
119 • 중국 최초의 불교 사찰 백마사(白馬寺)
125 • 중국 4대 서원 숭양서원(嵩陽書院), 4,500년 된 장군백(將軍柏)나무
130 • 천하제일 명찰, 중국 쿵푸 요람 소림사(少林寺)
139 • 소림사 승려 사리·유골 안치 탑림(塔林), 오악지일 숭산(嵩山)
149 • 세계최대 실경(實景) 공연 선종소림·음악대전(禪宗少林·音樂大典)
158 • '중국 지혜 권법' 태극권의 산실 진가구(陳家溝)
165 • 갑골문자 발현지이자 주역의 발상지 안양(安陽)
169 • 중화민족 최초 문자 갑골문자 발견지 은허(殷墟)
188 • 유네스코 등재 세계지질공원 운대산(云台山)
195 • 중화 제일 수경 회자 '소채구' 담폭협(潭瀑峽)
199 • '중국 그랜드 캐니언' 임려산 태항대협곡(林慮山 太行大峽谷)
210 • 현대판 '우공이산' 인공천하 수장성 홍기거(水長城 紅旗渠)
217 • 세계 최초 감옥, 주역(周易) 발상지 유리성(羑里城)
227 • 중국 고대 신화에 등장하는 삼황오제(三皇五帝)
233 • 밀첨식 8각 전탑 있는 안양 천령사(天寧寺)
236 • 에필로그

CHAPTER 02

中華民族發祥地一·中國歷史文化縮影
중화민족발상지일·중국역사문화축영

만리장성 동부기점이자 열하일기 본향
허베이성(河北省·하북성)

242 • 허베이성 개요
246 • '숲의 도시' 휴가 성지 랑팡시(廊坊市·랑방시)
249 • 탄산나트륨온천 명탕온천 도가촌(茗湯溫泉 度假村)
251 • 베이징 성 모방 천하제일성(天下第一城), 향하대안사(香河大安寺)
256 • 20C 최악 지진 참화 입은 탕산시(唐山市·당산시)
261 • 청나라 다섯 황제·황후와 비빈 무덤군 청동릉(清東陵)
272 • 자안·자희 두 태후 능 있는 정동릉(定東陵)
279 • 할머니들 재롱잔치 압권 환락동방천천연(歡樂東方天天演)
282 • 네 명 황제 무덤군 청서릉(清西陵), 충절 상징 이제묘(夷齊廟)
286 • 연인들의 낭만처 '쾌락도' 닉네임 월타도(月駝島)
289 • 황제 이름 딴 중국 유일 도시 진황도(秦皇島)
291 • 환상의 코스 황금해안·해빈(黃金海岸·海濱) 골프장
294 • 중국 최대 포도주 공장 장성화하주장(長城華夏酒莊)
296 • 중국 지도자들의 여름철 휴양지 북대하(北戴河)
300 • 만리장성 동단에 자리 잡은 산해관(山海關)·노용두(老龍頭)·각산장성(角山長城)
308 • 만리장성 관련한 동국 전설속 여인 맹강녀(孟姜女)
313 • 만리장성 동부 첫 관문 천하제일관(天下第一關)
317 • 연암 박지원 열하일기 본향 청더(承德·승덕)
328 • 청나라 황제들 여름 행궁 청더피서산장(承德避暑山莊)
335 • 피서산장 첫 여러 민족 화합의 관문 여정문(麗正門)
344 • 청 황제들의 경극관람 명소 운산승지루(雲山勝地樓)
350 • 세계최대 금칠목조대불·천수천안관세음보살 보녕사(普寧寺)
359 • 민속종교가무 '대형불낙가무' 사해보녕(四海普寧)
362 • 달라이라마 8세 위해 건축 보타종승지묘(普陀宗乘之廟)
370 • 판첸라마 위한 건축 수미복수지묘(須彌福壽之廟)'와 기석 경추봉(磬錘峰)
376 • 명시대 대표 세계문화유산 장성 금산령장성(金山嶺長城)
382 • 에필로그

CHAPTER 03

中國歷史縮影·中國文化寶庫
중국역사축영·중국문화보고

중국역사·문화·문명의 고도 시안(西安·서안)

386 • 시안 개요
392 • '당삼채' 명성 시안박물원(西安博物院)
　　　 중국 최고 박물관 회자 산시역사박물관(陜西歷史博物館)
398 • 인도 반출 불경 보관하고자 세운 꼭지 없는 소안탑(小雁塔)
403 • 현장스님이 불교 경전 번역 후 보관하고자 세운 대안탑(大雁塔)
410 • 아시아 최대 음악분수광장 북광장(北廣場)
413 • '아방궁'에 필적, 당(唐) 궁궐 모방한 대당부용원(大唐芙蓉園)
417 • 당나라 시절 태평성세 노래한 몽회대당(夢回大唐)
422 • 세계최대 규모에 누구나 매료되는 수막 레이저쇼
429 • 중국의 현존 성벽 중 최대 명대 성곽 시안 성벽(西安城壁)
436 • 비석 숲 장관 이루는 시안비림박물관(西安碑林博物館)
452 • 시안 속 후이족 집단 거주지 회방풍정가(回坊風情街), 시안청진대사(西安淸眞大寺)
460 • 시안 대표 만둣집 덕발장(德發長) 이슬람 요리 전문점 동성상(同盛祥)
468 • 중국 역사상 유일한 합장묘 건릉(乾陵)
473 • 시안 최고 명소, 진시황 지하군단 병마용갱(兵馬俑坑)
486 • 수은으로 가득 찬 미발굴 상태 진시황릉(秦始皇陵)
491 • 당 현종·양귀비 불륜 장소 황실 '온천휴양지' 화청궁(華淸宮)
502 • 중국 근대사 바꾼 시안사변의 현장 오간청(五間聽)
505 • 화청지 구룡호 실경 무대에서의 환상공연 장한가(長恨歌)
511 • 석가모니 진짜 손가락이 모셔진 법문사(法門寺)
518 • 불지 사리 봉안된 합장 형태 합십사리탑(合十舍利塔)
523 • 나체병마용 전시 한양릉지하박물관(漢陽陵地下博物館)
530 • 에필로그

上有天堂·下有蘇杭
상유천당·하유소항

수향과 어미지향의 도시 장쑤성(江蘇省·강소성)

534 • 장쑤성 개요
536 • 봄 유채꽃 향연 펼쳐지는 '박애지도' 난징(南京·남경)
539 • 난징의 관문이자 천하제일 옹성 중화문(中華門)
543 • 쑨원 선생이 잠들어 있는 중산릉(中山陵)
549 • 주원장과 마황후 잠들어 있는 명 효릉(明孝陵)
554 • 주원장의 기다림·배려 진면목 '산 오리 리더십'
556 • 장쩌민 전 주석 고향, 경항대운하(京杭大運河) 압권 양저우(揚州·양주)
560 • 최치원(崔致遠) 선생 체취 물씬 당성유적지(唐城遺跡祉)
564 • 정원문화의 정수 '만청제일원' 하원(何園)
567 • 건륭제 낚시터였던 수서호(瘦西湖)
574 • 태호석으로 유명한 '어미지향 도시' 우시(無錫·무석)
579 • 세계최대 입상 청동불상 영산대불(靈山大佛)과 천하제일장(天下第一掌)
585 • 중국 최대 영화촬영장, '동방의 할리우드' 삼국성(三國城)
588 • 신이 축복한 지상의 천국 쑤저우(蘇州·소주)
594 • 소동파가 극찬 후치우(虎丘·호구), 중국판 피사 사탑 운암사탑(雲岩寺塔)
600 • 중국 4대 정원이지 명 시대 대표 전원 유원(留園) 줄국 명대 전통가극 쿤취(崑曲·곤곡)
607 • 천년 고찰 한산사(寒山寺), 소운하 정취 가득 '풍교야박(楓橋夜泊)'
614 • 중국 조소 예술의 진수, 천년 암자 자금암(紫金菴)
619 • 후치우와 고성 연결하는 수로 산당하(山塘河)

CHAPTER 05

詩畵江南·山水浙江 시화강남·산수절강

중국공산당의 탄생지,
독립운동가의 혼 살아 숨 쉬는 저장성(浙江省·절강성)

624 • 저장성 개요
627 • 중국 6대 고도, 중국인의 지상 유토피아 항저우(杭州·항주)
634 • 항저우 시민 휴식처 서호(西湖), 수상 뮤지컬 인상서호(印象西湖)
648 • 백사와 선비의 사랑 이야기 깃든 뇌봉탑(雷峯塔)
653 • '재신(財神)'·중국 거상 호설암(胡雪岩) 고택
659 • 항저우 전통역사·문화 대표하는 하방가(河防街)
665 • 항저우 대표 명품 서호 용정차(龍井茶) 그리고 호포천(虎跑泉)
669 • 품질 좋은 '녹색 황후' 용정차 고르는 법
673 • 신라승 김교각(金喬覺) 체취 물씬 영은사(靈隱寺) 그리고 제공(濟公) 스님
688 • 사오싱 4대 고진 중 한 곳 안창고진(安昌古鎭)
698 • 강남의 첫 옛 동네 '세계문화유산' 츠청(慈城·자성)
702 • 강남 6대 고진 중 한 곳 시탕고진(西塘古鎭·서당고진)
717 • 중국공산당의 탄생지이자 김구 선생 피신지 자싱(嘉興·가흥)
723 • 김구 선생의 가슴 아픈 추억 서린 매만가(梅灣街)
732 • 중국공산당 역사가 살아 숨 쉬는 남호(南湖)
735 • 중국 최대 가죽 집산지 하이닝(海寧·해녕)
737 • 남북호 풍경구에 들어선 김구피난처(金九避難處)
743 • 항저우 대한민국 임시정부 옛터 기념관 그리고 김철(金澈) 선생
748 • 전남 함평군에 조성돼 있는 독립운동가 김철 선생 기념관과 상하이 임시정부 청사
755 • '남송항성풍정도' 이목, 중국 강남 4대 누각 성황각(城凰閣)
758 • 중국 목조건축 걸작, 항저우 필수 관광명소 육화탑(六和塔)
761 • 중국판 '로미오와 줄리엣' 송성천고정(宋城千古情)

• 끝맺는 말

'장한가' 중 한 장면(원건민 국장 촬영)

머리글

유구한 역사·문화유적,
자연유산의 중국에 빠져

　곰곰이 생각해보면 나의 방랑벽은 30여 년 전 독일 작센 주에 소재한 켐니츠 공대 Technische Universitat Chemnitz에 파견 나가 있을 때부터 시작된 것 같다. 라이프치히에서 버스로 2시간 거리에 있는 켐니츠는 구 동독지역으로 당시만 해도 교통이 매우 불편해 라이프치히나 드레스덴으로 나가 열차 편을 이용해 여행했다.

　시간이 날 때마다 배낭 하나 덜렁 메고, 10대 학창시절 읽으면서 상상의 나래를 폈던 김찬삼교수의 [끝없는 여로, 세계 일주 무전 여행기]와 세계사 시간에 배웠던 역사적 장소를 찾아 동유럽과 서유럽을 두루 여행했었다.

　학창시절에는 언감생심焉敢生心 꿈도 못 꿨던 장소를 내 발로 직접 답사하며 현실에서 꿈을 이룬 것이다. 비록 수십 시간씩 열차를 타야 하는 등 육체적인 고통은 뒤따랐지만 참으로 멋지고 가슴 설레는 여행이었다.

　그리고 세월은 흘러 한·중 수교가 이뤄진 1년 후인 1993년 10월, 관용여권을 들고 중국이라는 미지의 나라에 첫발을 내디뎠다.

당시에는 베이징北京(북경)으로 가는 직항노선이 없어 홍콩에서 열차를 타고 주룽반다오九龍半島(구룡반도)를 건너 광저우를 경유해 베이징에 입성했다.

중국과는 수십 년 동안 '반공 이데올로기(이념)'라는 보이지 않는 괴물이 높은 장벽으로 가로막고 있어 정치적·경제적·문화적·사회적으로 단절된 상태였다. 당시만 해도 중화인민공화국에는 빨갱이와 도깨비들이 우글거리는 줄로만 알았다. 평범한 사람들이 사는 사회가 아닌 줄 알았다. 학교에서도 그렇게 가르쳤고 배웠기 때문이다. 정말이지 중국공산당, 인민해방군이란 말만 들어도 오금이 저려올 정도로 무서운 공포의 대상이었다.

일제 강점기 때는 주권을 되찾고자 독립운동을 위해 수많은 사람이 중국으로 건너갔고, 김구 선생과 임정 요인을 비롯한 수많은 독립운동가가 중국인들로부터 물심양면 많은 도움을 받았다. 그런데 1949년 국공내전을 통해 중국공산당이 정권을 잡은 뒤 중화인민공화국이 건국되고, 우리가 중공군이라 부르는 중국 인민지원군이 개입된 6·25전쟁이라는 동족상잔의 비극을 겪으면서 반공 이데올로기가 사회 전반을 지배하게 되고 중국과도 더욱 너 멀어지는 계기가 되었다.

내가 처음으로 베이징을 방문했을 당시만 해도 고층 빌딩은커녕 100㎡(30평) 아파트는 찾아보기조차 힘들었고 겨우 17㎡(5평) 아파트가 즐비했다. 도로 사정도 좋지 않아 포장이 안 된 시골의 신작로와 같았다. 아스팔트가 되지 않은 도로에는 많은 먼지를 내고 달리는 고물자동차들 뿐이었고 자전거가 홍수를 이뤘다. 마치 60년대 우리네와 같았다.

그런데 지금은 어떠한가? 하루가 다르게 변하고 있다. 1978년 덩샤오핑鄧小平(등소평)이 실용주의 노선에 입각한 과감한 개혁개방 정책을 단행한 이후 중국의 경제는 빛의 속도로 변하고 있다.

특히 '베이징 올림픽'과 '상하이 엑스포' 그리고 '광저우 아시안 게임'을 통해서 본 중국의 경제와 문화의 발전상에 세계인들은 깜짝 놀랐다. 막강해진 중국의 힘을 재인식하게 되었다. 이러한 발전은 한정된 지역만이 아니다. 중국 전역이 빛의 속도로 변하고 있다는 말은 결코 과장된 말이 아니다. 참으로 격세지감隔世之感을 느끼게 하는 중국이다. 다만, 새 역사를 쓰면서 개발논리에 밀려 과거 역사의 흔적이 하나 둘씩 지워지고 있는 현실이 참으로 안타까울 뿐이다.

중국은 참으로 흥미로운 나라이다. 정좌경우政左經右, 즉 '정치는 사회주의, 경제는 자본주의'를 표방하고 있는 나라, 어찌 보면 물과 기름 같은 두 종류의 체제를 유지하면서 인류역사상 유래를 찾아볼 수 없을 정도로 빠른 변신을 해가고 있는 나라가 중국이다.

중국과 이웃해 있으면서 작은 나라에 사는 나로서는 중국이란 나라가 생각할수록 참으로 흥미로우면서도 놀랍고 무섭다는 생각이 든다. 동북공정 사관 중 하나인 화이동근華夷同根 때문이기도 하다. 우리는 뿌리이고 너희는 가지이다. 즉 우리는 중앙정부이고 너희는 지방정부라는 생각이다. 중원과 변방이 모두 중국의 땅이라는 말이다. '동북공정'이란 탈을 쓴 거대한 공룡이 우리에게로 성큼성큼 다가오고 있다는 느낌이 든다.

그동안 나는 개인적으로 또는 중국국가여유국 초청을 받아 수십 차례 과거와 현재가 공존하는 중국의 여러 지역을 여행했다. 지금까지 30년 넘게 세계의 여러 나라를 여행했지만, 우리와 이웃해 있는 중국만큼 광활한 영토와 수천 년의 유구한 역사와 전통에 빛나는 유적과 유물뿐만이 아니라 기이하고 형형색색의 아름다운 자연유산을 간직하고 있는 나라는 별로 보질 못했다. 비록 문화대혁명과 개혁개방을 지나오며 수많은 문화재와 전통이 파괴되거나 사라졌지만, 볼 것과 먹을 것이 풍부하고 중국 고대국가의 흔적과 소수민족들의 삶이 고스란히 남아있는 나라라는 생각이 들었다.

내가 중국을 여행할 때마다 보고 느낀 중국의 진정한 힘은, 단지 엄청나게 방대한 땅과 인구가 많다는 규모에 있는 것이 아니라 그들의 전통문화에 대한 자긍심과 애정 그리고 중국인들의 생명과도 같은 '중화사상中華思想'에서 비롯되고 있다는 것을 알았다. 그리고 이들이 관광산업에 쏟는 열정과 친절과 겸손 그리고 접대문화에서 중국인들의 저력을 느낄 수가 있었다.

이번 [중국문화유적답사기]에서는 중국의 여러 성省 중 역사가 가장 깊고 우리와 깊은 관련이 있는 5개 성만을 엮어 편찬했다.

허난성河南省(하남성)은 '五千年歷史看河南오천년역사간하남' 또는 '中華之源·錦繡河南중화지원·금수하남'이란 말이 있듯이, 허난성은 중화문명의 발상지이자 중국고대역사문화의 요람지이다. 허베이성河北省(하북성)은 중화민족발상지 중의 한곳으로 만리장성의 동부기점이며 열하일기의 본향이다. 시안西安(서안)은 '三千年歷史看西安삼천년역사간서안'이란 말이 있듯이, 중국역사의 축영이며 중국문화의 보고이다. 장쑤성江蘇省(강소성)은 '上有天堂·下有蘇杭상유천당·하유소항'으로 수향과 어미지향의 도시이며 세계문화유산이 산재해 있는 곳이다. 저장성浙江省(절강성)은 중국공산당의 탄생지이자 김구 선생을 비롯한 독립 운동가들의 혼이 살아 숨 쉬는 곳이다.

중국 명언 중에 '讀萬卷書·行萬里路독만권서·행만리로'란 말이 있다. 이 말은 명대 말기 때 유명한 문인인 동지창董其昌(동기창)의 저서 '畵禪室隨筆화선실수필'에 나온 말이다. "모름지기 군자는 만 권의 책을 읽는 것보다 만 리 길을 여행하는 것이 더 낫다"라는 뜻이다. 즉 아무리 공부를 해도 경험을 따를 수 없다는 말이다.

여행은 많은 사람의 꿈이다. 특히 배낭여행은 고생이 뒤따르지만 아름다움이 남는다. 여행 중일 때는 힘들고 고통스러우나 고생을 많이 할수록 여행에서 돌아오면 재미있고 아름다운 추억으로 간직된다. 이뿐만이 아니다. 시간이 지날수록 이야깃거리가 많아진다. 그렇기에 나는 젊은이의 마음으로 늘 새로운 여행을 준비하고 다시 떠날 채비를 한다.

여러분들도 막연히 꿈만 꿀 것이 아니라 꿈을 현실로 만들어보라고 권하고 싶다. 현실에서 벗어나 새로운 세계를 만나기 위해 배낭을 꾸려서 떠나는 것은 용기 있는 자만이 할 수 있다. 떠나본 사람만이 또 다른 꿈을 꿀 수 있고 또 다른 세계를 만날 수 있다. 잠시 바쁜 마음의 발걸음을 멈추고 볼 것과 먹을 것과 느낄 것이 산재해 있는 가까운 이웃 나라인 중국으로의 여행을 권한다.

중국을 보다 깊숙이 알기 위해서는, 지금까지의 중국에 대한 편

견과 고정된 관념을 버리고, 육안보다는 심안으로, 생각보다는 마음으로 다가가 중국을 여행할 것 같으면 오감 만족 이상의 체험 여행을 만끽할 수 있을 것이다.

사실 중국은 땅이 매우 넓고 대다수를 차지하는 한족과 55개의 소수민족으로 구성된 다민족 국가이기 때문에 국경만 없을 뿐 한꺼번에 여러 나라를 여행하는 것과 같은 매력이 있다. 타임머신을 타고 수천 년 역사가 살아 숨 쉬는 과거 시간으로의 여행을 떠나보자.

중국여행을 통해 정저지와 井底之蛙(우물 안 개구리)의 삶에서 벗어나 마음이 좀 더 넓고 풍요롭고 맑은 영혼으로 변모한 자신과 중국의 진정한 아름다움을 발견하게 될 것이다.

乙亥年 6月 龍鳳골에서
빛고을 방랑자 工學博士 金 鍾 源

序

仔细回想起来，我这行迹天涯的癖好源自30多年前获派到位于德国Sachsen州的Chemnitz工业大学(Technische Universitat Chemnitz)之时。距Leipzig约两小时车程的Chemnitz工业大学位于前东德地区，当时交通十分不便，要到Leipzig和Dresden乘火车才可以出游。只要有时间，我便随手抄起行囊，前往十几岁年少时曾为我插上想象翅膀的金燦三教授在《无尽旅途，世界一周无钱旅行记》中提及的和我在世界史课堂上学过的历史古迹，几乎游遍了东欧和西欧。当我踏上那些在学生时代对我而言遥不可及的历史遗迹时，我的梦想成为了现实，即便乘坐十几个小时火车带来的肉体疲劳如影随形，却仍感到无比激动。

在韩中两国建交一周年之际的1993年10月，我持"公务护照"第一次踏上了中国这片未知的国度。因当时无法直航北京，只好从香港坐火车穿越九龙半岛，经广州来到北京。由于"反共意识形态"这只看不见的怪兽筑起的重重壁垒，韩国与中国几十年来在政治、经济、文化等各方面都处于断绝状态。因在学校里长期接受的反共教育，我们都认为"中华人民共和国"是"红色妖魔聚集之地"，而非正常人生活的社会，只要听到"中国共产党"、"人民解放军"便足以让人恐怖得双腿战栗。在日寇强占时期，为了夺回主权和开展独立运动，很多韩国独立运动人士逃往中国，金九先生和大韩民国临时政府要人等独立运动人士在精神和物质上都得到过中国友人的大力支持与帮助。但1949年中国共产党在国共内战中获胜上台，成立了中华人民共和国，随后组织被我们称为"中共军"的中国人民志愿军参加了"6·25"战争（即朝鲜战争）。在经历了同族相残的苦痛后，韩国社会为反共意识形态所支配，我们与中国愈加渐行渐远。

我第一次访问北京的时候，莫说高楼大厦，就连每间能达到100平米的公寓也十分少见，倒是每间只有17平米的楼房比比皆是。市内路况极差，尘土飞扬，路上仅行驶着一些破旧的车辆，其余便是自行车的滚滚洪流。如今呢？中国正在发生日新月异的变化。1978年邓小平以实用主义路线推行改革开放政策，中国经济开始突飞猛进地发展。透过北京奥运会、上海世博会和广州亚运会，世人惊愕地看到了中国经济文化巨大的发展成就，从而不得不重新审视日益强大的中国。此种变化并非局限于某一地区，而是遍及中国全境，可谓"恍如隔世"。但以经济并发为名导致一些古老遗迹逐渐消亡，也令人十分痛心。

中国是一个耐人寻味的国家，政治上坚持社会主义，经济上推行资本主义，如同将水油交融，其发展模式和速度在人类历史上无先例可循。生活在临近中国的一个小国，我对中国越发感兴趣，但有时也感到惊讶甚至恐惧。基于"东北工程"中"华夷同根"的历史观，容易得出"我们是根干，你们是枝叶；我们是中央政府，你们是地方政府；中原和边疆都是中国的领土"的推论，这令人有一种戴着"东北工程"面具的巨大恐龙正迎面步步近逼之感。

过去若干年间，我或以个人身份、或是受中国国家旅游局邀请，先后数十次访问中国，游览了许多传统与现代共存的城市。我在过去的30多年虽游遍了世界许多国家，但像我们的近邻中国这样，拥有广袤领土、悠久历史和众多文物古迹的国家却寥寥无几。纵使经过文化大革命和改革开放浪潮的冲击，已有许多文物古迹和文化传统遭到破坏或消灭，但直到今天如中国般美景美食繁多、古代王朝遗迹和少数民族的生活方式得以良好保存的国家却并不多见。我每次到中国旅行都切身感受到，中国的实力并非来自于广阔的国土和众多的人口，而在于中国人对传统文化的自豪和热爱，以及已经融入中国人生命的"中华思想"。从中国在发展旅游产业方面所展现出的热情和亲切中，我能切身感受到他们充满自信的底气。

在此，我将中国众多省份中历史最悠久、与韩国联系最密切的五省行记编纂成册。"五千年历史看河南"，具有"中华之源、锦绣河南"美誉的河南省，是中华文明的发祥地，中国古文化的摇篮。河北省是中华民族的发祥地之一，万里长城的东部起点，也是《热河日记》所描写之处。人称"三千年历史看西安"的西安市位于陕西省，是中国历史的缩影、中国文化的宝库。所谓"上有天堂、下有苏杭"，江苏省素有"水乡"和"鱼米之乡"之称，境内有多处世界文化遗产。浙江省是中国共产党的诞生地，也是金九先生等独立运动人士曾长期工作、生活之处。

中国有句名言："读万卷书，行万里路"，出自明末著名文人董其昌所著《画禅室随笔》一文，意指"对君子而言，与其遍读书万卷，不如行路万里"。旅行是许多人的梦想，谁都可以去，但却不是谁都有能力办到。收拾行囊、离开现实，去接触崭新世界的人们，需要足够的勇气。只有尝试过的人，才可能追求更多的梦想。我建议那些终日奔波劳碌的人们，暂时停下紧张的脚步，到我们的近邻中国去旅行，那里确实值得去观赏、体味和感受。若想借由旅行进一步深入了解中国，你需要摒弃对中国的偏见和固有观念，不要用肉眼而是用"心眼"，以感性而不是理性，你将获得超越一般感官的满足。

中国幅员辽阔、民族众多，因此在中国旅行犹如穿行于多个没有国境的国度间。让我们逃离"井底之蛙"般的生活，一同到中国去旅行，体验乘坐时光机器穿梭于鲜活的千年历史之中的感觉吧！你将从中发现自己更为宽宏、丰富、纯洁的灵魂，领会到中国真正的美丽神韵。

乙亥年 六月 龙凤巷
遊人 工學博士 金 鍾 源

추천의 글

놀랍고 감동적이다. 중국의 미래, 세계의 미래가 중국의 유구한 문화유산에서 보인다. 김종원金鍾源 박사의 [중국문화유적답사기]는 마르코 폴로의 동방견문록과 대비된다.

신新 세계사의 주인공 중국이 동북아시대의 중심국가로서 세계사의 새로운 흐름을 어떻게 주도해 가야할 것인가?

김종원 박사의 [중국문화유적답사기]는 그 물음에 많은 해답을 암시하고 있다. '문화예술의 창작'과 '나눔의 세상'이라는 두 가지 주제는 중국이 장래에 신 세계사를 리드해가는 주요한 이슈가 될 것이며, 이 책은 문화예술의 창작에 대한 온고지신溫故知新을 우리에게 제시하고 있다.

역사학자 아놀드 토인비 박사가 갈파한 세계문명의 서진西進현상은 머지않아 지구를 온전히 한 바퀴 돌아서 문명의 원점인 고대의 4대 문명발상지 동방에 회귀하고 있다. 고대문명 발상지 중 한 곳인 황허 유역을 가진 중국은 동방문화의 중심이었고 다시 신 세계사를 리드할 세기를 맞이하고 있다.

마르코 폴로는 실크로드 여행과 중국에 체류하면서 직접 보고, 느끼고, 체험한 중국의 문물을 이야기 형식으로 유럽에 전함으로써 유럽인들의 동방여행 호기심을 선풍적으로 불러일으켜, 유럽 르네상스와 지리적 발견시대를 촉진해 결국 유럽문명의 전성시대를 여는데 큰 계기가 되었다. 손바닥 크기의 견문록이 세계사에 준 영향은 성경, 불경, 코란, 공자저술 등과 같이 매우 크다.

김종원 박사는 20년 넘게 아시아, 아프리카, 유럽, 라틴아메리카 등 수많은 나라를 여행함으로써 세계의 다양한 문화를 체험하고 섭렵한 타고난 여행가이다. 더 나아가 그는 고대금속유물분석 전문가로서 옛 금속유물의 분석에 정확한 지식을 가진 과학자이다. 그래서 나는 그가 보는 중국의 문화는 중세 마르코 폴로가 보았던 문화의 질보다 훨씬 더 사실적이고 정확하며, 더해 국제적인 시각, 현대적 지식으로 서술하고 있음에 주목한다.

나도 중국여행을 수차례하고 2007년부터는 절강성 여유직업학교에서 1년간 머무르는 동안 중국문화에 그만 반했다.

나는 '관광서비스 국제표준화'를 통해 중국과 한국, 일본을 연결하는 국제관광 루트를 개발해 동북아 관광 황금시대에 대비하사는 연구를 중국학자들과 논의해 왔다. 중국 국가여유국 서울지국장을 지낸 장시롱張西龍 씨는 국제적 시각이 뛰어난 분으로 내가 주창한 관광서비스 국제표준화에 매우 적극적이었다. 지금은 그가 일본에서 근무하기 때문에 자주 만나지 못해 아쉽다.

그는 김종원 박사의 중국문화에 대한 혜안을 일찍 발견해 여러 가지로 도움을 주고 격려함으로써 김 박사가 [중국 서남부자연·

문화유적답사기]와 [중국문화유적답사기]를 쓰게 된 것으로 알고 있다.

신세기에 있어서 중화사상中華思想은 세계인들의 중국관광을 통해서 세계에 알려질 것이다. 새 술은 새 포대에 담는 것처럼 중화사상에 새로운 개념도입이 필요하다. 과거의 세계사는 힘의 논리가 우세하게 지배함으로써 인류가 수많은 전쟁과 죽음으로 고통을 받았다면 새로운 중화사상은 문화와 나눔의 힘으로 인류 전체가 여유와 행복을 함께 공유하는 세계사를 열어가는 것이다. 물리적인 강함보다는 문화적인 부드럽고 유연함이 세계사의 새로운 흐름이 되길 바란다. 거대 중국은 찬란한 문화의 위력을 통해 부드러운 세상을 선도해 갈 것이다.

김종원 박사의 [중국문화유적답사기]는 그 동기를 부여할 것으로 믿는다. 앞으로도 김 박사가 지속적으로 중국 문화관광에 보탬이 되는 좋은 책을 내주실 것을 기대한다.

호남대학교 관광경영학부 교수
관광경영학 박사 安鍾洙

推荐之言

让人惊叹，感动! 中国历史历史悠久的文化遗产向我们展示中国的未来, 世界的未来。金鍾源博士的『中国文化遗址考察记』可以称得上能与马可波罗的东方见闻录媲美。

作为谱写新世界史的主人公中国 -- 东北亚时代的中心地带, 应该怎样来主导世界历史新的潮流呢? 在金鍾源博士的『中国文化遗址考察记』中给予了我们暗示。'文化艺术的创作'和'分享的世界'这两大主题将成为中国引领未来世界的主要话题。此书恰巧在对文化艺术的创作方面给我们提供了温故知新的机会. 著名的历史学者 阿诺德·约瑟夫·汤因点破世界文明不会永远停留在西方, 在整整绕世界一圈最后还会回到古代4大文明的发源地东方。作为4大文明发源地的中国黄河流域曾是东方文化的中心, 正在迎接引领新世界历史的崭新时代。

马可波罗把自己在中国丝绸之路的旅行和中国旅游期间的见闻及文物故事带到欧洲, 引起了欧洲人们对东方文化及旅游的无比好奇之心, 促进了欧洲文艺复兴和地理上的发现, 最终带来欧洲文明发展的鼎盛时代。只有手掌大小的见闻录给世界带来的影响犹如圣经, 佛经,孔子书经那么大。

金鍾源博士历经20年游览欧洲、非洲、拉丁美洲、亚洲等众多国家，体验及博览各种世界文化，是一位天生的旅行家。而且他还是一位古代金属遗物分析专家，是对历史遗物的分析具有准确判断力的科学者。因此我深信他眼中的中国文化比中世纪马可波罗所看到的要更加现实和准确，其中赋予的国际化视角，现代化知识为基础的论述尤其引人注目。

我也曾经多次去中国旅游，2007年利用1年的时间去浙江旅游职业学校，那时开始被中国文化所深深吸引。我通过旅游服务国际标准化来开发连接韩中日三国的国际旅游路线，而且和中国学者连手共同研究迎接东北亚黄金旅游时代的方案。当时就任中国国家旅游局首尔办事处处长的张西龙(现中国国家旅游局，旅游促进与国际合作司司长)先生具有超强的国际化意识，对于我的旅游服务国际标准化研究给予了大力的支持。现在他已回国，非常遗憾不能经常见面叙旧。他最早发现了金鍾源博士对中国文化的独到见解，给予了大力的帮助和鼓励，我想正是这无微不至的关怀成为金博士编写『中国西南部自然·文化遗址考察记』『中国文化遗址考察记』的契机。

新世纪的中华思想将会通过世界各国人们的中国旅游得到广泛流传。韩国有句古话:新酒需装在新的坛子里，中华思想需要注入新的概念。如果说过去的世界史是弱肉强食的时代，人类在众多战争和死亡中倍受痛苦，那么新的中华思想是开辟通过文化和分享的力量，开创一个人类共享幸福的世界。真心希望不是通过武力上的强大，而是通过文化上的魅力来真正起到世界领头人的作用。中国将会通过她灿烂的悠久文化来引领整个世界。我深信金鍾源博士的

『中国文化遗址考察记』正是良好的契机。金博士也为此付出了很多心血，期待更多有关中国文化旅游的佳作出世。

湖南大學校 敎授 觀光經營學 博士 安鍾洙

세계최대 황토 폭포인 후커우 폭포

허난성 개요

허난성은 황허黃河(황하)의 남쪽에 있기에 붙여진 이름으로 중국의 역사를 얘기할 때 황허는 빼놓을 수 없는 강이다. 황허는 중국에서 가장 긴 창장長江(장강·양쯔강·양자강·이하 '양자강'이라 칭함)에 이어 두 번째로 긴 강으로, 메소포타미아 문명과 이집트 문명 그리고 인더스 문명과 함께 인류 4대 문명 중 한곳인 황허 문명의 발상지이기도 하다.

이미 4,000년 전에 황허의 치수에 성공해 왕위를 물려받은 하나라의 우왕禹王·BC 2,200년 경은 "황허가 편해야 중국이 편하다"라고 말했으며, "황허를 다스린 자가 천하는 얻는다"라는 말이 있을 정도로 황허의 치수는 나라의 운명을 좌우할 정도로 중요했다. 과거 중국 역대 왕조의 수도가 있었던 황허를 이곳에서는 '黃河母親황허무친', 즉 '어머니의 강'이라 부른다.

황허 일대에서는 기원전 8,000년 전쯤에 농사를 짓기 시작했다. 이는 메소포타미아 일대에서 농사를 짓기 시작한 시기와 비슷하며, 당시 농사를 지은 식량을 보관하기 위해 토기를 사용했다. 기원전 4,000년경에는 색깔 있는 토기를 사용한 양사오 문화仰韶文化(앙

소 문화)가 발달했고, 기원전 3,000년경에는 검은 토기를 사용한 룽산 문화龍山文化(용산 문화)가 발달했다.

양사오 문화는 평균 해발고도 1,000m 이상인 황토 고원에서 농사를 짓기 시작한 이들이 만들어낸 문화이다. 이때부터 주거형태가 안정적으로 바뀌었고 생식이 화식, 즉 죽과 흡사한 밥을 만들어 먹었다. 이로 인해 음식문화의 중대한 변환을 가져왔으며 체격까지 발달할 수 있었다. 이뿐만이 아니다. 세계최대 황토 고원인 이 지역에서는 약 6,000년 전부터 형성된 주거지가 발굴되었으며, 춘추시대에는 야오둥窯洞(토굴집)이란 동굴에서 집단으로 거주하기 시작했다.

야오둥은 황토 언덕을 파낸 토굴로 외부의 열을 차단하기 때문에 여름에는 시원하고 겨울에도 춥지 않다. 현재도 메마르고 척박한 땅인 황토 고원 일대에는 많은 사람이 야오둥에 거주하고 있다.

기원전 2,000년경에 황허 일대에서 청동기 문화가 싹튼 것도 매우 중요한 의미를 지닌다. 그런데 문제는, 이런 역사적 사실들이 기록으로 남아 있지 않기 때문에 황허 문명에 대해서는 신화적 이야기로만 선해지고 있다.

우리가 잘 알고 있는, 중국신화에 나오는 삼황오제三皇伍帝·싼황우디도 마찬가지이다.

삼황은, 불을 발명한 수인씨燧人氏·쑤이런스, 사냥기술을 발명한 복희씨伏犧氏·푸시스 그리고 농사를 발명한 신농씨神農氏·션눙스(흔히 '염제신농炎帝神農'으로 불림)를 말하며, 오제란 고대 중국의 다섯 성군인 황제黃帝·황디, 전욱顓頊·좐쉬, 제곡帝嚳·디쿠, 요堯·

석양에 물든 황허

야오, 순舜을 가리킨다.

우리가 흔히 태평성대를 말할 때 "요순시대가 따로 없다"라고 말하는 것은 요와 순 왕이 황허 일대에서 통치할 때를 말하는데, 이때가 바로 신석기시대이다.

중국 역사상 최초의 왕조로 알려진 은殷나라(기원전 1,600년경~1,100년, 중국 고대의 왕조로 수도의 이름을 따서 '商'이라고도 함)의 중심지가 바로 허난성이었다고 전해진다.

은(상)나라는 19세기 말까지만 해도 신화에 불과한 왕조였으나 20세기 초에 들어와서 은나라의 수도로 추정되는 도시인 은허殷墟·인쉬가 발견됨으로써 실제로 존재한 왕조로 인정받았다. 특히 메소포타미아문명의 수메르인이 인류 최초의 문자인 쐐기문자楔形文字(설형문자)를 발명했을 때 은나라 사람들은 갑골문자甲骨文字·자구원쯔를 발명해 사용했다. 갑골문자란 거북의 등껍질이나 야생동물의 뼈에 새긴 상형문자로 은허문자라고도 한다.

허난성에는 중국의 8대 고도 중 4개, 즉 뤄양洛陽, 카이펑開封, 안양安陽, 정저우鄭州가 있어 역사적으로 매우 중요할 뿐만이 아니라 중화민족 형성과 동방 문명발전에 중요한 위치를 차지하고 있다. 또한 허난성은 3,500년간 정치와 경제의 중심지로 유구한 역사를 간직하고 있을 뿐만이 아니라 중국의 100대 성씨 중 73개가 바로 이곳 허난성이 발상지라고 하니 가히 '중국문화역사의 축소판'이라 해도 과언이 아닌가 싶다.

이렇듯 허난성은 수천 년의 역사가 살아 숨 쉬는 고대박물관과 같은 곳이다.

이뿐만이 아니다. 허난성은 중국무술의 고향으로 중국전통 소림무술의 발원지인 소림사가 있고, 소림권법과 쌍벽을 이루는 태극권도 바로 이곳 온현溫縣(원시안)이란 작은 마을에서 유래되었다. 태극권은 중국 송나라 때에 발달한, 공격과 방어를 겸한 호신용 권법으로 요즘은 많은 중국인이 건강증진을 위한 목적으로 하는 운동이다.

허난성의 민속 분포도를 보면 한족이 98%를 차지하고 있으며 2%가 소수민족이다. 2%의 소수민족 중 80%가 이슬람교도인 회족

황허 모친 석상

回族(후이족)이다. 기후도 아열대와 온대가 공존하는 지역으로 대추, 호두, 참깨가 많이 나며 특히 옥玉 생산지로도 유명하다. 또한 중국 백주白酒(배갈)의 시조로 불리는 허난성의 뚜캉지우杜康酒(두강주)는 구이저우성貴州省의 마오타이주茅台酒(모태주), 우리앙예五糧液(오량액)와 함께 중국을 대표하는 명주로 손꼽힌다.

　인천국제공항에서 정저우·신정국제공항鄭州新鄭国際空港까지는 2시간 30분 정도가 걸린다. 아직은 시골 냄새가 물씬 풍기는, 소박하면서도 정겨운 도시인, '五千年歷史看河南'의 명소를 찾아 나서자.

허난성 요리

피라미드 건축양식의 중국 3대 박물관
허난성박물원(河南省博物院)

　　　　　　허난성의 성도인 정저우는 전설상의 왕조로만 알려졌던 은나라의 실체를 증명해 주는 상대商代 유적지가 있는 곳으로 중국 역사의 기원을 약 400년이나 앞당긴 곳이다. 그리고 정저우는 3,600여 년의 역사를 지닌 고대도시로 상나라가 처음으로 도읍지를 둔 곳이어서 중국 8대 고도 중의 하나로 선정된 곳이다. 중국의 7대 고도란 시안, 베이징, 뤄양, 난징, 카이펑, 안양, 항저우를 말한다.

　시안의 산시성박물원, 상하이의 상하이박물원과 더불어 중국의 3대 박물관 중의 하나인 허난성박물원은 중국의 수많은 박물관 중에서도 유일하게 피라미드 형식으로 건축했으며 진귀한 보물들을 많이 소장하고 있다.

　박물관의 규모가 엄청나게 크기 때문에 관리인의 도움을 받아 현재 이곳 박물관에 전시 중인 유물 중에서 가장 유명한 것이 어떤 것인지를 먼저 물어보고 돌아보면 시간도 절약되고 사진 촬영을 하는 데 많은 도움이 된다.

허난성박물원 외관

　허난성박물원은 지난 2007년 박물관 개관 80주년을 기념해 허난성박물원에 소장하고 있는 국보급에 해당하는 문물 9가지(이를 '九大鎭院之寶9대진원지보'라 함)를 선정했는데 다음과 같다.
　가호골적賈湖骨笛, 연학방호蓮鶴方壺, 두령방정杜嶺方鼎, 부호효존婦好鴞尊, 옥병철검玉柄鐵劍, 운문동금雲紋銅禁, 사신운기도四神云氣圖, 무측천금간武則天金簡, 여요천람유각화아경병汝窯天藍釉刻花鵝頸瓶이다.
　대표적인 유물로는 무양현舞陽縣에 있는 가호유적지賈湖·우양지아후에서 출토된 '가호골적지아후구디'이다. 골적이란 '동물의 뼈로 만든 피리'를 말하며 허난성 무양현에 있는 가호유적지에서 출토되었기 때문에 가호골적이라 불린다.

　가호유적지는 중국 신석기시대 전기의 중요한 유적지로 1986년부터 1987년 사이에 발굴했는데 이때 20여 개의 골적이 출토되었다.

　골적의 구멍 수는 5개, 6개, 7개, 8개로 다양했는데 7개인 것이 가장 많았다고 한다. 구멍 수가 7개인 골적을 '칠공골적七孔骨笛'이라 한다. 취주악기인 가호골적은 신석기시대인 7,800~9,000년 전에 학 다리의 뼈로 만든, 길이 22cm로 중화음악문명지원으로 평가되며 '중화제일적中華第一笛'이라 일컫는다. '중국에서 가장 오래되고, 제일가는 피리'라는 뜻이다. 지금도 불면 소리가 나고 곡을 연주할 수 있다니 참으로 놀랍다.

　1923년 신정 이가원新鄭李家園·신정리자위엔에서 출토된 '연학

칠공골적

방호롄허팡후'는 허난성박물원에서 가장 유명한 유물로 여기는데, 지금으로부터 2,500여 년 전인 춘추시대 때의 왕실 집기什器이다. 연학방호란 "연꽃모양의 뚜껑 위에 비상하려는 모습의 학이 있는 각진 주전자"라고 해서 붙여진 이름이다. 청동(구리와 주석의 합금)으로 만든 연학방호는 전체높이 117cm, 입구길이 30.5cm, 입구너비 24.9cm, 무게 64.28kg이다.

연학방호의 윗부분에는 덮개가 있고 목이 길며, 배腹는 처졌고, 발足이 둘러져 있다. 이 연학방호의 조형은 웅장하고 기품이 있으며, 장식은 우아하고 화려하다고 사학계에서는 평한다. 연학방호의 목 양측에는 벽에 붙어서 머리를 돌린 용 형상의 괴수怪獸 손잡이가 있다. 몸에는 구불거리는 용문양이 가득 장식되어 있고, 배 부분 네 모퉁이에는 각각 입체적인 작은 동물이 기어오르는 형상을 하고 있다. 둘러져 있는 발아래 양측에는 혀를 내밀고 꼬리를 만 짐승이 온 힘을 쏟아 주전자를 받쳐 들고 있다.

전체적인 연학방호의 구성은 참신하고 교묘하며, 신비로움이 하나로 융화되어 당시의 시대정신은 물론 주조기술이 얼마나 뛰어났는지를 동시에 엿볼 수 있는 유물로서 춘추시대의 청동기 주조공예 예술의 대표작이라 할 수 있다.

1990년 삼문협 괵국 묘지三門峽虢國墓地·싼먼샤궈궈무디 M2001에서 출토된 '옥병철검위병톄지엔'은 지금으로부터 2,800년 전인 서주시대 유물로 '중화제일검中華第一劍'으로 불린다.

크기는 전체길이 20cm, 칼자루 길이 13cm이다. 옥병철검의 칼날은 철이고, 손잡이는 옥이며, 옥으로 된 손잡이 속에는 동심銅心

연학방호

옥병철검

(구리로 된 심선)이 들어있고 칼날과 손잡이의 연결부에는 터키석이 박혀있다. 칼날 부위는 구리와 비교해 산화 속도가 훨씬 빠른 철이기 때문에 산화(부식)가 많이 되어 산화물이 겹겹이 쌓여있음으로 인해 육안관찰이 어려우나 단조작업에 의해 완성되었음을 짐작할 수 있다.

단조작업이란 정련한 철을 불에 달구어 두드리고 담금질해 만드는 것을 말한다. 이렇듯, 한 개의 검을 만드는데 철·옥·구리·터키석 등 철 금속과 비철금속과 비금속을 하나로 제조했다고 하는 것은 참으로 대단한 기술을 지닌 장인이었다는 생각이 든다. 중국에서 가장 먼저 만든 인공야철실물검人工冶鐵實物劍인 옥병철검이 출토됨으로써 중국에서의 야철 년대, 즉 제철역사를 200년이나 앞당겼다고 하니 참으로 놀랍다.

같은 장소인 삼문협 괵국 묘지 M2001에서 출토된 '반룡문동화蟠龍紋銅盉' 주기도 서주시대 유물로서, 몸체에 똬리를 틀고 있는 용문양蟠龍(반룡)이 있다고 해서 붙여진 이름이다.

높이 22.6cm, 길이 29.8cm, 입 가장자리口邊 긴 부분 9cm, 짧은 부분 7.6cm, 복강腹腔 긴 부분 17.2cm, 짧은 부분 14cm의 크기로

반룡문동화

 오른쪽에는 손잡이가 있고 왼쪽에는 주둥이가 있다. 손잡이, 주둥이, 뚜껑에는 각각의 동물이 조각되어 있고 아래에는 네 명의 소인이 무릎을 꿇은 자세로 주기를 떠받치고 있어 받침대 역할을 한다. 정밀이지 기원전에 이렇게도 섬세하고 다양한 동물을 조각한 제품을 주조와 단조작업으로 만들었다니 금속학자인 필자의 눈에는 경이롭게만 느껴지고 감탄사가 절로 나온다.

 삼문협 괵국 묘지 M2001에서 옥병철검, 반룡문동화와 함께 출토된 '칠황조옥패七璜組玉佩·치황주위페'는 서주시대 유물로 크고 작은 7개의 반달형으로 된 옥 사이에 좌우대칭 두 줄로 옥과 터키석과 상아로 연결되어있는 패물이다.

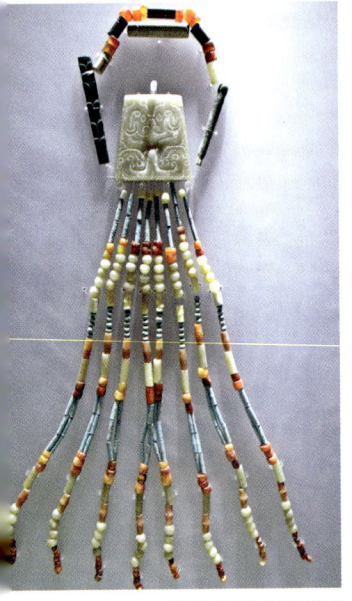

칠황조옥패 / 조합옥패

흰색은 상아, 붉은색은 옥, 파란색은 터키석이다. 출토 당시 괵국 왕의 몸 위에 놓여 있던 이 옥패는 괵국(주나라 평 왕이 동천할 때 평 왕을 따라 함께 동천한 봉국 중의 하나)의 왕이 소유한 것으로 재료의 선택에 각별하게 신경을 썼으며 가공기술도 섬세함을 엿볼 수 있다. 반달 모양인 조합 옥패는 서주 중·말기에 성행한 것으로, 서주 말기의 옥패제도에 대해 실제적인 증거를 제공해 준다.

예로부터 화하민족華夏民族(한족을 말함)은 옥을 인격화했다. 옥은 변하지 않고 영원불멸하는 보석으로 여겼을 뿐만이 아니라 군자가 지녀야할 5덕五德, 즉 지智·인仁·의義·신信·예禮를 갖춘 아름다운 돌이라 했다.

높은 벼슬의 귀족들은 옥을 의복에 다는 것으로 군자의 풍모를 추구했는데 대형 옥패의 사용은 엄격한 규제가 있었다. 제후국 왕이나 왕비 또는 칭호와 어울리는 귀족만이 큰 옥을 찰 수 있었다고 한다.

패옥佩玉에 관련해서 유교 경전인 예기에는 다음과 같은 글이 있다.

"君子無故군자무고할새 玉不去身옥불거신은 君子於玉比德焉군자어옥비덕언일새라."

이 말은 "군자가 변고가 없을 때에 옥을 몸에서 버리지 않음은 군자가 옥을 덕에 견주었기 때문이다"라는 뜻이다.

1982년 5월 덩펑 숭산 준겁봉登封嵩山峻极峰·쑹산쥔지펑 북측에서 이 지역에 사는 농민이 약초를 캐다가 우연히 발견한 '무측천제죄금간우저탠추주이진졘'은 당대 구시원년久視元年에 제작한 것으로 현존하는 중국 유일의 금간金簡이다.

순도 96%의 금으로 만든 길이 36.5cm, 너비 8cm, 무게 233.5g의 직사각형의 금간에는 쌍구해서雙鉤楷書 명문 3행 63자가 새겨있다. '쌍구해서'는 글을 새길 때의 서체 중 하나이다.

옛날 중국에서는 채륜이 종이를 발명하기 전에는 가죽이나 비단 외에 죽간에 글을 새겼다. 죽간竹簡이란 대나무 조각을 엮은 뒤 그 위에 글씨를 쓰는 기록수단을 말한다.

1975년 허난성 한 작은 마을 우물에서 대량의 죽간이 발견되었는데 진나라 때 관청에서 집행하던 법률이 적힌 죽간으로 판명되었다. 내용 중에는 "만일 소를 경작에 이용해 소의 허리둘레가 줄어들 경우 줄어든 치수 1촌마다 그 책임자에게 매를 10대씩 때린다"라는 글이 새겨있었다고 한다.

황실에서는 글을 금판에 새겼다. 이를 금간金簡이라고 한다. 금간을 유심히 살펴본 필사가 확인할 수 있는 명문은 61자이다. 명문에는 중국 유일의 여황제인 무측천이 구시원년인 서기 700년 7월 7일에 숭산으로 복을 기원하러 와서 궁정 환관 호초胡超·후차오를 꾸짖고 신께 간簡을 던짐으로써 죄를 면하고 재앙을 없애주길 청했다는 내용이다. 금간에 새겨진 명문은 다음과 같다.

"大周国主武曌好樂眞道長生神仙 , 謹詣中岳嵩高山門 , 投金簡一通, 迄三官九府除武曌罪名, 太發庚子七(?) 月甲申朔七(?) 日甲寅小使臣(?) 胡超稽首再拜謹奏"

이는 "대주국의 임금 무조武照·우자오는 음악을 좋아하는 것이 신선처럼 장생하는 참된 도리로 여겨 삼가 중악인 숭고산문에서 금간옥첩金簡玉牒 한통을 던지니, 마침내 무조는 3관 9부의 죄명을 면제했다. 태발 경자 7월 갑신 초 7일 갑인에 하급 무관 호초가 머리가 땅에 닿도록 몸을 굽혀 두 번 절하며 삼가 아뢰나이다"라는 내용이다.

무측천은 중국 유일의 여황제로서 대당제국의 번영과 발전에 커다란 공헌을 한 인물이다. 무측천에 관련한 유물은 아직까지 비석 외에 별다른 것이 없다. 그 이유는 무측천과 그녀의 남편인 당 고종의 합장묘가 산시성에 있는 건릉에 묻혀있는데, 아직도 미발굴 상태이기 때문이다.

무측천제죄금간은 현재 우리가 볼 수 있는 유일하면서도 진귀한 유물이며, 무측천의 일생 및 만년의 사상을 인식하고 연구하는 데 있어서 진귀한 실물자료가 되고 있다.

1986년 영성 망산 진희산 한묘永城芒山鎭僖山漢墓·융청망산전시산한무에서 출토된 '금루옥의金縷玉衣·진뤼위이'도 대표적인 유물이다. 금루옥의를 '옥갑玉匣 또는 玉柙'이라고도 하는데, 옥 조각을 금실로 이어 만든 수의, 즉 입관복을 말한다.

지금으로부터 2,300여 년 전인 서한시대의 유물로 길이는 인체와 비슷한 180cm, 너비 125cm이다. 이곳에서 전시하는 옥의는 서

무측천제죄금간

금루옥의

한말기 양옥묘梁玉墓·량위무에서 출토되었는데, 2,008개의 옥편을 1,100gr의 금실로 꿰매어 만들었다. 인체부위에 따라 모자, 마스크, 상의, 소매, 장갑, 바지, 양말 등으로 나뉘어져있다. 옥의는 상고시대 귀족의 염장복식殮葬服飾으로 전국말기에 시작해 양한 때 성행했다.

옥 조각을 연결할 때는 신분과 등급에 따라 금실, 은실, 동실, 명주실로 나뉘었다. 황제는 금줄로 된 실로 묶었다 해 '金縷纏結금선누결'이라 했으며 이를 '금루옥의'라 칭했다. 제후는 은선銀綫, 즉 은루옥의銀縷玉衣를 왕비나 공주는 동선銅綫, 즉 동루옥의銅縷玉衣를 입혔다.

1978년 석천현 하사淅川縣下寺·촨시엔샤쓰에서 출토된 '왕자오정王子午鼎·왕즈우딩'은 춘추중기인 기원전 620~467년 사이에 주조한 것으로 초나라 장왕莊王의 아들인 왕자오 묘에서 출토된 7개의 열정列鼎·레딩 중 하나이다. 왕자오의 묘에서 출토된 솥이라 해 왕자오정이라 이름 붙였다. 크기는 높이 76cm, 입구지름 66cm의 크기이다. 왕자오정은 문양이 복잡하면서도 매우 정교해 청동을 이용한 당시 주조기술의 높은 수준을 보여주는 유물이다. 안쪽 배와 덮개에는 14행 85자의 명문이 새겨져 있다.

"王子午自鑄銅鼎, 以祭先祖文王, 進行盟祀, 我施德政于民, 因而受到尊重, 望子孫后代以此爲准則"
"왕자오는 직접 구리로 된 솥을 주조해 선조 문왕에게 제를 올리고, 덕정德政·덕으로 다스리는 어질고 바른 정치을 백성들에게 베풀었고, 그리해 존중을 받았으니 자손 후대가 이를 준칙표준으로 삼아서 따라야할 규칙으로 삼기를 바란다."

왕자오정

왕자오정의 주조과정을 살펴보면, 이 정도로 정교하고 섬세한 모양과 문양을 내기 위해서는 밀랍주조법이 사용되었을 것으로 추정된다.

밀랍주조법을 현대에서는 인베스트먼트 주조법이라고 하는데, 재질의 강도가 굳고 복잡하며 기계 가공이 힘든 부품제작에 주로 이용된다. 그러니까 솥으로 추정되는 왕자오정은 벌집에서 채집한 밀랍(왁스)을 이용해 주형을 만들고 주조한 주물제품이다. 정신鼎身(솥 몸체)부분의 구부리고 있는 모양의 용의 등은 단접한 거다. 단접鍛接이란 금속의 이어 붙일 부분을 녹는점 가까이 까지 가열해 누르거나(가압) 망치로 때려서(단조) 이어붙이는 것을 말한다.

채도쌍련호

1972년 정저우시 대하촌大河村·다허춘에서 출토된 높이 20cm의 '채도쌍련호彩陶双連壺·차이타오쌍롄후'는 진흙으로 빚은 붉은색 토기병土器瓶 두 개가 연결되어있는 모양으로, 7,000~5,000년 전인 신석기시대 양사오 문화(중국 신석기시대 말기의 문화로 무늬가 그려진 채도가 특징임)를 대표할 수 있는 유물이다.

주기(술그릇)인 채도쌍련호는 연결되어 있는 배 부분은 둥근 구멍이 있어 서로 통하고 두 병의 모양은 감람형橄欖型(올리브형)에 가까우며, 전체에 붉은색을 칠하고 검정색으로 평행선 문양을 그렸기 때문에 홍의흑채호紅衣黑彩壺·홍이헤이차이후라고도 불린다.

이 채도쌍련호는 두 병이 붙어있기에 두 사람이 각각 한쪽 병의 손잡이를 잡고 담긴 술을 동시에 마심으로써 상호 우호와 단결과 연합 그리고 애정을 표했다고 한다.

1976년 안양 은허安陽殷墟 푸하오 묘婦好墓(부호묘)에서 출토된 '효존샤오쥰'은 상대말기인 기원전 11세기의 것으로 전체높이 45.9cm, 입구길이 16.4cm 크기이다.

푸하오婦好는 상나라 무정제武丁帝의 왕후로서 군사들을 이끌고 원정을 나가 적들을 물리쳤으며, 제사장으로도 봉직한, 중국 역사

효존

상 최초의 여성 정치가로 전해지는 인물이다. 그녀에 대한 기록은 갑골문자에도 나와 있다.

청동 주기인 효존의 전체적인 형체는 부엉이 모양을 하고 있다. 합쳐진 모양의 양 날개와 들고 있는 머리, 동그란 눈, 넓은 부리, 작은 귀, 높은 볏冠을 보면 영락없이 앉아 있는 부엉이의 모습이다. 위에는 술이 담겼을 구멍이 있고 뚜껑이 있는데 손잡이까지 달려있다. 양발과 늘어진 꼬리는 효존이 넘어지지 않도록 세 점을 받쳐준다.

내벽에는 '婦好'라는 두 글자의 명문이 새겨있다. 이뿐만이 아니다. 효존의 등에는 동물머리 아치형 손잡이가 있고 그릇에는 문양이 가득 장식되어 있다. 조형이 우아하고 품위가 있어서 상대의 훌륭한 작품으로 평가받는다. 서주시대의 주기酒器를 보면 여러 종류의 동물을 형상화해서 청동으로 섬세하게 주조했다. 정말이지 조형미가 뛰어난 작품들이다. 이런 주기는 종교적 제례의식 때 사용되었을 것으로 추정된다.

골배소

'골배소骨排簫·구파이사오'는 1997년 녹읍태청궁 장자구묘鹿邑太清宮長子口墓·루이타이칭궁장즈커우무에서 출토되었으며, 상말주초 商末周初(기원전 1046년 전후)의 유

석마봉

물로 13개의 길고 짧은 뼈로 이루어진 퉁소이다.

1978년 신정 배이강유적지新鄭裵李崗遺址·신정페이리강이즈에서 출토된 '석마반石磨盤·쓰모판'과 '석마봉石磨棒·쓰모방'은, 반의 길이 68cm, 앞 넓이 37.5cm, 높이 6cm, 봉의 길이 58cm의 크기이다. 신석기시대 배이강문화裵李崗文化의 대표적인 유물로 곡물을 가공하는 등 원시적인 양식 가공용 도구이다.

1978년 허난성 중서부에 자리 잡고 있는 루저우汝州(여주)의 염촌閻村·옌춘에서 출토된 '도옹관陶甕棺·타오웡관'은 항아리 모양의 토기로 만든 관(이를 '독널'이라고 함)으로 신석기시대 양사오문화의 대표적인 유물이다.

양사오 문화란, 중국 황허유역의 신석기문화로, 허난성 면지澠池·멘츠 양사오仰韶에서 처음으로 발견되었기 때문에 붙여진 명칭이다. 중국에서의 도옹관은 주로 요절한 갓난아이의 시체를 담았

도옹관

으며, 도옹관에 뚫린 작은 구멍은 아이의 영혼이 드나들 수 있도록 만든 것이다. 이러한 도옹관은 대부분 집 근처에 묻었다.

옹관묘를 우리나라에서는 '독무덤'이라 하여 가장 오랜 기간 사용되어 온 전통적인 매장방식이지만, 신석기시대에 중국에서 남만주를 거쳐 전라남도 지방으로 내려온 것으

로 학계에서는 추정하고 있다. 전남 나주시 오량동 가마터에서는 삼국시대 때 사용되었던 가마터가 발굴되었는데 대형옹관을 제작했던 가마터로 밝혀졌다. 국립나주박물관을 가면 나주 반남 고분군 등 영산강 유역에만 분포하던 독특한 모양의 크고 작은 옹관을 볼 수 있다.

허난성 요리

TIP

고고학 분야에 관심이 많은 필자는 어느 나라, 어느 지역을 여행하던지 박물관이 있는 곳이면 맨 먼저 박물관부터 들린다. 박물관은 고고학적 자료와 역사적 유물 등이 응축되어 있고 유물 하나하나에는 설명문이 있다. 박물관을 관람 후 여행을 하면 이해도가 빠르고 많은 도움이 된다.

장택단 명화 청명상하도 + 풍물
청명상하원(淸明上河園)

　　　　　　　중국 7대 고도 중 한 곳인 카이펑은 2,700여 년의 역사와 북송시대에 9명의 황제가 168년간이나 살았던 송나라의 수도이다.

이처럼 카이펑은 역사가 길고 칠조고도七朝古都와 문화적으로 유명할 뿐만 아니라 지상과 지하에 고적이 많고, 원림과 명승지가 시내 곳곳에 산재해 있다. 그리고 용정호龍亭湖·롱팅후를 중심으로 호수가 많아 '북방의 수도水都'로 불리는 카이펑은 국화로도 유명하다.

카이펑의 국화 재배는 위나라와 진晉나라 때부터 시작해 역사가 아주 오래되었을 뿐만이 아니라 종류도 다양하고 재배 규모도 크다. 매년 10월에는 국화꽃 축제가 열리는데 국화꽃 종류만도 350여 종이나 된다.

카이펑 사람들은, 국화꽃 본래의 성질이 고결하고 향이 청청하며 여러 색의 꽃이 조화를 이뤄 아름답게 피기 때문에 국화꽃을 좋아해서, 국화꽃을 재배하고, 국화꽃을 감상하는 것이 유행이라고 한다. 그렇기에 카이펑시에서는 1983년 국화를 카이펑의 시화市花로 지정했다. 아울러 카이펑은 송·원·명·청대 등 각 시대의 특색을 모두 간직하고 있어서 중국의 아름다운 도시를 일컬을 때 제1 쑤저우蘇州, 제2 항저우杭州, 제3 카이펑開封이라 한다.

카이펑시내의 풍경이 수려한 용정호 서쪽에는 청명상하원清明上河園칭밍상허위엔이 있다.

석회암 괴석으로 만든 청명상하원(清明上河園) 입구 안내석

청명상하원은 북송시대 때 한림학사이자 저명한 화가였던 장택단張擇端·장저두안의 명화 '청명상하도'에 묘사된 풍물을 재현해 놓은 국가AAAA급 관광명소인 테마공원이 있는 곳이다. 청명상하원은 1992년 7월에 건축을 시작해 6년 만인 1998년 10월 28일 정식으로 개원해 지금에 이른다.

장택단의 인물 석상

테마공원은 북송시대의 고도인 카이펑 사람들의 당시 사회생활, 민정, 풍물과 각종 건축구조물을 반영해 지었다. 마치 우리나라의 용인민속촌과 같은 곳이다. 입구에는 석회암 괴석에 '清明上河園'이 새겨있고 안으로 들어서면 6m 높이의 석상이 있다. 긴 팔소매는 무릎아래까지 드리워져 있고 손에는 족자를 들고 있는

인자한 노인의 모습이 보인다. 바로 '장택단 인물석상'이다.

뒤편 한쪽에는 청명상하도가 부조되어 있다. 실제 청명상하도는 장택단이 중국8대 전통명절의 하나인 청명절淸明節(양력 4월 5일 전후)에 보았던 강 주변과 시가지의 시끌벅적한 풍경을 비단에 상세하게 묘사한 수묵담채水墨淡彩로 가로화폭 525.7cm, 세로화폭 25.5cm가 되는 두루마리그림이다. 이 청명상하도는 북송대의 풍속화를 대표하는 걸작이자 중국의 국보급 유물로서 진본은 현재 [베이징고궁박물원]에 보관되어 있다.

중국인들에게 있어서 청명상하도의 인기를 실감할 수 있는 일이 있었다.

수년 전, 상하이박물관에서 청명상하도의 진본이 전시되었는데 진본 전시 소식이 전해지자 국내뿐만 아니라 국외에서도 수많은 사람이 진본을 보기 위해 상하이로 몰려들어 연일 장사진을 이뤘다고 한다.

TIP

중국은 우리와는 달리 국보나 보물의 순위가 없다. 그럼에도 불구하고 우리나라 사람들 중에는 청명상하도를 '중국 국보1호'라고 칭하는 사람들이 많다. 국보나 보물을 중국에서는 '문물文物'이라고 한다. 문물의 판단 기준은 기본적으로 국가급, 성급, 시·현급으로 나뉘며, 등급마다 1급, 2급으로 자세하게 구분하기도 한다.

나무로 만든 홍교虹橋(무지개다리)를 건너 청명상하원 원내를 거

청명상하원의 저잣거리 풍경 석판화 / 홍교 옛 풍경

담배 자르기 묘기

연체동물 소녀

통나무 과녁 맞히기

닐다 보면 자신이 마치 타임머신을 타고 그림 속의 북송시대로 돌아간 착각에 빠지게 된다. 옛 옷차림을 한 사람들과 저잣거리의 풍경 등 모든 분위기를 당시의 모습으로 재현해 놓았기 때문이다.

이곳에서 가장 인기를 끄는 곳은 무예 시범을 보이는 곳으로 공연 때마다 관람객들로 대만원을 이룬다. 긴 채찍을 휘둘러 딱총 소리를 내며 손에 들고 있는 종이와 입에 물고 있는 담배를 자르는 묘기에서부터 물구나무서기 자세로 머리를 한 단계씩 껑충 뛰어 계단에 올라 줄넘기를 하고, 연체동물처럼 온몸을 자유자재로 구부렸다 폈다를 반복하는 소녀 그리고 마지막에는 회전하는 6개의 통나무 과녁 사이에 사람이 서 있고 도끼를 던져 과녁을 맞히는 아슬아슬한 묘기들이 연출된다.

수양버들 가지가 늘어선 강변을 따라 걸으면 청명상하도에 수록된 여러 장면을 감상할 수 있다.

대장간의 대장장이는 화덕에서 쇠를 달궈내 검을 만들고, 포공包公·바오공은 '淸心濁水청심탁수' 현판 아래에서 커다란 저울에 사람을 올려놓고 양심을 재고 있다. '청심탁수'는 '깨끗한 마음과 흐린 물'을 뜻하는 것으로, 올바른 양심과 부도덕한 양심 중 어느 쪽으로 더 기우는가를 재는 '양심의 저울'이다.

인두 화가는 평편한 나무를 인두로 지져서 호랑이 그림을 그리고, 손수레를 끌며 송나라 때의 차를 파는 사람 등 다양한 장면이 연출된다.

필자의 눈길을 사로잡은 것은 북송시대의 복장을 한 스님이다. 대나무로 엮은 뭔가를 등에 지고 있는데 상단에는 두 개의 풍경이 매달려 있다. 목에는 긴 염주가 걸려있고 오른손에는 작은 염주가 있다. 왼손에는 더 작은 염주와 지폐가 그릇에 담겨 있다. 북송시대에서나 신었을 법한 신발도 이채롭다. 다가갔더니 염주 한 개를 꺼내준다. 진짜 스님이냐고 물어봤더니 아니라고 한다. 북송시대 스님의 모습을 한 퍼포먼스라고 한다.

이 지역의 특산품 중 가장 유명한 것이 비단이다. 비단에 매난국숙梅蘭菊竹 4군자를 수놓은 병풍이 참으로 아름답다. 필자도 이곳에서 비단에 수놓은 자그마한 4폭짜리 병풍을 50% 깎아서 샀다.

용정호에는 두 개의 호수가 있다. 서쪽에 있는 호수를 양가호楊家湖·양자후라 하고, 동쪽에 있는 호수를 반가호潘家湖·판자후 라고 한다.

양가호는 북송초기의 명장이자 충신인 양업楊業·양이에 장군의

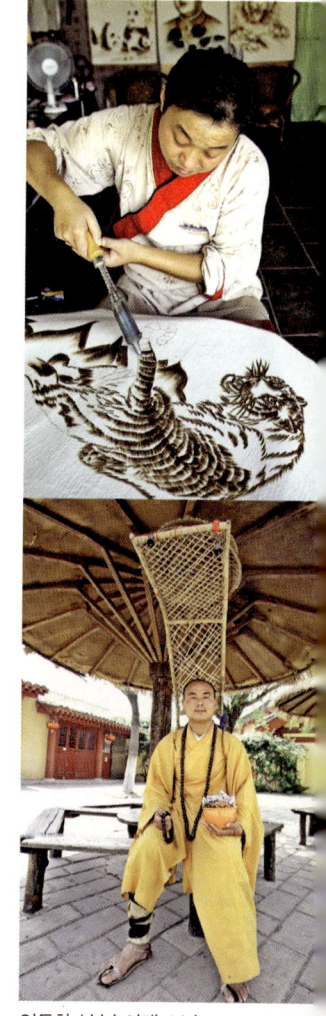

인두화 / 북송시대 스님

양심을 저울에 재는 포공

가문을, 반가호는 양업 장군을 시기해서 죽음으로 내 몬 반인미潘仁美·판렌메이 가문을 상징하는 호수이다. 다시 말해 양가호는 충신의 상징이요, 반가호는 간신의 상징이다. 물론 이는 어디까지나 불확실한 역사로 구전되어 내려온 고사이지만 중국인들 사이에는, 양가호는 평판이

카이펑의 특산품인 자수 기념품

좋은 가문의 호수이기 때문에 배타고, 수영하고, 낚시하고 발을 씻는 사람들이 많지만 반가호는 아무도 들어가는 사람이 없다고 한다. 누가 반가호에서 발이라도 씻었다 하면 "너는 반인미와 똑같은 사람이다"라며 손가락질을 했다고 한다. 실제로 양가호 물은 깨끗하고 반가호 물은 충충하다.

> **TIP**
>
> 카이펑의 3가지 보물은 청명상하도, 비단에 수繡놓은 자수 그리고 그림이다. 특히 비단에 수놓은 카이펑자수는 일품이다. 청명상하원 내에서 산 것보다 카이펑시내 매장에서 사는 게 다양하고 값도 저렴하다.

밤에는 이곳 용정호에서 대송동경몽화大宋東京夢華 공연이 있다. 공연을 보려는 많은 사람으로 북새통을 이룬다. 공연 내용은 송시대 일반 백성들의 시장풍경으로 닭싸움, 폭죽놀이, 불꽃놀이 등

허난성

청명상하원 임수본전 풍경

허난성 요리

여러 삶의 광경은 물론 양반 행차하는 모습, 목발 쇼 그리고 전쟁장면까지 다양한 내용을 보여준다.

초대형의 지상과 수상무대, 휘황찬란한 조명 그리고 송 시대의 전통음악과 격동적인 율동에 잠시도 눈을 뗄 수 없다. 특히 물 위를 미끄러지듯 지나며 아주 서서히 벌어지는 연꽃 안에서 추는 선녀들의 춤은 마치 천상을 연상케 한다. 그리고 원 중 최고의 건축물로 손꼽히는 불운각拂雲閣과 선화전宣和殿과 선덕전宣德殿이 연결되어있는 임수본전臨水本殿의 레이저 쇼는 단연 압권이다. 선종소림·음악대전과 비교해 손색 하나 없는, 참으로 환상적인 예술 공연이다. 제작비만 300억 원이 들었다고 한다.

> **TIP**
>
> 카이펑의 야시장은 허난성에서 가장 크다. 먹을거리, 볼거리가 풍부할 뿐만이 아니라 사진 촬영 소재도 많다. 일행과 함께 이곳 야시장에서 다양한 꼬치를 맛보며 술 한 잔 기울이면 금상첨화일 것이다.

청명상하원 용종호에서의 대송동경몽화 야간공연 장면

북송 시대 천년 불탑
개보사탑(開寶寺塔)

중국인들 스스로 '천하제일탑'이라 부르는 철탑鐵塔·톄타은 카이펑시 북문대가 동북쪽에 자리 잡고 있고 청명상하원에서 약 15분 거리에 있다. 철탑의 정식명칭은 개보사탑카이바오쓰타(이하 '개보사탑'이라 칭함)으로 멀리서 보면 갈색의 벽돌이 마치 철로 만든 것처럼 보인다 해서 붙여진 이름이다.

서기 989년, 북송시대에 살았던 어느 유명한 건축가가 내성의 가장 북동쪽의 산언덕 위에 높이 120m의 목조탑을 세웠다.

그러나 이 탑은 1044년, 낙뢰로 인해 불타버리고 말았다. 1049년, 다시 예전의 목조탑을 모방해 이곳에 탑을 세웠는데 이번에는 목조탑이 아닌 구운 벽돌로 탑을 쌓았다. 혹자는 도자기로 쌓았다고 하는데, 도자기는 사전적 의미로 '점토를 원료로 해서 형태를 만든 후 가열해 소결시킨 공예품'이기 때문에 틀린 말은 아니다.

그러나 엄격한 의미에서는, 점토를 탑을 쌓기에 적합한 여러 형태로 만든 후 여기에 불상, 비천, 기린, 악기 등 수십 가지의 불교 관련 도안을 정교하게 양각(돋을새김) 후 유약을 발라 1,200℃ 이상의 고온에서 구워낸 벽돌이다. 이 때 점토에 함유되어있는 이산화규소, 산화알루미늄, 일산화나트륨, 일산화칼륨 등, 좀 더 쉽게 표현하면 석영과 장석으로 구성된 규소 화합물 등이 고온에서 용해됨으로써 갈색 유리전琉璃磚으로 되어 마치 녹이 슨 철처럼 보이는 것이다. 그러니까 개보사탑은 철이 부식된 산화철 불탑이 아니라 유리벽돌 불탑이다.

개보사탑 전경

 높이 55.88m, 8각 13층인 개보사탑은 그동안 40여 차례의 지진과 반복된 황허의 범람과 폭풍우 그리고 일본군의 폭격을 이겨내고 꿋꿋이 그 위용을 뽐내고 있다. 탑 상층부를 보면 풍화작용으로 한쪽으로만 일부 훼손된 모습과 동남쪽으로 약간 기울어져 있는 모습이 관찰된다.

 그 이유는, 개보사탑이 세워진 이곳은 산언덕 위로 서북풍이 많이 불기 때문에 지속적인 풍향을 고려해 동남쪽으로 기울기를 줌으로써 개보사탑의 보호 차원에서 만든 건축기법이었다고 한다. 자연 바람까지 고려한 과학적 예지에 참으로 놀랍고 감탄사가 절로 나온다.

 개보사탑의 10층 부근을 유심히 살펴보면 파손된 부분이 있다. 포탄 자국이다. 일본군이 대포의 영점 조준 사격 표준점을 잡기 위

갈색 유리전

해 연습한 상흔이라고 한다.

　일본군들이 참으로 어처구니없는 짓을 저지른 것이다. 일본군뿐만이 아니다. 이집트 가자지구에 있는 스핑크스도 오스만 튀르크제국 지배 당시 스핑크스 코에 조준해 대포를 발사하는 과녁으로 사용해 코와 왼쪽 눈언저리 부분이 많이 파손되어 흉측한 모습을 하고 있다.

　우리 모든 인류의 문화유산을 보호하고 존중할 줄 모르는 해괴망측한 일을 전쟁이라는 미명에서 저지른 것이다. 언젠가 이곳을 방문한 마오쩌둥 주석이 "이 탑이 일본군의 포탄 세례에도 파괴되지 않은 것은 우리 중국인들의 강한 의지를 나타낸 것"이라며 빠른 시기에 완벽한 보수를 명했다고 한다.

　이뿐만이 아니다. 개보사탑은 송나라의 운명을 예언하고 만들었으며 송나라의 운명을 좌우한 탑이라는 얘기가 전해진다. 그것은 개보사탑 안에는 168개의 나선형 계단이 있는데 북송의 존속기간이 숫자상으로는 167년이지만 당해 포함해서 168년(960~1126년)과 궤를 함께하고 있기 때문이다. 여기에서 잠시 송나라 역사에 대해 이해하고 넘어가도록 하자.

송 시대는 북송과 남송으로 구분 짓는다. 960년 조광윤趙匡胤·자오쾅인이 오대십국시대五代十國時代(907~960년, 당나라가 멸망한 뒤부터 송나라가 통일할 때까지 흥 망한 왕조), 오대 최후의 왕조였던 후주後周로부터 양위를 받아 카이펑에 도읍해 나라를 세운 후 국호를 송이라 했다. 춘추시대의 송과 남북조시대의 송을 구별하기 위해 황실의 성씨를 따라 조송趙宋이라고도 부른다. 이때쯤 만주에서 일어난 여진족은 1115년 금나라를 세웠고, 송나라는 금나라와 힘을 합쳐 1121년 요나라를 멸망시켰다.

그러나 이후 송나라는 금나라에 대항하기 위해 요나라의 잔당과 손을 잡았다. 그러다가 이런 사실이 드러나는 바람에 금나라의 분노를 사게 되었고 결국 1127년 카이펑이 공격당해 함락당한다.

이때 황제였던 흠종欽宗과 태상황인 휘종徽宗을 북쪽으로 사로잡아 갔는데, 이 사건을 역사에서는 '정강지변靖康之變'이라 일컫는다. 정강지변 후 흠종의 동생인 조구趙構·자오거우는 남쪽 임안臨安(지금의 항저우)으로 천도해 스스로 황제라 선언하고 고종으로 즉위한다. 이후부터 1127년 금나라에 밀려 남쪽으로 옮기기 전을 북송, 항저우로 도읍을 옮긴 후 1279년 원나라에 망할 때까지를 남송이라 부른다.

개보사탑이 지금은 평지에 있으나 원래는 리산梨山 위에 있었다

개보사탑 부조

고 한다. 그 이유는 개보사탑이 단지 불교 신앙만을 위한 것이 아니라 전망대 역할까지 수행했기 때문이다. 파수꾼이 개보사탑 안에 있는 168개의 경사진 나선형 계단을 따라 올라가 철탑 꼭대기에서 대평원을 지켜보고 있다가 적이 나타나면 봉화대에 알려 적의 습격에도 대비할 수 있었다.

그런데 왜 개보사탑이 평지에 있게 된 걸까.

그 이유는 이렇다. 카이펑은 황허강둑보다 20m나 낮은 지역이다. 그렇기에 옛날에 전쟁할 때도 전세가 불리하면 황허강둑을 터뜨려 적군이 들어오지 못하게 막았다고 한다. 수공 작전水攻作戰을 벌인 것이다.

세상에서 가장 거칠고 다스리기 힘든 강이라는 황허에 대해 중국 역사서에는 많은 기록이 남아 있다. 춘추전국시대부터 신중국이 건국되기 전까지 거의 2,000여 년 동안 황허의 물줄기는 26번이나 크게 바뀌었고, 1,590번이나 범람했으며, 모든 왕조는 황허의 홍수통제가 주요 정책이었다고 한다. 북송 말기에는 한 번의 홍수로 34만 명의 사상자가 발생했다는 기록도 있다. 이뿐만이 아니다. 고고학자들의 연구결과에 의하면, 현재 도시 아래에는 또 다른 도시가 있다고 한다.

허난성 요리(벌집)

현재 지면의 4.6m 아래에는 명대 주왕부周王府의 유적이 있고, 옛 도시 삐엔리앙汴梁(변량·카이펑의 예전 이름)은 깊이 8m가 넘는 땅속에 묻혀있다고 한다. 이렇듯 황허의 잦은 범람으로 인해 토사가 쌓이고 쌓여 번성했던 한 도시를 땅속에 묻고 새로운 도시를 탄생시키는 일을 반복한 것이다. 사실 현재도 황허는 세계최대의 토사 함유량을 자랑하며 '물 한 말에 진흙이 여섯 되'라고 할 정도로 황허를 흐르는 물에는 토사가 엄청나게 많이 포함되어 있다. 세계최대의 황색 폭포로 비경을 이루는 곳이 황허의 물줄기인 후커우壺口(호구) 폭포이다.

'카이펑 철탑은 중원문화의 빛을 발산하는 하나의 명주明紬이다.' 또는 '카이펑에 와서 개보사탑을 보지 않으면 카이펑에 왔다고 말할 수 없다.'라는 말이 있다.

이렇듯 개보사탑은 중국에서 유일하게 구운 벽돌을 쌓아 만든 탑이며, 1,000여 년의 역사를 간직하고 있는 카이펑의 상징이자 자랑이다. 아울러 개보사탑을 왼쪽으로 세 바퀴를 돈 후 다시 오른쪽으로 세 바퀴를 돌면 소원이 꼭 이루어진다고 한다. 물론 반대로 돌면 소원은 이루어지지 않는다.

> **TIP**
>
> AAAA급 풍경구인 개보사탑을 관람하기에 가장 좋은 시기는 3~5월과 9~11월이며, 2~3시간이 걸린다. 개방시간은 07:00~19:00까지이고 관람료는 50위안이다. 특히 하절기에 관람하려면 선글라스와 모자와 마실 물은 필수이다.

북송 명신이자 청백리
판관 포청천(包靑天)

　　　　　　　　　　북송시대의 수도였던 카이펑에는 포청천의 검은 얼굴과 이마에 새겨진 반달 모양의 흉터와 작두가 연상되는 곳인 카이펑푸開封府(개봉부)가 있다.

　카이펑푸의 동쪽은 관청이고 서쪽은 사당의 형태로 남아 있는 건축물이다. 1990년대 타이완臺灣(대만)에서 제작해 우리나라 TV에서도 인기리에 방영되어 청백리의 대명사로 널리 알려진 포청천바오칭티엔(999~1062년)은 송나라 때 사람으로 정치인이자 판관이며 외교관으로도 활약했던 실존 인물이다. 극중에서는 진차오쥔金超群(금초군)이 포청천으로 열연해 큰 인기를 얻었다.

　포청천의 검은 얼굴과 검은 수염 그리고 이마의 초승달은 하나의 상징적인 것으로 검은 얼굴은 철면무사鐵面無私를 표현한 것이다. 철면무사란 '사사로운 정에 구애되지 아니한다'라는 뜻이다.

　중국에서는 간사한 사람은 하얀 얼굴, 관운장과 같은 민족 영웅은 빨간 얼굴, 포청천 같은 철면무사는 검은 얼굴로 표현한다. 이마의 초승달은 낮보다는 밤에 심문하는 경우가 많았기에 초승달을 상징적으로 표현한 것이며 '뒷문치기'를 뜻한다.

'뒷문치기'란 '드러내 놓지 아니하고 남몰래 슬그머니 하는 일'을 말하며, 당시에는 포청천을 만나기 위해 정문으로 들어가려면 문지기에게 뇌물을 줘야 했기 때문에 이를 안 포청천이 백성들이 언제든지 들어와서 억울함을 호소할 수 있도록 카이펑푸의 뒷문을 열어놓았다. 실제 백성들도 낮에는 남의 눈이 있기에 밤에 남의 눈을 피해 몰래 뒷문으로 들어와서 포청천을 만났다고 한다.

본명이 포증包拯·바오정인 포청천은 부모님의 3년 상을 치른 후인 43세부터 공직생활을 시작했으며, 신장 163cm로 단신이었기 때문에 황제가 쉽게 알아볼 수 있도록 특별히 초록색 관복을 입게 했다고 한다. "포청천의 웃는 모습을 보는 것은 황허가 깨끗해지는 것을 보는 것보다 더욱 힘들다"는 말이 있을 정도로 한 번도 웃어본 적이 없으며, 그토록 사신이나 남에게 엄격했기 때문에 친구가 없었다고 한다.

포청천 초상화 / 극중의 포청천 역을 맡은 진차오췬

카이펑푸 광장에는 수많은 인파가 운집해 있다. 야외에서 공연하는 '판관 포청천'을 보기 위해서이다. 카이펑푸의 육중한 문이 열리면서 붉은 관복과 검은 관모 그리고 수염을 길게 늘어뜨린 포청천의 등장으로 공연은 시작된다. 공연은 모두 6막으로 진행되는데, 제1막은 카이펑푸 문 앞 광장에서, 나머지는 안으로 옮겨져서 진행

된다.

　연극 내용은, 북송시대 때 입신양명을 꿈꾸던 가난한 선비가 과거를 준비하고 있다. 선비의 아내는 가난한 살림을 꾸려가며 온갖 궂은일을 마다하지 않고 온 정성을 다해 서방님을 뒷바라지한다. 아내의 정성과 뒷바라지에 힘입어 선비는 과거에 급제한다. 선비의 아내는 몹시 기뻤으며 고생 끝 행복 시작인 줄 알았다.

　그런데 기쁨도 잠시, 출세욕에 눈이 먼 선비는 마음이 변했다. 총각이라 속이고 공주와 결혼을 한 것이다. 이런 사실을 안 선비의 아내는 아이들과 함께 카이펑푸를 찾아와 포청천에게 억울함을 호소한다. 포청천은 부하들을 시켜 사건의 전모를 파악한 후 이 여인의 억울함을 밝혀내고 황족이 된 죄인을 심문한다. 궁지에 몰린 죄인은 황후까지 동원해 구명해보려 하지만, 명판관 포청천은 권력의 눈치를 보지 않고 시골 아낙네의 억울함을 명쾌하게 해결해 준다. 작두형에 처한 것이다.

배우 판관 포청천

　당시 포청천의 힘이 얼마나 막강했냐 하면 황실의 사람이 사형에 처할 정도의 중죄를 지었을 경우 일단 용작두로 목을 자른 후 황제에게 보고했다고 한다. 선참후계先斬後啓였던 것이다.

　판관 포청천 드라마를 보면 사형 도

카이펑푸 정문 / 황후 등장

공생명

구로 작두가 나온다. 사형 도구로 황족은 용 작두를, 고위관료는 범 작두를 그리고 일반 백성은 개 작두를 사용했다. 그렇지만 사실은 송나라 때에 작두형은 없었다고 한다. 이는 후대의 여러 소설과 희곡 속에서 만들어진 창작물에 불과한 것이라고 한다.

카이펑푸 정문을 들어서면 커다란 석비에 붉은 글씨로 쓴 '公生明'이 시야에 들어온다. 공생명이란 순자의 '公生明공생명 偏生暗편생암'에서 따온 말로 "공평함은 밝음(총명)을 낳고, 치우침은 우매함을 낳는다"라는 뜻이다. 즉 "공평하면 판단을 그르치지 않는다"라는 의미이다. 석비 뒷면에는 다음과 같은 글이 음각되어 있다.

爾俸爾祿이봉이록 / 너의 봉록은
民膏民脂민고민지 / 백성의 살과 기름이라
下民意虐하민의학 / 아래 백성을 학대하긴 쉬워도
上天難欺상천난기 / 위의 하늘을 속이긴 어렵다.

이런 석비를 계석戒石이라 하고 계석에 새겨진 글을 '계석명戒石銘'이라고 한다. 송나라 태종황제가 이런 내용이 새겨진 석비를 전국의 관아에 세워 관리들로 하여금 교훈으로 삼게 했다고 한다.

계석명은 관리들이 좌우명인 셈이다.

계석을 지나면 정청正廳이 있다. 정청은 카이펑푸의 부윤이 공무를 보고 안건을 심리하던 곳이다. 위용을 뽐내고 있는 커다란 북송 개봉부인北宋開封府印을 지나면 포증의 집무실이 나온다. 집무실 중앙에는 정대광명正大光明과 근정위민勤政爲民 현판이 포청천의 정신을 대변해 주고 있다.

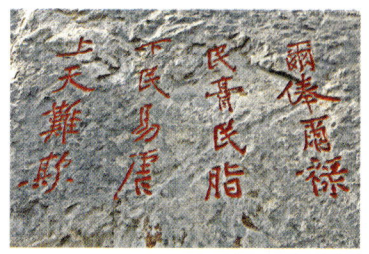

계석명

'정대광명'이란 "언행이 떳떳하고 정당함"을 뜻하며, '근정위민'이란 "사사로운 감정이 개입되지 않는 냉철한 판결이 백성들 관점에서 이루어져야 한다"라는 뜻이다.

'정대광명' 편액 아래 병풍에는 거센 풍랑으로 파도가 일고 있는

포청천 집무실과 세 종류의 작두와 병풍

북송개봉부인

모습이 그려져 있다. 이 그림에는 뇌물을 받고 법을 어기는 일이 없도록 경계하라는 의미가 담겨 있다고 한다. 즉 뇌물을 받고 법을 어기면 언젠가는 거센 풍랑을 맞게 될 것이며 이로 인해 자신이 좌초할 수 있다는 메시지가 담겨 있다.

'카이펑푸 제명기비開封題名記碑'도 눈여겨볼 만하다. 여기에는 북송 때 카이펑푸 부윤을 지낸 183명의 이름이 새겨져 있다. 그런데 유독 한곳이 깊이 파여 있다. 바로 포청천의 이름이 새겨진 곳이다. 어찌나 많은 사람이 만졌던지 파인 것이다. 중국 사람들의 이러한 정서를 엿볼 수 있는 곳이 있다.

쓰촨성 두보초당을 가면 두보 동상이 있다. 그런데 두보 동상의 손이 유난히도 반짝인다. 이는 두보의 손을 만짐으로 해서 자기도 두보처럼 글씨를 잘 쓰고 싶은 마음에서이다. 이뿐만이 아니다. 또 다른 두보의 흉상에는 수염만이 반짝인다. 흉상의 수염 부위를 하도 많이 만져서 그렇다. 이 또한 중국 사람들이 자기도 두보처럼 시를 잘 쓰고 싶은 마음에서라고 한다. 두보는 시상이 떠오르지 않을 때 수염을 만지면 시상이 잘 떠올랐다고 전해지기 때문이다.

중국에서 "마오쩌둥은 담배를 피울 때, 두보는 수염을 만질 때 시상이 잘 떠올랐다"고 한다. 카이펑푸에 있는 제명기비는 복제한 석비이고, 원 석비는 카이펑시박물관에 소장되어 있다.

조금 더 안으로 들어가면 의문儀門이 나온다. 의문은 '有儀可象

유의가상', 즉 "예의가 있으면 본받을 만하다"라는 뜻에서 유래했으며, 옛날에 관아나 저택의 대문 안쪽에 있는 문으로 위엄을 드러내기 위해 의례적으로 만들어 놓은 문이다.

코끼리 목각

의문 오른쪽에는 북, 왼쪽에는 종을 매달아 놨다. 경내에서 필자의 시선을 붙잡은 것은 단연 대형 코끼리 목각이다. 이곳에 와서 볼 때마다 감탄사가 절로 나온다.

카이펑푸 관내 우측에는 불교의 흔적을 감상할 수 있는 명례원이 있고 명례원 바로 옆에는 고풍스러운 7층 누각인 청심루淸心樓·칭신러우가 있다.

카이펑푸에서 가장 높은 건물인 청심루의 1층에는 높이 3.8m, 무

이문

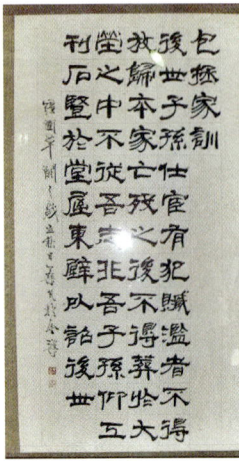

포증가훈

게 5.8톤의 포청천 청동상이 있다. 단신이었던 포청천과는 거리가 먼 청동상이다. 청심루에 오르면 카이펑푸 시내가 한 눈에 조망된다.

포청천이 자신의 후손에게 남긴 글로 포청천 집안의 가훈인 '포증가훈包拯家訓'을 음미하며 점심 식사를 하기 위해 발걸음을 '제1루'로 옮겼다.

後世子孫仕宦有犯贓濫者不得放歸本家
후세자손사환유범장람자부득방귀본가 /
후세 자손 가운데 벼슬하다가 뇌물 받은 자가 있으면 본가로 돌아오지 못하게 하라.
亡歿之後不得葬于大塋之中망몰지후부득장우대토지중 /
죽은 뒤에는 선산에 묻히지 못하게 하라.
不從吾志非吾子孫부종오지비오자손 /
나의 뜻을 따르지 않으면 나의 자손이 아니다.

일품 만두 요리 전문
[제1루]의 샤오롱바오(小籠包·소롱포)

중국 사람들 사이에는 '遊在中原·食在開封유재중원·식재개봉'이란 말이 있다. "중원에서 놀고 카이펑에서 먹는다"라는 뜻이다.

카이펑은 허난 요리의 발상지로서 남북요리의 특징을 잘 살린 것으로 유명하다. 정말이지 각양각색의 맛깔 나는 요리들이 입맛을 당긴다. 1922년에 개점해 오랜 역사를 자랑하는 제1루第一樓·띠이러우에서 샤오롱바오를 먹어보자.

샤오롱바오는 찐만두인데 모든 만두는 손으로 직접 빚는다. 샤오롱바오를 빚는 과정 중 가장 어려운 것은 소를 넣고 싸는 것이라고 한다. 만두피가 너무나 얇기 때문이다. 얇은 만두피 사이로 터져 나오는 육즙 맛이 예술이다. 마오쩌둥도 극찬한 맛이다. 명성 그대로 둘이 먹다 하나가 죽어도 모를 정도로 맛있다. 만두 맛이 어찌나 좋은지 배가 부른데도 입맛이 당겨 계속 젓가락이 간다. 제1루에서 먹었던 만두를 생각하면 지금도 군침이 돈다.

[제1루]는 1,000여 년 동안 맛을 계승해 오면서 현 위치에서 장사

'제1루' 외관

를 시작한 해수가 100년에 가깝다. 이뿐만이 아니다. 이곳에 들르면 카이펑의 대표 음식 중 하나로 1,000여 년 전 송나라 때부터 비법으로 전해 내려온 통즈지桶子鷄(통자계)를 꼭 맛볼 것을 권한다.

통즈지는 알을 낳은 적이 없는 작은 암탉만을 선별해서 사용하기 때문에 육질이 연하고 씹을수록 고소한 맛이 난다. 이 외에도 황허

샤오롱바오

샤오롱바오

통즈지

에서 잡은 잉어로 만든 황허리위 黄河鲤鱼(황하리어)와 토끼고기로 쇼우쓰투로 手撕兔肉(수시토육) 그리고 팽이버섯과 차돌박이로 국물을 낸 진탕페이니우 金湯肥牛(금탕비우)가 유명하다.

황허리위

TIP

* 샤오롱바오는 대나무 찜통에 10개가 나오며 작은 접시도 함께 나온다. 맛있다고 급하게 먹다가는 입안을 데일 수 있으니 작은 접시에 한 개씩 담아 적당한 온도로 식혀서 먹어야 한다. 필자도 뜨거운 육수가 들어있다는 사실을 모르고 덜컥 물었다가 입천장을 데었다.

* 카이펑을 여행하는 배낭 여행자들은 인력거를 타고 도시 곳곳을 둘러 볼 것을 권한다. 카이펑은 아직 시골 냄새가 물씬 풍기기 때문에 도로변 곳곳에는 인력거가 즐비하다. 특히 인력거꾼은 토박이들로 이 지역의 지리와 역사를 잘 알고 있다. 가격은 거리와 이용시간에 맞춰 흥정해야 한다.

3,000년 역사의 고도
뤄양 모란꽃(牧丹花·목단화)

'千年帝都·牧丹花城 천년제도·모란화성'이라 일컫는 뤄양洛陽은 뤄허洛河(낙하강)의 양지바른 곳에 자리 잡은 곳이라 해서 붙여진 이름이다. 무엇보다도 뤄양은 중국의 첫 왕조로 알려진 하夏 시대부터 과거 13개 왕조의 도읍지로서 3,000여 년의 역사를 간직하고 있는 매우 유서 깊은 도시이다. 이뿐만이 아니다. 뤄양은 일찍이 많은 문인과 예술가를 배출한 예술의 본고장이자 당나라 때 두보, 이백, 백거이가 가장 사랑했던, 중화민족의 성스러운 고도이기도 하다.

뤄양은 중국에서 가장 일찍 붓毛笔과 팔괘 문자를 만들었고, 중국 최초로 술을 빚어 술의 조상이라 일컫는 뚜캉杜康(두강)이 탄생했으며, 한나라 말기의 의학자인 화타가 마취제를 발명해 처음 사용한 곳이기도 하다.

한 걸음 더 나아가 뤄양은 모란무딴의 명소로 잘 알려진 도시이다. 중국에서 모란꽃은 꽃 중에 으뜸이라 해서 '화왕花王'으로 불린다. 모란은 뤄양의 상징일 뿐만이 아니라 중국의 국화國花로 알려져 있다. 그러나 사실 중국에는 국화가 없다.

중국인들의 가장 많은 사랑을 받는 꽃은 모란과 매화梅花·메이후아이다.

모란은 부귀와 나라의 번영을, 매화는 절개를 나타내는 꽃이다. 비교적 향이 짙은 모란은 4~5월에 꽃이 피고, 향이 은은한 매화는 12~2월에 꽃이 핀다. 그리고 모란은 만주족이 세운 청의 국화였고, 매화는 중화민국 시기의 국화였다.

중국에서 모란은 화북과 서북을 잇는 황허유역에 많고, 매화는 화동과 화남지역을 아우르는 양자강 유역에 많다. 즉 '북의 모란, 남의 매화'이다. 이런 역사적, 지리적 문제 때문에 아직까지 중국에는 국가에서 공식적으로 지정한 국화가 없다. 북쪽에 사는 사람들은 매화를 볼 수 없고, 남쪽에 사는 사람들은 모란을 볼 수 없기에 근래 들어서는 사군자인 매화·난초·국화·대나무를 각 계절로 나눠어 국화로 하자는 의견이 지배적이라고 한다.

'뤄양의 모란은 천하제일' 또는 '꽃 중의 왕'으로 불리는 모란은 국색천향國色天香으로, 이곳 뤄양에서는 수나라 때부터 재배하기 시작해 당나라 때 가장 왕성하게 가꾸었다고 한다. 그렇지만 뤄양 모란과 관련해서 다음과 같은 고사가 전해진다.

측천무후가 여황제로 등극 후 연회를 베풀었다. 다른 꽃들은 활짝 피어서 경사를 빛내주었는데 유독 모란만은 꽃을 피우지 않았다. 측천무후의 미움을 산 모란은 당나라의 수도였던 장안(지금의 시안)에서 뤄양으로 쫓겨났다고 한다.

이제 모란꽃은 새로운 기술의 개발로 사시사철 꽃을 피우지만,

국제모란원에서 필

진주모란원 앞에서 포즈를 취한 한국문화사절단 일

매년 4월 15일~25일까지 모란꽃 축제가 열릴 때면 국내는 물론 해외의 많은 관광객이 이곳 뤄양으로 몰려든다. 현재까지 개발된 품종만도 350여 종에 이른다. 특히 모란꽃 중 비싼 품종인 요황姚黃·야오황과 위자魏紫·훼이즈는 모란의 왕과 왕후로 불린다.

왕성공원王城公園·왕창꽁위엔에서 아주 가까운 곳에는 국제모란원이 있는데 이곳에서 열리는 모란꽃 축제는 가히 환상적이다. 1978년에 조성한 국제모란원은 중국 모란꽃을 재배하는 중요한 장소로서 '모란유전자창고'라 불린다.

모란꽃 축제는 이곳에서만 열리는 것이 아니다. 왕성공원에서 머지않은 백마사 맞은편에는 사설 농원인 '신주모란원神州牡丹園·션쩌우무딴위엔'이 있다. 이곳에도 다양한 종류의 모란꽃이 만개하고 모란을 상징하는 퍼포먼스도 보여준다.

북송시대의 문인으로 시문에 능통했던 장레이張耒(장뢰)가 요황 모란꽃을 노래한 시와 청나라 때의 승려이자 시와 그림에 능통했던 구이쫭歸莊(귀장)이 위자 모란꽃을 노래한 시 두 편을 소개한다.

宋·張耒 / 송나라·장뢰

江南梅花凌雪霜강남매화릉설상 / 강남의 매화는 눈 서리를 아랑곳하지 않고 피는데
桃李開盡春無光도이개진춘무광 / 복사꽃과 자두꽃은 활짝 피었건만 봄의 빛이 없구나.
誰知洛陽三月暮수지낙양삼월모 / 누가 아는가, 3월 해가 질 무

렵에 모란 피는데
千金一朵買姚黃천금일타매요황 / 천금 한 꾸러미로 요 씨 집 황색 모란을 살지

淸·歸莊 / 청나라·귀장

天上神仙坐紫宵천상신선좌자소 / 천상의 신선이 자줏빛 하늘 궁에 앉아 있으니
莊嚴佩服自含嬌장엄패복자함교 / 장엄한 신선 옷 스스로 아름답구나.
情多謫向宮中住정다적향궁중주 / 궁 안에 귀양살이처럼 살아도 본성이 넓어서
還是金輪萬歲朝환시금륜만세조 / 알고 보면 만년의 아침마다 뜨는 태양 같도다.

   중국 뤄양은 모란꽃으로 유명한데, 그중에서도 요 씨姚氏의 집 '황모란'과 위 씨魏氏의 집 '자모란'이 유명하다. 그래서 중국 사람들은 요 씨 집 황모란을 '姚黃요황', 위 씨 집 자모란을 '魏紫위자'라고 한다. 중국어에서 '姚黃魏紫요황위자'는 '매우 진귀한 꽃'을 이르는 말이다.
   이뿐만이 아니다. 중국의 역대 왕조 중 당→송→금→원→명→청을 지나오면서 수많은 시인 묵객이 모란을 주제로 시를 썼다.특히 당나라 때 가장 왕성하게 가꾸었다는 모란은 당나라 때의 저명한

요황 모란꽃 / 위자 모란꽃 / 신주모란원에 핀 모란꽃

시인인 이백과 백거이에게도 시심을 안겨주었다. 우리에게 이태백으로 더 잘 알려진 이백은 모란을 노래한 시이지만 사실은 양귀비의 아름다움을 찬양한 시이며, 백낙청으로 더 잘 알려진 백거이는 '아름다운 천자가 농사에 근심하며(美天子憂農也미천자우농야)'라는 부제가 딸린 '목단방(모란방)'이란 주옥같은 시를 남겼다.

唐·李白 / 당나라 이백

云想衣裳花想容운상의상화상용 / 구름 보면 옷이 떠오르고 꽃 보면 얼굴이 떠오르는데
春風拂檻露華濃춘풍불함노화농 / 봄바람은 난간을 스치고 이슬 머금은 꽃은 농염하네.
若非群玉山頭見약비군옥산두견 / 만약 군옥의 산 정상에서 보지 못한다면
會向瑤台月下逢회향요태월하봉 / 요대의 달빛 아래서 꼭 만나겠지.

흐드러지게 만개한 모란이 지천으로 널려 있는 신주모란원 전경

여기에서 拂檻불함은 '난간을 스치고'란 뜻이며, 群玉山군옥산은 서왕모西王母가 살았다는 전설상의 선산으로, 뒤에 제왕의 장서각 藏書閣을 뜻하는 말로 쓰이게 되었다. 그리고 瑤台요태는 '옥으로 장식한 누대'로 신선이 거처하는 곳을 가리킨다.

唐·白居易 / 당나라 백거이

牧丹芳 牧丹芳목단방 목단방 / 모란꽃 향이여 모란꽃 향이여,
黃金蕊綻紅玉房황금예탄홍옥방 / 황금 꽃술 터지니 붉은 옥집이로다.
千片赤英霞燦燦천편적영하찬찬 / 천여 개의 붉은 잎에서 저녁 노을 찬란하니
百枝絳点燈煌煌백지강점등황황 / 수많은 가지마다 활활 타는 등불 붙이누나.
照地初開錦繡段조지초개금수단 / 모란 등불(꽃) 갓 피어 땅을 비추니 수놓은 비단조각이요
當風不結蘭麝囊당풍불결란사낭 / 바람을 만나니 풀린 난초, 사향주머니로다.
仙人琪樹白無色선인기수백무색 / 선경의 옥수는 색이 없는 하얀 것이니
王母桃花小不香왕모도화소불향 / 서왕모의 복숭아꽃은 작고 향이 없구나.

'모란이 피기까지는' 시비와 모란꽃

    서왕모는 중국 도교 신화에 나오는 불사不死의 여신으로, 한무제는 서왕모가 준 복숭아를 먹고는 그 씨를 심으려고 하자, 서왕모가 웃으면서 此桃三千年一生實차도삼천년일생실, 즉 "그 복숭아는 삼천 년에 한 번 열매를 맺을 것이다"라고 말했다는 전설이 있다.

    중국을 여행하다 보면 여러 지역에서 서왕모에 대한 전설을 들을 수 있을 뿐만이 아니라 여러 박물관에는 어김없이 서왕모와 관련한 유물이 전시되어 있다. 그럼 여기에서 잠시 동양 최고의 여신인 서왕모에 대해 언급하고 넘어가도록 하겠다.

    일반적으로 서왕모는 젊고 아름다운 생명의 여신으로 알고 있으나 서왕모 본래의 모습은 기괴하고 흉측했다고 한다. 후대에 와서 아름다운 여신으로 변화시킨 것이다.

    서왕모는 죽음과 형벌을 관장한 여신이었다. 서왕모는 '반도원蟠桃園·판타우위엔'이라는 신비한 복숭아밭을 갖고 있었다. 서왕모가 기르는 복숭아나무는 3천년 만에 꽃이 피고, 3천 년 만에 열매가 맺으며, 그 열매를 두 개 먹으면 3만 6천 살까지 산다는 전설이

허난성 요리

있다.

　인간은 탐할 수 없는 불사의 복숭아였다. 그렇지만 그 신비의 복숭아를 훔친 단 한 사람이 있었으니 바로 '삼천갑자동방삭三千甲子東方朔'이다. 삼천갑자동방삭은 이 복숭아를 훔쳐 먹고 180,000살까지 살았다고 한다. 삼천갑자동방삭은 한무제의 신하로 해학과 변론에 뛰어난 실존 인물로서 장수했다는 전설이 있는 인물이다.

　필자가 어렸을 때 할머니께서 '삼천갑자동방삭'을 주문처럼 외우시며, "종원아! 너도 오래 살려면 하루에 '삼천갑자동방삭'을 3,000번씩 외워라. 잉!"이라고 말씀하셨던 할머니의 목소리가 들려오는 듯하다.

　서왕모가 살았다는 곤륜산 정상에는 아름다운 호수가 있다. 연못 이름은 '옥돌 瑤요' '연못 池지', 즉 요지이다. 어느 날, 서왕모는 세계 각지의 신들을 요지로 초대해 잔치를 벌였다. 그리고 불사의 복숭아를 무료로 나눠줬다. 이날 요지에서 벌어지는 잔치는 매우 화려하고 환상적이었다. '요지경瑤池鏡'은 바로 여기에서 유래한 말이다.

　우리나라의 전남 강진군 강진읍에는 '모란의 시인'으로 불리는 영랑永郎 김윤식金允植·1903~1950년 선생의 생가가 있다. 이곳에는 모란 동산이 조성되어 있다. 세계모란품종은 모두 있는 것 같다. 매년 4월 중순~5월 초 이곳에 핀 모란꽃은 가히 환상적이다.

2,700년 전 동주 시대 유물
천자가육박물관(天子駕六博物館)

뤄양시 서공구西工區·시궁취 중심인 왕성광장에 위치한 천자가육박물관텐즈자류보우관은 지하박물관으로 입구에는 6마리의 말이 힘차게 달리며 포효하는 역동적인 모습의 청동조각상이 있다. 발굴 당시 중국 고고학계를 흥분의 도가니 속으로 몰아넣었던 천자가육박물관은 2002년 10월 뤄양 문화광장 조성공사를 하다가 유물 390점과 수레와 말을 묻은 구덩이인 거마갱車馬坑·처마컹 18기가 발견되었다. 이후 발굴과 복원과정을 거쳐 발굴현장에 유물과 유적을 그대로 두고 그 위에 박물관을 조성한 후

천자가육박물관 입구 청동조각상

2004년 9월 30일 개관했다. 이중 가장 눈길을 끈 것은 6필의 말 화석과 수레이다.

천자가육톈즈지아리우이란, '천자는 말 6필이 끄는 마차를 탄다'라는 뜻으로 지금으로부터 2,700여 년 전인 동주시대 제왕의 말과 수레가 함께 묻힌 대형 거마갱이다. 일설에 의하면, 거마갱에 묻힌 말들은 말에게 술을 먹여 취하게 한 후 수레와 함께 묻었다고 한다. 천자가육박물관을 중국에서는 '周王城天子駕六博物館쪼우왕창톈즈자류보우관'이라고 한다.

고대국가에서는 몇 마리의 말과 몇 대의 수레를 가지고 있느냐에 따라 국력의 강대함과 전투력을 알 수 있었으며 이는 곧 경제력을 나타내는 경제지표였다. 당시에 수레는 아주 중요한 전투 장비였으며 화살은 전투에서 꼭 필요한 살상용 무기였다. 특히 마차를 타고 달리며 쏘는 화살은 가장 치명적이었다. 박물관 내에는 화살에 맞아 죽은 유골도 전시되어 있다.

박물관 지하로 내려가 직사각형의 관람 경로를 따라 아래쪽을 내려다보면서 관람을 해야 한다. 아래에는 천자의 마차를 끌던 6마리의 말과 수레의 부장품, 말의 머리와 갈비뼈 그리고 다리형태가 선명히 남아 있다.

옛날 중국에서는 귀인이 죽으면 그 무덤 옆에 구덩이를 파고 수레와 말을 함께 장사지내는 풍습이 있었다. 주인의 생전에는 주인을 위해 마차를 끌다가 주인이 죽은 후에는 다시 주인을 위해 생매장을 당해야만 했던 게 말의 운명이다.

그런데 황제의 무덤도 동시에 발굴했으나 아직 일반인에게는 공

천자가육박물관 내부를 둘러보는 관람객들 / 천자가육박물관 내부 거마 갱

천자가육박물관 내부 말 화석

개하지 않고 국가에서 극비로 관리하고 있단다.

중국은 유물을 한꺼번에 발굴하지 않고 계속해 관광객을 유치하기 위해 단계적으로 발굴한다고 하니 한건주의에 사로잡힌 우리와는 많이 비교되는 부분이다.

위자 모란꽃

천자가육박물관을 관람할 수 있는 시간은 하절기에는 08:00~22:00, 동절기에는 08:00~18:30까지이다. 관람료는 성인이 30위안인데, 70세 이상인 노인과 신장이 1.4m이하인 어린이는 면제된다. 그리고 60~70세까지와 학생증을 소지하면 반값이다.

촉한의 명장 관우가 잠들어 있는
관림(關林)

뤄양시 남쪽 교외 7km 지점에 자리 잡고 있는 관림관린은 삼국시대 촉한의 명장 관우關羽·관위(160~219년)의 수급首級(머리)이 묻혀 있는 곳으로 한나라 말부터 지금까지 1790여년의 역사를 간직하고 있다.

관림은 산둥성山東省(산동성)에 있는 공자의 묘인 공림孔林과 함께 '중국의 이림二林'이라 불리며, 중국에서는 공자와 관우를 '문무이성文武二聖'이라 일컫는다.

중국에는 관우의 무덤이 두 군데 있다. 한곳은 이곳 허난성 뤄양에 있는 관림이고, 또 다른 한곳은 후베이성湖北省(호북성) 탕양堂陽(당양)에 있는 관능關陵이다.

관림에는 관우의 수급, 즉 머리가 묻혀 있고, 관능에는 관우의 머리 없는 시신이 묻혀 있다. 관우의 묘가 머리 따로 시신 따로 묻히게 된 사연은 삼국지에 수록되어 있는데 그 이유는 이렇다.

오나라 손권과의 싸움에서 패한 관우는 그의 아들 관평關平·관핑과 함께 사로잡혀 참수형에 처해진다. 손권은 위나라 조조의 환

관림 입구

심을 사기 위해 관우의 목을 잘라서 함에 담아 보냈다. 조조는 관우를 제후의 예를 갖추어 이곳에서 극진히 장례를 지냈다. 조조가 촉나라 장수였던 관우를 제후로 받들어 장례를 성대하게 치른 까닭은 조조가 적벽대전에서 대패한 후 황급히 달아날 때 화용도華容道에서 매복하고 있던 관우가 길을 열어줘 목숨을 구한 은혜에 보답하기 위해서였다고 전한다.

관능 근처에 있는 비석에는 관우가 유비를 만나기 전 서당 훈장을 수행했을 때에 남겼다는 '讀好書, 說好話, 行好事, 作好人', 즉 "좋은 책을 읽고, 좋은 대화를 나누고, 좋은 일을 해 좋은 사람이 되라"는 글이 새겨있다.

사당을 들어서면 통로 난간 양쪽에 당나라 때 만든 해태 석상 수십 개가 쭈그린 자세로 도열해 있다. 목에는 모두 붉은 리본이 달려 있다. 이뿐만이 아니다. 관림 안에는 용수백龍首柏·룽서우바이이

해태 석상과 리본

란 이름을 가진 두 구루의 나무가 있다. 이 나무는 봉황과 용의 모습을 한 측백 고목인데 여기에도 어김없이 글을 새긴 붉은 리본들이 매달려있다. 붉은 리본에 자기 이름과 함께 소원을 적어서 걸어두면 소원한 바가 이루어진다고 한다. 물론 관우의 염력을 믿는 중국인들의 염원을 담고 있기 때문이다.

사당 안에는 면류관을 쓰고 있는 관우의 밀랍인형이 있다. 황제만이 쓸 수 있는 면류관을 왜 관우가 쓰고 있는 걸까.

관우는 원나라 문종이 1328년에 관우를 현령무안제왕顯靈武安濟王에 봉했기 때문에 관우는 황제와 지위가 동등하다고 보기 때문에 면류관을 쓸 수 있다고 한다. 면류관을 쓸 수 있는 분은 관우뿐만이 아니다. 공자는 당나라 때 현종이 붙여 준 시호가 문선왕文宣王이기 때문에 면류관을 쓴 공자를 볼 수 있는 것이다.

관우가 입고 있는 의상 또한 황제를 능가할 정도로 화려해 관우의 위상을 엿보게 한다. 특이한 점은 관우의 얼굴이 검붉은 색이다. 중국에서 검붉은 색은 의리가 있는 영웅호걸을 표현한 색이다. 관우 양옆에는 그의 아들 관평과 부하 장수 주창周倉·조우창이 나란히 양립해 보좌하고 있다.

나관중의 [삼국지연의]에서 주창은 관우 수하의 장수로 항상 관우를 모시고 호위한 인물로 묘사되어 있다. 심지어 관우의 호위무사로 헌신적 충의를 바치다가 관우가 죽었다는 소식을 듣자 자진

허난성 97

관우의 밀랍인형

했다고 기술하고 있다. 그렇지만 주창은 [삼국지연의]에서만 등장하는 가공의 무장이라고 한다.

사당을 지나면 석패방이 나오고 마지막에 자그마한 야산이 나온다. 여기가 바로 관우의 수급이 묻혀 있는 곳이다. 무덤을 한 바퀴 돌아볼 수 있다. 무덤은 8각형에 10m의 높이이고 너비는 250㎡에 이른다. 벽은 단단한 흙벽돌로 쌓았다.

묘 앞에는 많은 사람이 네모난 구멍을 통해 돈을 넣고 있다. 물론 소원을 빌면서이다. 관림은 나무가 무성해 싱그럽다. 능 위에 나무를 심은 것은 죽은 사람도 살아있는 사람과 마찬가지로 나무 그늘 밑에서 시원하게 편히 쉬라는 의미라고 한다.

유심히 살펴보면, 야산 주변은 측백나무이고 능묘인 야산에는 소나무가 심어져 있다. 능 앞 양옆에 주철로 만든 해태상이 특이하다. 당시의 장례문화는 이렇다.

사후세계에서도 호화로운 능묘에서 호사를 누리려는 생각에 시신을 영원히 썩지 않게 하는 것도 필요했다. 그러려면 물과 대기를 차단하고, 옻칠한 관을 사용하고 숯을 넣고 백토를 덮어 시신의 부패를 막았으며 심지어 수천 조각의 옥을 꿰매서 만든 수의를 입히기까지 했다.

관우(중앙)와 아들 관평(우) 부하장수 주창(좌)

그러나 뭐니 뭐니 해도 망자의 사후세계를 위협하는 가장 큰 적은 도굴꾼이었다. 도굴을 막기 위해 모래와 자갈을 묘에 덮기도 했다. 도굴꾼이 묘를 파헤치려고 해도 모래와 자갈이 계속 흘러내리기 때문에 땅을 파고 들어갈 수가 없기 때문이다. 모래와 자갈을 묘에 덮는 것은 도굴방지에 매우 효과적이며 확실한 방범 장치였던 셈이다.

봉분에는 여러 종의 수목이 들어서 있어 울창하다. 특히 소나무가 많다. 우리나라에서는 무덤에 나무를 심지 않은 것은 물론 심지어 벌초라 해 무덤의 잡풀을 베고 다듬어서 깨끗이 한다. 특히 잡초가 무성한 추석에는 벌초를 깨끗이 해야만 조상에 대한 효와 면목이 선다고 생각한다.

"중국에서는 각 소수민족의 전통문화에 따라 장례의식과 묘를 쓰는 방식이 다르지만, 특히 황제의 무덤에는 소나무를 많이 심는다. 무덤에 나무를 심는 이유는 무덤이 작은 경우 비가 많이 와서 홍수가 나면 무덤이 씻겨 내려가는 것을 방지하고, 도굴을 방지하기 위해서라지만 나무 그늘 밑에서 편히 쉬라는 의미도 내포되어 있다고 한다. 그렇지만 황제의 무덤에 소나무를 많이 심는 가장 큰 이유는, 굴 파기를 좋아하는 족제비를 막기 위해서라고 한다. 족제비가 소나무 냄새를 가장 싫어해서 범접하지 않기 때문이다.

우리나라도 무덤 주변에서는 아까시나무는 찾아볼 수 없고 소나무가 많은 것을 볼 수 있는데 우리 선조들의 지혜가 엿보이는 부분이다. 지금은 많이 사라졌으나 예전에는 족제비가 많았고 아까시나무는 뿌리가 무덤 안으로 파고들기 때문이다." <김종원 지음, [중국 서남부 자연·문화유적답사기] 315~316쪽 참조>

오랫동안 유비를 섬기며 촉한 건국에 많은 공로를 세운 관우는 충·의·인·용의 대명사로 불릴 만큼 손꼽힌 장수이다. 충성심과 의리 그리고 당당한 성품으로 인해 신격화되어 관제묘까지 세워졌으며 오늘날에도 관우에 대한 중국인들의 숭배는 계속되고 있다. 매년 10월이면 국내외의 많은 중국인이 이곳에 모여 국가 차원에서 관우제를 지낸다. 이때 장만하는 제사 음식만도 300여 가지라고 하니 그 규모가 어떠한지 짐작이 간다.

석패방 / 관우의 수급이 묻혀 있는 묘

'모란연채'로 유명한 천하제일연
진부동(眞不同)

뤄양은 역사가 오래된 도시답게 음식도 발달했는데 그 대표적인 요리가 궁정요리인 수석水席·수이시요리이다. 수석이란 요리를 하나씩 하나씩 올리며, 한 접시를 먹고 나면 또 한 접시가 오르고, 요리가 마치 구름과 물이 흐르듯 계속해서 나온다 해 붙여진 이름이다.

이 요리로 가장 유명한 곳은 1895년에 문을 연 진부동전부퉁이다. 그 역사는 1,000여 년 전의 당나라 시대로까지 거슬러 올라간다.

'천하제일연'이라 불리는 진부동의 뤄양수석洛陽水席은 용문석굴, 모란과 더불어 뤄양삼절洛陽三絶에 속할 정도로 유명하다. 한때 무측천(측천무후)이 먹었다해 '무후의 연석' 또는 '뤄양연채'로 불렸던 모란연채牡丹燕菜가 유명하다.

일반적으로 모란연채에 '제비 燕'자가 들어가기 때문에 제비집 요리로 잘못 알고 있는 사람들이 많다. 그렇지만 모란연채는 제비집이 아닌 고급 무와 해삼, 오징어, 닭고기로 만든다. 이때 사용하는 무는 '백나복白蘿蔔·빠이러버'이라는 흰 무이다. 무를 용의 수

석천하제일연인 진부동 외관 / 천하제일연인 진부동 궁정 수석요리

염처럼 가늘게 자른 후 조리하는 과정에서 백옥 같은 색과 제비 둥지 같은 모양으로 만든다.

　1973년 캐나다 총리가 중국을 방문했을 때 저우언라이周恩來 총리가 함께 뤄양에 있는 진부동으로 와서 뤄양연채를 맛보았다고 한다. 이때 요리사가 계란으로 모란꽃을 만들어 연채 위에 올려놓았는데 저우언라이 총리가 이를 보고 "뤄양의 모란은 천하의 제일이요, 요리 속에도 모란꽃이 피는구나"라고 말했는데 이때부터 모란연채로 개명되었다고 한다. 이외에도 고기완자요리, 뤄양해삼, 연근고기탕, 인삼마탕요리, 삼색게요리, 우유야채탕 등 16~24가지의 요리가 나온다.

(상)천하제일연인 진부동 모란연채
(중)용봉탕 / (하)허난성 요리

모란연체

중국 3대 석굴 용문석굴(龍門石窟) 백거이 체취 향산사(香山寺)

허난성 관광의 하이라이트는 둔황敦煌(돈황)의 막고굴莫高窟·모가오쿠, 다퉁大同(대동)의 윈강雲崗·윈강석굴과 함께 중국 3대 석굴 중 하나인 '용문룽먼석굴'이다. 이 석굴은 뤄양 교외를 흐르는 이허伊河(이하)를 사이에 두고 마주보는 서쪽 용문산龍門山·룽먼산과 동쪽 향산香山·샹산의 암벽을 따라 빈양삼동→마애삼불→만불동→연화동→봉선사→고양동에 이르기까지 약 1km에 걸쳐 조성되어 있다. 용문이란 '산 사이 협곡으로 용이 드나드는 문'이라 해서 붙여진 이름이다.

용문석굴을 처음 뚫기 시작한 것은 493년 북위 시대부터 수나라, 당나라를 지나 북송에 이르기까지 400여 년에 거쳐 비연속적으로 조각해 완성했다.

허난성 여유국에서 출간한 자료에 의하면, 현재 있는 석굴은 모두 2,345개이며, 총 10만 점이 넘는 불상과 2,860여 개의 비문이 새겨져 있고, 70여 개의 불탑이 있다고 한다. 특히 용문석굴은 각각의 부조가 정교하고 아름다울 뿐만이 아니라 예술성이 뛰어나

'동방석각예술의 보고'로 불리며, 2000년 11월 30일 유네스코 세계문화유산에 등재되었다.

이허를 사이에 두고 동쪽의 향산과 서쪽의 용문산을 이어주는 아치형 돌다리에는 '龍門' 현판이 있고 두 개의 아치형 출입구가 있다. 그 아래에는 용문석굴 관람도가 상세하게 그려져 있다. 왼쪽으로는 이허 강물이 흐르고 오른쪽 산책로를 따라 거닐면 벌집처럼 늘어선 암벽이 신비감으로 다가온다.

용문석굴을 보고 있노라면 마치 인도에 있는 아잔타석굴과 엘로라석굴이 연상된다. 하지만 인도의 두 석굴은 규모가 크고 부조가 거칠다. 반면 이곳 용문석굴은 조각 하나하나가 인도의 석굴과는 비교할 수 없을 정도로 정교하고 아기자기하다. 가장 작은 불상은 손바닥 안에 쏙 들어올 정도 크기인 2cm에서부터 가장 큰 노사나대불까지 불상의 크기도 다양하다.

10만 점이 넘는 불상 하나하나의 표정이 각각 다르다는 사실이 당시 석공들의 뛰어난 조각 솜씨에 놀라지 않을 수가 없다. 그런데 불상 대부분은 목이 잘린 상태이다. 부처의 머리를 지니고 있으면 복이 오고 액운을 막을 수 있다는 속설 때문에 많은 사람이 불상의 두상 부분만을 떼어갔기 때문이다.

이뿐만이 아니다. 두상이 잘리고 팔이 달아나고 귀가 떨어지고 코가 뭉개졌다. 어떤 것은 시멘트를 발라 놓았고, 심하게 무너져 내린 벽면은 벽돌을 층층이 쌓아 올렸다. 개보수한다고는 했으나 근대 이후 도굴과 대륙을 휩쓸고 간 민족적 대재난인 문화대혁명의 광풍으로 인해 그 파괴의 현장이 아직도 남아 있다. 물론 오랜 세월

용문석굴 입구 / 빈양삼동

방치되면서 풍화작용에 의한 훼손도 있었겠지만, 중국인들 특히 홍위병들의 무지로 인해 후손들에게 길이 물려줘야 할 유산들이 파괴된 현장을 보니 아쉬움이 크다. 용문석굴을 들어가기 위해서는 용문을 통과해야 한다. 용문을 지나면 작은 인공연못인 우왕지禹王池가 나오고 우왕지를 지나면 잠계사潛溪寺가 나온다. 잠계사 다음에는 북위 시대를 대표하는 동굴인 빈양삼동賓陽三洞·빈양싼둥이 있다. 빈양삼동은 북위의 제7대 황제인 선무제宣武帝가 아버지 효문제孝文帝의 공덕을 기리기 위해 조성했다. 빈양은 "태양을 맞이한다"라는 뜻으로, 빈양삼동은 동이 트고 붉은 태양이 떠오르면 가장 먼저 햇살을 머금은 동굴로서 모두 11개의 대형 불상이 모셔져 있다.

불수모란석

돌은 부처의 손을 닮았고 꽃문양은 모란을 닮았다 해 이름붙인 불수모란석佛手牧丹石을 지나면 당나라 때인 680년경에 굴착한, 543호굴인 만불동萬佛洞·완포둥이 나온다.

　만불동이란, 석굴의 남북 두 벽에 1만 5천여 개의 불상이 조각되어 있다해 붙여진 이름이다. 석굴 천정 연꽃 주변에는 '大唐永隆元年十一月三十日大監姚神內道禪師場智대당영륭원년11월30일대감요신내도선사장지' 등의 글씨가 조각되어 있어 만불동의 조각상 수와 주체 이름과 완공 시기 등을 알 수 있는 중요한 자료가 되고 있다.

　석굴 천장에 커다란 연꽃 부조가 있다해 이름 붙은 712호굴의 연화동蓮花洞·롄화둥은 북위 시대의 것으로 석굴 천정 정중앙에 직

용문석굴 전경 (중국국가여유국 서울지국 제공)

경 3m 이상의 대형 연꽃이 피어있다. 활짝 핀 연꽃 속에 음각한 연 씨앗과 연꽃 주변의 비천상이 인상적이다.

　675년에 완공한 1280호굴의 봉선사奉先寺·펑셴쓰는 용문석굴 중 규모가 가장 크고 인류미술사적 걸작이며, 당나라 조각 예술의 극치를 보여준다. 정면 중앙의 높이 17.74m, 머리 높이 4m, 귀 길이 1.9m에 이르는 노사나불盧舍那佛은 수려한 용모와 인자한 웃음이 인상적이다. 이 노사나불은 많은 건축자금을 희사한 측천무후의 얼굴을 본떠 만들었다고 전해지며, '동방의 비너스' 또는 '동방의

만불동 / 연화동

모나리자'라고도 불린다.

그런데 불상들을 유심히 살펴보면 모두가 통통하다. 오늘날 미녀는 얼굴이 갸름하고 말라야 하지만 당대에는 오늘날의 미녀 기준과는 사뭇 다른 통통한 여자가 미녀였는가 보다. 그래서인지 중국의 4대 미인 중 한사람인 양귀비楊貴妃·양귀이페이를 비롯해 서시西施·시스, 왕소군王昭君·왕자오쥔, 초선貂蟬·댜오찬 모두 통통한 모습의 초상화를 볼 수 있다.

봉선사 낮과 밤 전경

앞에서 말한 노사나불은 비로자나불毘盧遮那佛이라고도 하는데, 부처가 설법한 진리가 태양의 빛처럼 우주에 가득 비추는 것을 형상화한 불상이며 깨달음을 얻기 위해 열심히 수행한 공덕으로 나타난 부처를 말한다. 즉 조상 석가모니 지혜의 화신을 말한다. 노사나대불도 문화대혁명의 광풍으로 인해 두 팔이 잘려나갔다.

노사나불 왼쪽에는 문수보살과 가섭 존자가, 오른쪽에는 보현보살과 아난다 존자가 보좌하고 있다. 가섭 존자는 부처님 사후 교단

'동방의 비너스'로 일컫는 봉선사의 노사나불

을 이끌었으며 아난다 존자는 부처님을 측근에서 보좌한 인물이다.

　노사나불 바로 왼쪽에 있는 가섭 존자의 머리는 누군가에 의해 훼손된 채 관람객을 맞고 있으며, 봉선사 좌우에 당당하게 서 있는 영웅호걸의 품격을 지닌 천왕과 기세등등한 역사 등 총 9개의 석상이 자리 잡고 있다. 역사를 '인왕'이라고도 하는데, 문을 지키는 수문장 구실을 하는 신을 말한다. 모든 조각이 조형성과 예술성이 뛰어난 작품들이다.

　전남 장흥 보림사를 가면 대적광전에 국보 제117호인 비로자나불을 볼 수 있다. 높이가 2.73m인 철불의 공식 이름은 '장흥 보림사 철조비로자나불좌상長興寶林寺鐵造毘盧遮那佛坐像'으로 신라 헌안왕 2년인 858년에 만들었다는 글이 팔에 양각되어있다.

　사실 이 철조비로자나불좌상은 1951년 7월 대규모의 공비토벌작전으로 인해 보림사내의 많은 건물이 불타버렸을 때 철불도 광배와 대좌 등에 커다란 훼손을 입은 채 반세기 동안 대웅보전 한쪽에 방치되어 있다가 복원한 것이다. 금속학자로서는 처음으로 필자가 [寶林寺 鐵佛에 대한 金屬學的 解析]이란 논문을 발표한 적이 있다.

　용문석굴 중 가장 먼저 굴착한 1443호굴인 고양동古陽洞·구양동은 북위 제6대 황제인 효문제가 뤄양으로 도읍지를 이주하기 전후인 493년에 건설하기 시작했다. 6세기 초~8세기 초에 건설한 약방

장흥 보림사 대웅보전 / 철조비로자나불좌상

동藥方洞·야오팡둥은 동굴 입구에 당나라 때의 약 처방 중 140여 종과, 현대의학에서도 치료하기 힘든 당뇨, 식도 종양, 폐결핵 등 40여 종의 질병을 치료할 수 있는 비방을 새겨놓아 고대 의학을 연구하는데 중요한 자료가 되고 있다.

> **TIP**
>
> 국가AAAAA급 관광경구인 용문석굴의 개방시간은 07:30~18:30까지이며 사계절 관광할 수 있다. 관람료는 100위안이다.

용문석굴을 관람 후 다리를 건너면 동산석굴이 나온다. 동산석굴 쪽에서 바라보는 봉선사 노사나불과 석굴은 대형화면처럼 더욱 아름답고 파노라마처럼 펼쳐진다. 동산석굴에서 북쪽으로 조금 더 가면 산 중턱에 자리 잡고 강을 내려다보고 있는 자그마한 불교사원 향산사샹산쓰가 나온다. 급경사의 계단을 딛고 올라야 하기 때문에 조금은 힘들다.

향산사는 백거이를 비롯해 수많은 문인과 승려들이 즐겨 찾던 곳이다. 특히 향산사에는 왼팔을 잘라 달마대사의 제자가 된 혜가慧可 스님(487~593년)의 이야기가 유명하다. 혜가 스님이 바로 이 절에서 출가했기 때문이다.

내용은 이렇다.

혜가 스님은 출가는 했지만 호국과 기복신앙 형태인 당시의 불교에서는 수행을 통해 스님이 추구하고자 했던 궁극적인 문제해결을 위한 진전을 보지 못하고 고뇌와 번민을 계속하던 중 꿈에 현몽을 받는다. 다음날, 혜가 스님은 스승인 보정선사寶靜禪師의 허가를 얻어 숭산 소림사에 있는 달마대사를 찾아가서 가르침을 청한다.

그러나 달마대사는 오로지 면벽수행面壁修行(벽을 마주 대하고 좌선하는 수행)만을 하며 혜가 스님을 거들떠보지도 않았다. 동굴 앞을 지킨 지 3일이 지났다. 그날 밤, 무릎을 덮을 정도로 많은 눈이 내렸지만 흐트러지지 않는 자세로 제자로 받아줄 것을 간청하고 있는 혜가 스님에게 달마대사가 마침내 입을 열었다.

"눈 속에 서서 그대는 무엇을 구하고자 하는가?"라는 물음에 혜가 스님이 답했다.

"여러 중생을 널리 제도할 수 있는 도를 향해 나아갈 참법을 가르쳐 주시옵소서."

"부처님의 위 없는 도는 여러 겁을 부지런히 닦았더라도 행하기 어려운 일을 행해야 하고 참기 어려운 일을 참아야 하거늘, 어찌 작은 공덕과 얇은 지혜를 소지한 자가 경솔한 행동과 교만한 마음으로 참법을 바라는가? 헛수고만 할 뿐이니 돌아가거라."

"부처님도 도를 구할 때 뼈를 깨뜨려서 골수를 빼내고 피를 뽑아서 주린 이를 구하고 벼랑에서 떨어진 호랑이에게 자신을 먹이로 던져주었다. 부처님이 이러하거늘 나는 어떠한가?"라면서 혜가 스님은 조금도 망설임 없이 스스로 왼팔을 잘라 달마대사에게 받쳤다.

이는 '용맹정진'하겠다는 결연한 의지를 보인 것이다. 그제야 달마대사는 혜가 스님을 제자로 받아들인다.

이후 혜가 스님은 달마대사의 제자가 되어 6년 동안을 모셨다. 달마대사는 입적하기 전 혜가 스님에게 천축국天竺國(인도)에서 중국으로 건너올 때 가져 왔다는, 목면으로 만든 가사袈裟(승려가 입는 법의) 한 벌을 건네준다. 이 가사는 달마대사로부터 시작하는 중국 선종의 법맥을 상징하는 보물이 되며, 혜가 스님은 중국 선종의 제2대 조사가 된다. 달마대사가 혜가 스님에게 내린 전법게傳法偈(후계자에게 법을 전함)는 다음과 같다.

> 吾本來唐國오본내당국 / 내가 인도를 떠나 당나라에 온 것은
> 傳敎救迷精전교구미정 / 가르침을 전해 어리석은 중생을 구제하기 위함이요
> 一花開五葉일화개오엽 / 한 꽃송이에서 다섯 꽃잎이 피어나면
> 結菓自然成결과자연성 / 열매가 맺어서 저절로 익어갈 것이다

위 게송으로 스승의 법을 이은 혜가대사는 다시 제자이자 제3대 조사인 승찬僧璨 스님에게 게로써 법을 전한다.

花種雖因地화종수인지 / 꽃씨가 땅을 인연으로 해서
從地種花生종지종화생 / 땅에 뿌린 씨앗에 꽃을 피우니
若無人下種약무인하종 / 만일 꽃씨를 뿌리는 사람이 없다면
花種盡無生화종진무생 / 꽃은 땅에 자라나지 않으리

선종에서 극찬을 받는 선시 가운데 하나인 신심명信心銘('마음에 새겨둘 말'이란 뜻)을 저술한 '승찬 스님'은 나이 마흔이 넘도록 나병癩病(문둥병)을 앓고 있었다고 한다. 그저 죽지 못해 하루하루 힘든 삶을 이어갈 뿐이었다. 그는 자신이 무슨 큰 죄를 지어 몹쓸 병에 걸린 것으로 생각하고 있었다.

어느 날, 승찬은 혜가대사의 명성을 듣게 된다. 승찬은 마지막 삶의 끈이라 생각하고 혜가대사를 만나러 간다. 승찬은 절박한 심정으로 혜가대사의 발아래 엎드려서 말했다.

"도대체 제가 무슨 죄를 지었기에 이런 고통을 겪고 있습니까?"
"그 죄를 내게 가져오너라. 내가 그것을 없애주마."
"제가 무슨 죄를 지었는지 아무리 찾아봐도 찾을 수가 없습니다."
혜가대사는 빙긋이 웃으며 말했다.
"그렇다면 네 죄는 모두 없어졌다. 찾을 수도 없는 죄에 묶여 헛되이 고통받는 일은 이제는 그만해라."

큰 깨우침을 받은 승찬은 그의 육신의 병도 나음을 받고, 출가해서 승려가 되는데 '승찬'은 스승인 혜가대사로부터 받은 법명이다.

몇 년 뒤 승찬 스님은 혜가대사로부터 법통을 이어받아 중국 선

백거이 초상화 / 백거이 묘원과 석비

종의 제3대 조사가 된다. 혜가대사나 승찬대사 모두 그 스승에 그 제자라는 생각이 든다. 혜가대사의 말년에는 시기하는 무리들의 무고로 가혹한 형을 받다가 106세에 입적한다.

이뿐만이 아니다. 당나라 고종의 황후로 690년 황제의 자리에 올라 15년간 대륙을 통치했던 무측천도 향산사를 자주 찾았다고 한다. 뤄양에서 황제로 등극했을 때 주변 풍광이 아름다운 향산사를 군신들과 자주 찾아 시회詩會를 열어 가장 먼저 지은 사람에게 금포錦袍(비단으로 된 두루마기)를 하사했다는 이야기도 전해진다.

시인 백거이는 용문석굴이 바라보이는 이곳 향산사에서 강을 바라보며 시를 읊조리고 유유자적한 생활로 여생을 보냈다고 한다.

'향산거사香山居士'라는 별호도 향산사에서 따온 것이다. 이곳에는 백거이의 묘원인 바이위엔白苑(백원)이 있다. 잡초가 우거진 묘원 앞의 석비에는 '唐少傅白公墓당소전백공묘'가 새겨있다. 1999년 4월 20일에는 한국 백씨 종친회에서 백거이가 잠들어 있는 이

허난성 *117*

백씨 종친회에서 남긴 기념비

곳 묘원을 방문해 참배한 후 기념비를 남기기도 했다. 이들은 매년 이곳을 찾아 제사를 지낸다고 한다.

1750년에는 청나라 건륭제가 다녀갔으며, 1936년에는 장제스의 50세 생일을 축하하기 위해 지방정부가 향산사 남측에 '蔣宋別墅장송별서'라 불리는 작은 누각을 지었다. 장송별서란 장제스와 그의 부인인 쑹메이링宋美齡(송미령)의 별장이란 뜻이다.

TIP

중국을 여행할 때는 가급적 냉수를 마시지 않는 것이 좋다. 중국 음식은 기름기가 많고 느끼하기 때문에 찬물을 많이 마시면 배탈이 나기 쉽다. 그리고 생수는 꼭 사서 마실 것을 권한다. 중국의 차茶 문화가 발달한 것도 생수로 마시기에는 부적합한 물 때문이다.

허난성 요리

중국 최초의 불교 사찰
백마사(白馬寺)

중국 최초의 불교사찰인 백마사바이마쓰는 '천하제일고찰'이라 불리며, 뤄양시에서 동쪽으로 약 12km쯤 떨어진 곳에 있다.

백마사는 후한 영평後漢永平(효명황제) 11년(서기68년)에 건립한 사찰이다. 백마사의 유래에 대해서는 서로 다른 많은 얘기들이 있으나 정설에 가장 가까운 얘기는 다음과 같다.

64년 광무제의 아들로 동한의 명제明帝(후한의 제2대 황제)가 된 유장劉莊은 꿈속에서 머리에 광채가 나는 금빛의 사람이 날아와 궁궐 위를 몇 바퀴 선회하고 다시 서쪽 하늘로 날아가는 모습을 보고 서역으로 12명의 사신을 파견해 불법을 구했다고 한다.

3년 후 그들은 천축국(지금의 인도)의 두 승려인 섭마등攝摩騰·서모텅, 축법란竺法蘭·주파란과 함께 백마의 등에 경전과 불상을 싣고 뤄양으로 돌아왔는데, 이를 기념하기 위해 천축 양식으로 지은 사찰이 중국의 첫 번째 불교 사찰인 백마사라고 한다. 이때 불상과 경전을 흰말에 싣고 왔다白馬馱經·백마타경해 백마사라 이름

허난성

중국 최초의 불교사찰인 백마사 전경

지었다.
　백마사 입구 양쪽에는 송나라 때 만들었다는 두 마리의 백마석상이 있다. 석패방에 '中國第一古刹'이라 쓴 고풍스러운 정문을 지나 입구로 들어서면 천왕전, 대불전, 대웅전, 접인전, 비로전 등이 웅장한 자태를 뽐낸다. 특히 대불전에는 무게 1.25톤의 큰 철종이 있다.
　　대불전 뒤에는 대웅전이 있는데 이곳에는 원대에 조성한 삼세불三世佛이 모셔져 있다. 삼세불이란 과거, 현재, 미래의 부처를 가리키는 말로 현세를 상징하는 석가모니불을 주불로 모시고 왼쪽에는 과거를 상징하는 약사불, 오른쪽에는 미래를 상징하는 아미타불을 협시로 모셨으며, 원대에 조각된 십팔나한상과 코믹하게 웃고

백마석상

'中國第一古刹' 석패방 / 삼세불

있는 배불뚝이 포대화상도 있다.

종루鐘楼도 눈여겨볼 만하다. '백마사의 종소리'란 뜻의 馬寺鐘聲마사종성 현판 위에는 종루 현판이 걸려 있다. 7m 높이의 중층 헐산식重檐歇山式(겹처마 팔작지붕) 건축물인 종루는 일본사람인 나카무라中村包行 씨가 400만 엔을 기부하고, 백마사 측에서 60만 위안을 출자해 1991년 6월 완공했다. 고루는 1992년에 준공되었다. 지붕은 회색의 반원통형 기와를 얹었다.

왼쪽 주련 옆 대리석판에는, "중·일 양국 간의 우의를 다지고 종소리가 세계만방으로 퍼져나가 평화가 깃들고 뤄양시민들의 행복을 바란다"라는 내용의 글이 새겨있다.

일본인들의 시주는 이곳뿐만이 아니다. 중국에서 내로라하는 사찰을 가보면 어김없이 일본인들이 사찰 건축비 얼마를 기부했다는 내용이 새겨있다. 강자에게는 약하고 약자에게는 강한 일본인들의 양면성을 보는 것 같아 왠지 마음이 씁쓸하다.

모란꽃이 만개한 경내에는 청량대清凉臺·칭량타이가 있는데 이곳에 있는 허원정許願井에는 많은 참배객이 무병장수와 많은 돈을 벌게 해달라고 기원하며 연못에 지폐를 띄우고 있다. 중국인들

은 이곳을 천여 년의 역사를 간직하고 있는 우물로서 소원을 빌면 들어준다고 해서 '千年歷史的許願古井 천년역사적허원고정'이라고 한다.

백마사는 안사의 난 安史之亂(755~763년.

종루   당나라 현종 말기에 절도사인 안녹산과 사사명이 주동이 되어 일으킨 대규모 반란) 때 위구르족에 의해 불탔으며, 문화대혁명 때도 홍위병들에 의해 요나라 때 만들었다는 18 나한상과, 2천 년 전 인도의 고승이 가져왔다는 패엽경貝葉經(고대 인도에서 종이 대신에 다라수 나뭇잎에 불경을 적은 것)을 비롯해 많은 유물이 훼손되고 파손되는 피해를 봤다. 백마사는 모란이 피는 4월에 찾으면 여러 종류의 모란꽃을 감상할 수 있을 뿐만이 아니라 실록이 우거져 참으로 아름답다.

백마사에서 동남쪽으로 약 200m쯤 떨어진 곳에는 일명 석가사리탑이라고도 불리는 제운탑齊雲塔·지윈타이 있다. 제운탑은 탑이 구름 속에서 솟아있다 해 붙여진 이름으로 허난성에서 유일한 비구니 도량이다.

제운탑은 69년 후한 명제의 칙명에 따라 목탑으로 건립되었으나, 북송 말기에 금나라의 침략으로 소실되었다. 현존하는 제운탑

청량대 연못 / 대형 향에 향불을 붙이는 중국인들

은 1175년 금나라 세종 때 중건한 것으로, 4각형의 밀첨식密檐式 (처마가 차곡차곡 겹치는 방식) 전탑이며 13층, 25m 높이이다.

제운탑

중국 4대 서원 숭양서원(嵩陽書院)
4,500년 된 장군백(將軍柏)나무

덩펑登封시 북쪽 3km지점에 있는 숭양서원쑹양수위안은 '숭산의 양지바른 곳에 있는 서원'이란 뜻으로, 장시성江西省의 백록동서원白鹿洞書院, 후난성湖南省의 악록서원嶽麓書院, 허난성의 응천서원應天書院과 함께 중국 북송의 4대 서원 중 한 곳이다.

허난성에는 북송의 4대 서원 중 숭양서원과 응천서원 두 곳이 있다. 이곳 숭양서원은 북위 태화北魏太和 8년인 484년에 지었으나 명 말기에 화재로 소실되었는데 청 강희 13년에 재건했다. 그리고 숭

숭양서원 입구

명산 제일 숭산 입구

양서원이 당나라 때는 불교 사원이였으나 그 뒤 도교 사원으로 되었다가 지금은 일반서원이다. 송대 당시에는 숭양서원이 유교의 중추적인 역할을 했다.

숭양서원 입구에는 고산앙지高山仰止 현판이 있다. 고산앙지는 "높은 산은 우러러본다"라는 뜻이지만, 도덕이 있는 자를 높은 산에 비유해 그런 자를 우러러봐야 한다는 뜻이다.

정문을 지나면 비정碑亭이 나온다. 비정을 본 후 조금 더 올라가면 왼쪽에 당 천보唐天寶 3년인 744년에 세운 높이 9m, 폭 2.04m 크기의 대당숭양관기성덕감응지송비大唐嵩陽關紀聖德感應之頌碑가 있다. 오랜 세월의 역사를 말해주고 있는 이 비는 숭산 일대에서 가장 크다 해 '嵩山碑王'이라고도 불린다.

숭양서원 현판

고풍스러운 숭양서원 현판을 지나면 서원의 서쪽에 커다란 검은색 고목 두 그루가 서 있다. 이 나무는 그 이름도 거

대장군 / 이장군

창한, 장군편백나무라는 뜻의 장군백쟝쥔바이인데, 각기 대장군大將軍·다쟝쥔과 이장군二將軍·알쟝쥔으로 불린다.

  사람도 나이가 들면 얼굴에 검버섯(일명 저승꽃)이 피듯 나무도 검게 변했다. 대장군은 높이가 약 10m, 둘레 길이가 약 5m이며, 이장군은 높이가 약 20m, 둘레 길이가 약 13m이다. 이 장군백은 수령이 물경 4,500여 년이나 되는데 현존하는 나무 중 세계에서 가장 오래된 나무라고 한다.

  그러나 이것은 어디까지나 허난성 사람들이 하는 말이고 2007

년, 중국과학원 식물연구소와 화중농업대학의 조사결과에 의하면, 중국 후베이성 湖北省 마청 麻城시의 구봉산 龜峰山·구이펑산에서 100만년이 넘은 진달래 군을 발견했다는 발표가 있어 세계를 놀라게 했다. 그리고 2008년 4월 MSNBC미국의 뉴스 케이블에서는 세계 최고령의 가문비나무(소나뭇과의 상록침엽교목)가 스웨덴에서 발견되었는데 수령이 물경 7,800세라는 보도가 있었다.

이외에도 그동안 공식적인 최고령으로 기록된 나무는 미국 캘리포니아주에 있는 잣나무 과인 므두셀라(methuselah)로 수령이 4,800세이다. 이 므두셀라는 구약성서 창세기 5장 27절에 969세까지 살았다고 기록된 구약시대의 족장 이름을 딴 나무로 유명하다.

이밖에 일본 규슈 지방에서는 7,200세로 산신령으로 모시고 있는 삼나무도 있다.

우리나라에는 서울 관악구 신림동에 있는 굴참나무가 수령 1,000세로 밝혀졌는데, 강감찬 장군이 꽂아둔 지팡이에서 싹이 돋았다 해 일명 '강감찬 나무'라 불린다. 그리고 경기도 양평군 용문

허난성 요리

산에 있는 은행나무는 원효대사 나무로 불리는데 수령이 1,100세라고 한다.

이렇듯 세계 곳곳 여러 나라에서는 자기 나라에 있는 나무가 세계에서 가장 오래된 나무라고 자랑을 한다.

이 모든 나무에 대해 나무의 껍질이나 뿌리의 한 부문만 떼어내도 수령을 알 수 있는 탄소동위원소측정법을 통해 확실한 연대측정이 이루어졌으면 하는 바람이다. 특히 오래된 것이라면 지기를 싫어하는 중국인들을 위해서라도 말이다.

한국프로사진협회 회원들과 함께

천하제일 명찰, 중국 쿵푸 요람
소림사(少林寺)

중국 쿵푸의 요람이자 불교 선종禪宗의 본산지인 소림사샤오린쓰는 덩펑현 서북 숭산嵩山·쑹산에 있는 사찰이다. 소림무술로 유명한 소림사는 '소실산少室山·샤오스산 아래의 무성한 숲속에 있다.'해서 붙여진 이름이다.

전설에 의하면, 발타선사跋陀禪師는 6명의 친구와 함께 출가했는데 친구들은 모두 성불을 하고 발타선사만 성불하지 못했다고 한다. 그렇지만 발타선사는 실망하지 않고 중국으로 구도의 길을 떠난다. 중국으로 간 발타선사는 효문제를 만나게 되고 496년, 북위 제6대 황제인 효문제孝文帝가 인도에서 온 발타선사를 위해 소림사를 세웠고 발타선사는 초대 소림사 주지가 된다.

중국명이 '佛陀跋陀羅불타발타나'인 발타선사의 출생일은 정확하게 알려지지 않았으나 대략 430년경으로 추정할 뿐이며, 중국으로 건너온 시기는 발타선사가 30대 중반인 464년이라는 기록이 남아있다. 그의 제자로는 승조僧稠와 혜광慧光이 있다. 발타선사는 소림사에서 30여 년간을 머물다가 떠났다.

소림사 광장 무술시범

　많은 사람이 소림사는 중국 선종의 시조인 인도의 고승 달마대사 達磨大師가 창건했다고 알고 있다.
　그러나 사실은 발타선사가 효문제의 명을 받아 창건한 사찰이다. 달마대사는 남인도 마드라스 근처 칸치푸람 출신으로 발타선사가 소림사를 떠난 후 몇 년 뒤에 소림사로 왔다고 한다. 중국무술의 대명사로 알려진 소림무술의 시초는 달마대사가 면벽 수련을 하는 승려들의 건강증진을 위해 5가지 동물의 움직임을 모방해 만든 것이다.
　입구에 있는 커다란 입석에는 장쩌민 주석이 남긴 '少林文化·人類遺産'이란 글귀가 새겨져 있다. 광장에서는 관람객을 환영하는 무술시범을 선보인다. 우리가 텔레비전에서 봤던 통상적인 무술시

소림사 무승들의 무술시범(중국국가여유국 서울지국 제공)

범이다.

숭산소림嵩山少林 정문을 통과해 대기하고 있는 전동차를 타고 내리기를 반복하며 경내의 여러 곳을 둘러보았다. 천왕전 좌우에는 종루와 고루가 있고, 경내 입구 좌우에는 수많은 비석이 있다. 소림사를 방문했던 유명인이나 단체에서 남긴 흔적이다. 비석 중에는 미국 화림사華林寺에 있는 어느 큰 스님의 제자들이 무술단을 이끌고 방문한 기념으로 남긴 '歸宗朝聖귀종조성'과 다른 절로 떠났다가 다시 자기가 있던 소림사로 돌아와서 남긴 '歸山朝聖귀산조성' 비석도 있다. 이뿐만이 아니다. 세계당수도협회에서 방문했다는 기념비도 있다.

1,500여 년 된 은행나무와 다른 은행나무에는 둥근 구멍이 여러

소림무술 수련생들의 위용

소림사 산문

곳 파여 있다. 소림사 무승들이 손가락을 단련하면서 생긴 구멍이다. 많은 사람이 구멍에 손가락을 넣어보기 때문에 보호 차원에서 판자에 철사를 이어 만든 울타리를 쳐놨다.

좀 더 위로 가면 왼손을 가사에 넣은 맨발의 달마대사가 오른손에 검정고무신을 들고 어느 쪽인가를 응시하고 있는 모습이 나온다. 우리에게 어떤 화두를 던지고 있는 것인지가 궁금하다. '달마가 동쪽으로 간 까닭은?'이라는 화두가 연상된다.

일반적으로 달마상은 흉측한 모습을 하고 있다. 그런데 원래의 달마는 남인도 어느 왕국의 왕자로 미남이었다고 한다. 불교에 심취한 달마는 승려가 된 후 수련을 통해 육신통六神通(여섯 가지 신통력)에 능통해 천계와 지계를 자유자재로 드나들 수 있었다. 육신

비석과 은행나무 / 1,500여 년 된 은행나무와 손가락 단련 흔적

통 중 하나인 신족통神足通은 마음으로 몸을 만들거나 사라지게 할 수 있고 벽을 통과하거나 물위를 걸을 수 있고 하늘을 날 수 있는 능력을 말한다.

달마대사는 이 신족통을 발휘해 잠시 천상세계로 놀러 갔다. 그런데 천상세계에서 놀다가 인간의 세계로 돌아와 보니 이미 자신은 죽어 육신이 육탈된 상태였다. 달마대사는 하는 수없이 아직 썩지 않은 다른 사람의 시신으로 들어가 살아났다. 천상세계에서의 3일이 인간세계에서는 3년이란 사실을 간과했던 거다. 보통 사람들 같았으면 죽어서 구천을 헤맸을 것이나 육신통에 능통한 달마대사였기에 죽은 다른 사람의 몸으로 들어가서 살 수 있었다. 이렇듯 달마대사는 아직 썩지 않은 사람의 시신으로 들어간 몸이기 때문에 생김새가 흉측하고 몸에서는 고약한 냄새가 났다. 달마대사의 이런 흉측한 모습과 고약한 냄새가 귀신을 쫓게 하고, 부정을 막아주며, 심지어 수맥까지 차단해주는 역할을 한다고 믿어 일부 가정에서는 달마도를 벽에 걸어두고 달마대사의 염력을 얻으려 한다.

한쪽에는 연리지連理枝가 있다. 연

달마대사 상

허난성 *135*

(상)달마도 /(중)연리지 /(하)무쇠솥

리지란 당나라 때의 시인 백거이가 장한가에서 당 현종과 양귀비와의 사랑을 비익조와 연리지에 비유했는데, 연리지란 두 나무의 가지가 서로 맞닿아 감고 있는 교합 모양의 것으로 남녀 간의 지극한 사랑을 의미한다.

만력(명나라 신종의 연호) 4년인 1575년에 만들었다는, 무게가 물경 1,300근(780kg)이나 되는 무쇠솥(주철로 만든 솥)이 있다. 당시 소림사에는 이렇게 큰 무쇠솥이 20여 개가 있었다고 하니 황실의 보호 아래 소림사가 얼마나 번성했는지를 짐작할 수 있다. 깨진 무쇠솥 속을 들여다보고 있자니 뉘릿하게 눌린 누룽지의 구수한 냄새가 코로 스며드는 것만 같다.

소림사 대웅보전은 1928년 화마로 붕괴된 후 1985년에 재건했다. 대웅보전 내 천정에 있는 녹색의 유리타일이 특이하다. 웅대한 법당 내에는 석가삼존과 부처의 두 제자, 즉 두타제일頭陀第一로 불리는 가섭존자와 다문제일多聞第一로 불리는 아난다존자가 모셔져 있다. 여기에서 두타는 "먼지를 털어낸다"라는 뜻으로, 원리 원칙에 따라 철저하게 수행한 가섭존자를 말한다. 다문은 "법문을 외워 지닌 것이 많다"라는 뜻으로, 기억력과 집중력이 매우 뛰어나 부처님 열반 직후 열린 합송合誦(석가모니가 죽은 뒤에 제자들이 모여 스승의 가르침을 집대성해 경전을 만든 일)

소림사 대웅보전

에서 교리에 관한 부분을 전부 암송해낸 아난다존자를 일컫는다.

좌우 양쪽에는 금으로 개금한 18나한상이 있다. 특히 선종의 초조인 달마대사와 소림사 요리사(주방장)였던 긴나라왕緊那羅王의 금소상도 눈여겨 볼만하다.

소림사 무술관에 들려 소림 무술공연을 관람했다. 성룡이 출연한 영화를 통해 우리에게 널리 알려진 취권을 비롯해 각종 동물의 움직임을 방어와 공격 동작으로 승화시킨 시범과 각목과 쇠막대를 머리에 쳐 부러뜨리는 시범 그리고 핀을 사용해 유리를 통과시켜 풍선을 터트리는 고난도 시범 등 마치 마술과 같은 소림무술의 정수를 볼 수 있다.

소림사 스님들

수련생들의 무술시범(중국국가여유국 서울지국 제공)

　소림사에서 무술을 수련하는 수련생들은 매일 식초를 1리터씩을 마셔 몸의 유연성을 기르며, 소림 수련은 6세부터 6년 이상을 해야 하는데 부상이 많고 수명도 짧다고 한다. 소림사 무술관 내에 있는 상점에서는 소림무술 관련 기념품을 판매하는데 여러 무술 동작을 흉내 내는 동자 무승 인형이 단연 인기이다.

허난성 요리

소림사 승려 사리·유골 안치 탑림(塔林)
오악지일 숭산(嵩山)

소림사 서쪽 500m 지점에는 탑림타린이 있다. 탑림은 열반한 역대 소림사 승려들의 사리와 유골을 안치한 곳으로, "탑이 숲을 이루고 있다"고 해 붙여진 이름이다. 탑림의 총면적은 14,000㎡로 중국에 있는 탑림 가운데 규모가 가장 크며 240여 개의 벽돌묘탑이 있다.

탑림 안에는 주로 당대와 송대의 것이 많은데 탑림에 있는 불탑 중 가장 오래된 고탑은 '법완선사탑法玩禪師塔·파완찬스타'이다. 법완선사탑을 당대법완화상탑唐代法玩和尙塔이라고도 하는데, 여기에서 '화상'이란 스님을 높여 부르는 말로 수행을 많이 해 불심이 깊은 스님에게 붙여주는 칭호이다.

법완선사탑은 당 정원唐貞元(德宗 년호) 7년인 791년에 세워졌으며, 한쪽으로 기우러져 있는 모습에서 세월의 흐름을 읽을 수 있다. 법완선사의 속세 성은 장 씨張氏로 18세에 출가해 정원 6년인 790년 8월 13일 향년 76세, 법랍 57세에 뤄양에 있는 경애사敬愛寺·징아이쓰에서 입적했다. 살아있는 동안에는 소림사와 경애사에서 공

탑림 전경

법완선사탑

부와 설법을 했고, 입적 후에는 제자들이 불교에서 일반적으로 행하는 다비식(시신을 화장해 그 유골을 거두는 의식)을 행하지 않고 소림사 서편에 토장했다. 법완선사탑은 더이상 훼손되는 것을 방지하기 위해 일반인들의 출입을 막고 있다.

이외에 눈여겨 볼만한 탑은 유공탑裕公塔·위궁타이다. 원나라 지원至元 24년(1287년)에 만든 유공탑은 6각형 7층으로 쌓은 벽돌 탑으로 높이가 10m에 달하며, 탑림에 있는 불탑 중 가장 높은 탑 중 하나이다.

탑 주인은 원나라 때 조동종曹洞宗 스님인 유공裕公이며, 법명은 복유福裕이다. 조동종이란 중국불교의 선종에서 남종선南宗禪의 5가家 중 하나를 말한다. 유공은 황제의 명으로 소림사 주지가 되었고, 1248년 헌종憲宗(몽케 칸)에 의해 최고의 승관에 임명되었다. 유공은 조동종을 중흥시키는데 크게 이바지한 인물로 입적 후에는 진국공晉國公에 봉해졌다.

북송시대 선화宣和 3년(1121년)에 만든 보통탑普通塔·푸퉁타은 사각형 단첨정 각식單檐亭閣式(처마가 한 개인 정자 모

유공탑

허난성 *141*

보통탑

양) 벽돌 탑으로, 이 탑을 보통탑이라 부르는 것에 대해서는 두 가지 설이 있다.

첫째는 일반 승려들을 위해 이 탑을 건립했다는 설이다. 현재 탑림에 남아있는 탑 중 대부분은 주지나 장로 그리고 고승들을 위해 지은 것들이다.

둘째는 어느 특정인이 아닌 많은 승려가 다 같이 쓰는 탑이라는 설이다.

소산선사탑小山禪師塔·샤오산찬스타은 명 융경明隆慶 6년(1572년)에 벽돌을 이용해 세운 라마탑으로 이름은 종서宗書, 자는 대장大章이며, 호가 소산小山이다. 소산은 '작은 산'이란 뜻으로, 자신을 스스로 낮추는 지극히 겸손함이 느껴지는 호라는 생각이 든다.

소산은 15세 때 개원사開元寺·카이위엔쓰로 출가해 스님이 된 후 명나라 11대 황제인 가정嘉靖 36년에 소림사 제24대 주지에 임명되었다. 주지로 있는 동안 수차례에 거쳐 소림사를 보수했으며, 특히 수차례 소림승병을 파견해 왜구와 전투를 벌이는 등 많은 무훈을 세운 선사이다. 대리석으로 만든 연꽃 위에 탑명이 새겨진 선수소림주지고엄선사수탑宣授少林住持古嚴禪師壽塔·쉔서우샤오린주츠구위엔찬스서우타도 눈여겨 볼만하다. 탑림에 있는 탑들은 높이가 모두 15m 이하다. 그 이유는 황제가 머물던 태화전太和殿·타이허뎬의 높이가 15m이기 때문에 15m를 넘을 수 없었기 때문이다.

탑림에서 나와 '숭산쑹산'으로 향했다. 탑림에서 머지 않은 곳에는 숭산을 쉽게 오를 수 있도록 케이블카가 설치되어 있다. 필자 부

소산선사탑

부도 케이블카를 타고 올랐다. 숭산은 덩펑시 서북면에 위치하고 있는 명산으로 중국 도교의 성지이자 소림사가 위치한 불교의 발상지이다.

'오악지일五岳之一', 즉 중국의 5악五嶽 중 하나인 숭산은 해발고도가 가장 낮은 350m부터 가장 높은 1,512m까지 다양하며 총면적은 450㎢이다.

숭산의 동쪽에는 태실산太室山·타이스산이 있고 서쪽에는 소실산少室山·사오스산이 있다. 태실산은 모두 36봉으로 주봉은 해발 1491.7m의 준겹봉峻极峰이다. 소실산도 태실산과 마찬가지로 모두 36봉이며 주봉은 해발 1,512m의 연천봉連天峰이다. 연천봉은 숭산 최고봉이다.

숭산의 봉우리마다에는 불교사원이 자리 잡고 있는데 유명한 사찰로는 중국 최초의 황가 비구니 사찰로 3명의 공주가 출가한 영태사永泰寺를 비롯해 사찰 중 가장 오래된 법왕사法王寺 등이 있다.

그러나 뭐니 뭐니 해도 소실산 오유봉五乳峰 아래에 있는 소림사가 세계적으로 가장 유명하다. 태실산의 남쪽 산기슭에는 중국 고대 4대 서원 중 하나인 숭양서원이 있다. 케이블카에서 내려 한참을 올라가면 먹을 손가락에 묻혀 숭산의 비경을 수묵화로 담아내는 지필指筆 화가를 만나게 된다.

숭산 전경

(상)영태사 / (중)법왕사 / (하)숭산 지필화가

세계최대 실경(實景) 공연
선종소림·음악대전(禪宗少林·音樂大典)

덩펑시 서쪽 10km쯤 되는 대선구待仙溝·따이쌘꺼우에 위치하며, 소림사에서 약 7km정도 떨어진 숭산의 한 협곡에는 계곡, 삼림, 석교와 커다란 두 개의 산봉우리가 어우러진, 세계에서 가장 큰 실경(實景) 무대가 있는데 '선종소림·음악대전선중샤오린·인위에다디엔'이 열리는 곳이다.

선종이란, 중생은 너 나 할 것 없이 모두 불성을 지니고 있기에 역대의 체험이나 교리는 참조만 하고 자신만의 깨달음으로 해탈을 하는, 즉 인간의 마음을 참구參究(참선하며 진리를 탐구함)해 본래 지니는 성품이 부처의 성품임을 깨달을 때 부처가 될 수 있다는 종교이다.

선종 소림에서의 음악은 선종 이념을 구현하는 가장 좋은 형식이라 해 대자연의 여러 소리, 즉 물과 나무와 바람과 빛 그리고 돌 소리가 함께 어우러지고 교묘하게 결합해 표현한 작품이 바로 '선종소림·음악대전'이다.

중원문화관광의 하이라이트로 각광 받는 선종소림·음악대전은

선종소림·음악대전 실경세트장

선종소리·음악대전 실경 무대 공연 주요 장면

소림사 방장 스융신 스님

중국의 국보급 연출가인 메이슈아이위엔梅元帥(매원수)이 제작, 각본, 연출을 맡았으며, 소림사 방장인 스융신釋永信(석영신)도 문화 고문을 담당했다.

1965년 9월 안후이성 푸양시安徽省阜陽市에서 태어난 스융신은 한족으로 법명이 '永信'이며 속명은 '劉應成류응성'이다. 미국에서 경영학 석사(MBA)를 취득한 첫 승려이자 1987년 22세에 소림사 최연소 주지가 되었다. 1999년 8월에는 34세로 소림사 1,500여 년 역사상 최연소 방장에 올랐는데, 소림사를 시대에 맞게 중흥시켰다는 찬사와 함께 돈벌이 수단으로 전락시켰다는 비난을 동시에 받는 인물이다.

선종소림·음악대전은 제1악장 선경禪境·water music, 제2악장 선정禪定·wood music, 제3악장 선무禪武·wind music, 제4악장 선오禪悟·light music, 제5악장 선송禪頌·stone music 등 모두 5개 부분으로 구성되어 있다. 출연진도 전문배우가 아닌, 약 600여 명의 소림 승려와 마을주민이 참여한 대공연으로 연출 규모가 방대할 뿐만이 아니라 연출력이 뛰어나며, 무술을 예술로 승화시킨 환상적인 공연이다. 조명 또한 휘황찬란하다.

전반적인 내용은, 소림사 승려들이 도를 닦고 무예를 익히다가도 국가가 위기에 처했을 때는 분연히 떨치고 일어나 소림 승병으로서 호국의 의무행위를 다한다는 것과 소림무승들이 수련을 통해 입신의 경지에 이르는 과정을 재현한 모습 그리고 소림사 주변에 사는 목동들의 이야기가 적절히 섞인 내용이다. 단연 압권은 현장 법사가 백마를 타고 불경을 싣고 오는 장면인데 이를 '白馬駄經·玄奘歸來백마태경·현장귀래'라 한다.

바위 위에 좌선하며 공연 내내 미동도 하지 않은 스님과, 스님이 두드리는 청아한 목탁 소리와 계곡을 흐르는 물소리, 양떼를 몰고 계곡을 오르며 부르는 양치기 소녀의 아름다운 노래의 선율, 왼쪽 산자락에서 떠오르는 커다란 보름달, 숭산 중턱에 자리한 불상들이 하나 둘 불이 켜지면서 모습을 드러내는 장면, 발광 옷을 입은 무승들이 허공을 날아다니며 펼치는 무예 등등 어느 장면 하나도 놓치고 싶지 않은 공연이며 감동 그 자체이다.

선종소림·음악대전 공연을 보고 있노라면 중국인들의 진취적인 기상과 큰 스케일 그리고 중국인들의 저력을 느낄 수가 있다.

필자는 선종소림·음악대전 공연을 허난성여유국 초청을 받아 올 때마다 봤는데 세 번을 봤다. 공연을 볼 때마다 언젠가는 꼭 표 동무에게도 보여줘야겠다고 마음먹었다. 표 동무가 2차 뇌심부자극수술DBS을 받은 후 함께 와서 이 공연을 보여줬는데 감탄사를 연발했던 기억이 새롭다.

> **TIP**
>
> 공연은 매년 3월~10월 말까지이며, 날씨가 좋은 날에만 공연한다. 공연 시작 시간은 20:15분부터이다. 입장료는 S-VIP석:980위안, VIP석:428위안, 어린이:85위안, A석:248위안, B석:198위안, C석:168위안이며, 예약전화:0371-62873444이다.

무승 시범(중국국가여유국 제공)

'중국 지혜 권법' 태극권의 산실
진가구(陳家溝)

원시안溫縣(온현)에 있는 진가구쳰찌아꺼우는 소림권법과 쌍벽을 이루며 '중국 지혜의 권법'이라 일컫는 태극권太極拳·타이지츄안의 산실이다.

태극권은 고대 권법에 주역의 태극 사상이 결합된 권법으로 태극의 원리에 뿌리를 두고 있기에 붙여진 이름으로 진가구에 모여 살던 진 씨陳氏 씨족공동체에 의해 창시되고 발전시켜 하나의 문파로 완성한 무술이다. 진가구가 600년 전에는 창양춘常陽村(상양

진가구 무술원 입구

촌)으로 불렸으나 진씨 성을 가진 사람들이 집성촌을 이루고 삶으로서 진가구라 불리게 되었다. 진가구에서 '溝'는 도랑을 의미하는데, 폭이 좁은 작은 개울이 마을의 남북을 가르며 흐르고 있기에 생긴 명칭이다.

진가구의 시조는 진복陳卜·천부이며 진복의 9대손이 진왕정陳王廷·천왕팅·1580~1660년이다. 당시에는 태극권이란 개념이 없었고 장권 또는 면권으로 불렸다.

그러나 진왕정이 태극권을 하나의 문파로 완성했기에 진왕정을 태극권 조사祖師라 일컫는다. 자그마한 시골 동네 분위기인 진가구 마을 입구에는 '진가구 무술원'이 있다.

무술원을 들어서면 태극권을 익히려는 수련생들로 활력이 넘친다. 내국인은 물론 세계 각지에서 온 1만여 명의 수련생들이 태극권법을 배우고 있다고 한다. 수련생들은 어린 소년과 소녀들로부터 청장년은 물론 노인들까지 계층이 다양하다.

태극권 도장 주변에는 너른 식당과 합숙소가 있어 이곳에서 먹고 자며 수련을 하고 있다. 태극권 동작을 익히고 있는 모습을 볼 수 있는 곳은 무술원 내에서 뿐만이 아니다.

창양춘을 거닐다 보면 골목에서는 어린이들이 장난삼아 무술 동작을 하며 놀고 공터는 물론 심지어 추수가 끝난 논에서도 청장년층들이 모여 동작을 익히는 모습들을 볼 수 있다. 태극권은 이들의 삶 자체인 것 같았다.

조사당祖師堂 안에는 진왕정의 금빛 좌상과 진장홍陳長興·천창싱, 진청평陳淸萍·천칭핑, 진흠陳鑫·천신 등 진 씨 가문의 역대 태

공터에서 태극권 수련 중인 어린이들 / 공터에서 태극권 수련 중인 청장년들

극권 전수자들의 밀랍인형이 있고, 조사당을 지나면 진왕정을 비롯해 태극권의 사부에 해당하는 역대 전수자들의 석상이 태극권의 여러 자세를 취하며 서 있다. 새롭게 단장한 중국태극권박물관에는 태극권의 역사적 탄생배경과 각종 기본동작, 학권 준수사항, 태극권가 그리고 태극권 수련생이 지켜야할 규범 20가지 등 태극권과 관련한 여러 자료가 전시되어 있다.

특히 1957년 봄, 저우언라이 총리가 베트남의 호찌민胡志明(호지명) 주석에게 태극권을 전수했다는 내용이 눈길을 끈다. 이뿐만이 아니다. 1600년대부터 1900년대까지 태극권 사부 27명의 수명을 나타낸 목록이 있다. 태극권을 수련하면 이렇게 장수할 수 있다는 것을 보여주는 표이다. 특이한 것은 사부 중에 진난여陳蘭如·1915~2003년, 진립청陳立淸·1919~2008년이란 두 여 사부가 있다. 이들은 각각 88, 89세까지 살았다.

중국에서는 광장이나 공원 등 공간이 있는 어디에서나 남녀노소 불문하고 태극권으로 건강을 다지는 모습을 볼 수 있다. 태극권이야말로 중국인들이 가장 대중적으로

진왕정 석상

진왕정의 금빛 좌상

역대 태극권 전수자들의 석상

중국태극권박물관

태극권 사부 수명표

사랑하고 국가 차원에서 아끼는 중국 지혜의 권법이라는 생각이 든다.

태극권 수련생이 지켜야할 규범 20가지 規守二十備는 다음과 같다.

1. 不倚權欺人불의권기인 / 권세를 믿고 사람을 속이지 않는다.
2. 不畏强凌弱불외강능약 / 강한 자를 두려워하지 않고 약한 자를 업신여기지 않는다.
3. 不惧險救危불구험구위 / 위험을 두려워하지 않고 위험에 처한 자를 구한다.
4. 不爲非作歹불위비작알 / 옳지 않는 일은 하지 않는다.
5. 不仗技采花불장기채화 / 재주를 믿고 억지로 여인을 범하지 않는다.
6. 不借勢狂妄불차세광망 / 힘을 빌려 방탕하고 분별없이 행동하지 않는다.
7. 不走街賣藝불주가매예 / 거리를 돌아다니며 기예를 팔지 않는다.
8. 不串鄕結黨불관향결당 / 여러 지역을 돌아다니며 무리를 결성하지 않는다.
9. 不奢逸流浪불사일류랑 / 방탕하게 즐기며 떠돌아다니지 않는다.
10. 不自驕自滿부자교자만 / 스스로 자랑하며 뽐내지 않는다.
11. 不與狂徒較量불여광도교량 / 방탕한 사람과는 힘을 겨루지

태극권 전수관련 호찌민 기사

않는다.

12. 不與無知争强불여무지쟁강 / 무식한 자와는 서로 경쟁하려고 하지 않는다.

13. 不可驕諂貧富불가교첨빈부 / 빈자에게 교만하지 않고 부자에게 아첨하지 않는다.

14. 不貪無義橫財불탐무의횡재 / 의롭지 않은 뜻밖의 재물은 탐하지 않는다.

15. 不與酒色處事불여주색처사 / 술과 여색을 가까이하지 않는다.

16. 不抗公私之債불항공사지채 / 공과 사의 채무로 다투지 않는다.

17. 不得損公碍私부득손공애사 / 공사에 손해가 되거나 장애가 되는 일은 하지 않는다.

허난성 요리

18. 不圖顯官厚禄부도현관후록 / 높은 직위와 많은 봉급을 탐내지 않는다.
19. 不当叛国臭徒부당반국취도 / 나라를 배반하고 무리를 썩게 하는 일을 맡지 않는다.
20. 不應蹉懈習攀불응차해습반 / 허송세월하면서 무술연습을 게을리하지 않는다.

갑골문자 발현지이자 주역의 발상지
안양(安陽)

　　　　　　허난성의 최북부에 위치하며 총인구 542만여 명(2017년 기준)이 거주하는 안양은 정저우에서 180km, 베이징에서 500km쯤 떨어져 있다. 산시성과 허베이성 그리고 허난성의 교착지점에 자리하고 있는 안양은 서쪽으로 태항산太行山·타이항산과 인접하고 동쪽으로는 화북평원華北平原·화베이위엔과 맞닿아있다.

　안양은 은상시대殷商時代의 도읍지로 3,300여년의 유구한 역사를 간직하고 있으며 중국 8대 고도 중 한곳이다. 그리고 안양은 기원전 1300여 년 경, 반경천은般庚遷殷, 즉 상왕商王 반경般庚(은나라의 제20대 왕)이 도읍지를 은殷(현재의 안양)으로 옮긴 후 8내 12명의 왕이 255년 동안 재위한 곳이기도 하다.

　특히 안양은 중국고대전설에 나오는 삼황오제의 오제 중 전욱顓頊·좐쉬과 제곡帝嚳·디쿠의 고향이며, 세계3대 고대문자인 설형쐐기문자, 상형문자와 함께 지금까지 전해 내려오는 살아있는 문자이자 중화민족 최초의 문자인 갑골문자의 발견지이다. 이뿐만이 아니다. 중화 문화의 원조인 오경 중의 으뜸인 주역의 발상지이자, 세계에서 가장 큰 청동기인 사모무대방정司母戊大方鼎·쓰무우다팡딩을 비롯해 전 세계에서 가장 많은 청동기 유물이 출토된 곳이기도 하다.

2009년 12월, 이곳 안양 안펑安豊(안풍)향 시가오쉐촌西高穴村(서고혈촌)에서 조조曹操·차오차오의 진짜 무덤이 발견되었다 해 세상을 깜짝 놀라게 했다. 조조 사후 1789년 만의 대발견이었다.

사실 조조는 전쟁자금을 마련하기 위해 역대 황제의 무덤들을 도굴했다고 한다. 어찌 보면 조조는 난세의 영웅이자 희대의 도굴꾼이었다는 생각이 든다. 자기 스스로가 도굴을 많이 했던 조조는 사후에 자신의 무덤이 도굴될까 봐 두려워한 나머지 그의 셋째아들인 조비曹丕·차오피에게 72개의 가짜 무덤을 만들라고 유언했는데 이를 '조조 72의총'이라고 한다. 이뿐만이 아니다. 조조는 임종하기 직전 "옛날부터 지금까지 망하지 않은 나라가 없으며, 도굴되지 않은 분묘 또한 없다. 게다가 후장을 하게 되면 더욱 도굴이 기승을 부려 파헤치진 시신이 황량한 들판에 나뒹굴게 될 것이다. 따라서 박장을 해야만 조상도 편안하게 쉴 수 있을 것이다"라며 평상시에 입던 의복(이를 '시복時服'이라 함) 그대로 거두고 금은보화는 부장하지 말 것을 당부했다고 한다.

허난성 안양현 당국에서는 위나라 무왕이 사용했다는 명문이 새겨진 창과 돌베개 그리고 60대로 추정되는 남성의 유골까지 공개하면서 조조의 진짜 무덤을 발굴했다고 발표했다.

그렇지만 일부 학자들은 오랫동안 발견되지 않았던 조조의 무덤에 의문을 제기했다. 그 이유는, 이미 1,000년 전부터 여러 번 도굴

안양시가지 풍경

된 무덤이고, 무덤 천장에 구멍이 뚫려있으며, 출토된 창과 돌베개가 진짜 부장품인지 알 수 없고, 무덤에서 출토된 일부 문자가 당시에는 사용하지 않은 문자라는 것이다.

최근에는 한 가짜 문물제작소에서 위 무왕이 사용했던 비석 63개를 제작해서 무덤에 묻으라는 지시를 당위원 서기로부터 받았다는 증언이 나오는 등 진실공방은 계속되고 있다. 그러면 안양현 당국자들은 왜 이런 무리수를 두면서까지 조조 무덤발굴에 열을 올리고 있는 걸까.

시안에서 병마용 갱이 발견됨으로써 지금까지 천문학적인 관광수입을 올렸고 앞으로도 후손대대 계속해서 벌어들일 관광수입을 상상하면 그 답이 나오지 않는가. 정말이지 조조의 진짜 무덤이 발굴되면 천문학적 이상의 관광수입을 후손대대로 벌어들일 것이다.

이런 관광수입 때문에 허난성이 엄격하고 확실한 고증 없이 조조의 무덤이라고 발표한 것에 무게가 더 실리고 있는 것 같다. 조조 무덤을 놓고 벌이고 있는 진실공방은 점입가경에 접어들었다. 어쨌든 이런 등등의 이유로 인해 조조 무덤의 진위 여부에 대한 논란은 계속되겠지만, 안양은 중국의 고도답게 아직 미발굴된 수많은 유물이 지하 깊이 숨어 있는 것만은 확실하다.

중국의 역사가들이 말하길, "중국을 알려면 안양의 은허부터 시작해야 한다"라고 했다.

중국의 저명한 시인이자 사학자인 궈모뤄郭沫若(곽말약) 선생은 "중원문화는 은나라가 창조했으니 이곳을 보면 고대 서적을 읽는 것보다 낫다"라고 찬사를 아끼지 않았다.

이렇듯 안양은 중국의 고대역사가 고스란히 남아있어 세계문화 유산 등 관광자원이 풍부하고 자연경치가 아름다워 문화 안양, 역사 안양, 산수 안양으로서의 손색이 없다. 그럼 먼저 역사 안양부터 살펴보도록 하자.

중화민족 최초 문자 갑골문자 발견지
은허(殷墟)

중국의 역사서에 의하면 중국에서 가장 오래된 왕조는 하夏, 상商, 주周 나라였으며, 이 중 최후에 속한 주나라의 실체는 일찍이 밝혀졌으나 하나라와 상나라는 수수께끼로 남아있었다. 심지어 중국의 역사학계에서조차 사기에 기록된 상 왕조의 역사를 가공이라고까지 생각했었다.

그런데 1899년 안양 샤오툰小屯(소둔)에서 은허유적지가 발견됨으로써 상나라가 실제 존재했으며 상나라가 멸망할 때까지 200여 년간 왕도로 삼았던 곳이라는 사실이 입증되었다. 여기에서 상商을 은殷이라고도 하는 것은, 은은 상왕 반경이 노읍시를 은으로 옮긴 이후에 상에 대한 별칭으로 사용되었으며 엄격한 의미에서 은은 상왕조의 마지막 왕도이다. 아울러 은이란 명칭은 상 왕조가 멸망한 뒤 주나라 백성들이 상나라 백성들을 낮춰 부르는 데서 비롯되었다.

이미 앞에서 설명한 바 있으나, 중국 역사에서 보면 남쪽 지방에 사는 민족을 낮잡아 이르던 말인 남만南蠻·난만, 동쪽 지역에 사는 민족을 일컬어 동쪽의 오랑캐라는 뜻인 동이東夷·둥이, 서쪽 지역에 사는 민족을 일컬어 서쪽에 사는 오랑캐라는 뜻인 서융西戎·시룽 그리고 북쪽 지역에 사는 민족들을 멸시해 이르던 말인 북적北狄·베이디과 같은 의미이다. 오랑캐란 한족을 제외한 주변에 살던 모든 민족은 미개하고 야만스러운 종족이라는 뜻으로 멸시해 이르는 말이다.

은허인쉬란 은대폐허殷代廢墟, 즉 은이 주나라에 의해 멸망한 뒤 왕도가 폐허로 되어버렸다 해 붙여진 이름으로, 이곳에서는 거북의 껍질인 귀갑龜甲과 길짐승의 뼈인 견갑골肩胛骨에 새겨진 글자가 발견되었다. 이 글자를 갑골문자甲骨文字라 한다. 이뿐만이 아니다. 말과 전차를 매장한 구덩이인 차마 갱車馬坑과 사각형의 솥인 사모무정司母戊鼎을 비롯해 수많은 청동기 등 국보급 유물이 발견되어 2006년 7월 13일 유네스코 세계문화유산에 등재되었다.

은대 역사의 베일을 벗겨준 것은 당시 한방약제로 쓰였던 '용골龍骨·롱구우'이었다. 용골은 중국 고대의 유명한 지리서인 산해경山海經·산하이징에서 그 기록을 찾을 수 있다. 한의학에서 말하는 용골은 대부분이 고대 생물 화석 또는 상고시대 동물의 뼈인데 주성분은 탄산칼슘($CaCO_3$)이다. 1590년 중국 명나라 때 이시진李時珍이 지은 약초학의 연구서인 본초강목에도 "용골은 맛이 달고 담담하며 피부를 생성시키고 부패를 방지할 수 있다"라고 기록하고 있다.

용골은 농민이 밭갈이하다가 글이 새겨진 뼛조각을 발견해 한약방에 팔았다. 당시에 용골은 진정작용을 하는 한약재로 사용되었다. 약재상들이 처음에는 용골이 있는 곳을 쉬쉬하며 숨겼다고 한다.

그런데 광서 25년인 1899년 가을, 베이징에서 이름난 금석학金石

學(굳은돌이나 단단한 물질에 기록된 언어와 문자를 연구하는 학문) 학자이자 국자감 좨주였던 왕이롱王懿榮(왕의영)이 말라리아(학질)에 걸려 고생하고 있었다. 많은 약을 써보았으나 효과가 없었다. 그러던 중 베이징에 사는 한의사 노인이 그에게 처방전을 보내왔다. 살펴보니 처방전에는 일명 '용골'이라 불리는 약재가 포함되어 있었다.

왕이롱

왕이롱은 집안사람들에게 선무문宣武門·쉔우먼 근처에 있는 달인당達仁堂·다런탕에 가서 처방약을 지어오도록 했다. 그리고 지어온 약재를 직접 열어본 왕이롱은 용골이란 약제에서 전문篆文(한자 글씨체의 하나) 비슷한 것들이 새겨져 있는 흔적을 발견했다. 용골이란 '용의 뼈'를 말한다. 용은 상상의 동물로 실제 존재할 수 없었고 땅속에서 파낸 뼈 화석이라는 것을 알았다. 왕이롱은 이 용골에 새겨진 글이 귀중한 갑골문이라는 것을 알고 용골이 어디에서 나오는지를 찾기 위해 백방으로 수소문했지만 끝내 용골의 출토지를 찾시 못했다.

왕이롱이 갑골문을 발견하고 반년이 지났을 즈음인 1900년 8월 15일, 왕이롱은 자희태후와 광서제가 베이징을 떠나 몽진했다는 이야기를 듣게 된다. 당시 그는 베이징 성을 방어하는 책임을 맡고 있었다. 열강 8개국에 의해 수도가 함락되고 조정은 도피했으나 수도를 방위하는 관원으로서 도망갈 수도 없고 포로가 될 수도 없었다.

결국에 왕이롱은 자살로 생을 마감하고 만다. 그의 자살과정은 참으로 참혹했다. 먼저 금을 삼켰으나 금은 독성이 없어서 죽지 않고 무거운 비중으로 인해 위장계통이 모두 늘어나고 파괴되었다. 그래서 독약을 마셨다. 그런데도 죽지 않았다. 온몸이 찢어지는 고통만을 느꼈을 뿐이다. 급기야 우물가까지 기어가서 우물에 몸을 던졌다. 왕이룽이 우물 안으로 뛰어들자 그의 부인과 며느리도 따라서 우물 안으로 뛰어들어 목숨을 끊었다.

이후 왕이룽의 아들인 왕한푸王翰甫(왕한보)는 채무를 상환하기 위해 그의 부친이 수개월 동안 수집한 귀갑을 내다 팔기로 하고 왕이룽의 오랜 친구이자 금석학 학자인 리우어劉鶚(유악·자는 鐵雲)를 찾아갔다. 리우어는 왕이룽이 남긴 갑골을 구매해 지속적인 연구로 1903년 중국 최초의 갑골문 서적인 '철운장귀鐵雲藏龜'를 출간했으며, 갑골문을 은대 사람의 '도필문자刀笔文字'로 규정했다. 그런데 리우어도 철운장귀를 출간한 지 5년 만인 1908년, 함부로 황제의 창고를 열어 백성들을 구제했다는 죄로 신장新疆·신강으로 유배되었다가 다음 해인 1909년 뇌일혈(뇌졸증)으로 객사하고 만다.

리우어의 집 안에 있던 갑골문 탁본은 그의 사돈이자 또 한 명의 위대한 학자인 루워전위羅振玉(나진옥)의 눈에 띄게 된다. 루워전위는 갑골문이 출토된 위치를 찾기 위해 탕음 일대를 샅샅이 뒤졌지만 찾지 못했다.

그런데 우연한 기회에 범 씨 성을 가진 골동품 상인의 취중 실언을 통해 허난 안양성安陽城 북쪽으로 5리 정도 떨어진 원하洹河 인근에 있는 '샤오툰'이란 마을 이름을 듣게 된다. 샤오툰은 3,300년 전 은나라의 수도로 본격적인 발굴은 1928년에 이루어졌으며 갑골문자 최대의 발견지가 된다. 갑골편의 출토지를 맨 처음 발표한 사람은 루워전위로 1910년에 발표한 그의 저서 [은상점복문자고殷商占卜文字攷]에서였다.

갑골문이 새겨진 용골은 거북의 등껍질이나 소의 어깨뼈 같은 짐승의 뼈였고 새겨진 문자는 '귀갑수골문자龜甲獸骨文字', 즉 '갑골문자'로 불리게 되었다. 갑골문은 은나라 점괘의 기록이자 오늘날 한자의 기원이며 은나라 역사를 증명해 주는 귀중한 유물이다.

그럼 '귀갑'과 '견갑골'의 용도는 무엇이었을까.

점복占卜은 점술과 복술을 말하며 점을 쳐서 길흉을 예견하는 일, 즉 하늘의 뜻을 묻는 일을 말한다. 은왕은 귀갑과 견갑골을 이용해 길흉화복을 점쳐 정치를 행했다. 점치는 방법은, 먼저 거북의 속을 파내고 잘 닦은 다음 배 껍질 안쪽에 묻는 말을 새겼다. 귀판에 새긴 물음은 단순하면서 간결했다. 물음이 새겨진 귀판을 뒤집어서 불에 올려놓으면 균열이 생긴다. 귀판에 생긴 균열의 방향이나 길이에 따라 해석했다. 이때 문자를 해석할 권한을 가진 사람은 오직 왕뿐이었고 왕이 문자를 읽고 나면 점술사는 여기에 해석만을 붙였다. 점괘가 잘 나타나도록 불에 쬐는 뒷면을 깎아내는 가공도 했다. 이렇듯 은왕은 의식이나 점술을 이용해 왕조의 신비적 권위를 높이고 세력을 유지했는데 이를 신권정치神權政治라 한다.

점술사 또한 오늘날에는 점쟁이라 해 천대받는 직종이 되었으나 당시에는 인간과 하늘을 소통시켜주는 사람으로 거의 왕과 비슷한 권한을 가졌었다.

갑골문 발현지 입석 앞에서 포즈 취한 필자

갑골에 새겨진 내용은, 전쟁과 같은 국가의 중대사를 결정할 때 하늘에 묻는 것을 비롯해 농사일을 할 때도 점을 쳤다. 예를 들면, "소신 小臣이라는 관리에게 명해 백성들을 이끌고 기장黍(서·곡식)을 심도록 할까요?(貞惠小臣令衆黍)"라는 질문에 "첫 번째 달에 심어라(一月)"라는 답까지 다양하다. 이뿐만이 아니다. 왕비가 출산을 앞두고 있던 어느 날, 아들을 낳을지 딸을 낳을지 점을 치는 내용도 있다.

"복을 하면서 정인 쟁이 묻습니다. 왕비 부정이 출산하는데 아들을 낳겠습니까? 왕이 점괘를 보고 해석하기를 장차 경일에 출산을 하는데 아들을 낳을 것이다. 열흘 뒤인 신일에 왕비 부정이 출산했다. 과연 아들을 낳았다.(卜爭情婗免嘉王占曰其唯庚免嘉旬辛婦婗免允嘉)"

이외에 제사·천문·기상·수공업·상업·교통 등과 관련해서도 점을 쳤다. 예컨대 '내일 행사가 있는데 비가 오겠느냐 오지 않겠느냐?' 등등…. 아주 사소한 일까지도 점을 봤다고 한다.

지금이야 자연과학이 발달해 많은 자연현상을 이해할 수 있으나 당시에는 자연과학지식이 발달하지 못해 미신에 의존할 수밖에 없

은허박물원 입구

었기 때문에 어떤 일을 할 때 항상 점을 봤다. 지금까지 은허에서는 약 15만여 편의 갑골이 발견되었으며 낱개글자가 약 5,000자, 이중 해독할 수 있는 글자는 1,700여 자밖에 되지 않는다고 한다.

중국 상대역사적축영인 은허박물원殷墟博物苑·인쉬보우위안은 크게 궁전종묘유적지와 왕릉유적지 그리고 원북상성유적지 등 세 곳으로 나뉘어 있다.

박물원을 들어서면 '甲骨文發現地'라 쓴 입석이 있고 다음에 붉은 색칠을 한 은허박물원 정문이 나온다. 정문 양 옆에는 'C'자 문양의 도안이 있는데 이것은 중국에서 가장 오래된 원시적인 용 문양이라고 한다. 조금 더 안으로 들어가면 붉은 말뚝이 박힌 곳이 있다. 이곳은 3,300여 년 전에 은나라 왕이 살았던 왕궁 옛터이다. 지하전시관에는 대형 갑골모형이 연못 속에 잠겨있다. 마치 큰 거북이 물속

원시적 용 문양

에서 헤엄치고 있는 것 같다. 전시관은 청동실, 갑골실, 상대생활실로 나뉘어 있다. 이곳에 전시된 유물은 모두 은허에서 발굴한 것으로 도기, 청동기, 옥기 및 갑골문 등 국보급 유물 500여 점이 전시되어 있다.

상대생활실에는 당시에 사용했던 주기酒器인 술잔과 세발달린 솥과 대나무를 이용해 촘촘히 짠 원뿔 모양의 대바구니가 있다. 양 머리, 집에서 기른 돼지의 아래턱, 뼈로 만든 숟가락, 칼, 좁쌀 등이 함께 전시되어 있다. 그 옆에는 푸하오 묘에서 출토된 뼈로 만든 장신구와 물고기 화석이 있고, 청동 화살촉이 무더기로 담겨 있다.

특히 1998년 흑하로黑河路 745호에서 출토된 상대사병두골商代士兵頭骨이 눈길을 끈다. 인두골의 머리 부분에는 창에 맞아 뻥 뚫린 구멍과 띠 모양의 칼날흔적을 볼 수 있다.

춘추전국시대에는 전쟁에서 승리하면 적군을 포로로 잡아 머리를 잘라 제사장에게 받쳐 제사를 지냈다고 한다. 제갈공명도 마찬가지 방법으로 제사를 지냈다. 제갈공명이 유비를 위해 쓰촨성을 장악한 후 지방토착민들을 많이 죽였다고 한다. 그 때문인지 매일 밤 제갈공명의 꿈에는 토착민들의 원혼들이 나타나 무척 괴롭혔다. 제갈공명은 어떻게 하면 더는 사람의 머리를 제사상에 올리지 않고 원혼들을 달랠 수 있을까를 고심한 끝에 방법을 찾았는데 그것은 다름 아닌 사람머리 대신에 밀가루로 사람의 머리 모양을 만들어 제사를 지내는 거였다. 그렇게 했더니 이후 꿈자리가 편안해졌다고 한다. 이런 연유로 만두가 탄생한 것이다. 그러니까 최초로 만두를 만든 사람은 제갈공명이다.

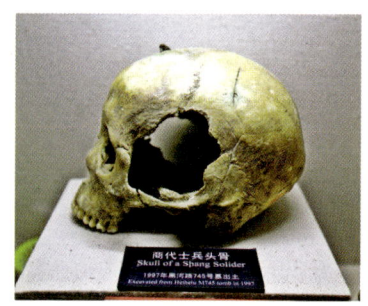

상대 사병두골

여기에서 중국의 춘추전국시대에 대해 간단한 설명을 하고자 한다.

춘추전국시대는 중국의 춘추시대와 그다음 전국시대를 아울러 일컫는 말로 정확하게는 춘추시대와 전국시대로 대별 된다. 춘추시대와 전국시대가 가장 다른 점은 주왕조의 황제를 인정하느냐 인정하지 않느냐의 차이점이다. 춘추오패春秋五覇가 있었던 춘추시대에는 제후들이 나라를 다스리는 제후국이 있었다. 각 제후국은 주 황실을 몰아내려고 하지도 않았고, 스스로를 황제보다 낮은 지위인 공公이나 후侯로 낮춰 불렀다.

그러나 전국칠웅戰國七雄이 있었던 전국시대에는 중앙정부인 주 황실을 인정하지 않고 칠웅 스스로 왕이나 황제로 자칭하면서 선생을 벌였던 시기를 말한다.

갑골실은 은허박물원의 꽃이라 할 수 있다. 두 장의 투명유리 사이에 귀판龜板(거북등판)을 넣어 진열해 놓았기 때문에 귀판의 앞면과 뒷면은 물론 등에 갈라진 금과 문자까지도 확연히 볼 수 있다. 소 어깨뼈에 구멍을 뚫은 대찬착적우견갑골帶鑽鑿的牛肩胛骨도 중요한 자료이다. 벽에는 갑골문자를 해독해서 점친 내용이 문답식으

귀판의 앞면과 뒷면 / 갑골문자가 새겨진 귀판

로 적혀있다.

　필자의 눈을 사로잡은 것은, 싼싱두이三星堆와 관련된 것으로 코끼리 나라를 시찰했다는 내용이다.

　"임복일에 복을 합니다. 오늘 왕이 시찰을 해도 될까요? 계해일에 왕께서 코끼리 나라를 시찰했다. 좋은 날씨를 하늘이 주셨다.(今日王省壬戌卜賜日省象于癸亥)"

　여기에서 코끼리 나라로 추정되는 곳은 쓰촨성 청두시에서 40km쯤 떨어져 있는 싼싱두이로 학계에서는 보고 있다. 고고학적 유적지인 싼싱두이를 발굴할 때 상당량의 상아가 출토되었으며 은나라 화폐로 사용되었던 같은 종류의 조개도 발견되었다. 이런 사실들은 은나라가 그 세력을 청두까지 확대해 나갔으며 주변국들은 당시 중원을 지배하고 있던 은나라와 교류가 있었다는 것을 입증하고 있다. 이 모든 것들은 싼싱두이박물관삼성퇴박물관에 전시되어 있다.

　사실 갑골은 은허에서만 발굴된 것이 아니다. 1986년 싼싱두이에서도 발굴되었다. 싼싱두이에서 출토된 갑골은 불을 피워 점을 친 흔적만 있을 뿐 글자가 적혀있지 않았다. 그 이유는 싼싱두이가 있

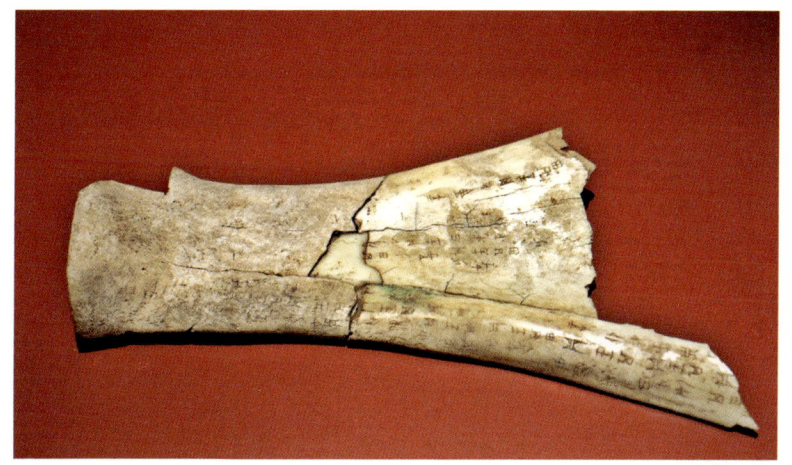

대찬착적우견갑골

던 고촉古蜀(고대에 쓰촨성에 있던 나라)에는 아직 문자가 없었기 때문이다. 그들은 점을 친 결과를 다른 방법으로 기록했을 터인데 아직 밝혀진 바가 없다.

청동실에는 은허에서 출토된 청동기들이 전시되어 있는데 주로 푸하오婦好 묘에서 출토되었다. 입구에는 사모무정이 전시되어 있고 안에는 우방정, 녹방정, 푸하오 삼연언 등이 있다. 특히 이곳 부관촌에서 출토된 사모무대방정은 높이 113cm, 입구넓이 116cm, 폭 79cm, 무게 875kg이나 되는 은나라 최대의 청동기이다. 사모무대방정은 지금까지 발견된 청동기 중 중국은 물론이고 세계에서 가장 큰 것으로 중국고대 청동기의 대표작이라 할

싼싱두이에서 발견된 갑골문

사모무방정

수 있다. 정말이지 사모무대방정은 고대 동방 청동주조기술의 최고봉을 자랑한다.

사모무대방정은 내부에 "어머니 무戊에게 제사를 지낸다"라는 뜻인 사모무司母戊·스무팡 명문이 새겨져 있어 붙여진 이름으로, 상나라 28대 왕인 문정文丁이 아버지 무을武乙의 왕비이자 어머니인 무에게 제사를 지내기 위해 만든 것이다.

여기에서 방정은 제물용 고기를 삶는 그릇을 말하며 주로 소, 돼지, 양 등을 삶았다. 또한 방정은 동서남북 사방을 다스리는 불멸의 힘을 가진 왕의 상징이기도 했다. 그러니까 은나라 때의 사모무정은 제사를 지낼 때 사용되는 중요한 제기이기도 하지만, 권력의 상징이자 국가의 상징으로 여겼다. 사모무대방정의 육중한 형상과 새겨진 문양을 보고 있노라면 감탄사가 절로 나온다.

은나라 이전에도 청동기는 있었으나 모양이 단순하고 무늬가 없었다. 은 왕조에 이르러서야 형태가 다양하고 복잡한 문양의 청동기가 출현하게 된다. 기원전에 어떻게 이렇게 다양한 아름다운 형상과 세밀한 문양 그리고 이렇게 큰 청동주물제품을 만들 수 있었는지 당시 장인들의 주조기술과 주조공예는 신기에 가까웠다는 생각이 든다.

2000년도에 발굴했다는 차마 갱에서는 당시 은 왕이 탔던 축력차畜力車와 말의 뼈와 사람의 유골이 함께 출토되었는데 한사람이 두 마리의 말을 끌었다는 것을 알 수 있다.

기록에 의하면, 하나라 시대에도 이미 교통수단으로 마차가 있었다고 전해지고 있으나 그 유물이 발견되지 않았기 때문에 공인을 받지 못했다. 그렇지만 은허에서 출토된 차마 갱이 지금까지 발굴된 축력차 중 가장 오래된 실물표본으로 확인되었기 때문에 중국이 세계 최초로 마차를 발명하고 사용했던 문명 고국 중의 하나로 인증받을 수 있었다. 차마 갱에서 발굴한 마차를 연구한 결과 은나라 때의 마차는 조형이 아름답고, 구조가 견고하며, 차체가 가볍고 정교할 뿐만 아니라 중심이 평형을 이뤄 운전이 안전하고 쉬웠다고 한다.

마차에서 가장 중요한 작업 중 하나가 바퀴를 만드는 일이다. 바퀴를 만드는 과정은 이렇다. 먼저 선택한 나무를 토막토막 원형으로 깎아 바큇살을 만든다. 바큇살을 하나하나 붙이면 원형의 바퀴가 만들어지는데 이때 바퀴 밖은 내구성과 내마모성을 주기 위해 청동으로 씌웠다.

그런데 이때, 중량과 크기가 다르면 균형이 맞지 않는다. 바퀴의 균형이 맞지 않으면 바퀴가 튕겨 나가는 등 안전에 문제가 발생하기

은허 차마갱

때문에 반드시 균형을 맞춰야 한다. 균형을 맞추는 방법은, 만든 바퀴를 수조水槽(물을 담아 두는 큰 통)에 넣어 띄워본다. 무거운 부분은 가라앉고 가벼운 부분은 뜨기 때문에 이때 가라앉은 부분의 살을 깎아준다. 이런 공정을 수차례 반복한 후 바퀴를 여러 방향으로 돌려봐서 수평을 유지하면 바퀴의 밸런스, 즉 균형이 맞춰진 것이다. 베어링 역할은 바퀴 축軸(굴대) 옆의 접촉한 부분에 홈을 파고 이곳에 쇠기름과 소금을 혼합해서 넣는다. 이렇게 하면 여름에도 썩지 않아 구더기가 생기지 않고 응고도 빨리 된다. 말꼬리는 두 마리의 말이 끌기 때문에 안전을 고려해 서로 엉키지 않게 말아 올렸다고 한다.

이곳 차마 갱에서는 모두 6좌가 발굴되었는데, 한 좌마다 수레 한 대, 말 두 필, 사람 한 명이 함께 순장된 모습을 볼 수 있다. 부장품과 함께 말의 머리와 갈비뼈와 다리뼈뿐만이 아니라 생매장당한 사람의 유골을 보면 섬뜩한 느낌이 든다. 당시에는 한 집단의 지배층 계급에 속한 사람이 죽었을 때 그 사람의 뒤를 따라 강제로 혹은 자진해서 산 사람을 함께 묻었다는 순장 제도가 존재했기 때문이다.

1936년 6월 12일 국민당 정부 당시 국립중앙연구원 역사언어연구소 고고학 팀의 은허발굴조사단이 샤오툰 북쪽에서 제13차 발굴 작업을 진행하던 중 YH127 갑골갱을 발견했다. 갑골갱에서는 글이 새겨진 갑골 17,056편이 발견되었는데 그중에서 완전한 형태의 갑골문은 300여 편이 된다. 한 장소에서 이렇게 많은 갑골이 발견되기는 처음이다. 그렇기에 이곳을 갑골을 저장해 둔 구덩이이라 해서 '갑골교혈甲骨窖穴·자구자오쉐'이라 부른다.

갑골교혈은 은대 황실의 문서보관소로 추정되며, 매장된 갑골은 갑골문자와 은상시대의 역사를 연구하는데 매우 중요한 자료가 되고 있다. 고고학계에서는 갑골교혈의 발견을 두고 '갑골학 사상적 일대기적' 또는 '중국 최초의 갑골문 도서관'이라 일컫는다.

화려한 문화를 꽃피울 수 있었던 황허! 그 중심에는 갑골문이라는 문자가 있었기 때문이다. 3,300년 전, 거북의 껍실 속에 동물의 모양을 본뜨고 사물의 특징을 그림 그리듯 글자로 형상화한 갑골문자는 긴 세월 동안 끊임없이 진화하면서 단순화됐고 13억 명이 넘는 인구가 사용하는 한자로 발전했다. 지금도 갑골문자의 비밀을 풀기 위한 연구는 계속 진행되고 있다.

갑골교혈

은나라 때의 장례문화를 엿볼 수 있는 은허궁전종묘제사갱유적지 殷墟宮殿宗廟祭祀坑遺址도 눈여겨 볼만하다. 실제 이곳에서는 수십 명에서 수백 명을 순장한 무덤들이 다수 발견되었다.

1976년까지 발굴해서 발표한 논문에 의하면, 191개의 제사 갱 중 제사 때 희생된 사람만 1,178명에 달하고 대부분 청장년인 것으로 밝혀졌다. 은 왕조 때는 귀족, 즉 지배층이 죽으면 실생활에 사용했던 각종 생필품은 물론 첩, 신하, 종 등 주변 사람을 생매장하는 순장 제도라는 풍습이 있었다고 한다.

순장이란, 죽은 사람 뒤를 스스로 따라 묻히는 것을 말하는데, 사실 자진해서 죽는 경우보다는 강제로 묻히는 경우가 더 많았다. 그렇기에 유골을 살펴보면 산 채로 보다는 죽임을 당해서 묻힌 유골이 더 많고 말이나 개의 뼈도 함께 출토되었다.

고대 사회에서 널리 행해지던 장례 풍속인 순장 제도는 중국의 경우 주로 은나라 때 성행하기 시작했는데, 죽어서도 살아서와 똑같은 생활을 누려야 한다는 믿음이 뒷받침된 지배층의 그릇된 생각에서 행해진 어처구니없는 일이다.

그런데 순장하는 풍습은 비단 중국에서 뿐만이 아니라 우리나라 여러 유적지에서도 발견되었다. 그 대표적인 곳이 경상남도 김해시 대성동에 자리한 가야유적지인 대성동 고분이다. 이후 진秦나라와 한나라 시대에 와서는 순장제도가 없어지고 도용陶俑(진흙으로 만든 인형)이나 목용木俑(나무 인형)을 만들어 순장 방식을 바꿨다. 그 대표적인 유적이 시안에 있는 병마용 갱과 한양릉 지하박물관이다. 역사에 가정이란 없지만, 만약 진나라 때에도 순장제도가 있었다면

(상)은허궁전종묘제사갱유적지 // (하)순장자 유골

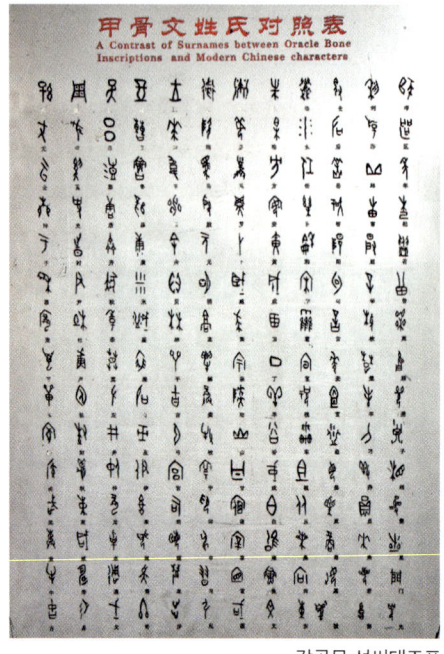

갑골문 성씨대조표

시안에 있는 병마용 갱은 도용이 아닌 실제 사람으로 채워졌을 것이다. 생각만 해도 끔찍한 일이다.

은나라 때 건축물로 복원한 대회랑에는 '甲骨文寫意書法展', 즉 갑골문자를 뜻풀이한 글들이 전시되어 있다. 초입에는 당시의 갑골에 새겨진 문자를 현대 중국어로 번역한 글이 있는데 날씨에 관해 점 쳤던 내용이다. 회랑에는 아주 간단한 문자부터 꽤 복잡한 문자까지 갑골문자의 변천사를 한눈에 볼 수 있도록 전시해 놓았다. 참으로 다양한 문자이다. 마지막 부분에는 '갑골문성씨대조표'가 있다. 세어보니 모두 180개의 성씨이다.

궁전종묘유적지 서남쪽에는 1976년에 장젠시앙鄭振香(정진향)에 의해 발견된 한 여인의 무덤이 있다. 상대 귀족 묘 중 가장 유명한 이 묘는 중국 문헌에 기록된 최초의 여장군인 푸하오婦好(부호) 묘이다. 푸하오 묘는 은허에서 유일하게 완벽한 상태로 보존된 상대왕실고분으로, 매장된 한 청동기 유물에서 무덤의 주인이 누구인지를 말해 주는 표시가 발견되었다. 이 표시는 은나라 군대의 총사령관이

푸하오 석상과 묘

자 왕이었던 무정武丁의 아내 푸하오라고 무덤의 주인을 밝혀주는 기호였다. 남북길이 5.6m, 동서 넓이 4m, 깊이 7.5m인 묘실에서는 청동기 460여개, 옥기 750여 개 등 총 1,928점의 부장품과 함께 16명의 순장한 유골이 발견되었다. 아쉽게도 이곳에서 출토된 대부분의 청동기 유물은 허난성박물원에 전시되어 있다.

허난성 요리

유네스코 등재 세계지질공원
운대산(云台山)

허난성 초작시 수무현 경내에 자리 잡고 있는 운대산원타이산은 관람할 수 있는 면적만도 60㎢에 달하며 유네스코에 등재된 세계지질공원이다. 운대산은 산세가 험하고 구름이 자주 끼어 붙여진 이름으로 중국 10대 명산 중 하나이다. 험준한 산세로 인해 계곡이 깊고 기암괴석이 많을 뿐만이 아니라 기이하면서도 수려한 산과 맑은 물 그리고 자욱한 운무로 인해 '동해제일승경東海第一勝景'으로 불린다.

운대산을 찾은 '한국프로사진작가협회' 회원들

운대산에는 경치가 훌륭하고 독특해 3개의 중국 제일이 있다. 낙차 폭이 314m로 중국에서 제일 높은 천폭협泉瀑峽·취엔푸샤과 중국제일의 기협인 홍석협紅石峽·홍스샤 그리고 중국에서 제일 맑은 물을 자랑하는 담폭협潭瀑峽·단푸샤 등을 들 수 있다.

천폭협을 운대천폭포云台天瀑布라고도 하는데, 중국인들은 천폭협을 "평편한 돌을 밟고 서서 푸른 하늘에 입 맞추고, 마치 은하가 날아 떨어지고, 경천옥주擎天玉柱(하늘을 공경하고 백성을 사랑하라는 뜻)로 받들어 올린 듯 장관을 이룬다"라고 노래했다.

중국의 그랜드 캐니언이라 불리는 홍석협은 화하제일기협華夏第一奇峽으로 온반협溫盤峽·원판샤이라고도 불리는데 암석 모두 적색 기운이 돈다. 그 이유는 암석에 다량의 철분이 함유되어 있어 이 철 성분이 대기 중의 산소와 결합해 산화철로 변했기 때문에 생긴 현상이다. 홍석협은 샘, 폭포, 계곡, 깊은 못이 함께 있어 절경 중 절경으로 많은 사람의 사랑을 받고 있다.

협곡 아래로 내려가면 절벽을 깎아 만든 길이 있다. 도저히 인간의 힘으로 만든 길이라고는 믿어지지 않는다. 운대산 산신령이 조각한 길이라는 생각이 든다. 협소한 길은 운내산을 찾은 많은 관광객으로 인산인해를 이룬다. 중국의 명승지는 어디를 가나 초만원이다.

중국에 인구가 많다는 것을 실감할 수 있다. 특히 휴일에는 더욱 그러하다. 인파를 헤치고 앞으로 나아갈 필요가 없다. 어찌나 사람들이 많던지 가만히 있어도 자기 의지와는 상관없이 타의에 의해 떠밀려간다.

2시간이 넘는 트레킹 후, 운대산 내에 있는 운대산장에서 점심

식사를 했다. 반찬은 주로 운대산에서 채취한 나물과 야생 참마 그리고 운대산에서 잡은 산토끼고기와 운대산 저수지에서 잡은 산천어 등이다. 전갈요리도 나왔다. 약간 혐오스럽다고 생각할 수 있겠지만 특이한 경험일 수도 있다.

전갈을 중국에서는 10개의 다리가 있는 벌레(8개의 걷는 다리와 커다란 집게 다리가 한 쌍임)라 해 십족전충十足全蟲·스주취엔충이라고 한다. 본초강목과 중국약전에 의하면, 전갈은 염증과 독을 제거하고 아픔을 멎게 할 뿐만이 아니라 영양이 풍부하고 면역력을 높여주며 노쇠를 방지하는 등 다기능식품으로 기록되어 있다.

특히 전갈이 남성들의 정력제로 알려져 많은 미식가가 찾는다고 한다. 허난성 초청으로 운대산에 갔을 때 점심 식사로 전갈요리가 나왔는데 아무도 젓가락이 가지 않는다. 그래서 필자가 전갈에 대한 효능을 설명하면서 정력제라고 했더니만 금세 한 접시가 비워지고 두 접시를 더 추가해서 먹었다. 심지어 다른 테이블에서는 먹지 않고 있는 전갈까지 가져다가 먹었다. 정력제라면 사족을 못 쓰는 모습을 보자 쓴웃음이 나온다. 요리해놓은 전갈 맛은 볶은 메뚜기 맛과 비슷한데 메뚜기 맛보다 훨씬 고소하고 맛있다. '한국프로사진작가협회' 회원들과 함께한 이번 여행에서 같은 테이블에 앉은 일행 중 임경주 국장과 정경식 단장이 전갈요리를 먹으면서 이런 대화가 오갔다.

임경주 국장이 "나는 '모기눈알요리'를 먹어봤다"라고 하자, 정경식 단장은 "나는 '벼룩곱창요리'를 먹어봤다"라고 응수해 임 국장을 한 방에 날려버린 게 아닌가. 그래서 필자도 끼어들었다.

홍석협 전경

운대산을 찾은 수많은 여행자들

(상)전갈요리 / (하)야생 참마

"이 사람들이 중국을 하도 많이 다니다 보니까 자네들도 어느새 뻥이 심한 중국인들로부터 전염된 것 같네 그려…."

내가 이렇게 응수하자 모두 한바탕 크게 웃었다.

운대산에서 채취한 숙지황과 동물의 신장을 원료로 해서 만든 요리인 지황요편地黃腰片도 맛보았다. 편제지황이라고도 하는 지황요편은 열을 내리고 음기를 보충하며 침 분비를 촉진하고 갈증을 해소해주는 효과가 있다.

TIP

여행 중 재치 있는 조크는 활력소가 된다. 그렇지만 여러 명이 함께 여행할 때 해서는 안 되는 불문율이 있다. 그것은 정치, 종교, 학력, 나이, 특히 지역감정을 유발할 수 있는 이야기를 해서는 절대로 안 된다. 여행자들이 준수해야 할 금기 사항이다. 정치 이야기를 하다가 말싸움으로 번진 경우를 수차례 목격했다.

중화 제일 수경 회자 '소채구'
담폭협(潭瀑峽)

홍석협을 구경한 후 표 동무와 함께 셔틀버스를 타고 담폭협으로 갔다. '중화 제일 수경中華第一水景'이라 일컫는 담폭협은 일명 '소채구小寨溝'라고 불리는데 쓰촨성에 있는 구채구와 비슷하다고 해서 붙여진 이름이다.

담폭협은 협곡의 총길이가 1,270m로, '三步一泉·五步一瀑·十步一潭', 즉 "세 걸음마다 샘이요, 다섯 걸음이면 폭포요, 열 걸음에 담이로다"라고 칭송할 만큼 뛰어난 경치를 자랑한다. 특히 담폭협

담폭협 입구

내의 불로천은 태항산의 여름비와 겨울눈이 모여 50여km를 흘러온 광천수로 이 샘물을 마시면 장수한다고 한다.

담폭협 입구를 지나면 손님을 가장 먼저 맞이한다는 영빈제일담 迎賓第一潭이 나온다. 여기에서부터 걸어서 올라가는 길에는 뜻도 아름다운 이름을 붙여놨는데, 구대정인九對情人을 비롯해 비취선자翡翠仙子, 금담은폭金潭銀瀑, Y자폭담Y字瀑潭, 군방경수群芳竟秀, 수당산채隋唐山寨, 청의선지淸漪仙池, 수렴선거水簾仙居, 벽옥선자碧玉仙子, 선종검영仙踪劍影, 용봉정상龍鳳呈祥으로 이어지며 각양각색의 풍광이 펼쳐진다. 중국인들은 이를 두고 '12악부로 구성된 산수악장演奏出十二部美好的山水樂章'이라한다. 필자는 쉽

운대산의 가을 풍경(중국국가여유국 서울지국 제공)

게 '산수12악장'이라 하겠다.

산수 12악장에는 저마다 따로따로 아름다운 이름을 붙여놨다. 폭포기 흘러내리는 모양이 'Y'자를 닮았다 해서 'Y자폭담Y字瀑潭'이라는 아주 소박한 명칭에서부터 향기로운 꽃이 많이 피어있다 해서 '群芳竟秀군방경수', 맑은 물결이 아름다워 신선이 사는 못이라 해서 '淸漪仙池청의선지', 흐르는 폭포가 발을 쳐놓은 듯 아름다워 신선이 거처한다고 해서 '水簾仙居수렴선거', 용과 봉황은 상서로운 조짐을 나타낸다는 뜻인 '龍鳳呈祥용봉정상'까지 그 이름도 거창하고 다양하다. 한자문화권이 아니면 도저히 표현해낼 수 없는 명칭이다.

Y자폭담

'중국 그랜드 캐니언'
임려산 태항대협곡(林慮山 太行大峽谷)

중국의 그랜드 캐니언 또는 중국의 척추라 불리는 임려산 태항타이항 대협곡은 산수안양관광의 하이라이트로서 허난성 서북부 남태항산 동쪽 산기슭인 린저우林州(임주)시의 석판암향 경내에 자리 잡고 있다. 이 석판암 지대는 태항산 전체 남북길이 400km 중 남북으로 50km, 동서로 1.5km에 이르며, 이곳 임려산의 높이는 해발고도 800~1,739m에 달하고 상대고도 차가 1,000m나 된다. 총면적은 310여 만㎢ 중 관람할 수 있는 풍경구 총면적만도 180㎢나 되는 매우 광대한 대협곡이다.

예로부터 중국에서는 '북웅남수北雄南秀'란 말이 있다. 이 말은 "북쪽의 경치는 웅장하고 남쪽의 경치는 수려하다"라는 뜻이다.

임려산은 전형적인 북웅 풍경의 전형이다. 임려산의 생성과정을 살펴보면, 이곳이 25억 년 전에는 바다였다고 한다. 그런데 수많은 지각변동과 화산의 분출로 인한 조산운동에 의해 대규모의 습곡산맥을 형성했다. 이로 인해 절벽이 높아 고도차이가 1,000m나 되는 곳이 있다. 무엇보다도 이곳의 지질구조는 편마암과 탄산염암 그리고 석영암으로 구성되어 있다. 이중 특히 눈길을 끈 것은, 약간은 불규칙하면서도 평행하게 띠가 있는 편마암층과 12억 년 전에 형성된 '자색 석영 사암'이다.

중국인들은 옅은 운무에 싸여있는 임려산을 두고 하는 말이, 봄에는 백화가 만발해 생기가 넘치고, 여름에는 짙은 푸른색으로 세상을 단장하고, 가을에는 오색단풍이 숲을 이루며, 겨울에는 마치 옥과 같은 얼음기둥과 눈이 은빛 세상을 연출한다고 한다. 이렇게 아름답고 웅장한 풍광을 감상하기 위해 그동안 수많은 제왕 장상과 문인 그리고 협객과 고승들이 끊임없이 드나들었으며 이들에 대한 수많은 전설적 얘기들이 전해지고 있다.

임려산의 도화곡桃花谷·타오화구은 경내삼대기현境內三大奇現으로 유명하다. 엄동설한에도 꽃이 피는 도화桃花(복숭아 꽃), 삼복더위에도 얼음이 어는 계곡, 두들겨 보면 돼지 울음소리가 나는 저규석猪叫石이 그것이다. 이뿐만이 아니다. 임려산 태항대협곡에는 국제 암벽등반기지와 트레킹코스 그리고 국제 패러글라이딩 활공

산수를 사생하러 나온 학생들

기지가 있어 해마다 많은 사람이 찾아와 직접 체험을 하며 즐긴다. 특히 국제 패러글라이딩 대회가 열리면 하늘에 펴진 낙하산이 마치 산꽃같이 만발하는 장관이 연출된다.

태항대협곡 내에 있는 거리·집·담장·기둥·사다리·다락 등 모든 것이 돌이다. 특히 지붕도 편마암을 한 층씩 벗겨내어 올려놓았다. 쌓아놓은 석축을 보면 이들의 돌을 다루는 기술에 절로 감탄사가 나온다.

이렇듯 임려산 태항대협곡은 산세가 웅장하고 수려하며 기암괴석과 깎아지른 절벽 등이 조화를 이뤄 많은 예술애호가가 사생寫生과 사진 촬영을 위해 찾는 곳이기도 하다. 마침 이 지역에 사는 수많은 학생이 임려산 태항대협곡의 산수를 사생하기 위해 자전거를 타고 나왔다.

상나라 국왕 무정과 노예 출신인 재상이 이곳에서 함께 웅거했다 해 이름 붙은 왕상암王相岩·황샹옌으로 가는 길은 가파르고 협소한 돌계단의 연속이다. 겨우 몸을 움츠리고 고개를 숙여야만 통과할 수 있는 길도 있다.

첩첩 협곡에 이런 길을 내기 위한 공사는 난공사 중 난공사로 우리 인간의 끈기와 노력의 결정체라는 생각이 든다. 저 멀리 암벽 중턱에 있는 왕상암이 아련하게 보인다. 수직 철재 계단을 올라야만 다다를 수 있다. 수직 철재 계단이 없었을 때는 어떻게 오르내렸는지 모르겠다.

한참을 오르면 금대琴臺·친이가 나온다. 이름 그대로 평편한 바위 위에서 거문고를 타기에 안성맞춤이다. 조금 더 오르면 3개의

임려산 태항대협곡 풍광(중국국가여유국 서울지국 제공)

왕상암 입구 / 왕상암과 수직 철재 계단 / 출렁다리

이담과 철제 삭교

　큰북이 있어 손바닥으로 치면 쿵쿵하는 소리가 온 협곡에 울려 퍼진다. 가파른 나선형 돌계단과 바위를 쪼아 만든 비좁은 길을 지나면 이담二潭·얼탄 위에 설치된 삭교索橋·쉬챠오가 나온다. 삭교를 '현교' 또는 '승교'라고도 하는데, 밧줄이나 대나무 줄기 또는 쇠줄로 만든다. 이담 위에 설치된 삭교는 쇠줄로 다리의 길이 50m, 너비 2m이며 바닥에는 널빤지를 깔았다. 다리를 건널 때는 흔들거린다. 바닥을 훤히 내비치는 이담 연못, 계곡을 흐르는 명경시수, 운치를 더해주는 흔들 철제다리, 암벽을 타고 흘러내리는 은빛폭포, 층층이 띠를 두른 바위는 주변 풍광과 조화를 이루기에 한 폭의 수채화다.
　협곡을 오르다 보면 저 멀리 절벽 중간에 돌집들이 보인다. 저렇게 높은 척박한 곳에서 어떻게 사느냐 싶다.
　이들은 청나라 때인 2~300년 전부터 전쟁을 피하거나 세금 낼

편마암층

  돈이 없어서 그리고 어떤 또 다른 이유로 인해 관가를 피해 도망 온 사람들이 절벽과 절벽 사이에 계단식 밭을 일구며 자급자족하고 살았는데 이들은 그들의 후손이다. 지금은 젊은이들이 모두 떠나고 새로운 환경에 적응하기를 두려워한 노인만 남아 있다. 전에 길이 정비되지 않았던 시기에는 하산하는 데 하루 오르는 데 하루가 걸렸다고 한다.

  그리고 이곳 사람들은 시장에서 송아지를 사서 등에 업고 절벽을 올라 키웠으며, 소는 죽도록 주인을 위해 일하고 수명을 다하면 잡아먹혔다. 그러니까 한번 사람의 등에 업혀 올라간 송아지는 살아서 내려올 수 없었던 셈이다.

  임려산을 일주하는 순환로인 태항천로는 전동차를 타고 달릴 수 있다. 태항천로太行天路·타이항톈루란 이름 그대로 '하늘길'이다.

폐허가 된 석판암 돌집

구불구불한 길의 전체 길이는 25km나 된다. 길옆은 깎아지른 절벽으로 위험천만한 낭떠러지이다.

태항천로를 달리다 보면 도화동을 비롯해 동뇌평등민속촌東腦坪等民俗村 등 대협곡 전체를 관망할 수 있다. 손에 땀을 쥐게 하는 곡예 운전 길인데 산의 나무들은 단풍이 들어 가을을 알리고, 돌로 축대를 쌓아 만든 나랑밭의 이랑에는 고구마, 콩이 심겨 있다.

석축 사이사이에는 추국이 짙은 가을향기를 내뿜어 잠시 안도의 숨을 쉬게 한다. 이미 수확이 끝난 옥수수는 마당이나 지붕 위에서 노랗게 말려지고 있다. 이렇듯 임려산 태항대협곡에는, 중국 고대 풍수에서 좌청룡·우백호·전주작·후현무의 가장 이상적인 모습을 갖추고 있어 태항지혼太行之魂이라 일컫는 왕상암, 경내 삼대기현으로 유명한 도화곡, 346m 높이의 도화폭포, 구슬을 머금고 있는 모습의 못인 함주舍珠, 하늘 길인 태항천로, 태항산의 수려함을 맑은 호수에 한가득 담고 있는 태항평호太行平湖, 모든 건축물을 돌로 만든 특이한 형태의 주민민속촌, 아시아 제일의 국제 패러글라이딩 활공 기지와 사생 기지 등 수많은 풍경구가 있다.

 TIP

태항산은 '클 太자'에 '갈 行자'를 쓴다. 그런데 '태행'으로 읽지 않고 '태항'으로 읽는다. 그 이유는 '행'자는 때로 '항'자로도 읽을 수 있기 때문이다.
예를 들면 족보에서 '行列을 따지다'에서 '행렬'이 아닌 '항렬'로 읽는 것과 같다. 특히 태항산은 산세가 줄지어 서 있기에 '行'은 간다는 뜻이 아니고 줄지어 서 있다는 뜻이다.

허난성 요리

태항천로 / 말리고 있는 옥수수

현대판 '우공이산' 인공천하
수장성 홍기거(水長城 紅旗渠)

홍기거홍치취란 '붉은 기와 도랑', 즉 '붉은 기를 내걸고 건설한 도랑'이란 뜻으로 현대판 우공이산愚公移山·위공이샨이라 불린다. 우공이산은 "우공이 산을 옮긴다"라는 말로 어려움을 무릅쓰고 꾸준히 노력하면 큰 산도 옮길 수 있다는 뜻이다.

1960년대 마오쩌둥이 정권을 장악한 후 적색혁명을 일으켰다. 이때 붉은 깃발을 산에 꽂고 수로를 팠기 때문에 혁명의 상징으로 이 수로를 홍기거라 이름 지었다. 태항산 자락 중턱에 자리하고 있는 이곳은 예로부터 물이 귀했다. 물을 얻기 위해서는 하루를 꼬박 걸어서 길어 와야만 했다. 이처럼 물이 귀한 곳이다 보니 물 때문에 스스로 목숨을 끊은 어느 며느리의 일화가 전해져 내려온다.

갓 시집온 신부가 있었다. 마침 춘절春節(중국 민간에서 가장 크고 성대한 전통 명절로 음력 정월 초하루)을 맞아 만두를 삶으려는데 물이 없었다. 중국에서는 춘절에 만두를 삶아 먹는 풍습이 있는데 이때 먹는 만두는 물만두이다. 시아버지가 멜대를 메고 20km쯤 떨어진 곳으로 물을 길으러 갔다. 시아버지는 줄을 서서 순서를 기다리고 기다렸다가 겨우 양동이에 물을 채운 후 산길을 되돌아 집으로 오고 있었다. 시아버지가 물을 길으러 간 사이 시어머니와 며느리는 만두를 빚어놓고 기다렸다. 해가 졌는데도 물 길으러 간 시아버지가 돌아오지 않자 며느리가 마중을 나갔다.

저 멀리서 양동이를 양어깨에 메고 힘들게 걸어오는 시아버지의 모습을 보고 며느리는 달려가 자기가 메겠다고 했다. 시아버지는 괜찮다고 했으나 며느리의 고집을 꺾을 수가 없었다. 그래서 "아가야! 그럼 조심해서 메고 가거라."라며 멜대를 넘겨줬다.

그런데 아뿔싸, 몇 걸음을 옮기다가 그만 돌부리에 걸려 넘어져 물을 몽땅 쏟고 말았다. 시아버지가 힘들게 받아온 물을 몽땅 쏟고 말았으니 얼마나 민망했겠는가. 집으로 돌아온 시아버지는 빼끔빼끔 담뱃대만 빨고 있고 빚어놓은 만두는 삶지 못하고 있는데 시어머니 왈, "아가야! 괜찮으니 너무 상심하지 말거라. 옆집에서 물을 꿔다 만두를 삶아 먹고 내일 갚자꾸나"라고 했다. 그리고 시어머니는 옆집에 가서 물을 빌려다 만두를 삶아 함께 먹었다. 그런데 다음 날 일어나 보니 며느리가 자진해 있었다. 자신의 행동이 너무나도 부끄럽고 후회스러운 상실감 때문에 자진하고 만 것이나. 이후 초상을 치루고 나서 이런 곳에서는 도저히 못 살겠다며 시부모와 남편이 동네를 떠났다고 한다.

홍기거 지역은 예로부터 물이 귀한 곳이다. 마을이 700~800m 절벽 위에 있으니 다른 곳에서 물을 끌어올 수도 없었다. 그런데 홍기거 공사를 주도한 사람은 1960년대, 당시 29살의 젊은 당서기 양꾸이楊貴(양귀)였다.

인공천하 홍기거 전경

  양꾸이는 "피를 흘렸으면 흘렸지 눈물은 흘리지 말자!"·"내가 죽게 일해서 수로를 팠으면 팠지 죽게 기다려서는 안 된다"라는 구호를 내걸고 주민들의 숙원인 물 부족을 해결하기 위해 팔을 걷어붙이고 나섰다. 수로를 낸 후 토지를 만들고 인민들의 생활을 개선하겠다는 수로사업에 관한 건의서를 중앙에 제출했다. 일주일 만에 당시 중국공산당 총리였던 저우언라이周恩來의 승인이 떨어져 공사를 시작했다.

  홍기거는 허난성 린저우시 일대의 주민 30만여 명이 10년에 걸쳐 이뤄낸 대역사로 공사는 난공사 중의 난공사였다. 온통 바위뿐인 절벽의 중턱에 돌담을 쌓아 올려 물길을 건설하고 절벽에는 동굴을 뚫어 물길을 연결해 나가는 일은 그들의 절체절명의 숙원사업이었다. 이는 보는 이로 해금 눈물마저 자아내게 했다. 기술적인 부분은 국가에서 보조를 해줬다고 하지만 돌뿐인 산에 천막을 치고 가지고 올라온 양식으로 숙식을 해가며 대역사를 시작했다고 하는 것은 무모에 가까웠다.

대역사가 가능했던 것은 이 지역이 석회암 지대였기 때문이다. 주변에는 석회석이 많이 나기 때문에 구워 가루를 내어 시멘트를 만들고, 국가로부터 지원받은 비료인 질산암모늄(NH₄NO₃, 비료와 폭발물로 널리 사용됨)은 볶아서 건조한 후 가루를 만들어 마른 톱밥과 일정 비율로 섞어 폭약을 만들어 사용했다. 공사과정에서 60여 명의 목숨도 잃었다. 홍기거의 전체 길이는 물경 1,500km에 달하며, 400여 개의 터널, 계곡과 계곡 사이의 다리가 200여 개, 이 모든 일을 열악한 조건이지만 모두가 일심동체가 되어 스스로 해낸 것이다.

완공 후 물이 들어오는 개통식에 양꾸이 당서기와 수리관리국장은 그 자리에 없었다고 한다. 정작 있어야 할 두 사람이 자리를 비운 것이다. 이들은 물이 들어오는지 안 들어오는지 보기 위해 절벽 위에 서 있었다고 한다. 모든 인민이 힘을 합쳐 일했는데 만약 고도 낙차 때문에 물이 오지 않으면, 즉 이 대역사가 실패하면 인민들한테 죄인이 되기 때문에 절벽 위에서 뛰어내려 죽기로 사전에 약속했다고 한다.

가장 난공사는 청년동靑年洞·칭녠둥으로 동굴길이 616m, 높이 5m, 넓이 6.2m에 달하는 동굴을 마을의 젊은 청년 300명이 돌격대를 조직해 1년 5개월에 걸쳐 뚫었다고 한다. 청년동 옆 벽면에는 1992년 장쩌민 전 주석이 이곳을 방문했을 때 남긴 발양자력갱생간고發揚自力更生艱苦·창업적홍기거정신創業的紅旗渠精神이 새

청년동에서의 필자

겨 있고, 리샨냔李先念(이선념) 전 주석이 남긴 산비山碑·산베이 글도 있다. 산비란 '산비석'이란 뜻으로 청년동 주변의 산세가 매우 가파름을 이르는 말이다.

하느님은 산을 만들었고, 인간은 구름 사이로 내려오면서 가파른 절벽 위에 수로를 만들었다는 홍기거! 대리석 석판에 새긴 비碑에는 홍기거 정신을 잘 대변해 주고 있다.

"역사상 린저우에는 19년 동안 비가 오지 않았다. 그래서 물이 기름보다 귀했다. 그러자 1960년부터 린저우 사람들이 10년 동안 태항산 절벽에 물길을 뚫기 시작했다. 길이는 무려 1,500km에 달하며 이것을 이름해 '인공천하 홍기거'라 부른다. 홍기거 물은 산시성의 장허漳河(장하)에서 끌어 왔는데, 이는 근본적으로 역사상 도저히 해낼 수 없는 공사로 불가능을 가능으로 승화시킨 물길의 역사이다. 홍기거 공사를 통해 자연적

양꾸이 당서기의 증언십수贈言十水

으로 교육이 된 것이, 자력갱생自力更生 (남에게 의지하지 아니하고 자신의 힘만으로 어려운 처지에서 벗어나 새로운 삶을 살아가는 힘)과 간고창업艱苦創業(가난하고 고생스러운 일을 극복하고 새롭게 일구어내는 힘)과 단결합작團結合作(서로 뭉쳐 이루어 내는 힘) 그리고 무사봉헌無私奉獻(나보다는 남을 위해 봉사하는 힘)이라는 교육정신이 잉태되었다. 이를 '홍기거 정신'이라 일컫는다."

정말이지 홍기거는 이 지구상 어디에서도 찾아볼 수 없는, 중국인이 아니면 도저히 이룩해 낼 수 없는, 중국인의 의지와 끈기 그리고 엉뚱한 발상이 담긴 '수장성水長城'이다.

당시에는 살기 위해 만든 홍기거가 지금은 관광명소가 되었다. 이곳을 찾는 관광객을 상대로 외줄을 맨 사람이 절벽을 타고 내려오면서 갈고리로 낙석을 제거하는 아슬아슬한 장면과 부녀돌격대들이 모여 해머와 정으로 암석을 쪼아내는 퍼포먼스를 보여준다. 홍기거를 건설하는 당시의 모습을 재현해 보인 것이다.

태항천로를 따라 임려산 태항대협곡을 내려오면서 보면 지체장애자 또는 정신박약자로 보이는 사람들이 눈에 많이 띈다. 이렇게 산수가 수려하고 맑은 대기를 마시며 오염되지 않은 환경 속에서 욕심 없이 느긋한 마음으로 사는데 왜 이런 사람들이 많을까.

이미 전술한 바와 같이, 청나라 때부터 전쟁과 관원을 피해 이곳으로 도망 온 사람들이 계단식 밭을 일궈 자급자족하며 살면서 근친 간 혼인을 했기 때문에 유전적 요인에서 기인한 것이다. 이제 젊은이들은 모두 떠나고 노인들만 남아 있기에 이런 사람들은 앞으로 태어나지 않을 가능성이 높아 보인다.

(상)낙석제거 퍼포먼스 / (하)부녀돌격대 퍼포먼스와 허난성 요리

세계 최초 감옥, 주역(周易) 발상지 유리성(羑里城)

유리성요우리청은 은나라 때 지방 제후였던 주문왕周文王을 7년 동안 가두어 놓은, 문헌상에 나오는 중국뿐만이 아니라 세계 최초의 감옥이다.

주문왕은 서주 문왕西周·文王이란 뜻으로 중국 주나라의 창건자인 무왕武王·姬發의 아버지이며, 성은 희姬요 이름은 창昌이다. 주문왕은 이곳 유리성 감옥에 갇혀있는 7년 동안 중국 고대 전설상의 삼황오제 중 중국 최고의 제왕으로 일컫는 복희씨가 만든 선천팔괘先天八卦를 연구해 64괘로 만들었는데, 이것이 '周나라의 易', 즉 주역으로 '역경易經'이라고도 힌다. 중국에서는 주역이 철학 및 신비주의적인 책으로 여겨지고 있다.

주문왕에 대한 다음과 같은 이야기가 전해진다. 중국 역사상 극악무도한 제왕, 즉 폭군을 일컫는 하걸은주夏桀殷紂란 고사가 있다. 하걸은 하나라의 제17대인 걸왕桀王을, 은주는 은나라 마지막 왕인 주왕紂王을 말하는데, 이 두 왕을 두고 생긴 고사이다. 또한 지나치게 퇴폐적인 상황을 주지육림酒池肉林이라한다. 주지육

유리성 정문

림은 "술로 된 연못과 고기가 가득한 숲"이란 뜻으로 실제 은나라의 주왕이 여인들과 즐기기 위해 만들었다고 역사가 증명하고 있다. 우리에게 주왕의 애첩이자 중국 역사상 가장 음란하고 잔인한 독부로 알려진 달기妲己·다지도 이때의 여인이며 주문왕도 이때의 사람이다.

상말 주나라의 한 마을의 수령이었던 주문왕은 천성이 인자하고 백성 사랑하기를 내 몸같이 했다. 폭군 주왕에게 실망한 선비들과 백성들이 주문왕 밑으로 구름처럼 모여들었다. 주문왕의 인기를 시샘한 간신들이 주왕에게 참소해 주문왕은 유리성에 갇히게 된다.

세월이 흘러 주왕은 주문왕이 점을 쳐서 예언을 잘한다는, 즉 주역에 능통하다는 말을 듣게 된다. 진짜로 점을 잘 치고 예언을 잘한다면 자기와 경쟁자가 되기 때문에 죽여 없애고 가짜면 풀어주기로 마음먹은 후, 인질로 도성에 와 있던 주문왕의 아들 백읍고伯邑考·보이카오를 죽여 인육으로 장조림을 만들어 주문왕에게 보냈

조어대의 강태공

다. 주문왕은 자기 아들을 죽여 만든 음식인 줄 뻔히 알면서도 후일을 기약하기 위해 눈물을 머금고 먹었다. 그리고 남들 모르게 살짝 빠져나가 모두 토해냈다. 후일 토해낸 자리에 무덤을 만들어줬는데 이곳에 가면 "자식의 인육을 토해낸 묘"라는 뜻의 토아분吐兒墳·투얼펀이 있다.

  주왕은 아들을 죽여 음식을 만들어 보냈는데도 먹은 것으로 봐서 주문왕이 별 볼 일 없는 거짓말쟁이라 생각하고 풀어줬다. 이렇게 해서 유리성에서 풀려난 주문왕은 서쪽으로 달아나 주 왕조를 건설한다. 그리고 아들의 살까지 먹어야 했던 처절한 상황을 되씹으며 은나라를 정벌할 결심을 굳힌다. 그는 정치와 군사 일을 맡아 주나라를 강국으로 만들 인재를 널리 찾았고, 결국 웨이수이 강渭水(위수)이 있는 조어대釣魚臺·댜오위타이에서 낚시하고 있던 강태공姜太公·쟝타이궁을 만나 그를 재상으로 삼는다. 강태공은 상말주초商末周初 사람으로 성이 강 씨이며 이름이 상이다. 그러니까 본명은 '姜尙'이다. '姜子牙강자아', '姜太公'은 모두 별칭이다.

  강태공을 등용한 주나라는 날로 발전해 부강하며 주문왕 또한 백성들의 존경을 한 몸에 받는다.

  반면에 은나라는 주왕의 폭정을 참다못한 신하와 백성들이 반란을 일으키는 등 국력이 쇠퇴하고 민심의 이반현상이 일어난다. 주

주문왕 석상

감옥 안 주문왕

문왕은 거사를 일으켜 은나라를 무너뜨릴 기회가 찾아오지만 끝내 주변의 권유를 받아들이지 않는다. 그 이유는 주역에 통달한 주문왕이기 때문에 자기 대에서는 아니라는 풀이가 나오지 않았나 싶다.

결국에 주문왕은 죽고 그의 아들 무왕이 기원전 1120년쯤 군사를 일으켜 은나라를 공격해 은 왕조를 무너뜨린 후 시안에 도읍을 정한다. 사실 무왕이 은 왕조를 무너뜨린 것은 오늘날로 치면 쿠데타에 성공한 셈이다. 지방정부가 중앙정부를 뒤엎은 것이었으니까 말이다.

그런데 주문왕은 기원전 1152년에 태어나서 82세 때 감옥에 갇히고 7년 동안 감옥생활을 했으며, 18명의 자녀를 두었고, 50년을 재위 후 기원전 1056년에 97세의 나이로 죽었다는데 도저히 숫자상으로 정확하지 않다.

유리성 대문을 통과하면 주역을 들고 있는 주문왕의 석상이 우뚝 서 있다. 연이방演易坊을 통과해 좀 더 안으로 들어가면 양쪽에 두 마리의 사자가 지키고 있는 주문왕연이처周文王演易處인 의문儀門이 나오는데 의식을 행하던 문이다.

의문 왼쪽에는 거북 등위에 새긴 주문왕 유리성周文王羑里城 석비가 있고, 오른쪽에는 일명 올챙이 글자라 불리는 조충자鳥蟲字·냐오충즈 글씨가 석판에 새겨 있다. 조충자란 마치 새나 벌레들이

조충자/조충자 중 '춤출 舞'

그려놓은 글 같다해 붙여진 이름이다. 글자 하나하나를 유심히 살펴보면 두 사람이 서로 손잡고 춤추는 모양의 춤출 무舞자를 비롯해 재미있는 상형문자를 볼 수 있다. 그 옆에는 많은 비석이 있는데 이를 우비禹碑 또는 구루비岣嶁碑라고 한다.

좌측으로 가면 4,000여 년 전부터 사람들이 생활하면서 후세사람들이 층층이 흙을 덮고 살았던 흔적인 토층 유적지를 볼 수 있다. 깨진 도자기를 비롯해 불을 피웠던 자리는 검붉은 색, 가마터는 붉은색 그리고 아주 얇은 흰색 띠를 발견할 수가 있다. 흰색 띠는 당시 사람들이 바닥에 횟가루를 뿌린 후 생활을 했기 때문에 생긴 흔적이다.

의문을 들어서면 '만고에 신하가 지켜야할 도리'를 뜻하는 만고신강萬古臣綱 현판이 있고 곧이어 유리성대전이 나온다. 유리성대전은 주문왕을 기념하기 위해 세운 사당이다. 이 사당은 당나라 때부터 보수를 해오다가 명나라 때 완성한 건축물이다. 사당 밖에는 바둑판 모양의 괘가 있고 왼쪽에는 거북, 오른쪽에는 머리는 용머리이고 몸은 말인 용마龍馬가 있다. 곱슬머리인 용머리가 특이하다. 사당 안에는 주문왕의 청동상이 있고 벽에는 감옥 안에서 주역을 연구하는 장면 등이 묘사되어 있다.

연이대의 주문왕과 팔괘

연이대演易臺로 발길을 돌리면 주문왕이 갇혀있는 동안 바위 위에 앉아 복희씨가 만든 8괘를 64괘로 풀이하는 등 주역을 연구했던 현장을 여실히 묘사해 놓았다. 사당 뒤편에는 거북이 형상을 한 유리정羑里井·여우리징이란 우물이 있다.

이 우물은 주문왕이 수감되어 있는 동안 마셨던 물로서 시원하고, 달콤하며, 심신을 상쾌하게 해주는 물이었다고 전해진다. 당시에 이곳은 사람이 살지 않은 황폐한 땅이었는데 주문왕이 이 물을 마시면서 원기를 회복했다고 한다.

그런데 당시의 우물 자리에 거북을 만들어 놓고 거북의 머리를 때리면 자동으로 물이 나온다고 하지 않는가. 필자도 확인해 보려고 거북의 머리를 때려보았으나 물이 나오지 않는다. 알고 보니 옆

유리정

상점 주인이 누군가가 거북의 머리를 때리면 얼른 리모컨을 눌러 물이 나오게끔 조절하고 있었다. 어쨌든 중국 사람들이란….

이외에 주변에는 문왕역비정文王易碑亭과 건륭어비정乾隆御碑亭이 있다.

연이방 / 주무왕 연이처

특히 건륭어비정은 예전에 주문왕이 말하길, "백성들을 내 몸 같이 보살피겠다"라고 했다는데, 건륭황제도 이곳에 와서 주문왕이 갇혀있던 감옥을 보고 나도 주문왕과 똑같은 마음으로 백성들을 보살피겠다고 마음을 다짐한 장소라 해 더욱 유명한 곳이다. 측백나무를 심어 유리성팔괘진羑里城八卦陳을 만들어 놓은 옆 건물에는 세상 돌아가는 이치를 알아맞히는 주역의 심비를 체험하려는

길흉화복을 점치고 있는 사람들

사람들의 모습도 목격된다.

　많은 사람이 주역과 사주 명리학四柱命理學을 같은 것으로 이해하고 있으나 사실은 그렇지가 않다. 주역은 팔괘를 기본으로 해서 이를 조합한 육십사괘六十四卦를 가지고 인간과 세계를 설명하고 예측한다면, 사주 명리학은 십간십이지十干十二支를 기본으로 한 육십갑자를 가지고 인간과 세계를 설명하고 예측하는 방법이다. 그러니까 양자의 공통점은 예측하기 위한 방법론은 같지만 엄밀한 의미에서 양자는 서로 다르다. 주역만 알고 명리를 모른다든지 명리만 알고 주역을 모른다면 깊이가 없는 사주쟁이가 되는 것이다.

　"주역이 시詩라면 사주는 산문散文이다"라는 말이 있다. 우리나라에도 많은 주역의 대가들이 있었다. 6·25전쟁을 예견하고 그의 제자들과 가솔들을 미리서 충청남도 태안군 안면읍에 속한 섬인 안면도로 피난시켜 무사히 6·25전쟁을 넘기게 한 야산也山 이달李達선생은 근세 한국 주역사에서 특출한 인물로 평가받고 있다. 우리나라의 저명한 역사학자인 이이화李離和 선생이 이달선생의 4

남이다.

허난성 요리

 유리성에서 나와 점심 식사하면서 같은 테이블에 앉은 양서원 사장이 서로 상극인 띠가 있으니 참고하라며 귀띔해 준다. 물론 믿거나 말거나 한 내용이지만 소띠인 필자의 경우 말띠와 유난히 좋지 않은 일이 많았다는 것을 부정할 수 없다. 양 사장은 중국통으로 사주 명리학에 일가견이 있을 뿐만이 아니라 중국 역사에 대해서도 해박한 지식을 갖고 있어 항상 많은 이야기를 들려준다.

 쥐띠(子)와 양띠(未)-쥐는 양의 뿔을 싫어한다. 소띠(丑)와 말띠(午)-소는 말이 밭을 갈지 않고 노는 것을 싫어한다. 범띠(寅)와 닭띠(酉)-호랑이는 닭의 부리가 짧은 것을 싫어한다. 토끼띠(卯)와 원숭이띠(申)-토끼는 원숭이 허리가 굽은 것을 싫어한다. 용띠(辰)와 돼지띠(亥)-용은 돼지의 몸이 검은 것을 싫어한다. 뱀띠와(巳)와 개띠(戌)-뱀은 개가 짖는 소리를 싫어한다.

중국 고대 신화에 등장하는
삼황오제(三皇五帝)

우리나라 역사에 단군신화가 있다면 중국에는 전설상의 삼황오제란 인물들이 등장한다.

여기에서 삼황오제란 3황과 5제를 아울러 이르는 말로 사료에 따라 삼황오제의 이름이 조금씩 다르다. 일반적으로 널리 알려진 3황은 수인씨, 복희씨, 신농씨이며, 5제는 황제黃帝, 전욱顓頊, 제곡帝嚳, 당요唐堯, 우순虞舜을 말한다.

상황오제 중 가장 우두머리인 복희씨에 대해 간단히 설명하면 다음과 같다.

복희란 '목숨 앞에 엎드린 자'란 뜻으로 무당이나 제사상을 일컫는 말이다.

전설에 의하면 복희씨는 인류에게 닥친 대홍수 때 표주박 속에 있다가 살아났는데, 복희란 "다시 살아났다"라는 뜻도 내포되어 있다.

복희씨는 주역의 사상적 기초가 되는 팔괘를 처음으로 만들어낸 인물이라 전해지는데 팔괘를 만든 목적은 인간의 길흉화복을 점치기 위한 것이었고 그것은 곧 무당이나 제사장이 하던 일이었다. 그

전욱제곡능 입구

리고 복희씨는 그물을 발명해 고기 잡는 방법을 가르쳤다고도 전해진다.

그럼 이제능二帝陵·얼디링에 모셔져 있는, 중국 고대전설에 나오는 삼황오제의 오제 중 전욱 좐쉬과 제곡디쿠은 누구인가.

중화이제종

전욱은 오제 중 두 번째 제왕으로, 황제의 손자이며, 고양高陽이란 지역에서 나라를 세웠기 때문에 고양씨高陽氏라고도 불린다. 20세에 즉위해 78년 동안 재위 후 98세에 죽었다고 전해진다. 어릴 때부터 재능이 뛰어나 초인이라 불렸으며, 천문관찰을 통해 역법曆法인 4계와 24절기를 정했으며, 계측

대형 북 / 노산문

을 통해 농업, 임업, 목축업을 과학적으로 접목하는 등 천하를 잘 다스린 명군이었다.

제곡은 오제 중 세 번째 제왕으로 황제의 증손자이며 전욱의 조카이다. 고신씨高辛氏라고도 불리는 제곡은 15세 때부터 전욱을 보좌해 공을 세운 후 30세에 즉위해 105세까지 살았다고 한다. 제곡은 금·은·동·납·철 등을 발견해 실생활에 접목했다. 이뿐만이 아니다. 사회질서를 바로잡아 이때부터 신용이 지켜지기 시작했으며, 종교개혁과 도덕이론을 정립하는데 큰 공적이 있어 후세에서는 그를 '중화민국의 인문시조'로 공경하고 있다.

'전욱제곡능顓頊帝嚳陵'이라 쓴 현판을 지나면 광장이 나온다. 광장 오른쪽에는 전욱과 제곡 두 분을 기리기 위해 만든 중화이제종中華二帝鐘이 있고 왼쪽에는 소 한 마리의 가죽으로 만들었다는 대형 북이 있다.

대형 북에는 육십갑자六十甲子의 위 단위를 이루는 요소인 천간天干, 즉 갑甲·을乙·병丙·정丁·무戊·기己·경庚·신辛·임壬·계癸가 적색으로 쓰여 있다. 중앙에는 옛날 황제가 드나들었던 노산문老山門이 있는데 고고학자들의 고증에 의하면 원·명·청나라 때의 벽돌이라고 한다. 노산문 뒤로는 문이 3개인 영성문欞星文이 있다. 중앙의 대문은 황제만이 드나들 수 있는 문이고, 오른쪽은 문관이 왼

(상)전욱과 제곡 / (중)이제께 제를 올리기 전(오른쪽에서 네 번째 필자)
(하)술을 따라 이제께 바치는 장면(왼쪽에서 두 번째 필자)

허난성 요리

쪽은 무관이 드나들었던 문으로 평소에는 열지 않는다.

인문시조人文始祖 현판이 있는 건물 안에는 전욱과 제곡 이제가 모셔져 있다.

그런데 중앙 현판에 쓴 인문시조는 좌에서 우로 썼는데, 오른쪽에 있는 덕소천지德昭天地(하늘과 땅을 큰 덕으로 밝게 비춘다는 뜻)와 왼쪽에 있는 전조무궁傳祚無窮(끝없이 복을 후세에 널리 전한다는 뜻)은 우에서 좌로 썼다. 분명 어떤 의미를 내포하고 있을 텐데 알 수가 없다. 그리고 왼손에 곡자曲尺(곡척)를 든 전욱은 동편에, 오른손에 도끼斧를 든 제곡은 서편에 자리하고 있다.

중국에서 동쪽 좌석은 상석이다. 선욱이 들고 있는 곡지는 척도의 상징이며 제곡이 들고 있는 도끼는 병권의 상징이다. 두 분 모두 매우 근엄한 표정이다. 이곳에 오면 황제만이 입을 수 있는, 용무늬를 수놓은 노란색 제의를 입고 향을 피우고 술을 따라 간단한 제祭를 올려야 한다. 건물 뒤편 야산에는 전욱능과 제곡능 그리고 옛 건물터가 있는데 원래 모래에 파묻혀 있었던 것을 우연한 기회에 발견했다고 한다.

고대 중국에서는 삼황오제에서 보듯이 '황皇'과 '제帝'가 구분되어 있었으나, 진나라를 세워 중국을 통일한 시황제인 진시황秦始皇 때부터 황제라 쓰기 시작했다.

 진시황이 말하길, "나의 덕은 3황보다 높고 공은 5제보다 더 크게 이루었다"라고 했기 때문에 황과 제를 합쳐 황제라 했으며, 황제가 나(진시황)로부터 시작한다는 의미에서 최초의 황제란 뜻으로 시황제始皇帝라 했다.

이제께 제를 올리기 위해 향에 불붙이는 장면

밀첨식 8각 전탑 있는
안양 천령사(天寧寺)

안양시내에는 안양 천령사톈닝쓰가 있다. 중국에는 천령사가 몇 군데 있기에 반드시 안양 천령사라고 해야 하며 이곳 경내에 있는 탑을 '안양 천령사탑'이라고 한다. 즉 문봉탑文峰塔·원펑타이라고도 불리는 안양 천령사탑의 건립연대는 확실히 알 수 없고 다만 952년 오대五代의 후주 때 개수했으며, 1772년 청나

안양 천령사 입구

안양 천령사탑

대웅보전 내 불상

라 건륭제 때 펑더彰德(지금의 안양) 관청의 일급 행정수장(知府라고 함)이었던 황방닝黃邦寧(황방녕)이 이 지역의 쇠락한 문풍文風(문화를 숭상하고 중시하는 사회 풍조)에 대해 자긍심을 고취시키고 사기를 진작시키기 위해 대대적으로 중수해 오늘에 이르렀다고 전한다. 안양 천령사탑은 벽돌로 축조한 8각형의 밀첨식 전탑으로 모두 5층 구조이다. 탑 아래에는 2m 높이의 기좌를 쌓고 그 위에 탑신을 세웠다. 전체 높이는 38.65m이다. 탑의 각층에는 부처의 생애가 조각되어 있고 상부로 올라갈수록 탑이 커지는 역삼각형 구조로 되어 있다. 이러한 역삼각형 구조는 안양 천령사탑의 가장 큰 특징이자 중국의 고탑은 물론 세계적으로도 보기 드문 모양의 탑이다. 탑 꼭대기에는 넓은 평대가 있고 주위에 벽돌 난간을 둘러놓아 주변의 아름다운 경관을 한눈에 내려다볼 수 있도록 만들었다.

허난성 요리

에필로그

        중국 송대의 유학자 주자朱子는 사람이 평생을 살아가면서 하기 쉬운 후회 가운데 해서는 안 될 후회 10가지를 제시했다. 이를 주자십회훈朱子十悔訓이라 한다.
    주자십회훈에는 '不接賓客去後悔부접빈객거후회'가 있다. "손님이 왔을 때 잘 대접하지 않으면 떠난 뒤에 후회한다"라는 말이다. 그래서인지 중국인들에게 초대받은 여느 좌석이든 상다리가 휠 정도로 많은 종류의 요리와 술이 빠지지 않는다. 중국인들은 체면을 매우 중시해 손님이 요리를 남길 만큼 푸짐하게 대접해야만 제대로 된 손님맞이라고 생각한다. 필자도 초청을 받아 중국을 갈 때마다 먹고 남아 버려지는 요리가 너무 많아 안타까워했었다. 음식물 쓰레기양도 어마어마하지 않겠는가.
    이뿐만이 아니다. 중국인들은 '바이주白酒'를 좋아해서인지 접대 좌석에는 바이주가 빠지지 않는다. 필자는 체질적으로 술을 즐기지 않지만, 중국을 자주 다니다 보니까 권하는 잔을 뿌리칠 수 없어 자주 바이주를 받아마시게 된다. 맨 처음에는 '지옥의 향기 천국의 맛'이란 두리안을 먹을 때처럼 향이 별로였는데, 한잔 두잔 마시다 보니까 어느새 중독된 느낌이다. 술에 중독된 게 아니라 '장향醬香'

이라고 하는 향에 중독된 것이다.

 중국인은 진한 장향에 빠지기 위해 바이주를 마신다고 한다. 참으로 술을 좋아하고 친구를 좋아하는 호탕한 성격의 중국인들이다. 그렇지만 남겨진 요리를 보면 너무 과다한 접대문화라는 생각이 든다. 먹은 요리보다 남겨진 요리가 훨씬 더 많기 때문이다. 중국요리는 광대한 영토와 민족의 다양성만큼이나 종류도 많고 맛 또한 다양하고 특이하다.

 중국에는 '부접빈객거후회'만 있는 것이 아니다. '一飯百恩일반백은'이 있고 点滴之恩·涌泉相報점적지은·용천상보'란 속담도 있다. '一飯百恩'은 "한 끼의 식사를 대접받았으면 백배로 갚아야 한다"이고, '点滴之恩·涌泉相報'는 "목마를 때 물 한 빙울 먹여주는 은혜에 훗날 샘물로 보답해야 한다"라는 말이다. 중국인들의 기질과 정서를 엿보게 하면서도 참으로 부담이 느껴지는 속담이다.

 그러나 중국도 시진핑習近平 체제가 들어서면서부터 접대문화가 많이 바뀌었다. 지난날의 흥청망청했던 손님 접대문화가 확 바뀐 것이다. 요즘 중국에서는 '광반운동光盤行動·꾄판씬뚱'이란 캠페인이 범국민운동으로 확대되고 있다. 광반이란 콤팩트디스크를 의

미하지만 "접시를 깨끗이 비운다"라는 뜻이다.

 후진타오胡錦濤 정권 때부터 초청을 받아 수십 차례 중국을 방문한 필자로서 느낀 점은 확실히 손님 접대문화에 있어서만은 격세지감을 느낀다. 이젠 바이주는커녕 와인도 아니고 콜라나 사이다 같은 음료수로 건배를 대신하고 있으니 말이다.

 중국 고대역사문화의 요람이자 '지붕 없는 박물관'이라 일컫는 허난성은 찬란한 역사의 고장이면서 현대적인 얼굴을 동시에 갖고 있다. 허난성에는 중화민족의 자존심이자 세계 어디에 내놔도 손색이 없는, 중국을 대표하는 국보급 유물이 이곳저곳에 산재해 있다. 이렇게도 많은 문화유산을 간직하고 있는 중국이 참으로 부러울 뿐이다.

 허난성 관광을 위해서는 무엇보다 먼저 느긋할 필요가 있다. 먹고 놀며 주마등처럼 스쳐 가는 관광이 아닌 역사 공부를 하며 즐기는 관광을 해야겠다는 마음의 자세가 필요하다. 타임머신을 타고 수천 년 전 과거 시간으로 훌쩍 뛰어넘어 기원전의 중국 고대역사를 탐방해 보자. 참으로 흥미진진하고 신비감마저 들 것이며 즐겁고 알찬 역사기행이 될 것이다.

　허난성은 여타 지역에서는 맛볼 수 없는 특이하고 다양한 요리가 많아 요리의 천국이다. 필자가 쓴 글과 사진을 본 후 허난성을 여행할 것 같으면 허난성과 관련한 역사적·지리적·문화적 배경은 물론 아직 인터넷에서 검색되지 않은 각 주요 유물의 설명까지 곁들여 놓았기 때문에 다방면에 대해 사전 공부와 이해로 관광의 즐거움이 배가될 것임을 확신한다. 오늘날까지 여전히 어느 정도는 시골 냄새가 남아 있는 허난성으로 떠나보자.

천하제일관

Chapter 2

中華民族發祥地一·
中國歷史文化縮影

중화민족발상지일·중국역사문화축영

만리장성 동부기점이자 열하일기 본향

허베이성 河北省·하북성

허베이성 개요

　　　　　　　　허베이성은 우리에게 많이 알려지지 않아 생소한 지역이지만 연암燕巖 박지원朴趾源선생이 쓴 열하일기熱河日記와 조선 시대의 거상 임상옥의 활동을 다룬 최인호의 소설 상도商道를 통해서 차츰 알려지게 된 곳이다.

　　허베이성을 역사적으로 살펴보면, 5천여 년 전 고대 중국의 건국 신화에 나오는 삼황三皇, 즉 중국을 처음으로 통일한 군주이자 문명의 창시자인 황제黃帝와 신농이라고도 하며 중국 고대 불의 신인 염제炎帝 그리고 전쟁의 신으로 일컫는 전설적 인물인 치우蚩尤와 관련한 전설이 이 지역에서 유래되었기 때문에 허베이성을 '중화민족 문명의 발원지'라 일컫는다.

　　허베이성이 춘추전국시기에는 연燕과 조趙의 땅이었고, 수나라 때는 기주冀州, 당나라 때는 하북도河北道와 하동도河東道, 원나라 때는 중서성中書省, 명나라 때는 경사京師, 청나라 때는 직이성直隸省으로 불리다가 1928년 허베이성으로 명칭을 변경해 지금에 이르고 있다. 아울러 허베이성은 1912년 청나라가 몰락하고 이후 중화민국이 들어섰으나 곧 중국 대륙 곳곳에서 일어난 군벌들 간의 내전에 휩싸이게 되고 이곳을 차지하기 위한 전쟁이 끊이지 않았다. 그 이유는 허베이성이 정치의 중심지인 베이징과 가까웠기 때문에 역사의 소용돌이 속을 피해갈 수 없었기 때문이다.

'허베이'란 중국 황허 북쪽 지역을 통틀어 이르는 말로 발해만 渤海灣·보하이만에 잇닿아 있으며, 톈진天津과 베이징을 둘러싸고, 랴오닝성·내몽골·산시성·허난성·산둥성 등 여러 성과 인접해 있다.

그 면적은 우리나라 남북한 크기보다 조금 작은 18만 8천㎢이며 인구는 7천여만 명으로, 한족·회족·만주족·몽골족·조선족 등이 주로 거주한다. 그중 한족은 성 인구의 96%를 차지한다.

허베이성은 지급시 11개, 현급시 23개, 현 109개, 자치현 6개, 시 관할구역 35개로 구성되어 있으며, 성도는 허베이성 남서부에 위치한 스자좡石家莊(석가장)이다. 중국 수도인 베이징의 문호이자 중화민족 발상지 중의 한 곳, 만리장성 동부의 기점이자 중국 역사 문화의 축소판이 허베이성이다.

베이징 수도공항에서 랑팡廊坊(랑방) 시로 이동하는 동안 창밖에 펼쳐지는 풍경은, 야산 하나 보이지 않은 너른 들판에 밀밭의 푸름과 농부들의 파종하는 모습과 만개한 복숭아꽃과 황사를 예방하기 위해 심어놓은 수많은 백양나무와 미루나무가 시야에 들어온다. 가로수로 심은 수양버들의 길게 늘어뜨린 가지에는 황록색의 어린잎이 피어나 바람에 나부끼며 잠시 눈의 피로를 풀어준다.

랑팡시는 수도인 베이징과 항구도시인 톈진 사이에 있는 신흥 도시로 베이징에서 40km, 톈진에서 60km의 거리에 있다. 인구는 도시와 농촌을 합쳐 400만 명이 조금 넘은 지방의 소도시로 지급

시이다.

중국에는 베이징·상하이·텐진·충칭重慶 등 4개의 직할시가 있는데 성과 직할시는 동급이다. 사실 랑팡시는 인구 등 여러 가지 면에서 지급 시가 될 수 없으나 지리적 위치가 좋아 1989년도에 지급 시로 승격되었다.

혹자는 이런 랑팡을 가리켜 "베이징과 텐진 사이에 박혀있는 하나의 아름다운 명주明紬"라고 말한다. 그리고 이 지역은 6~7년 전

장타이밍張太明(장태명) 처장

만 해도 황사가 매우 심했으나 내몽골자치구지역에 녹화사업을 해서 지금은 많이 좋아졌다고 한다. 그렇지만 필자의 눈에는 아직도 황사가 심각하다.

허베이성 여유국 시장개발처 장타이밍張太明(장태명) 처장은, 랑팡시가 새로운 도시라 도로가 잘 닦여있고, 맑은 대기로 인해 푸른 하늘과 맑은 물 그리고 녹색 초원을 볼 수 있어 무척 살기 좋은 곳일 뿐만이 아니라 이 지역에서는 사과·배·복숭아·포도 등 여러 종류의 과일이 많이 나는데 맛이 아주 좋다고 자랑한다.

모든 과일의 맛이 좋은 이유는 이 지역은 강우량이 적고 일조량이 많아 과일의 당도가 높기 때문이란다. 과일뿐만이 아니라 땅콩과 고구마의 집산지이기도 하단다.

　장 처장은 서글서글한 눈만큼이나 성격도 활달하고 여행 내내 편의를 제공해준 고마운 분이다.

　랑팡시에 가면 꼭 먹어봐야 할 요리가 있다. 바로 랑팡시의 특색 요리인 '티에궈뚠위鐵鍋炖魚(철과돈어)'이다.

　랑팡시는 해발이 가장 낮은 고아 지방에서 잡아 올린 잉어 등 각종 물고기와 닭고기, 돼지고기를 무쇠솥 냄비에 담아 익힌 후 밀로 만든 빵과 옥수수로 만든 빵을 얹어 먹는 것이 이 지방의 특색 있는 요리이다. 식사 중에 밥이 나오지 않는다. 그 이유는 이 지역이 날씨가 건조해 쌀농사를 못 짓고 밀과 옥수수 농사만을 짓기 때문에 밀과 옥수수로 만든 빵, 떡, 국수가 주식이기 때문이다.

잉어 티에궈뚠위

닭고기 티에궈뚠위

허베이성　245

'숲의 도시' 휴가 성지
랑팡시(廊坊市·랑방시)

랑팡시는 '把森林引入城市·把城市建在森林', 즉 "삼림(숲)을 도시로, 도시를 삼림에 세운다"는 이념 아래 베이징과 텐진 사이에, 주변 환경이 조용하고 아름다울 뿐만이 아니라 대기 질이 깨끗하고 교통이 편리해 생활하기에 좋은 휴가 성지로 만들어가고 있다.

이를 목적으로 남청藍天(푸른 하늘), 벽수碧水(맑은 물), 정토淨土(깨끗한 땅), 녹화綠化(맑은 숲), 영정寧靜(조용하고 평안한)의 5대 특색 사업을 시행해 80여 개의 공원과 많은 곳에 나무를 심어 현재 랑팡시의 녹화면적은 46%를 차지하고 있다. 한사람 당 평균 녹화면적이 12.2㎡에 이른다. 그리고 2급 이상의 맑은 날씨가 330일 이상 유지되기 때문에 랑팡시는 심신을 풀어주는 '천연 우량 산소기지'로 자리 잡았다.

랑팡시는 여행자원이 풍부한 곳으로 전국의 지급 시 중 가장 독특하고 아름다운 골프장이 6곳으로 가장 많다. 9홀로 규모가 가장 작은 경진화원京津花園 골프장에서부터 54홀로 규모가 가장 큰 동방대학성東方大學城 골프장까지 다양하다. 이를 모두 합하면 162홀이나 된다.

　이외에도 랑팡시는 30여개의 대학교가 입주해 있는 방대한 규모의 동방대학성, 웅장한 천하제일성, 고품격의 문화예술센터, 중서문화가 섞인 신세기 보행가, 높이 솟은 국제전람센터, 낭만적인 자연공원, 쾌적한 환경의 시대광장 등을 가지고 있다. 이뿐만이 아니다. 랑팡시는 수량이 풍부하면서도 수질이 좋은 지열자원地熱資源(온천)이 전 지역에 산재해 있다. 남북으로 240㎢의 면적을 가지고 있는 지열온천은 스자좡의 평산온천을 비롯해 패주명탕覇州茗湯온천, 고안금해固安金海온천, 대창경동大廠京東온천 등이 있다. 이 중 규모가 가장 큰 패주 명탕온천은 6,000㎡크기의 온천으로 인체에 유익한 여러 광물질을 함유하고 있다.

　이렇게 랑팡시는 온천여행·골프여행·생태여행·쇼핑여행·전시회여행 등을 다채롭게 즐길 수 있기에 국내외 많은 사람으로부터 주목을 받고 있다. 아울러 군관민 일심동체로 중국우수여행도시, 국가환경모범도시, 국가원림도시, 중국녹화모범도시, 중국인거주환경상, 전국투자환경신용안전구 등 많은 국가급 특별 영예를 얻었다고 한다.

허베이성 요리

랑팡시 풍광 / 랑팡시 교외 풍광

탄산나트륨온천
명탕온천 도가촌(茗湯溫泉 度假村)

5성급 호텔인 랑팡국제반점廊坊國際飯店으로 가서 여장을 푼 후 곧장 호텔에서 나와 랑팡시 여유국에서 주최한 만찬장으로 갔다. 비취만翡翠灣이란 이름의 레스토랑에 만찬장이 마련되었는데 식물원 같은 분위기의 생태식당이다.

만찬 후에는 랑팡 시내에서 버스로 한 시간 거리에 있는 패주 명탕온천 도가촌Mingtang Hot Spring Resort으로 갔다.

패주 명탕온천 도가촌은 인체에 유익한 여러 종류의 광물질이 함유되어있는 탄산나트륨온처이다. 수온이 약 60℃로 상당히 높다. 중국에서 온천욕을 할 때 우리와 다른 점은, 우리는 알몸으로 온천욕을 즐기는데 중국에서는 반드시 수영복을 입어야 한다. 늦은 시간인데도 많은 중국인이 온천욕 후에 발 마사지를 받고 있다.

온천 내에는 흑염이욕黑鹽泥浴이라 쓰인 곳이 있다. 머드팩 mudpack(진흙 팩)을 하는 곳이다. 전신 머드팩을 하는데 168위안(약 35,000원)이다. 머드팩 후에는 깜짝 놀랄 정도로 피부가 매끄럽고 보드랍다.

(상)머드팩 / (중)발 마사지 / (하)흑염이욕 안내판

필자도 일찍이 베트남 관광청 초청을 받아 중부 베트남 나짱(나트랑)에 있는 '탑바야외온천장'에서 전신 머드팩을 경험했었다. 머드팩 후 피부가 어찌나 매끄럽고 부드러운지 감탄사가 절로 나왔다. 독자들 특히 여성분들께서는 기회가 되면 꼭 경험해 보실 것을 당부한다. 우리나라에서는 매년 7월 말경 충남 보령시 대천해수욕장에서 열리는 머드축제가 유명하다.

이곳 패주 명탕온천 도가촌에서 사용하는 머드는 이 지역에서 산출된 것이 아니고 이스라엘과 요르단 사이에 육지로 둘러싸인 소금호수인 사해死海에서 수입한 것이라고 한다.

TIP

河北省 覇州市 經濟技術開發區에 위치한 명탕온천 도가촌는 43℃의 온천수로 물속에 있는 물고기인 '닥터 피쉬'에게 발을 내맡겨보자. 각질은 물론 무좀까지 깨끗이 청소해 줄 것이다. 이곳에서는 물고기를 이용한 치료법이라 해 어료魚療라고 한다.

☎ 0316-7231418   🏠 www.mtspa.cn   ✉ mingtangspa@hotmail.com

베이징 성 모방
천하제일성(天下第一城), 향하대안사(香河大安寺)

천하제일성은 중국 AAAA급 여행 풍경구로 허베이성 향하현香河縣 안평개발구 내에 위치하며 성벽 안을 내성, 성벽 밖을 외성이라 하는데, 그 면적이 266만 ㎡로 명나라 때의 베이징성北京城을 본떠 만든 것이다.

사실 난징, 시안, 항저우에 가면 성이 있으나 현재의 베이징에는 성이 없다. 그 이유는 베이징시를 넓게 발전시키기 위해 마오쩌둥이 허물어버렸기 때문이다.

천하제일성은 중국의 중션中潘그룹에서 40억 위안을 투자해 1992년부터 건설하기 시작했는데 지금도 계속 건설 중이며 투자는 앞으로도 계속될 것이라고 한다. 성루와 성벽을 원래 크기인 1:1로 건설한 천하제일성을 밖에서 보면 성벽이지만 안은 호텔이다. 외성은 모두 3성급 호텔이며 내성은 3성급 호텔에서 5성급 호텔까지 있는데 4성급 호텔의 경우 1,300개의 객실에 3,000명의 숙박이 가능하다. 그리고 식당도 20개나 있어 중국의 4대 요리인 쓰촨, 광둥,

원형회의실 　　　　　　　　　　　　　　　　　귀빈회의실

화이양淮揚(회양), 산둥요리뿐만 아니라 중국의 8대 요리까지 다양하게 맛볼 수 있다.

천하제일성 내에는 3,000명을 수용할 수 있는 대회의실과 상상을 초월한 크기의 골프장 그리고 피트니스클럽을 비롯한 대규모의 각종 위락시설이 들어서 있다. 중국인의 대국적 기질을 여실히 드러내 보인 건축물이다.

안내인에게 "투자한 규모와 비교해 손님들이 너무 없는 것 같은데 이래도 수지타산이 맞느냐?"고 물어봤다.

그러자 "지금은 비수기라 그렇지 성수기에는 한 달 전에 예약해야만 숙박 및 시설물을 이용할 수 있다"라는 답변이 돌아왔다.

그리고 베이징에는 천하제일성 만큼 큰 시설이 없어 손님 접대는 모두 이곳에서 이루어진다고 한다. 골프장도 국제규격의 27홀을 비롯해 외성에 18홀, 내성에 9홀의 골프장이 있는데 야간에도 라운딩 할 수 있도록 라이트 시설이 갖춰져 있다. 라운딩하는데 비용이 주말에는 1,000위안, 평일에는 700위안이지만 500위안까지 깎아주겠다고 한다. 성내가 어찌나 큰지 전동차로 타고 둘러보았다. 천

천하제일성 전경과 입구

천하제일성 골프장 풍경

> **TIP**
>
> 천하제일성 내에 있는 골프장을 이용하려면 이곳에서 주무로 일하는 백명화 白明花 씨에게 연락하기 바란다. 평일에는 500위안 이하로도 라운딩 할 수 있을 것이다. 백명화씨는 조선족 3세로 우리말에 아주 능통하다.
> 🏠 河北省 香河經濟技術開發區　✉ baiminghua840210@sohu.com
> ☎ (+86-10)80566937　☎ 13722643886

향하 대안사

하제일성 가장 중심부에는 '향하 대안사샹허따안쓰'가 있다. 중국에는 여러 지역에 같은 이름의 대안사가 있기에 반드시 그 지역 이름을 앞에 붙여야 한다. 향하 대안사는 당나라 때 처음으로 세운 절로 1,100여 년 전 당나라 때의 모습으로 중건한 불당이다. 건축면적이 무려 16,000㎡나 된다. 금불전에는 9개의 존불상尊佛像이 모셔져 있다. 이 존불상은 400kg의 금을 들여 불상에 개금했다고 한다. 개금改金은 불상에 다시 금칠하는 것을 말한다. 존불상 중 석가모니 불상은 높이가 9.9m나 된다. 금빛 찬란한 불상들은 화려함의 극치를 보인다. 중앙미술학원 학생들이 그린 벽화 또한 매우 섬세하고 화려하다. 사진 촬영을 엄격히 통제한다.

허베이성 요리

20C 최악 지진 참화 입은
탕산시(唐山市·당산시)

허베이성 동북부에 자리 잡은 탕산시는 주로 한족이 거주하는데 만주족·회족·장족·몽골족 등 52개 소수민족이 살고 있다. 탕산시에 거주하는 인구는 759.6만 명으로(2016년 호적에 등재된 총인구) 남성이 384.4만 명이며 여성이 375.2만 명이다. 남녀 성별 비율은 102.5:100으로 남성이 더 많다.

탕산시는 1976년 7월 28일 03시 42분 53.8초, 20세기 최악의 지진 중의 하나로 기록되는 진도 7.8의 강진이 탕산시 펑난豊南 일대에서 발생해 242,769명이 사망하고 16.4만여 명이 중상을 입었다. 이 피해로 인해 탕산 대지진은 20세기 세계 지진사 중 두 번째로 많은 사상자가 발생한 것으로 기록되었다. 하필이면 탕산시 한가운데서 지진이 발생해 피해가 더욱 컸다.

지진 발생 후 국가적인 차원에서 대대적인 지원으로 복구하고 재건을 해 지금은 허베이성에서 가장 부유한 도시가 되었다고 한다. 지진으로 인한 상흔의 일부는 유적지로 남겨놓았다. 이뿐만이 아니다. 2005년에는 중국의 고고학자들이 허베이성 중동부에 있는 캉

滄(창)현의 류명춘柳孟春(류맹춘)에서 700여 년 전 지진으로 매몰된 것으로 보이는 거주지를 발견함으로써 폼페이에 버금가는 유적지를 발굴했다. 이 유적지는 송나라 때에 상업중심지였던 것으로 판명되었다.

탕산시로 가는 길가에 심겨 있는 가로수는 곧게 뻗은 미루나무와 백양나무이다. 황사를 예방하기 위해 심은 나무라고 한다. 시야에 보이는 모든 것이 황사로 뿌옇다.

탕산시가 있는 허베이성은 중국 내에서도 역사유적이 많기로 유명하다. 유네스코가 지정한 세계문화유산으로는, 허베이성 경내에 있으며 그 길이가 무려 2,000km에 달하는 만리장성, 청더承德(승덕)에 있는 피서 산장, 피서 산장을 둘러싸고 있는 절과 사당을 총칭하는 외팔묘 그리고 명·청대 황실능 중 준화시 창서산에 있는 청동릉과 역수현 서쪽의 영녕산 기슭에 있는 청서릉은 모두 이곳 허베이성에 자리하고 있다.

허베이 성바오딩 保定(보정) 시에 속해 있으며, 베이징에서 남쪽

허베이성 탕산시 시내 공원 봄 풍경

허베이성 탕산시의 인기 이벤트인 랜턴 페스티벌 한 장면

으로 40km 떨어진 곳에는 삼국지와 인연이 깊은 쥐저우涿洲(탁주)가 있다. 쥐저우는 유비와 장비의 고향이자 유비, 관우, 장비가 도원결의를 한 곳에 이들을 기리기 위해 세운 사당인 삼의궁三義宮이 있다.

　이들이 도원결의한 내용은 "유비, 관우, 장비가 비록 성은 다르오나 이미 의를 맺어 형제가 되었으니, 마음과 힘을 합해 곤란한 사람들을 도와 위로는 나라에 보답하고 아래로는 백성을 편안케 하려 하고 한 해, 한 달, 한 날에 태어나지 못했어도 한 해, 한 달, 한 날에 죽기를 원하니 하늘과 땅의 신령께서는 굽어살펴 의리를 저버리고 은혜를 잊는 자가 있다면 하늘과 사람이 함께 죽이소서!"이다.

　그리고 청더에서 북쪽으로 3시간을 더 가면 청나라 황제의 가을철 수렵 장소였던 패상삼림초원壩上森林草原이 있다. 이 초원은 꽃의 바다요, 구름의 고향이며, 수림의 세계요, 새들의 천당이라 일컬을 정도로 아름다운 곳이다. 이뿐만이 아니다.

탕산시는 도자기로도 유명하다. 특히 이곳 탕산 도자기는 광둥성의 차오저우潮州(조주), 장시성의 징더전景德鎭(경덕진), 산둥성의 보산博山(박산) 도자기와 함께 중국4대 도자기의 고장이다.

탕산 도자기의 역사는 명나라 때인 600년 전으로 거슬러 올라간다. 탕산 도자기는 옥처럼 맑은 아름다운 색과 얇은 두께 그리고 두드리면 청아한 소리가 나는 것이 특색이다. 연 생산량도 1억 8천만여 개에 달하며 80% 이상을 100여 개 나라로 수출한다. 그리고 탕산에서는 '环渤海 16港口都市 & 北京16+1여행박람회'가 열린다. 여기에서 16+1이란 허베이성에 있는 16개의 만灣을 끼고 있는 도시와 베이징을 더한 것으로 매년 돌아가면서 여행박람회가 개최된다.

탕산도자기

허베이성 요리

탕산도자기

청나라 다섯 황제·황후와 비빈 무덤군
청동릉(淸東陵)

베이징에서 동쪽으로 약 125km쯤 떨어져 있는 청동릉칭둥링은 현급 시인 준화시 마란욕 근처 창서산昌瑞山·창루이산에 있으며 청나라 왕조 3대 능침陵寢(무덤) 중 한 곳이다.

청동릉은 2000년 11월 세계문화유산에도 등재되었으며, 2015년 10월 전국중점문물보호단위 AAAAA급에 선정되었다. 특히 청동릉은 순치황제가 살아있을 때 이곳으로 사냥을 와서 직접 선택한 장소이다.

탕산시에서 발간한 자료에 의하면, 청나라의 제왕무덤은 산해관 밖에 성경삼릉盛京三陵이라 부르는 영릉, 복릉, 소릉 등 세 개의 능묘가 있고, 산해관 내에는 청동릉과 청서릉 두 개의 능묘가 있는데 모두 풍수지리학적으로 명당자리라고 한다.

청나라 3대 제왕 무덤 중 건축물이 가장 웅대하고 규모가 큰 청동릉은 순치 18년(1661년) 처음으로 순치제의 효릉을 건축하기 시작해 광서 34년(1908년) 자희태후를 마지막으로 247년이 걸렸다.

청조는 중국의 마지막 왕조로서, 1616년 여진족인 누르하치가

(상) 함풍제 초상화 (하) 동치제 초상화

청 제국을 건설한 후 1912년 신해혁명으로 멸망할 때까지 모두 296년간 12대의 황제를 거쳤다.

제왕, 황후, 비빈들의 무덤군인 청동릉에는 3대 순치제順治帝의 효릉을 비롯해 4대 강희제康熙帝의 경릉, 6대 건륭제乾隆帝의 유릉, 9대 함풍제咸豊帝의 정릉, 10대 동치제同治帝의 혜릉 등 5명의 황제와 15명의 황후 그리고 136명의 왕비와 빈이 안치되어 있으며, 왕자와 공주를 포함해 모두 161명이 안치되어 있다.

동치제1856. 4. 27~1874. 1. 12(음)는 함풍제의 외아들로 태어나서 겨우 6살이란 어린 나이에 즉위했기 때문에 함풍제의 정식 부인인 동태후와 생모인 서태후가 공동 섭정하는 바람에 사실상 아무런 실권이 없는 허수아비 황제였다. 그는 19세에 사망하는데, 사망원인에 대해서는 열병으로 죽었다는 설과 어머니인 서태후가 자신의 권력을 위해 아들을 정치에서 철저히 배제하자 실의에 빠져 홍등가를 돌아다니다가 매독에 걸려 죽었다는 설이 있는 등 비운의 황제였다.

청동릉에는 걸출한 여정치가이자 흥국여걸 興國女傑로 불린 효장문황태후(순치제의 모후)

와 동태후로 불리는 자안慈安과 서태후로 불리는 자희慈禧도 묻혀있다.

특히 눈길을 끈 것은 건륭제 때인 27세에 궁중에 들어와서 54세에 죽은 향비香妃·샹페이·1734~1788년라는 실존인물이다.

향비를 중국에서는 용비容妃·룽페이라 하는데, 향비는 아름다운 미모에 몸에서는 향기가 났다고 해서

향비 초상화

불러진 이름이다. 향비는 위구르 족장의 미망인(공주였다는 설도 있음)이었으나 18세기 초반 이곳을 침입한 청나라 장수가 향비를 포로로 잡아 와서 건륭제의 후궁으로 삼았다. 건륭제는 향비의 환심을 사기 위해 작은 모스크와 이슬람식 방을 지어주는 등 온갖 노력을 기울였으나 끝내 마음을 허락하지 않았다고 한다.

향비의 죽음에 관해서는, 후궁이 된 2년 뒤 건륭제의 어머니인 효성헌황후가 건륭제가 없는 틈을 타서 그녀에 사절하노록 했다는 설과 여러 번에 걸쳐 건륭제의 순행에 함께했다가 병사했다는 설이 있다. 청동릉은 청나라 말기까지 정부에서 파견한 관리官吏가 관리管理를 했는데 문관 중 2급 관리가 500여 명의 부하를 데리고 상주했다고 한다. 크기도 홍콩의 두 배 면적으로 규모가 매우 방대하다.

청동릉에는 청나라 건국과 관련해서 다음과 같은 전설이 있다.

누르하치奴爾哈齊(Nurhach)가 요동총병遼東總兵(총사령관)인 이성량李成梁·리청량의 집에 볼모로 잡혀 있던 어느 날 밤의 일이다. 이성량이 목욕을 하면서 시중을 들고 있던 누르하치에게 "내가 장군이 된 데는 모두 발바닥에 있는 별 때문이다"라고 말하자 누르하치도 "내 발바닥에는 별이 일곱 개나 있습니다"라고 말했다.

이 말을 들은 이성량은 속으로 몹시 놀라며 이 사람이 바로 조정에서 비밀리에 붙잡으려는 인물이라는 것을 알게 된다. 조정에서는 발바닥에 일곱 개의 별을 지닌 혼용混龍이 나타나 새로운 나라를 세울 거라는 소문이 파다했기 때문이다.

이성량은 누르하치를 체포해서 비밀리에 경성으로 압송할 죄수 수레를 준비했다.

그런데 이성량의 애첩인 희란喜蘭·시란이 이 사실을 알고 누르하치에게 알린다. 두 사람은 함께 대청마大靑馬·다칭마(검정말)를 타고 기르던 사냥개를 데리고 밤새도록 도주했다.

그러나 관병들이 계속 쫓아오자 희란은 누르하치가 도망가는 시간을 벌어주기 위해 자살을 하고 만다.

수목이 우거진 야계령野鷄岭·예지링에 도착했을 때 말은 지쳐서 쓰러져 죽고 누루하치도 의식을 잃는다. 추격병이 산에 불을 질렀다. 그러자 데리고 왔던 사냥개가 주인을 살리기 위해 개울로 가서 몸에 물을 적셔와 누루하치의 몸에 뿌렸다. 개는 그만 불을 끄다 지쳐 죽었다. 이때 한 무리의 까마귀 떼가 하늘에서 내려왔다. 추격병들은 까마귀 떼를 보고 누르하치가 불에 타죽지 않았으면 까마귀 떼 밥이 되었을 것이라 여기고 철수한다. 정신을 차린 누르하치는 눈앞에 벌어진 처참한 광경을 보고 울부짖는다. 그리고 나라를 세우면 대청마를 기리기 위해 국호를 대청大淸이라 하고 후손대대 자기를 살리기 위해 희생한 개와 까마귀와 희란을 섬기기로 맹세한다.

이런 전설 때문에 만주족은 개고기를 먹지 않는다. 그리고 심양고궁에서 제사를 지내는 신조神鳥는 까마귀이며, 희란은 만력마마萬曆媽媽·완리마마로 우러러 받들고 있다.

누르하치 초상화

물론 이 이야기는 하나의 전설이지만, 누르하치가 여진족의 여러 부족을 통일한 후 1616년에 건설한 후금後金은 1636년 누르하치의 여덟 번째 아들이자 청나라 제2대 황제인 홍타이지皇太極(태종) 기 국호를 대청으로 바꾸었다.

청나라는 원래 여진족의 후신인 만주족이 세운 나라로 소수민족이다. 소수민족은 자기들만의 고유 언어와 문자가 있어야 한다.

그런데 소수민족인 만주족은 처음에 언어와 문자가 있었으나 지금은 없어져버렸다. 청나라를 세울 때에는 전쟁시기로 만주족은 말 잘 타고, 활 잘 쏘고, 칼 잘 쓰는 민족이었다. 그렇지만 청나라를 세운 후 황제가 되어 제국을 통치하다보니, 그것도 다민족국가를 다

청동릉 석패방

스리자면 만주족 문화만으로는 안 되었다. 5,000여년의 역사와 유교사상을 가지고 있는 한족문화가 필요했다. 초창기에는 한족문화와 만주족문화가 공존했으나 세월이 흐르면서 만주족문화는 차츰 한족문화에 흡수되면서 사라지게 되었다. 오늘날에는 생김새나 생활습관 등 모든 면에서 한족과 만주족의 구분이 없어져버렸다.

　청동릉을 들어서면 맨 먼저 석패방石牌坊·스파이팡이 눈에 들어온다. 이 석패방은 청동릉의 대표적인 건축물로서 중국에서 가장 큰 패방이다.

　'패방'이란 위에는 망대가 있고 문짝이 없는 대문 모양의 중국 특유의 건축물로 궁전이나 능을 비롯해 사찰의 앞면과 도시의 십자로 등에 장식이나 기념으로 세운다. 청동릉에 세워진 석패방의 재료는 모두 청백석이며 5개의 칸과 6개의 기둥 그리고 11층으로 구성되어있다. 300여 년 동안 비바람을 맞으며 지진 등의 자연재해로 훼손은 되었지만 아직도 그 모습은 웅대하다.

　청동릉에는 신로神路가 있다.

무인 석상생 / 문인 석상생

유릉

신로는 강희제가 처음으로 걸어본 길이라 해서 붙여진 이름으로 그 길이가 무려 5,500m에 달한다.

신로 주변의 매화 고목에는 매화꽃이 만발한다.

청동릉의 출입문이자 3개의 아치형 문이 있는 대홍문大紅門을 지나면 18쌍의 석상생石像生이 나온다. 300년 전에 만들어진 석상생은 문신과 무신을 비롯해 말, 기린, 코끼리, 낙타, 해태, 사자 등 동물상이 각 4체씩 서 있다. 이어서 용봉문龍鳳門을 지나고 일공교, 칠공교, 오공교를 지난다. 다리에서 소리가 난다고 해 이름 지은 오음교五音橋도 있다.

성세군왕으로 불렸던 건륭제의 묘가 있는 유릉裕陵은 비파 모양이다.

건륭제는 청조의 제6대 황제(청이 중국을 지배하기 시작한 때를 기준으로 하면 청의 제4대 황제가 됨)로 25세에 즉위해 60년간 재위하고 3년간 태상왕으로 있다가 89세에 붕어崩御했다. 중국 역사상 가장 오랜 치세를 자랑하는 황제일 뿐만이 아니라 건륭제 시기

옥대교와 능침문 / 석오공

는 강희제 시기와 더불어 사회가 안정되고 경제가 번영했으며 국력이 전성기였기 때문에 중국역사에서는 이 시기를 강건성세康乾盛世라 일컫는다.

유릉은 건륭 8년(1743년)에 건축을 시작해 건륭 17년(1752년)에 완공했다. 유릉은 건축이 웅장하고 아름다워 청나라 왕릉 중 제일로 손꼽히며 유릉의 전각 모서리와 배수역할을 하는 이무기 머리가 특이하다.

이무기 머리 / 석오공 제사 기물

능은전隆恩殿과 능침문陵寢門 사이에는 옥대하玉帶河가 있고 그 위에 옥대교玉帶橋가 놓여있다.

옥대교는 멀리서보면 마치 옥으로 만든 허리띠모습이라 해 붙여진 이름이다. 이 옥대교는 청나라 제왕 능묘 중 유일하며, 다리의 난간은 모두 용과 봉황을 조각했는데 유릉건축의 정교함과 아름다움에 감탄사가 절로 나온다.

옥대교를 지나 이주문을 통과하면 석오공石五供이 나온다. 이 석오공은 대표적인 제사기물祭祀器物로 능묘에 참배하는 왕이 석오공 앞에서 선왕을 향해 삼궤구고두三跪九叩頭의 예를 올렸던 곳이다. 삼궤구고두란 삼배구고라고도 하는데, 청나라 때 시행한 황제에 대한 경례법을 말한다.

유릉 지하궁전 / 북방다문천왕 부조

   이뿐만이 아니다. 유릉에는 월아성月牙城·위에야청이란 정원이 있다. 월아성은 성안 앞부분이 초승달 모양과 비슷하다고 해서 붙여진 이름이다. 청나라가 망한 뒤 군벌들이 판치던 대혼란기인 1928년, 군벌 중의 한사람이었던 손전영孫殿英·쑨디엔잉이 바로 이곳 월아성에 폭탄을 터트려 도굴했다.

   손전영은 서태후의 묘를 도굴했기 때문에 '동릉대도東陵大盜'로 불렸던 인물로 그는 원래 일자무식에 깡패였으며 도굴은 물론 마약, 매음, 밀수, 특히 마작기술이 비범했다고 한다.

   손전영이 도굴한 이후에도 청동릉은 계속해서 도굴을 당했으며 이로 인해 여러 진귀한 부장품이 사라져버렸다. 그렇지만 순치제의 효릉만은 도굴당하지 않았다고 한다. 그 이유는 능 안에는 짚신이 두 켤레밖에 없다고 전해 내려오는 전설로 인해 값비싼 부장품이 없는 걸로 도굴꾼들이 생각했기 때문이다.

   '지하불당'이라 불리는 지하궁전으로 발길을 옮기면 24불과 오욕공五欲供이 조각된 천당권穿堂券이 눈에 들어온다. 참으로 화려하고 장엄한 석조예술의 보고이다. 벽에는 관음보살과 문수보살을 비롯한 여러 보살부조가 있는데, 손전영의 대포에 의해 파괴된 보현보살의 부조도 있다.

건륭제의 관

한 인간의 무지와 탐욕이 빚어낸 파괴된 역사의 현장이다.

지하궁전 내에는 불법을 수호하는 사천왕 중의 하나로 북쪽을 수호하며 비파를 들고 어둠 속을 방황하는 중생을 구제해 주는 역할을 하는 '다문천왕多聞天王'과 나라를 지키고 백성들을 편하게 해주는 '동방지국천왕東方持國天王' 그리고 부처님의 설법을 가장 많이 들으면서 불법을 수호하며 암흑세계를 관리하는 '북방다문천왕北方多聞天王'의 부조가 있다. 벽과 천장에는 빼곡히 새긴 경문도 보인다. 자료에 의하면 새겨진 경문이 모두 30,111자라고 한다.

건륭제와 그의 후비가 묻혀있는 금권金券에는 건륭황제와 효현순황후 부찰 씨富察氏, 효이순황후 위가 씨魏佳氏 그리고 세 명의 귀비가 안치되어 있다. 청조황제세계표가 있는 박물관에도 잠시 들러볼만 하다.

자안·자희 두 태후 능 있는
정동릉(定東陵)

수렴 태후로 널리 알려진 자안慈安과 자희慈禧 두 태후 능이 있는 정동릉딩둥링은 황후능침으로 금빛 지붕과 붉은 담장으로 인해 청동릉에 있는 15개 능침 중 가장 화려하고 멋스런 곳이다.

지붕의 금빛은 곧 땅을 상징하며, 땅은 만물의 근본으로 존귀함을 상징한다. 또한 금빛은 제후의 전용 색깔로 용포 등은 모두 금색이며 황제와 사찰의 건축에만 사용되고 일반 백성들은 사용할 수 없었다. 붉은색의 담장과 문은 오행에서 기쁨을 상징한다.

자희 태후와 함께 공동으로 20년간 수렴청정을 했던 자안 태후는 심성이 부드럽고 선량할 뿐만이 아니라 덕망과 미모를 겸비하고 인품까지 고결해 많은 사람으로부터 찬사를 받았던 인물이다. 그런데 건강하던 자안태후가 1881년 45세의 나이로 급사한다. 자안 태후의 급사 후 조정의 대권은 자희 태후에게 넘어간다. 비록 심성이 착하고 선량한 자안 태후였지만 황실의 안녕과 자희 태후와의 보이지 않은 암투 속에 벌어진 사건 하나가 있다. 그것은 안득해

정동릉

安得海·안더하이의 살해사건이다.

안득해는 자희태후가 총애하던 내시로 자희의 수족이 되어 궁중에서 암약하면서 횡포를 일삼는 등 피해가 클 뿐만 아니라 젊은 과부 자희가 안득해와 부적절한 관계라는 소문까지 더해진다. 사실 안득해는 거세되지 않은 이른바 가짜 내시였다고 한다. 자희와 안득해의 주문을 도저히 보다 못한 자안이, 마침 궁중법도를 어기고 출궁해 산동성으로 가고 있던 안득해를 암살하라는 밀지를 산둥관찰사인 정보정丁寶楨·정빠오에게 내려 살해한다. 이때부터 자희는 자안에게 원한을 품기 시작했으며, 자안이 죽었을 때 자안의 가족이 오기도 전에 시신을 염습해버려 많은 사람의 의심을 샀다. 이로 인해 자안의 죽음을 놓고 청나라 8대 궁중 미스터리 중의 하나라 일컫는다.

자안 태후 초상화

우리에게 서태후로 더 잘 알려진 자희 태후는 청나라 함풍제의 후궁이며, 동치제의 생모이다.

어린 황제를 두 번이나 정하는 등 세 번이나 수렴청정을 했는데 무려 48년 동안이나 권력을 휘둘렀다.

그녀는 죽기 전 세 살 난 부의溥儀·푸이를 황제에 즉위시켰는데 그가 청나라의 마지막 황제인 선통제宣統帝이다. 권력욕과 사치의 화신으로 불렸던 서태후는 '이질'이라는 병에 걸려 1908년 11월 15일 74세의 나이로 죽음을 맞는다.

자희릉에는 4개의 걸작이 있다. 하나는 '금빛 기와'이다. 황후릉에 황제만이 사용할 수 있는 금빛기와를 사용한 것이다. 둘은 '금'이다. 3개의 대전 장식에 4,592냥(183,680그램)의 금을 사용해 금빛 찬란하다. 셋은 '향목'이다. 모두 재질이 단단하고 고가인 향목을 사용했다. 넷째는 석조각石彫刻인 '봉황'이다. 부조와 투조는 모두 봉황이 용의 위에 있거나 봉황이 용을 이끄는 장면이다. 용은 황제를, 봉황은 황후를 상징하는데, 이는 자희가 황제 위에 군림하고 있다는 것을 과시한 것으로 자신이 천하유아독존임을 표현한 것이다.

자희릉 대전에는 자희의 신임을 한 몸에 받아 자희의 제2인자로 불렸던 심복 환관 이연영李蓮英·리리엔잉의 밀랍상이 있다.

중국의 마지막 환관이라 일컫는 이연영의 본명은 영태英泰인데 연영이란 이름은 그가 평생 모셨던 자희태후가 내린 이름이라고 한다. 이연영은 1848년 지금의 허베이 성 창저우滄州(창주)에서 태어났는데 여덟 살 때 고환을 거세하고 고자가 된 후 아홉 살 때 입궁했다. 이연영은 자희태후를 53년 동안 수행 보좌하면서 조정 일에 참여해 반

자희태후(서태후)

대파를 모함하고 국정을 농단했을 뿐만이 아니라 매관매직으로 뇌물을 받아먹은 탐관오리로 청나라 말기 가장 권세를 누린 환관이었다. 광서제 34년인 1908년 자희태후가 별세하자 궁밖에 나가 있다가 선통제 3년인 1911년 64세를 일기로 세상을 떠났다. 그의 묘비명에는 "윗사람은 공경스럽게 섬겼고, 아랫사람에게는 너그러웠으며, 일 년을 하루 같이 조금도 나태함이 없었다"라고 쓰여 있다고 한다.

자희 태후가 무소불위의 권력을 휘둘렀을 때는 환관인 안득해와 이연영이 쌍두마차로 권세를 부렸지만 안득해가 살해된 후에는 이연영의 세상이 되었다.

그러나 1912년 청나라의 멸망과 함께 중국의 환관도 자취를 감추었다. 우리가 환관하면 안득해와 이연영 때문에 부정적인 면이 떠오르지만 환관이라 해서 모두가 부정적인 면만 있는 것은 아니다.

환관 가운데는 한나라 때의 역사가인 사마천司馬遷은 궁형(생식기를 없애던 형벌)을 당한 후 중국 최고의 역사서이자 최고의 문학서인 '사기史記'를 집대성했으며, 후한시대의 채륜蔡倫은 중국의 4대 발명품 중 하나인 종이를 발명했다. 그리고 명나라의 환관이자 장군인 정화鄭和는 일곱 차례에 걸쳐 대선단을 이끌고 30여 개국을 원정해 국위를 떨친 인물로 '동양의 콜럼버스'라 일컫는다.

자희 태후의 지궁은 1928년 6월 군벌 손전영이 군사훈련을 한다는 핑계로 세계를 놀라게 한 도굴사건을 일으킨 곳이다. 다음은 손전영이 폭탄까지 터뜨려 자희 태후의 능을 도굴했을 때 현장에 함께 있었던 어느 손전영 부하의 진술내용이다.

"드디어 관 뚜껑이 열렸다. 곱게 늙은 한 여인이 고요히 잠들어 있었다. 그 여인은 비취로 만든 아홉 마리 용이 여의주를 물고 노는 모양인 구룡희주九龍戱珠가 새겨진 봉황관을 쓰고 있었다. 발아래에는 옥과 비취로 만든 연꽃이 놓여 있었다. 봉황관 위에 쌓여있는 보주寶珠(註 '여의주'라고도 하며, 모든 소원을 이루어준다는 구슬)들은 불빛을 받아 영롱하게 빛을 발했다. 여인의 머리는 검은 색이었고 광대뼈가 두드러졌지만 여전히 아름다운 자태를 유지하고 있었

봉황이 용 앞에서 날고 있는 부조

이연영 밀랍상

다. 그러나 관을 열자 외부 공기가 유입되고 얼마 되지 않아 그 아름다운 모습은 금방 사라지고 여인의 몸은 쏴하는 소리와 함께 푹 꺼지면서 얼굴빛도 새파래지기 시작했다. 그리고 서태후의 입에서는 오묘한 빛이 흘러나오고 있었다. 주먹만 한 크기의 야광주夜光珠였다. 이 야광주는 어두운 데서도 빛을 발하는 보물중의 보물이었다. 서태후는 야광주를 힘껏 물고 있었다. 옆에 있던 손전영의 부하가 대검으로 서태후의 입을 찢어 열고 야광주를 빼내 손전영에게 건네주었다. 손전영은 황홀한 눈빛으로 야광주를 받아들었다."

야광주를 야명주夜明珠라고도 하는데, 더위를 막아 몸을 서늘하게 해주고 죽은 사람에게 물리면 시체가 천년이 지나도 썩지 않는다고 알려진 구슬이다. 서태후의 수난은 여기서 그치지 않았다. 손전영의 부하들은 서태후를 감쌌던 용포는 물론 저고리와 바지, 신발, 버선까지 모조리 벗겨 갔으며, 혹시나 야광주가 더 있지 않을까

해서 서태후의 음부에까지 손을 넣고 훑기까지 했다고 한다. 사흘 간에 걸친 대대적인 정동릉의 도굴로 손전영은 차량 30대 분량의 보물을 챙겨 사라졌다.

한나라 고조 유방이 죽은 후 정권을 장악해 16년 동안 한나라를 통치한 여인인 여치呂雉, 자기 아들까지 독살하고 중국 역사상 유일한 여황제가 된 측천무후則天武后와 함께 '중국 3대 악녀'라 일컫는 서태후! 그녀의 참혹하게 도굴당한 현장을 보니 인과응보라는 말이 떠올랐다. "황릉의 파괴도 혁명"이라며 폭탄을 터트린 대도大盜 손전영을 비롯한 군벌들의 무지에 씁쓸한 마음으로 나와 발걸음을 돌리려니까 귓전에 폭발음이 들리는 듯하다.

허베이성 요리

할머니들 재롱잔치 압권
환락동방천천연(歡樂東方天天演)

저녁에는 준화 시장이 주최한 만찬이 있었다. 만찬 요리로는 서태후가 가장 좋아했다는 요리가 나왔다는데 어떤 요리인지 설명을 들을 수 없었다. 이 지역이 살구의 고장답게 살구씨를 이용한 요리가 특이하다.

만찬 후에는 연산영극원燕山影劇院으로 가서 환락동방천천연을 관람했다. 열정적인 바이올린 연주와 고음의 한계에 도전하는 가수 그리고 깜찍하게 예쁜 여가수의 열창과 화병을 머리에 이고 전통춤을 추는 묘기와 서유기 등의 공연이 펼쳐진다. 이중 단연 압권은 힐머니들이 경쾌한 리듬에 맞춰 설노 있는 농작으로 춤추는, 보는 이로 해금 웃음을 자아내 엔도르핀이 팍팍 솟게 하는 할머니들의 재롱잔치무대이다. 동네 할머니들로 뭉친 이들은 세계를 무대로 공연하러 다닌다고 한다.

마지막에는 한 배우가 돼지의 머리와 뚱뚱한 몸집으로 분장해 저팔계猪八戒 모습을 하고 나와서 붓글씨로 '緣연'자를 써서 경매를 하는데 경쟁이 치열하다.

열정적인 바이올린 연주 / 깜찍한 가수의 열창

저팔계와 붓글씨 '緣'

할머니들의 재롱잔치

네 명 황제 무덤군 청서릉(清西陵), 충절 상징 이제묘(夷齊廟)

베이징과 스좌좡시石家庄市(석가장시) 중간에는 바오딩시保定市(보정시)가 있다.

'바오딩'은 '保衛大都·安定天下'라는 문장에서 따온 것이다. 1,000만 명 넘는 사람이 거주하는 바오딩시에는 한족이 대부분을 차지하지만 소수민족인 회족과 만주족 그리고 몽고족이 함께 거주하고 있다.

바오딩에 가면 꼭 먹어볼 요리가 있다. 그것은 당나귀고기로 만든 스테이크와 버거인 뤼로훠사오驢肉火燒·려육화소이다.

당나귀고기는 저칼로리 저지방 저콜레스테롤의 건강식품으로 칼슘·인·철뿐만이 아니라 호모아미노산이 많이 함유되어 있다. 사람들의 소득 증가와 생활의 향상으로 인해 건강에 관심이 많아짐으로써 당나귀고기에 대한 수요가 갈수록 증가하고 있다 한다.

이뿐만이 아니다. 바오딩의 특산품으로 일명 건신구健身球라 불리는 '보정철구保定铁球'를 비롯해 800여 년의 전통을 자랑하는 면장面酱·미엔지앙(중국 춘장)과 대자각大慈閣·다츠거의 향유香油

(참기름)와 우리의 냉이와 같은 건 강식품인 춘불로春不老·춘뿌라오가 유명하다.

바오딩시 북쪽에는 이시엔易縣(이현)이 있다. 이시엔에서 서쪽으로 15km쯤 떨어진 곳에는 영녕산永寧

보정철구

山·융닝산이 있는데 이곳 영녕산 자락에는 세계문화유산에 등재된 청서릉칭시링이 있다. 청서릉에는 청나라 4명의 황제, 즉 제3대인 옹정의 태릉雍正泰陵, 제5대인 가경의 창릉嘉慶昌陵, 제6대인 도광의 모릉道光慕陵 그리고 제9대인 광서의 숭릉光緒崇陵을 포함해 모두 14개의 능묘가 있다. 청서릉은 베이징에서 140km, 텐진에서 145km, 스좌좡시에서 125km 정도 떨어져 있어서 접근성이 용이해 많은 관람객이 찾는다.

청서릉에서 머지않은 난현 손설영촌孫薛營村에는 백이숙제를 모신 이제묘가 있다. 백이숙제伯夷叔齊는 3,000년 전 은말 주초殷末周初에 살았던 형제로 '백이'와 '숙제'를 아울러 이르는 말이다. 두 형제는 싱나라가 망하자 주나라의 녹을 먹을 수 없다며 수양신

당나귀 샌드위치 / 당나귀 버거

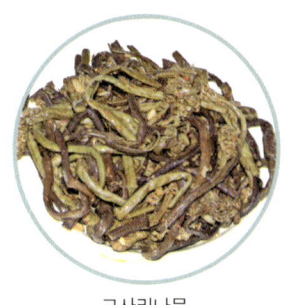

고사리나물

首陽山(산시성 山西省 서남쪽에 있는 산)에 들어가 고사리를 캐먹고 연명했으나 고사리도 주나라에서 나는 나물인데 왜 먹느냐는 말을 듣고 굶어 죽었다고 전해진다.

1780년 7월 26일(음) 연암 선생도 일행과 함께 이제묘를 찾았다. 열하일기 관내정사 關內程史 편에는 "십 수 년 전에 건량청에서 고사리를 잊고 가져오지를 않아 여기(이제묘)에 도착해서 곤장을 얻어맞고 냇가에 가서 통곡을 하며, '伯夷叔齊백이숙제 伯夷叔齊백이숙제 與我何讎여아하수 與我何讐여아하수(백이숙제야! 백이숙제야! 나하고 무슨 원수냐? 나하고 무슨 원수냐?)'"라고 했다는 기록이 나온다. 조선 사신단은 조선에서부터 고사리를 싸와서 이제묘에 들려 제를 지냈다고 한다. '이미 망해버린 명나라에 대한 의리를 지키고자 하는 조선 사대부의 마음에서였는지 아니면 끝까지 군주에 대한 충

바오딩 천주교회

청서릉 석패방

절을 지키다 죽은 백이숙제처럼 자신들도 주군(조선 왕)에 대해 충절을 다하겠다는 것을 다짐하기 위해서인지는 모르겠지만 아무래도 후자 쪽이지 않았을까?'라는 생각이 든다.

우리나라에도 황해도 해주에 있는 수양산에 백이숙제의 사당이 있다. 조선 제19대 임금인 숙종이 '청성묘淸聖廟'란 어필을 내린 사당이다. 이제묘는 문화대혁명 기간 중 철저하게 파괴되어 그 흔적조차 찾을 수가 없다.

> **TIP**
>
> 국가AAAA급인 청서릉은 사계절 모두 관람할 수 있으며, 개방시간은 08:00시~17:30분까지이다. 입장료는 120위안으로 모두 관람하려면 3~5시간정도 걸린다. 70세 이상과 1.2m이하의 어린이 그리고 현역군인, 상이군인, 기자는 무료이며, 모든 학생과 60~69세까지는 반값이다. 특히 눈여겨 볼 곳은 태릉·창서릉·모릉·숭릉·영복사 등이다.

연인들의 낭만처 '쾌락도' 닉네임
월타도(月駝島)

낙정현樂亭縣·러팅센은 인구가 50만 명이 채 안 되는 소도시이지만 허베이성에서 가장 긴 125km의 해안선이 있는 곳으로 유명하다.

이곳에는 월타도위에튀다오, 금사도金砂島·진사다오, 보리도菩提島·푸티다오 등 세 곳의 유명 휴양지가 있는데 이중 가장 큰 섬이 월타도이다. 7개의 작은 섬으로 이루어진 월타도는 상공에서 보면 섬의 모양이 마치 초승달처럼 보인다 해서 붙여진 이름이다. 보리도 또한 보리수가 많다고 해서 붙여진 이름이다.

원래 월타도는 무인도로 어부들이 잠시 쉬었다 가는 휴식 장소였으나 1998년에 정부와 민간기업의 합작투자로 개발했다. 월타도를 가기 위해서는 배를 타고 가 선착장에서 내린 후 나무다리를 건너야 한다.

2003년 문을 연 월타도에는 1,000개의 목조건물인 방갈로가 있는데, 주말이나 성수기(6월 초순~9월 중순)에는 한 달 전에는 예약해야 한다. 방값은 160~240위안까지이며, 가족단위로 머물 수 있

들어갈 때는 '월타도' / 나올 때는 '쾌락도'

는, 풍차가 달린 네덜란드식 유럽풍 건물의 숙박비는 3,000위안으로 가장 비싸다. 요즘은 중국인들의 생활수준이 향상됨으로써 주말여행을 많이 하는데 이곳에는 주로 가족과 친지들도 많이 오지만 특히 연인들이 많이 온다고 한다. 연인끼리 오면 물위에 떠있는 방갈로에서 그 누구의 간섭도 받지 않고 둘만이 오붓하고 즐거운 낭만을 만끽할 수 있기 때문이다. 현판이 들어갈 때는 월타도인데 나올 때는 쾌락도快樂島·콰이러다오이다. 월타도에서 즐겁게 놀다가 나왔으니 쾌락도라고 이름을 붙였단다.

 어쨌든 중국인들은 이름 하나에도 좀 과장되고 깊은 뜻이 농축되어 있다. 물론 한자이기 때문에 가능한 일이다.

허베이성 요리

나무다리를 건너 월타도로 향하는 여행자들 / 목조건물인 방갈로

황제 이름 딴 중국 유일 도시
진황도(秦皇島)

월타도에서 2시간 거리에는 지급시인 진황도친황다오가 있다. 진황도란 이름은 영원불멸을 꿈꾸었던 진시황제가 영원히 늙지 않고 죽지 않는, 불로장생을 위한 영약을 얻기 위해 서복에게 명해 파견했던 항구도시라는 데서 유래했는데 황제의 이름으로 명명한 도시는 중국 내에서도 유일하다고 한다.

서복徐福·시푸은 제나라 출신으로 진나라의 방사로 일했던 점성술사다. 서복은 불로초를 찾아오라는 진시황의 명을 받아 60척의 배와 3천 명의 동남동녀, 5천 명의 수행원 그리고 수많은 보물을 가시고 불로초가 있는 삼신산으로 떠났다가 신선이 되어 돌아오지 않았다고 전해지는 인물이다.

인구 283만여 명인 진황도는 2008년 베이징 올림픽 기간 중 축구 D조 예선전이 열렸던 곳으로, 여름에 덥지 않고 겨울에 춥지 않아 살기 좋은 도시로 알려져 있다. 그리고 중국 내에서 석탄 생산량이 가장 많아 이곳 진황도의 항구를 통해 배에 실려 나간다고 한다. 이곳에서는 특산물인 체리·사과·살구·밤도 많이 산출된다.

해빈화원대주점 외관
진황도 특산품인 진주목걸이

진황도에는 주요 명승지가 많다.

만리장성의 입해처인 노용두, 천하제일관인 산해관, 만리장성 건설과 관련해 생긴 설화의 주인공인 맹강녀묘, 피서승지인 북대하와 남대하, 창려昌黎의 황금해안 등 많은 유적지와 관광지가 있다.

진황도는 바다와 잇닿아 있어 아름다운 해변을 가진 도시이자 '개방과 포용의 도시'이다.

진황도 중국여유국 한 관리의 말에 의하면, 인천에서 진황도까지 카페리호가 다니기 때문에 많은 한국관광객, 특히 골프 애호가들이 많이 찾는다고 한다. 이곳 진황도는 여름에만 많은 손님들이 오고 다른 계절에는 오지 않기 때문에 호텔에는 냉장고가 없다고 한다.

그러나 필자가 이곳을 방문하던 기간 중 초청받아온 귀빈들은 냉수를 좋아하는 한국 사람들이기 때문에 일부러 다른 호텔에 있는 냉장고를 옮겨와 각 방에 비치해 놓았다고 한다.

국가에서 운영하는 해빈화원대주점海濱花園大酒店에 여장을 풀었는데 호텔방에 진황도의 특산품인 진주목걸이가 선물로 놓여있었다. 해빈화원대주점은 5성급 호텔이지만 비교적 가격이 저렴할 뿐만이 아니라 바다가 바라보이는 등 전망이 좋아 많은 사람이 찾는다. 참고로 중국에서 주점은 호텔을 말한다.

환상의 코스
황금해안·해빈(黃金海岸·海濱) 골프장

황금해안·해빈 골프장은 진황도에 하나밖에 없는 골프장으로 18홀 중 12홀이 바다를 바라보며 라운딩 할 수 있는 환상적인 코스이다.

전동차를 타고 이동하면서 라운딩을 할 수 있다. 성수기 때는 골프를 치러온 사람들로 북적이지만 비수기 때는 비교적 한산하기 때문에 오히려 이때가 적기로 가격도 할인받을 수 있다.

바위에 부딪치는 파도소리와 눈앞에 펼쳐지는 수평선 그리고 파릇파릇한 잔디가 깔린 페어웨이 등 골프 마니아들이 보면 손이 간질간실하면서 탄성을 자아내기에 충분하다. 연습장도 망이 없고 끝이 보이지 않을 정도로 길고 넓다. 족히 4~500m는 되어 보인다.

골프 라운딩 연습장

골프장 그린

TIP

❋ 진황도에 유일한 골프장인 '황금해안·해빈 골프장'
- 주 소 : 허베이성 진황도시 창려현昌黎縣 황금해안 골프장
- 전 화 : 0086-0335-2080666
- e-mail : qinhuangdaogolf@163.com

❋ 회원은 주중과 주말 상관없이 무료이며, 18홀의 경우 아래와 같지만 비수기에는 인하가 가능하다.

항목	준회원	귀빈	일반
평일	100	350	800
주말 및 공휴일	150	550	1000

단위 위안

허베이성 요리

중국 최대 포도주 공장
장성화하주장(長城華夏酒莊)

1979년 건립한 장성화하주장은 중국 내에서 생산량과 판매량이 가장 많은 중국제일의 포도주 공장이다.

중국의 거대한 시장에서 판매되는 포도주 세병 중 한 병이 이곳에서 생산된 것이라고 한다. 포도주 공장 주변의 구릉지에는 끝이 보이지 않을 정도로 많은 포도나무가 심어져 있다. 포도나무를 돌보는 농부들의 손길이 바삐 움직인다.

공장 안으로 들어서자 'GREAT WALL만리장성' 상표가 붙은 포도주 병이 7단 원형으로 진열되어 있고, 포도주 제조과정과 저장창고를 둘러볼 수 있도록 되어 있다. 지하 저장창고에는 커다란 오크통에 포도주가 담겨 있다. 역시 대륙답게 상상을 초월할 만큼의 양이고 크기이다. 불빛이 전혀 들지 않은 창고 한쪽에는 먼지가 수북이 쌓인 포도주가 있다. 온도의 변화가 없는 동굴에서 상당히 오랜 세월 묵힌 포도주이다. 또 다른 지하창고에는 리펑 전 총리와 장쩌민 전 주석 그리고 올림픽 금메달리스트를 비롯한 유명 인사들이 사인한 오크통이 있다. 천장에는 이들의 사진도 걸려있다. 포도주를 시음해 보고 시찰 후에는 공장 내에 있는 식당에서 점심식사를 한 후 발길을 돌렸다.

오래된 포도주일수록 맛이 좋고 비싸다는 것은 잘못된 상식이다. 포도주도 상온常溫에서는 변한다. 햇볕이 들지 않고 통풍이 잘되며 일정 저온도를 유지하는 동굴 같은 곳에 포도주 병을 눕혀 보관해야 한다.

(좌)7단 원형으로 쌓아놓은 포도주 병 / (우)올림픽 금메달리스트와 오크통
(하)지하 숙성저장창고

중국 지도자들의 여름철 휴양지
북대하(北戴河)

북대하베이다이허는 중국지도자들의 여름철 휴양지이자 집무장소여서 여름철 수도, 즉 하도夏都라 불린다. 역대 군주들이 즐겨 찾았던 북대하는 단순한 피서지가 아니다.

광서 24년인 1898년, 청 조정에서 정식으로 북대하 해안을 각국 인사들의 피서지로 지정했는데 이는 중국역사상 처음 있는 일로 국가에서 지정한 피서지이다. 해방 후 집권당도 이곳에서 정치회의를 소집해 주요 정책을 논의하는 등 중국의 무수한 역사적 사실이 탄생한, 중국 근대사가 농축되어 있는 곳이다.

북대하는 한겨울에 엄한이 없고 여름에는 혹서가 없다. 여름철 평균기온은 24.5℃이며 연평균기온이 10.3℃로 서늘하다. 녹화면적도 58%에 이르기 때문에 공기가 맑고 물이 좋을 뿐만이 아니라 산소 음이온함량도 일반 도시의 10~20배에 달한다.

진황도시 여유국에서 나온 관리가 말하길, 이 지역에는 부리자負璃子·후리스라는 광물질이 많아 장수하는 노인들이 많다고 한다.

그렇지만 이는 잘못된 설명이다. 중국에서 부리자를 음리자陰離

子·인리스라고도 하는데 부리자는 광물이 아니라 음이온을 말한다. '자연이 준 보약'이라는 음이온은 공기와 자연 속에 떠도는 (-)전기를 띤 물질이다. 음이온은 바람이 부는 곳이나 물방울이 떨어지는 곳에서 많이 발생하고 특히 숲이나 폭포 주변에는 음이온이 많다. 철의 부식과정이나 인간의 노화과정은 같은 원리라고 한다. 공기에 노출된 철은 부식의 속도가 빠르지만 음이온 환경에 있는 철은 거의 부식되지 않았다는 연구 결과도 있다.

건강하게 오래 살기 위해서는 음이온이 많은 숲이나 폭포주변을 자주 가야겠다. 해안도로 안쪽에는 고위관리들의 별장이 즐비한데 여름철에는 이 길이 봉쇄된다.

노호석老虎石 해수욕장을 경유해 해안도로를 따라가면 비둘기공원鴿子窩公園·거쯔워궁위엔이 나온다. 중국인들은 갈매기를 비둘기라고 부르기 때문에 붙여진 이름이다.

공원 내 안내문에는 1954년 4월 마오쩌둥 주석이 이곳에 왔다는 내용이 있고 바위에는 낭도사 북대하浪淘沙北戴河 시가 금색으로 새겨있다. 바위 위에는 뒷짐을 지고 빌해만을 바라보고 있는 마오쩌둥 주석의 석상이 있다.

낭도사 북대하 시는 마오쩌둥 주석이 1954년 7월 이곳을 두 번째 방문했을 때 조조를 생각하며 쓴 한편의 시이다. 마오쩌둥은 조조를 중국 고대사에서

마오쩌둥 석상

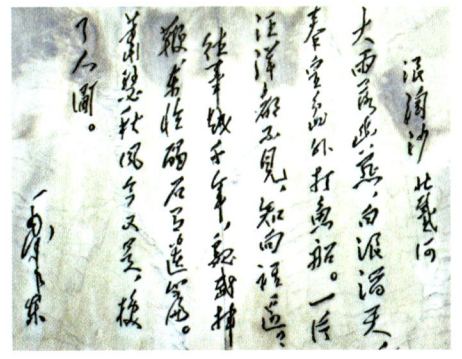

마오쩌둥의 시(詩) '낭도사 북대하'

보기 드물게 정치, 군사, 문화적 재능을 한 몸에 갖춘 인물로 매우 높게 평가했고 실제 가장 존경하는 인물이었다고 한다. 낭도사 북대하 시는 다음과 같다.

大雨落幽燕대우락유연 / 연나라 땅에는 많은 비가 쏟아지고
白浪滔天백랑도천 / 흰 파도는 하늘까지 넘실거리네.
秦皇島外打魚船진황도외타어선 / 진황도 바깥 고깃배는
一片汪洋都不見일편왕양도불견 / 망망대해에 보이지 않고
知向誰邊往事越千年지향수변왕사월천년 / 어디로 갔는지 아는가? 천년도 지난 아득한 옛일
魏武揮鞭위무휘편 / 위무제조조가 휘두르던 채찍소리는
東臨碣石有遺篇동림갈석유유편 / 동쪽 갈석 석벽에 시 한편으로 남아있네.
蕭瑟秋風今又是소슬추풍금우시 / 소슬한 가을바람 다시 불어오니
換了人間환료인간 / 인간세상도 많이 바뀌었도다.

마오쩌둥 주석 석상 앞 바닷가에는 높이 20m의 기암이 중후하

게 서 있는데 앞쪽 끝부분이 매(조류)를 닮았다 해서 응각석鷹角石·잉자오스이라 불린다.

가장 아름다운 일출을 볼 수 있는 곳으로 유명한 응각정鷹角亭·잉자오팅에 오르면 너른 벌판과 북대하·남대하가 한 눈에 조망된다. 모주석도 응각정에서 떠오른 일출과 보름달을 보고 영원히 잊지 못할 날이라며 감탄을 했다고 전해진다. 가을과 겨울철에는 수천종의 새무리를 볼 수 있기에 조류를 촬영하기 위해 많은 사진작가들이 찾는다고 한다.

응각석

허베이성 요리

만리장성 동단에 자리 잡은
산해관(山海館)·노용두(老龍頭)·
각산장성(角山長城)

산해관산하이콴은 만리장성 동쪽 끝에 자리하고 있는 관문으로 북방 이민족의 침입을 방어하는 중요한 군사적 요충지였다. 산해관이란 지명은 14세기 초, 명나라 때 성을 쌓고 산해위山海衛를 설치한 후 군대를 주둔시킨 데서 유래되었는데, '산과 바다 사이에 있는 요새'라는 뜻이다.

연암 박지원선생은 압록강을 건넌지 한 달 만인 1780년 7월 23일(음) 산해관에 도착한다. 당시에는 세관원과 수비대원들이 산해관 입구에 있는 행랑채에 앉아 산해관을 드나드는 사람과 말을 등기목록과 일일이 대조했다고 한다.

오늘날에는 입구에서 청나라 의상을 입은 사람이 산해관을 통과하는 관광객들에게 '통관문첩通關文牒'이란 인증서를 발급해 주는 퍼포먼스를 보여준다.

연암 선생은 이곳 산해관을 보고, "아무리 튼튼한 방어시설이 있어도 정치가 바르지 않으면 멸망한다"라고 열하일기에 술회한바가

1900년대 산해관 전경

있다. 이뿐만이 아니다. 연암 선생이 산해관에서 남긴 또 다른 말이 열하일기 장대기將臺記·군사를 지휘하는 장수가 올라서서 지휘하도록 만든 城에 있다.

"만리장성을 보지 않고서는 중국의 크기를 모르고, 산해관을 보지 못하고는 중국의 제도를 알지 못하고, 관 밖의 장대를 보지 않고는 장수의 위엄을 알기 어려울 것이다"라는 기록이 있다. 산해관에서 남쪽으로 약 5km쯤 떨어진 곳에는 노용두라오룽터우가 있다. 노용두는 발해만과 이어진 바닷가 방어진이다. 중국인들은 만리장성을 거대한 용으로 봤는데 노용두란 바다로 입수하는 용의 머리를 닮았나 해서 붙여신 이름이다. 그러니까 노용두는 말 그대로 '늙은 용의 머리'란 뜻이면서 바다에서 시작한 만리장성의 시작점을 일컫는 말이기도 하다.

노용두장성을 오르는 길은 원래 병사들이 말을 타고 쉽게 오르내릴 수 있도록 만들었다. 그런데 건륭제가 이곳에 왔을 때 걸어서 올라갔다고 해 옥도玉道라 부르게 되었다. 옥도를 오르면 건륭제의 어필 현판인 징해루澄海樓·덩하이러우가 보인다. 이곳에서 맑고

허베이성 *301*

천개해악비

푸른바다를 볼 수 있다해 지은 이름이다. 징해루에 걸려있는 현판은 훼손된 것을 복원한 것이다. 징해루 바로 위에는 '雄襟萬里웅금만리' 현판이 있다. 웅금만리는 '패기만리 覇氣萬里' 또는 '야심만리 野心萬里'와 같은 뜻으로 "큰 꿈을 오래도록 간직하라"는 의미이다. 만리장성 최초의 유적지는 원래 이곳에 있었는데, 청 말기 광서제 때인 1900년에 영국·프랑스·독일·이탈리아·일본 등 8개국 연합군이 침략해 성벽을 폭파시켜버렸다. 이뿐만이 아니다. 주변에 살던 사람들이 성벽의 벽돌을 때어다가 집을 짓는데 사용하는 바람에 많이 파괴되고 훼손되었다. 이를 안타깝게 여기던 상하이 시민들이 십시일반 모금해서 지원한 덕분에 1985년 재건한 것이 현재의 모습이다. 좀 더 아래로 내려가면 천개해악비 天開海岳碑가 있다. 높이 3m, 너비 1m인 이 석비는 명나라 말 때 왜구를 물리치는데 큰 공을 세운 척계광 戚繼光·치찌꽝의 친필이다.

　천개해악이란 "하늘을 여는 바다와 산"이란 뜻으로, 이 세상이 하늘로만 구성되어 있다면 어찌 하늘이 열리고 닫힘을 알 수 있겠는가. 하늘은 바다와 산과 맞닿아 있어서 하늘의 끝이 보이고 하늘의 열림을 알 수 있다는 뜻이다.

　천개해악비와 관련해서 전해지는 이야기가 있다. 이미 전술한 8개국 연합군이 침략 후 이곳에 주둔하고 있을 때 매일 밤 병사 한 명씩이 사라졌다고 한다. 이런 일로 인해 연합군 쪽에서는 이 석비

징해루 주변 풍경

징해루

허베이성(河北省) 노용두장성(老龍頭長城) 주변 풍광

노용두 표지석 앞의 필자

가 이 지방 사람들에게 보이지 않은 어떤 힘이 작용해 기세를 높여준다고 생각한 나머지 석비를 무너뜨려버렸다. 연합군을 물리친 후에는 지방 사람들이 힘을 모아 석비를 다시 세웠다. 조금 아래에는 만리장성을 쌓을 때 맨 밑 부분에 사용된 주춧돌을 전시해 놓았다. 주춧돌이 있는 바로 밑에 '전국중점문물보호단위만리장성·산해관 노용두'라고 새긴 표지석이 있다.

성곽 아래에는 모래사장이 있고 성곽으로 파도가 철썩이며 부딪쳐 오르다 부서진다. 참으로 멋진 광경이다. 썰물 때는 물이 빠져서 성곽 하단부가 보이지만 밀물 때는 성곽 밑 부분 3단 부위까지 물이 차오른다. 그래서 이곳을 '입해석성 入海石城'이라 명명했다.

저 멀리에는 운무에 싸인 진황도 해신묘 秦皇島海神廟·친황다오

노용두장성 해변 풍팡

하이선모가 보인다. 진황도 해신묘는 바다의 신을 모신 곳으로 어부들이 제사를 지냈던 곳이다. 노용두에서 동쪽으로 350m쯤 떨어져 있는 진황도 해신묘는 청 광서 26년인 1900년 훼손된 것을 1988년 450만 위안을 들여 중건했다. 진황도 해신묘는 좌남조북座南朝北, 즉 '남쪽에 앉아 북쪽을 바라보는 형상'으로 동서넓이 22m이며 삼면이 바다로 둘러싸여 있다. 주 건물은 124m쯤 바다 속으로 들어가 있다. 중국 여러 지역 중 바다가 있는 곳에는 해신묘가 있기에 반드시 지명을 앞에 붙여야 한다.

   산해관에서 북쪽으로 약 3km 떨어진 곳에는 해발 519m의 각산장성角山長城·쟈오산창청이 있다. 각산장성은 명홍무明洪武 초년에 건설되었으며, 장성의 높이는 보통 7~10m, 평균 너비는 4~5m로 용머리의 뿔과 같다해 붙여진 이름이다. 연암 선생은 놉을 사서 각산산성을 힘겹게 올라갔다 내려온 후 열하일기 일신수필馹汛隨

썰물 때 노용두장성

筆 중에 다음과 같은 글을 남겼다. "사람들을 쳐다보니 모두 벌벌 떨며 어쩔 줄 모르고 있었다. 올라갈 때엔 앞만 보고 계단 하나하나를 밟고 오르기 때문에 위험하다는 걸 몰랐는데 내려오려고 눈을 들어 아래를 굽어보니 현기증이 절로 일어난다. …중략…벼슬살이도 이와 같아 올라갈 땐 남에게 뒤질세라 앞 다퉈 올라간다. 그러다 마침내 높은 자리에 이르면 그제야 두려운 마음을 갖기 시작한다. 하지만 그때는 외롭고 위태로워 한 발자국도 나아갈 수 없고 물러서자니 천 길 낭떠러지라 더위잡고 내려오려 해도 잘 되지 않는 법이다. 이는 고금을 막론하고 모두 그렇다."

해신묘

열 길 높이 밖에 되지 않은 장성에서 우리 인생살이에 비유한 연암 선생의 수필은 오늘을 살아가는 우리에게 많은 교훈을 준다. 이렇듯 옛 선비들은 올라가고 나면 반드시 내려가야 할 때가 온다는 것을 알고 있었다.

허베이성 요리

만리장성 관련한 중국 전설 속 여인
맹강녀(孟姜女)

산해관에서 동쪽으로 약 6km 떨어진 봉황산鳳凰山·펑황산 언덕에는 정녀사貞女祠·전뉘츠가 있고 이곳에는 맹강녀의 묘가 있다.

맹강녀멍지앙뉘는 굳은 지조와 절개를 지닌, 만리장성과 관련한 중국 전설속의 여인이다. 정녀사를 들어서면 아주 오래된 범종이 방치되어 있는 것을 볼 수 있다.

옛 중국 범종의 대표적 모양인 나팔꽃을 거꾸로 한 모양과 종구鐘口가 여덟 개의 능이 물결모양을 이루고 있는 팔능파형八陵波形

정녀사 입구

의 종형과, 하단부에 위치한 당좌撞座(종을 타종하는 부위) 그리고 유곽乳廓과 몸통의 산화 및 마모상태와 용두龍頭의 파손상태로 보아 아주 오래된 '중국의 국보급 종'이라는 생각이 든다.

필자가 일찍이 전남 여수시 중흥동에 있는 호국사찰인 흥국사興國寺에 있는 법고法鼓(절에서 예불할 때나 의식을 거행할 때에 치는 큰북)가 비바람에 아무렇게나 방치되어 있는 것을 발견하고 법고에 박혀있는 철 못을 과학적 분석을 통해 600여 년 전에 만든 것이라 밝혀 지금은 박물관에 소중히 보존되어 있다.

관계자에게 정녀사에 있는 종이 족히 수백 년된 국보급 종일 수 있으니까 이렇게 밖에 방치해 둘 것이 아니라 더 산화되고 파손되기 전에 보관을 잘해야 한다고 귀띔해줬다.

사당을 들어서면 맹강녀의 정절을 칭송한 말인 만고유방萬古流芳 현판이 있고 그 아래에 맹강녀가 있다.

만고유방이란 '만고에 전하는 훌륭한 명성(향기)'이란 뜻이다. 또 다른 사당에는 보현보살과 문수보살이 맹강녀와 함께 모셔져 있다. 사당 뒤에는 큰 바위에 망부석望夫石이 새겨있고, 옆 바위에는 어제시御製詩도 있다. 조금 너 나아가녠 맹강녀줄세孟姜女出世라 새긴 조각과 박을 깨고 나오는 맹강녀의 모습이 있는데 약간은 조잡하면서도 코믹하다. 이제 막 태어난 아이가 너무 크고 마치 소년 같다. 사당 아래에는 맹강녀의 일대기를 담은 내용을 마네킹 인형으로 만들어 놓았다. 제비가 물어다준 씨에서 조롱박이 열리고, 박을 깨고 맹강녀가 나오고, 맹강녀가 예쁜 처녀로 성장하고, 수양버들이 우거진 물가 정자에서 장차 남편이 될 범기량范杞梁·판치량을

맹강녀사당

만나 사랑을 나누고, 결혼식 날 군졸들에 의해 신랑이 붙잡혀 가고, 신랑의 옷을 짓고, 신랑을 만나러 가기 위해 부모님께 작별인사를 고하는 내용이 순서대로 나열되어 있다.

중국 4대 설화 중 하나인 맹강녀에 얽힌 이야기는 이렇다.

진시황 때의 일이다. 농사를 지으며 부지런히 살아가는 맹 씨孟氏가 있었다. 어느 날, 텃밭에서 일하고 있던 맹 씨 머리 위로 한 마리의 제비가 날면서 박 씨앗 한 개를 떨어뜨리고 갔다. 맹 씨는 박 씨앗을 주워 텃밭에 심었다. 박 씨앗은 넝쿨이 자라면서 옆집 강 씨姜氏 집으로 뻗어 나갔고 탐스런 박이 열렸다. 시간은 흘러 박이 크자 박이 저절로 깨지면서 맹강녀가 나왔다. 씨앗(뿌리)은 맹 씨 집에 심었는데 박(열매)은 강 씨 집에서 열렸다 해 맹 씨와 강 씨 성을 따서 맹강녀라 이름 지었다.

세월은 흐르고 흘러 진시황이 만리장성을 축성할 때 노역에 끌려가지 않기 위해 도망쳐온 한 청년이 있었는데 맹강녀 집에서 숨어 지냈다. 청년의 이름은 범기량이었다. 맹강녀는 범기량을, 범기량은 맹강녀를 보자마자 첫 눈에 반했다. 이때 맹강녀의 나이는 꽃다운 18세였다. 서로 사랑을 나누던 이들은 결혼을 하게 되지만 첫날밤을 치루기도 전에 군졸들에 의해 잡혀

망부석과 어제시

가는 신세가 된다. 눈물로 일 년 남짓 세월을 보내고 있던 맹강녀는 어느 날 밤 꿈에, 남루한 옷을 걸치고 굶주림과 추위에 떨고 있는 남편의 모습을 보게 된다. 맹강녀는 남편에 대한 그리움과 추위에 떨며 굶주리고 있을 남편을 생각해 솜옷을 정성껏 지었다. 그리고 부모님께 인사를 드린 후 남편을 찾아 떠난다. 죽음을 각오한 여정이었다. 108번의 난관을 극복하고 드디어 만리장성이 있는 이곳 산해관에 도착하지만 남편은 이미 죽은 후라는 것을 알게 된다. 남편의 시체는 찾을 수조차 없었다. 당시에는 장성을 쌓는 노역에 동원된 사람들이 죽으면 시체를 바로 성채 속에 묻어버렸기 때문이다. 맹강녀는 이 원통한 마음을 담아 3박 4일 동안 대성통곡을 했다. 맹강녀가 쏟아낸 눈물과 통곡소리로 인해 장성 800리가 무너지고 결국 남편의 유골도 찾게 되었다.

　맹강녀가 쏟아낸 눈물로 인해 장성이 800리나 무너졌다는 사실을 보고받은 진시황은 맹강녀를 붙잡아오라고 명령한다. 진시황은 벌을 주려고 붙잡아온 맹강녀를 보자마자 미모에 탐혹되고 만다. 진시황은 맹강녀를 후궁을 삼으려고 했다.

맹강녀의 탄생

그러나 맹강녀는 이를 거절하고 다음 세 가지 조건을 들어주면 진시황의 뜻에 따르겠다고 했다. 세 가지 조건은 첫째, 남편의 묘를 만들어 달라. 둘째, 남편의 제사를 지내게 해 달라. 셋째, 바다로 들어갈 수 있는 10m다리를 만들어 달라는 것이었다.

진시황은 이 세 가지 조건을 다 들어줬다. 그렇지만 맹강녀는 남편의 유골을 안장하고 제사를 지낸 후 다리에서 바다로 몸을 던지고 만다.

이 설화는 맹강녀의 남편을 향한 굳은 지조와 절개를 이야기한 것으로 우리나라의 춘향전과 일명 무영탑無影塔이라고도 하는 석가탑釋迦塔에 얽힌 아사달과 아사녀의 전설을 혼합해 놓은 것과 매우 닮았다는 생각이 든다.

여기에서 맹강녀의 고향이 산둥성이다, 장쑤성이다, 장시성이다 등 의견이 분분할 뿐만이 아니라 맹강녀 남편이름도 범기량范杞梁 또는 범칠랑范七郎으로 정확하지 않다. 그리고 맹강녀에 대한 얘기 자체도, 산해관은 진나라 때의 장성이 아니라 명나라 때의 장성인데 시기적으로 앞뒤가 맞지 않은 허구의 전설이라는 것을 얘기하지 않을 수가 없다.

만리장성 동부 첫 관문
천하제일관(天下第一關)

진황도시 동북쪽에 위치한 천하제일관톈샤디이콴은 만리장성 동부의 첫 관문으로 원래 이름은 진동루鎭東樓·진둥러우이다.

명 홍무 14년인 1381년 건축한 천하제일관은 최인호 작가가 쓴 상도를 TV드라마로 제작 방영함으로써 더욱 유명해진 곳이다. 상도는 200여 년 전, 일개 미천한 장돌뱅이에서 3품 벼슬인 귀성부

허베이성 천하제일관 주변 풍경

천하제일관 성루

사에 오른 조선시대 최고의 거부이자 무역상이었던 거상 임상옥 林尙沃의 파란만장한 인생역정을 다룬 내용이다.

경사진 길을 따라 높이 13.7m의 성루에 오르면 가장 먼저 '天下第一關' 현판이 눈에 들어온다. 이 현판은 명나라 때 이 지방 출신인 소현蕭顯·샤오셴의 글씨로 이 글을 쓰기 위해 사용한 붓의 길이가 무려 1.6m나 되었다고 한다. 소현은 오랫동안 관직에 있다가 퇴임한 후 고향으로 내려와 쉬고 있다가 황제의 명을 받고 이 글을 썼다고 한다.

일설에 의하면, 천하제관天下第關까지는 마음에 들게 썼는데 일一자는 아무리 써 봐도 마음에 들지 않았다. 그러던 어느 날, 술을 한잔 마시려고 술집에 들렸는데 술집 머슴이 대빗자루로 마당을 쓸고 있었다. 이때 대빗자루로 힘차게 마당을 쓰는 모습이 일자를 그리는 모습 같았다. 소현의 마음에 든 글자를 발견한 것이다. 결국 머슴이 마당을 쓸며 그린 일자를 더해 '天下第一關'을 완성했다고 한다. 그런데 '天下第一關'을 쓴 후 자신의 이름과 낙관을 남기지 않았다. 그 이유는 자기 혼자서 쓴 글이 아니고 머슴이 쓴 대빗자루 글을 인용했기 때문이다.

아니, 인용보다는 참고했다는 표현이 더 맞는 말이다. 인용引用

은 남의 말이나 글을 자신의 말이나 글 속에 넣어 쓰면서 원저자를 밝히는 것이 원칙이다. 타인의 말이나 글을 자기 저작물에 인용하면서 인용임을 밝히지 않는 경우에는 표절이 된다.

이 현판과 관련한 또 다른 이야기가 전해 내려온다.

소현이 천하제일관 현판을 쓰라는 황제의 명을 받고도 차일피일 미루고 있던 중 황제가 갑자기 이곳을 방문하게 된다. 더 이상 미룰 수 없어 급히 써서 현판을 걸어놓고 보니까 아래 하 자 下字에 점이 빠져있었다. 급히 쓰느라고 점찍는 것을 빠트린 것

측면에서 바라본 천하제일관 성루와 좌측으로 기운 천하제일관 성루

이다. 마침 이곳에 함께 있던 어느 장군이 이를 발견하고 붓에 믹물을 묻혀 활시위를 당겨 점을 찍어 완성했다고 한다. 이는 과장이 심해도 너무나 심했다는 생각이 든다. 어쨌든 중국인들의 허풍에는 기가 찰 노릇이다.

밖에 걸려있는 천하제일관 현판은 모조품이며 진품은 성루 안에 걸려있다.

더 이상 훼손되는 것을 방지하기 위해서이다. 글씨를 유심히 살

진품 현판과 청룡검(아래)

펴보면 제第자의 부수部首는 풀초⺾자 이며, 천天자가 가장 작고 관關자가 가장 크다.

그 이유는 한쪽으로 기운 성루를 글자의 크기를 변화시켜 성루가 수평으로 보이게끔 시각적으로 보완하기 위해서이다. 이뿐만이 아니다. 이것은 필자가 발견한 것인데, 현판의 세로 폭이 '天'쪽에 비해 '關'쪽이 더 넓다. 그러니까 글자의 크기뿐만이 아니라 현판의 넓이도 우측을 더 넓게 해 성루가 수평으로 보이게끔 보완했다.

성루 안으로 들어서면 진열품 중에 83kg이나 되는 청룡검이 있다. 이 청룡검은 전쟁 때 무기로 쓰는 것이 아니라 장군들의 훈련용이었다고 한다. 사실 이 청룡검은 일반인들이 도저히 들 수 없는 무게이다. 그렇지만 어떻게 이렇게 무거운 검을 들 수 있냐 싶지만 오늘날 우리들의 신체조건으로 판단해서는 안 될 것 같다.

당시에는 그만큼 몸을 많이 썼기 때문에 가능한 일이었다. 사도세자도 15세 때 40kg의 검을 휘둘렀다는 기록이 있다. 명나라 때 장군들이 입었던 갑옷 등도 전시되어 있다. 성루 안은 사진촬영금지구역이다. 성루에서 내려오면 광장에 정중앙을 표시한 둥근 구리판이 있다. 이곳에 서서 성루를 바라보면 처마가 왼쪽으로 기운 것이 확연하게 드러난다.

연암 박지원 '열하일기' 본향
청더(承德·승덕)

옛날에 열하熱河·러허라 불렸던 청더는 베이징에서 기차로 4시간 거리에 있으며 톈진에서 210km쯤 떨어져 있다.

청더에는 청대 황실원림인 피서산장과 중국 최대 황실사원인 외팔묘를 비롯해 가장 웅장하면서도 완벽하게 남아있는 금산령장성 등이 있다.

청더로 가는 길은 꽤 멀다 해도 창문을 통해 볼 것이 많다. 전형적인 사암지대로 접어들 때는 여기저기에 탄광이 보이고 석탄이 산더미처럼 쌓여있다. 길이가 족히 4~500m쯤 되어 보이는 터널 안에는 전등불 하나 없고 중앙선도 보이지 않는다. 저 밀리 산등성에는 오랜 세월 자연적인 힘으로 무너지고 아직 복원하지 않은 만리장성이 기다란 용의 모습을 드러낸다.

논은 보이지 않고 산에는 만개한 하얀 살구꽃이 지천으로 피어있다. 비탈진 산을 개간해 돌담을 쌓은 계단식 밭에는 채소가 파릇파릇하다. 이들의 피와 땀의 결정체치고는 너무 약소하고 농민들의 힘든 삶이 눈을 보듯 뻔하다. 우리네 온상과는 사뭇 다른 중국식 온

허베이 성 청더의 대자연의 사계

수차

상도 보인다. 가끔 집 근처 밭에는 잔디 없는 원뿔형 묘지가 있다. 비록 의복이 남루하고 세간은 넉넉지 못해도 이들의 모습은 한없이 평화롭고 느긋해 보인다. 생존경쟁에 찌들어 앞만 보고 바삐 살아가는 우리들의 모습과는 많이 비교된다. 각 가정에 땔감용으로 쌓아놓은 말린 옥수수 대와 소나무가 가득하다. 분지에 자리해 한없이 고즈넉해 보이는 마을도 있다.

청더의 옛 이름이기도 한 '열하'는 영하의 겨울에도 얼지 않고 안개가 피어오른다. 다른 호수와 비교해 물의 온도가 높다. 피서산장에는 모두 6개의 온천구멍이 있었다고 한다. 그중 3개가 이 지점 호수 바닥에 있었는데

청더 산하 곳곳에서 볼 수 있는 원뿔형 묘지

중국 군벌과 일본군이 주둔하면서부터 온천수 구멍이 막혀버려 지금은 따뜻한 물이 나오지 않는다. 손을 물에 담가봤는데 미지근하다. 세로로 '熱河'라 쓴 석비 옆에는 수차水車(물레방아)가 있다. 많은 사람이 수차를 돌려본다. 잉어 떼도 유영한다.

이곳이 우리나라 사람들에게 더욱 유명하게 된 계기는

'熱河' 석비 앞에서 포즈 취한 필자

연암 박지원 선생이 쓴 열하일기 때문이다.

열하일기는 정조 5년인 1780년, 연암 선생의 8촌 형인 박명원이 청나라 건륭황제의 칠순잔치에 진하사進賀使로 발탁되었는데 연암 선생에게 함께 가자고 박명원이 권유했다. 이때 따라가서 보고 듣고 느끼고 유심히 관찰했던 것을 집대성한 견문기가 열하일기이다. 열하일기에는 여정 47일째인 1780년 8월 29일(음) 열하에 도착했다는 기록이 있다. 당시 청나라의 수도는 연경燕京(베이징의 옛 이름)이었는데, 마침 건륭제가 연경의 더위를 피해 열하로 피서 중이었기 때문에 열하까지 가면서 청나라의 풍물을 익힐 수 있는 행운을 얻은 것이다.

당시 연암 선생은 중국말을 할 줄 몰라 한자를 글로 써서 문답식으로 대화를 나누었다고 한다. 피서산장에서 나오는 길 대리석 바닥에는 커다란 붓에 물을 묻혀 붓글씨를 쓰는 사람들이 있다. 바닥에 물로 붓글씨를 쓰는 것을 지서地書·디수라고 한다.

현지를 둘러보던 중 청더여유국 미쉐지안米學儉·미학검 국장을 만났다. 그는 아래와 같은 의견을 피력했다.

"청더와 한국은 가까운 친구사이입니다. 220여 년 전 박지원이란 분이 청더에 왔다가 돌아간 후 열하일기를 썼습니다. 열하는 지금의 청더를 말합니다. 박지원 선생이 열하일기를 씀으로써 두 나라 간에 서로 이해도를 높일 수 있었습니다. 제가 2007년도에 경남 함양군을 갔습니다. 함양군수를 만났는데 당시에 박지원 선생이 함양군수로 있었다고 합니다. 박지원 선생이 열하에 와서 농경기술을 배운 후 돌아가서 많은 농경기술을 전파하고 선정을 베풀었다고 합니다. 피서산장 내에 있는 수차가 함양군에도 있습니다. 나의 바람이 있는데 그것은 청더와 함양군이 자매결연을 맺어 이와 연계해 많은 관광객을 유치했으면 합니다. 작년에 청더를 방문한 관광객은 15,000명에 달합니다. 진황도를 통해 청더를 오는 데는 4시간정도 걸리지만 2년 뒤 지금 건설 중인 고속도로가 개통되면 훨씬 빨라질 것입니다. 베이징과 톈진 구간도 개통되면 1시간 이상 절약될 것입니다. 여러분이 한국

지서를 쓰는 한 서예 애호가

으로 돌아가서 청더에 대해 많은 소개를 해주셨으면 합니다."

박지원 선생이 안의 현감을 지냈는데 함양군수로 잘못 알고 있는 것 같다. 그럼 여기에서 연암 박지원 선생이 허베이성에 있는 청더와 경남 함양군과는 어떤 함수관계가 있었는지에 대해 좀 더 자세히 알아보자.

연암 박지원 선생은 18세기 말에 활동한 북학파北學派 실학자의 대표적인 인물이다. 북학파란 청나라의 앞선 문물제도 및 생활양식을 받아들일 것을 주장하며, 양반들이 천시하던 농상공의 진흥과 기술의 혁신을 통해 도탄에 빠진 백성들, 특히 하층민의 삶에 실질적으로 도움을 주고자 했던 학파를 말한다.

연암 선생은 조선조 영조 13년인 1737년 서울 서대문 반송방盤松坊 야동冶洞에서 태어났으며, 자는 중미仲美요, 호는 연암燕巖이다. 연암 선생은 지금의 서울에서 나고 자랐지만 41세 때인 1777년, 정조의 절대적인 신임을 받은 홍국영洪國榮이 세도를 잡자 벽파僻派(사도세자를 죽이는데 주동역할을 한 파)에 속했던 선생은 신변에 위험을 느껴 황해도 금천 연암협燕巖峽으로 가서 잠시 은거했다. 선생의 호가 연암인 것은 여기에서 비롯되었다.

선생은 연암협에 은거한지 3년 뒤인 1780년(정조4년), 홍국영의 실각으로 선생에게도 희망이 찾아오게 된다. 선생의 8촌 형인 박명원朴明源이 청나라 6대 황제인 건륭제의 70세 생일을 맞아 진하사 총지휘자로 발탁되었는데 동생인 연암 선생도 함께 갈수 있도록 배려한 것이다. 박명원은 영조와 제2후궁 영빈 이 씨와의 사이에서 태어난 화평옹주의 부마이다.

용추계곡 물레방아

연암 선생은 1780년 5월 25일, 말 55필과 사행단 74명에 끼어 10월 29일 한양으로 돌아올 때까지 5개월 동안 랴오둥遼東(요동), 연경, 열하를 여행하게 되는데 이때가 선생의 나이 44세 때이다. 열하에서만 보름간 체류한다. 정식 사신이 아니었던 선생은 가끔 일행에서 떨어지는 등 비교적 자유롭게 청나라를 여행하면서 새로운 사상과 과학문명 특히 청나라의 새로운 문물을 다각도로 폭넓게 살펴보았다.

연암 박지원 상

이렇게 청나라 여행에서 보고 듣고 느낀 여행의 체험을 자기 생각을 넣어서 기록한 기행문집이 '열하일기'이다. 그러니까 우리 민족의 값진 문화유산인 열하일기가 탄생하는데 일등공신이 바로 선생의 8촌 형인 박명원이라 할 수 있다.

열하일기 도강록渡江錄 편을 보면 선생을 비

롯한 진하사 일행이 끝없는 중원의 길을 가면서 풍찬노숙風餐露宿을 하는 등 얼마나 많은 고생을 했는지 알 수 있는 대목이 나온다. 도강록은 압록강을 넘어서 랴오양遼陽(요양)에 이르기까지 15일 동안의 기록이다.

"노숙할 곳을 두루 살펴보았다. 역관은 천막 하나에 세 사람씩 혹은 다섯 사람씩 들었다. … 중략 … 밥 짓는 연기가 줄을 잇고 사람소리와 말 울음소리로 시끌시끌하다. 완연히 마을 하나가 만들어진 셈이다."

선생이 호기심이 대단히 많았다는 것을 알 수 있는 대목도 나온다. 선양瀋陽(심양) 고궁에서의 일이다. 선양 고궁은 황궁으로 건립했으나 선생 일행이 이곳에 왔을 때는 베이징으로 수도를 천도한 뒤였다.

선양 고궁은 황제가 살지 않았으나 경비가 삼엄해서 들어갈 수가 없었다. 일행들은 닫힌 문 앞에서 실망하고 뒤돌아섰으나 선생은 관리들의 눈을 피해 모르게 들어가서 황궁의 이곳저곳을 샅샅이 구경했다. 이처럼 호기심이 많은 연암 선생이었기에 우리 역사에 길이 남을 금자탑을 세우지 않았나 싶다.

연암 선생은 청나라를 다녀온 후인 1786년 50세 때에서야 비로소 친구 유언호의 주선으로 벼슬길에 나서는데 종9품 관직인 선공감 감역이다. 선공

용추계곡 물레방아공원

감繕工監이란 궁궐을 건축하고 보수하는 일을 관장하는 관청으로 주로 공사를 감독하는 일을 하며, 감역監役은 감독관이란 말로 당시에는 대개 음직으로 받는 벼슬자리였다. 선생의 나이 55세 때인 1791년(정조 15년)에 안의安義고을 현감이 된다.

그는 1791년부터 1796년까지 5년 동안 안의현감으로 재직하면서 행정가로서 훌륭한 업적을 남겼을 뿐만이 아니라 평생 가슴속에 품고 있던 자신의 실학을 유서 깊은 이곳 안의고을에서 실천해 볼 수 있었다. 선생은 랴오둥, 연경, 열하를 여행하면서 몸소 체험해 알게 된 지식을 공장工匠(수공업에 종사하는 장인)에게 직접 기술을 가르쳐 풍구직기용미수전윤전風具織機龍尾水轉輪輾, 즉 바람을 이용한 여러 가지 기구들과 베틀을 만들어 사용하게 했고, 물을 이용한 수력동력기인 양수기, 수차 등을 창안해 생산기구를 제작 사용토록 했다. 이뿐만이 아니다. 토목공에게는 가마를 만들어 기와와 벽돌 굽는 기술을 가르쳐 건축물 축조에 사용했다. 선생 본인 생각이자 북학파 실학자들이 주장한 이념인 이용후생利用厚生을 구체적으로 펴 보인 것이다. 특히 선생은 안의 현감으로 있을 때 열하에서 봤던 수차를 본 따 제작해 백성들에게 이를 실생활에서 활용하도록 했다.

경남 함양군에서는 열하에 있는 수차와 같은 모양을 용추계곡이 있는 심진동尋眞洞에 '연암 물레방아 공원'을 조성해 복원했다.

심진동이란, 용추계곡이 어찌나 아름답고 신비로운지 이 계곡에 들어서면 누구나 진리를 찾게 된다해 붙여진 이름이다. 선생은 안의 고을을 떠난 지 9년 후인 1805년(순조5년) 69세를 일기로 세상을 떠난다.

안타깝게도 선생의 묘소는 휴전선 북쪽에 있기에 가볼 수가 없고, 선생의 거룩하고 위대한 자취를 더듬을 수 있는 곳은 오직 안의뿐이다. 선생이 재임 시에 손수 지은 관아의 부속건물터인 안의초등학교 교정에는 선생의 사적비가 세워져 있다.

연암 박지원 선생은 조선 후기의 탁월한 실학파 학자로서 이용후생을 통해 허虛를 버리고 실實을 찾아 민중들과 호흡을 함께하며 자기 시대를 개척해 나간 사상가요 용기 있는 양심적 지식인이자 위대한 선각자였다.

허베이성 요리

청나라 황제들 여름 행궁
청더피서산장(承德避暑山莊)

승덕이궁承德離宮 혹은 열하행궁熱河行宮이라 불리는 피서산장비수산좡은 청나라 황제들이 베이징의 무더위를 피하기 위해 지은 청나라 최대의 황실원림이다. 건축은 중국 남쪽의 비경을 한데 모아 지었으며 호수도 항저우에 있는 서호를 본 따 지었다고 한다. 그러니까 황제의 여름 별궁인 피서산장은 인공 산과 인공 호수를 조성해서 만든 인공 정원이다.

피서산장은 강희 42년인 1703년부터 짓기 시작해 1792년에 완공하기까지 무려 89년이란 기간이 걸렸다. 그러니까 강희·옹정·건륭 황제까지 3대의 제왕시기를 거쳐 완성했다. 면적도 564만㎡로 베이징에 있는 자금성의 8배에 달하고, 피서산장을 둘러싸고 있는 성벽의 길이만도 장장 10km에 달한다. 피서산장은 1954년 11월 세계문화유산에 등재되었다.

그러면 왜 이렇게 멀리 떨어져 있는 청더에 황제의 여름 별장을 세웠으며, 강희제의 깊은 뜻이 어디에 있었는지를 살펴보도록 하자.

청나라 때는 황제가 오늘날의 베이징(옛 연경)에서 이곳 청더까

피서산장 호숫가 옛 누각의 위용

지 오는 데는 20여일이 걸렸다. 이곳 피서산장은 강희제가 여름에 피서를 겸해 정사를 보던 곳으로 매년 4월에서 9월까지 약 6개월 간 이곳에서 지냈다. 그럼 왜 이곳에 피서산장을 만들었을까.

  청나라는 만주족이 세운 나라로 한족과는 달리 말을 타던 민족이다. 순치제 이후 강희제 때 와서는 말을 타고 싸우던 기병이 보병보다도 못한 병사로 전락하게 된다. 당시의 기병은 지금의 기갑부대쯤에 해낭하는데, 이런 막강한 전투력을 지닌 기병이 싸움할 줄 모르게 된 데에 강희제는 적잖은 충격을 받았던 모양이다. 특히 삼번의 난이 일어났을 때 많은 병사가 전쟁하다가 도망을 치는 사태까지 발생했고, 병사 한 명이 다쳤는데 몇 명의 병사들이 호송해서 베이징까지 가야 하는 등 여러 문제점을 발견하게 된다. 여기에서 삼번의 난이란, 청나라에 대항해 한족 무장이 일으킨 반란으로 세 명의 번왕藩王(토후), 즉 윈난성에서는 오삼계吳三桂·우산구이, 푸젠

성에서는 경계무耿繼茂·겅지마우, 광둥성에서는 상가희尙可喜·상커시가 난을 일으켰다해 이를 '삼번의 난三藩之亂'이라고 한다. 결국은 강희제가 이들의 반란을 평정하고 청나라의 중국 지배권을 확립하지만 많은 것을 생각하게 하는 계기가 된다.

　강희제는 숫자가 적은 만주족이 숫자가 월등히 많은 한족을 다스리고 관리하려면 먼저 말을 타던 기마민족답게 말을 타게 해야겠다고 생각한다.

　그런데 베이징 주변에는 말을 타고 훈련할만한 곳이 없었다. 그래서 생각해낸 곳이 내몽골 고원과 허베이 북부 사이에 있는 위장초원圍場草原이었다. 위장초원으로 병사들을 이끌고 가서 우량종

피서산장 풍광

말을 고르고 사냥을 하고 사냥에서 많이 잡은 병사에게는 상금을 내리는 등 병사들의 사기를 진작시켰다. 그러니까 당시의 사냥은 오락이 아닌 군사훈련이었다.

위강초원은 역사적으로 요나라 황세의 수렵장이었을 뿐만이 아니라 강희제가 황실 수렵장인 목란위장木蘭圍場을 설치하고 매년 이곳에서 가을 사냥을 했던 곳이다. 지금도 이곳에는 사슴·노루·황양·표범·멧돼지 등 20여 종의 동물이 서식하고 있다. 이렇게 해서 몇 해가 지나자 기병들의 전투력이 월등히 향상되었다.

황제는 날씨가 더워지기 시작할 즈음인 5월에 베이징을 떠나 중간지점인 청더에 행궁을 짓고 쉬었다가 위장으로 떠났다.

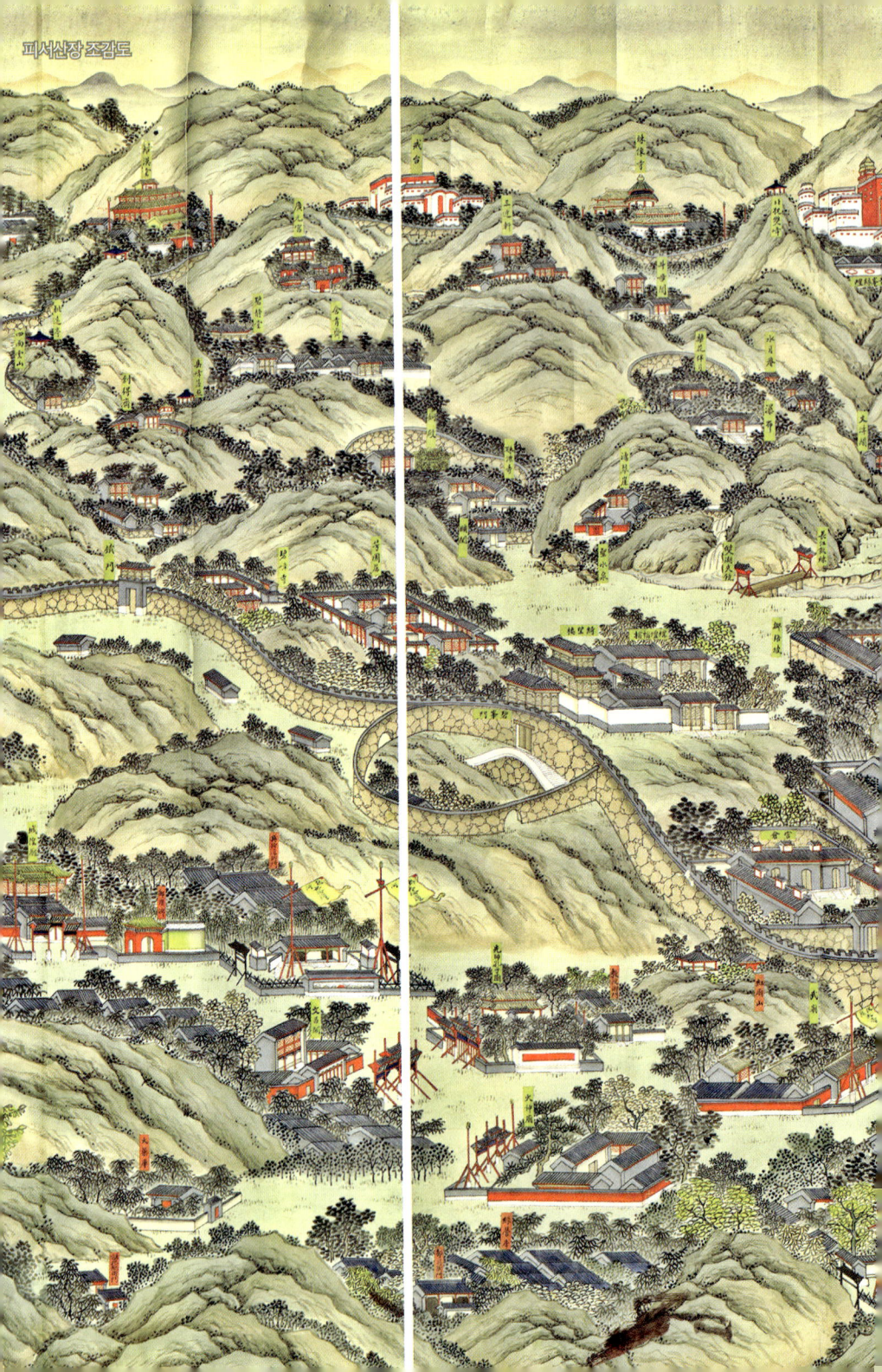
피서산장 조감도

행궁이란 황제가 나들이할 때에 머물던 별궁을 말하는데 모두 40여 개에 달했다고 한다. 행궁 중 청더에 있는 행궁이 강희제의 칭찬을 많이 받았다고 한다. 그 이유는 다른 지역에 있는 행궁에 비해 주위환경이 가장 아름답고 온천이 있었기 때문이다.

이런 관점에서 볼 때, 강희제의 피서는 둘째이고 첫째 목적은 청나라 병사들의 사기와 전투력을 증진하는 데 그 목적이 있었지 않나 싶다. 이렇게 함으로써 청나라가 안정을 찾게 되고 이후 296년 동안이나 통치할 수 있었다.

연암 선생도 열하에 도착 후 열하의 형세를 관찰 후 이곳이 황제의 별장 외에 다른 뜻이 숨어있다는 것을 간파한 후 열하일기에 다음과 같은 글을 남겼다.

"열하는 장성 밖의 궁벽한 땅이다. 천자는 무엇이 아쉬워서 이 변방의 거칠고 황폐한 땅에 와서 거하는 것일까? 명목은 피서라 하지만 사실은 천자가 직접 변방을 방비하기 위한 것이다."

TIP

세계문화유산이자 AAAAA급 명승지인 피서산장의 입장료는 성수기인 4월 1일~10월 31일까지는 145위안이며, 비수기인 11월 1일~3월 31일까지는 90위안이다. 관람하는 데는 4~6시간이 걸린다.

피서산장 첫 여러 민족 화합의 관문
여정문(麗正門)

피서산장의 첫 관문인 여정문리정먼 현판에는 오른쪽부터 만주어·티베트어·한문·위구르어·몽골어로 쓰여 있는 것을 볼 수 있다. 한족만이 아닌 다른 민족들의 정서를 고려한 현판이다. 건물 양 옆에는 커다란 사자상이 있다. 구球를 밟고 있는 오른쪽 사자는 권력을, 새끼사자를 밟고 있는 왼쪽 사자는 황제의 자손이 무궁무진하다는 의미를 내포하고 있다.

사자를 유심히 살펴보면 코, 발, 엉덩이 부분은 사람들이 많이 만진 흔적이 역력하다. 이는 사람들이 "나에게 복을 많이 주세요!"라고 주문을 외면서 사자의 특정 부분을 만지면 황제의 부귀를 자기 집으로 가져갈 수 있고 소원

새끼사자를 밟고 있는 사자상

여정문 현판

이 이루어진다고 믿기 때문이다. 건물 안에는 역대 황제들의 행렬도와 수렵하는 장면 그리고 강희어제시인 '고북새외망월시古北塞外望月詩'와 건륭제의 '피서산장백운시避暑山莊百韻詩'가 있다.

  강희제의 고북새외망월시는 강희제가 북쪽지역 변방으로 순행을 나갔다가 달을 보며 지은 시로, 강희제의 백성을 사랑하고 걱정하는 마음과 변방을 튼튼히 지키겠다는 의지 그리고 일을 한번 맡겼으면 믿어야 한다는, 신하를 신뢰하는 마음이 농축되어 있는 시라는 생각이 든다.

> 桂樹淸光掛碧天계수청광괘벽천 / 맑은 빛을 띤 계수나무는 푸른 하늘에 걸렸고
> 雲開萬里塞無煙운개만리새무연 / 구름 걷힌 만리 변방에는 전쟁의 연기가 없도다.
> 遠人向背由敷政원인향배우부정 / 먼 곳 사람들의 좇음과 등짐은 정사를 펴는 것에 따르니
> 惟在籌邊與任賢유재주변여임현 / 변방의 계책은 더불어 어진 이 맡기는 것에 달렸어라.
>
>   -康熙御製詩/古北塞外望月-

건륭제의 피서산장백운시도 치국의 기준을 백성에게 맞춘 듯, 황제의 선조들께서 변방 밖에 피서산장을 건립한 것은 자기 자신이 즐겨 놀라는 것이 아니라 만세에 큰 경륜을 전하는 것이라 했다. 또한 피서산장은 천자의 지방 시찰을 하라는 교훈이 담겨져 있는데, 이것도 재물과 인력을 소모하는 시찰은 오히려 민심을 합치는데 저해된다는 교훈이 담긴 글이다.

我皇祖建此山莊於塞外아황조건차산장어새외 / 나의 황조께서 이 산장을 변방밖에 건립한 것은
非爲一己之豫遊비위일기지예유 / 나 한사람 즐겨 놀도록 하기 위함이 아니라
蓋貽萬世之締構也…개이만세지체구야 / 만세에 큰 경륜이 전하고자 함이니…

여정문 정문

自三逆底定之後자삼역저정지후 / 스스로 남을 이기고 살아야 한다는 삼역(天逆·人逆·地逆)이 안정되고 난 후에도
卽不敢以逸豫즉불감이일예 / 나아가 감히 편안하게 즐기라는 것이 아니고
爲念巡狩之典위염순수지전 / 천자의 지방시찰을 가르치는 생각에서이다.
或一歲而二三擧行혹일세이이삼거행 / 혹 1년에 2~3번 거행해
耗財勞衆之論夫모재노중지론부 / 재물과 많은 사람의 노력을 소모한다는 사람들의 말이 있으면
豈不慮然凜개불려연늠 / 어찌 두려워서 염려가 안 되겠는가.
天戒鑒前車察民천계감전차찰민 / 하늘의 교훈을 얻기 전에 마차를 타고 백성을 살피는 것은
瘼備邊防合內外之心막비변방합내외지심 / 변방을 지키는 하나 되는 마음이 흩어지니
成鞏固之業성공고지업 / 공고한 사업을 이룰지어다.

-避暑山莊百韻詩有序節抄-

내오문內午門·네이우먼에는 강희제가 직접 쓴 '피서산장' 현판이 걸려있다.

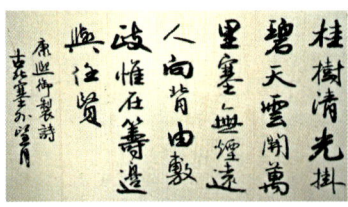

강희제가 쓴 '고북새외망월시'

그런데 유심히 살펴보면 피避자에 한 획을 더 그은 것을 발견할 수가 있다.

일부 학자들의 설명에 의하면,

역대 황제들의 수렵도

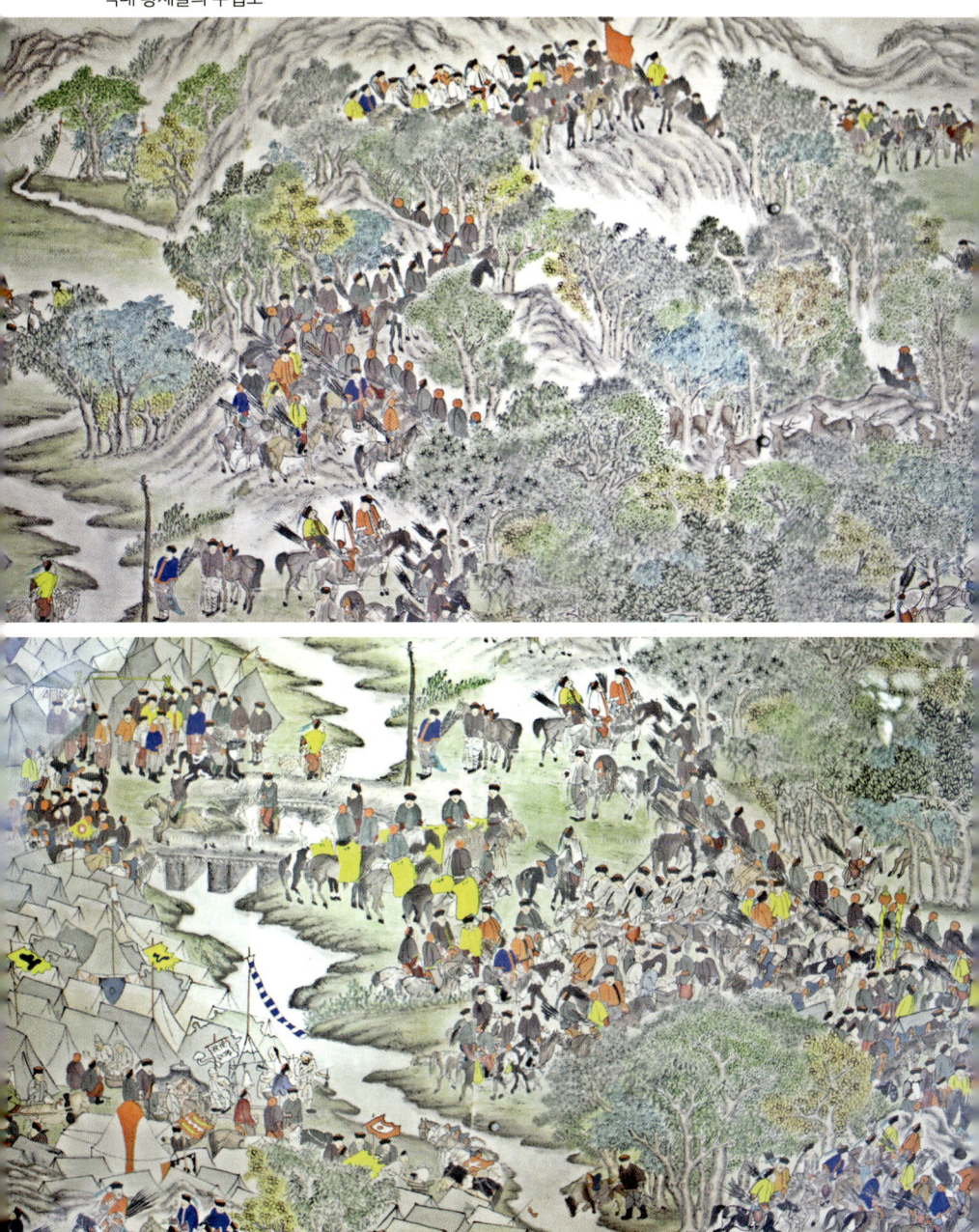

허베이성

'피서산장백운시' / 강희제 어필 '피서산장'

강희제가 천하통일의 의미를 담기 위해 일부러 한 획을 더 그었다는데, 천하통일과 피할 피자와 어떤 연관이 있는지 모르겠다. 어쨌든 강희제의 명필다운 힘찬 필체이다.

내오문을 통해서 피서산장에 들어서면 웅장한 담박경성전澹泊敬誠殿·단보징청뎬이 나온다.

강희 50년인 1711년에 베이징 고궁의 태화전과 같은 모양으로 세운 담박경성전은 화려한 장식 없이 소박하게 꾸며진 황제의 집무실로 황제가 신하를 만나고 각국의 사신들을 접견하며 연회를 베풀던 장소이다.

1780년, 조선 사절단인 박명원 일행도 이곳 담박경성전에서 무릎을 세 번 꿇고 머리를 아홉 번 땅에 조아리는 '삼궤구고두례三跪九叩頭禮'를 행한 후 황제를 알현했다고 전해진다. 삼궤구고두례를 삼배구고두례三拜九叩頭禮라고도 하는데 청나라 시대에 황제를 알현할 때 머리를 조아려 절하는 예법으로 옛 만주인사법이

담박경성전

다. 사신이 아니었던 연암 선생은 황제의 알현은 물론 사신들을 위한 연회가 열렸던 청음각淸音閣에도 들어가지 못하고 담 너머에서 구경만 했다고 한다.

담박경성전 중앙에는 황금빛 어좌가 놓여 있고 그 위에 담박경성澹泊敬誠 현판이 걸려있다.

담박경성에서 담박은 "번잡하지 않고 소란스럽지도 않으니 담박해 잃지 않는

어의

다"라는 역경에 나오는 말로 욕심이 없고 마음이 깨끗함을 뜻하며, 경성은 '경건하고 성실한 마음'을 일컫는다. 즉 번잡하지도 소란스럽지도 않은 조용한 곳에서 경건하고 성실한 마음으로 위대한 업적을 이뤄야겠다는 마음의 다짐이라고나 할까.

강희 50년인 1711년에 건축하고 건륭 19년인 1754년에 개축한 담박경성전은 남목(녹나무)을 사용했다. 그래서 일명 남목전楠木殿·난무뎬이라고도 불린다. 중국에서도 유명한 남목은 남목 한 근이 은銀 한 근과 가격이 같을 정도로 비싼 나무이다. 특히 남목은 독특한 향이 있고 남목으로 짠 관은 시체가 썩지 않기 때문에 중국인들은 입관목으로 선호한다.

담박경성전은 지은 지 300년 가까운 세월이 흘렀음에도 벌레가 먹거나 썩은 곳은 단 한 곳도 없다. 다만 기둥의 몇 군데에 흠집이 있는데 이것은 문화혁명 때 생긴 것이라 한다. 다른 한쪽에는 역대 황제들을 모셔둔 사당이 있고 강희, 건륭, 함풍제가 탔던 어가와 자

건륭제 무장상 / 강희제 초상화

안, 자희 태후가 탔던 가마도 전시되어 있다.

좀 더 안으로 들어가면 양쪽 벽에, 용상에 앉아있는 모습의 강희제 초상화와 갑옷을 입고 완전 무장한 채 채찍을 들고 말 위에 앉아 있는 건륭제 무장상 武裝像이 있다.

건륭제 무장상 아래에는 '청대황제세계일람표'가 있다. 특히 강희제와 건륭제를 비교해 보면 참으로 재미있는 역사적 사실을 발견하게 된다. 강희제는 순치 11년인 1654년에 출생해서 강희 61년인 1722년 69세에 돌아가신 분으로 1662~1722년까지 무려 61년간 재위한 인물이다. 자녀도 아들 35명, 딸 20명 그리고 후궁도 55명이나 두었다.

강희제의 손자인 건륭제는 강희 50년인 1711년에 출생해서 가경 4년인 1799년 89세에 돌아가신 분으로 1736~1795년까지 60년간 재위했다. 그러니까 강희제는 61년, 건륭제는 60년 동안 재위했다.

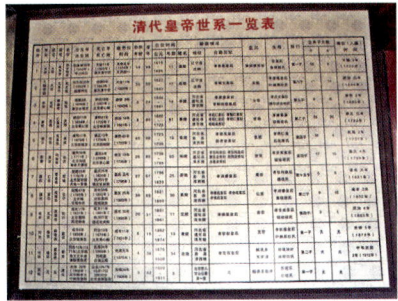

청대황제세계일람표

여기에서 주목할 점은 건륭제의 사망일이 왜 가경 4년이냐는 것이다. 그 이유는 이렇다.

건륭제는 어렸을 때부터 할아버지인 강희제의 사랑을 유독 많이 받았다. 강희제는 손자인 홍력弘曆(건륭제의 이름)의 뛰어난 자질을 알고 있었기 때문에 미래의 황제감으로 점찍어두고 철저한 준비를 시켰다. 강희제에 이어 그의 넷째 아들인 옹정제가 재위를 계승한 후 13년 만에 죽자 옹정제의 넷째 아들인 홍력이 25세 때 황제자리에 오르게 된다. 청나라 때는 맏아들이 황제를 이어받는 것이 아니라 자신의 아들 중 가장 능력 있는 자식을 골라 황제에 오르게 했다. 건륭제는 아직 더 황제자리에 미물 수 있었으나, 60년 동안 재위한 다음 스스로 물러나 4년 동안 태상황으로 있었다. 할아버지를 공경했기 때문에 할아버지보다 더 오랫동안 황제자리에 앉아있을 수 없다해 그리했던 것이다.

조선왕조 때 태종 이방원이 아버지인 태조 이성계를 어떻게 몰아내고 왕좌를 찬탈했는지 비교되는 부분이다.

청 황제들의 경극관람 명소
운산승지루(雲山勝地樓)

피서산장에서 유일한 2층 건물인 운산승지루원산성디러우는 경극 공연장소로 경극을 좋아했던 역대 청나라 황제들이 이곳에서 경극을 관람했다.

베이징조약 당시 함풍제와 서태후가 머물었던 곳에는 대리석 석판에 '勿忘國恥물망국치'가 새겨있다. "국가의 치욕을 잊지 말자"는 뜻이다.

청나라는 제2차 아편전쟁의 결과로 1860년 10월 18일에 영국·프랑스·러시아와 베이징조약이라는 불평등 조약을 체결한다. 이 조약으로 인해 청나라는 영국에게 홍콩을, 러시아에게 연해주를 넘겨주었다.

이미 1842년 8월 29일 난징조약南京條約으로 영국에 홍콩 섬을 내준 청나라는 베이징조약의 체결로 홍콩 섬 맞은편에 있는 주룽九龍(구룽)을 영국에 할양함으로써 영국 식민지가 된다. 이런 치욕적인 조약을 맺은 날을 부끄러운 날로 기억하고 잊지 말 것은 물론 부끄러운 역사가 반복되지 않도록 후대들에게 경고하는 의미에서

운산승지

새겨놓았다. 홍콩은 1842~1997년까지 무려 155년간 영국의 식민지로 있다가 1997년 7월 1일 자정을 기해 홍콩 주권이 양도되었다.

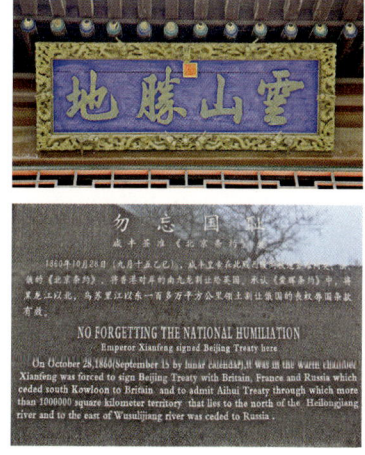

운산승지 현판 / 물망국치 석판

운산승지루 안에는 유곱사등이劉羅鍋(유라과)란 곳이 있다. 유곱사등이는 건륭제 때 재상을 지낸 리우용劉墉(유용, 1719~1804년)의 별칭이다.

리우용은 청나라 4대 서예가 중의 한 사람으로 일생을 충군과 애민 그리고 청렴으로 점철된 생애를 보낸 사람이다. 사실 리우용은 곱사등이가 아니라 정상인이었는데, 건륭제가 세상을 뜬 후 가경제가 리우용을 만났을 때 그는 이미 80세가 넘어 허리가 굽은

허베이성 *345*

태호석

노인이었다. 온갖 풍상고초를 겪은 리우용에 대한 존경심과 장난기가 발동한 가경제가 친근감의 표시로 '유곱사등이'라 불렀다고 전해진다.

　큰 돌에 붉은색으로 '世界文化遺産 避暑山莊'이라 새긴 곳을 지나면 호수가 나오고 호숫가에는 몇 마리의 사슴이 마른풀을 뜯고 있다. 어린이들이 활동사진을 보며 즐거워하는 모습도 보인다. 호숫가를 따라 거닐다보면 호구湖區가 나온다. 호구는 강남을 모방해서 조성한 곳으로 호수와 섬 그리고 누각이 한데 어우러져 멋진 장면을 연출한다. 호구에 있는 여러 개의 섬 중 청련도青蓮島·칭렌다오에 있는 금산정金山亭·진산팅과 연우루烟雨樓·옌위러우는 관광객이 많이 찾는 곳이다.

　금산정은 멀리에서 바라보면 더욱 아름다운 풍치를 자랑하고, 연우루는 피서산장에서 가장 아름다운 건축물 중의 하나로 건륭제가 저장성에 있는 연우루를 모방해서 건축한 것이다. 비 오는 날이면 건륭제가 연우루에 올라 차를 마시며 전경을 감상했다고 한다. 그러고 보면 건륭제도 상당히 서정적 감성을 지녔던 것 같다.

피서산장 표지석

이뿐만이 아니다. 장쑤성 쑤저우에 있는 사자림을 모방해서 만든 문원 사자림文園獅子林도 있다. 쑤저우의 사자림은 태호석으로 돌산을 쌓았는데 이곳에 있는 문원 사자림은 태호석 대신에 다양한 크기의 돌을 쌓아 정원을 만들었다. 또한 장쑤성 진강에 있는 금산사 풍경을 모방한 돌섬과 전각인 금산도를 비롯해 황제가 하늘에 제사를 지냈다는 상제각도 있다. 저 멀리에는 황실에서 관리한 불교사원인 영우사가 있었는데 청일전쟁 때 소실되고 높이 70여 미터인 사리탑만 남아 있다. 담박경성전 위에는 사지서옥四知書屋·쓰즈수우이 있다. 이곳은 각국 사신들이 황제에게 바친 선물들이 전시되어 있는 황실유물전시관이다.

중국 텔레비전 드라마인 '황제의 딸' 췰영지이자 말썽꾸러기 세비가 뛰어놀던 바위에 오르면 호수와 주변 풍광이 한눈에 조망된다. 관광객들은 제비가 입었던 궁중의상을 빌려 입고 기념사진을 찍는다. 저 멀리에는 경추봉이 보인다.

피서산장의 사리탑 전경

금산정 주변 전경

피서산장의 한여름 풍경

피서산장에서 바라본 경추봉

세계최대 금칠목조대불·천수천안관세음보살
보녕사(普寧寺)

청더시에 있는 보녕사푸닝쓰는 외팔묘外八廟·와이바먀오 중 한 곳으로 유일하게 현재까지 라마승이 거주하고 있는 사찰이다. 여기에서 외팔묘란 피서산장 너머에 있는 청더 황실사찰군의 총칭으로 강희 52년인 1713년에 착공해 건륭 45년인 1780년에 완공했는데 무려 67년 동안 12개의 사찰을 지었다. 이 중 8개의 사찰이 고북구古北口·구베이커우(만리장성의 중요 관문을 이루는 도시) 밖에 자리하고 있다해 외팔묘라 불린다.

고북구장성 일대 풍경

외팔묘를 건축한 목적은, 만주족인 강희제는 다민족국가의 통일을 공고히 다지기 위해서는 소수민족의 화합과 통합정책이 필요했고 이를 위해서는 각 민족의 종교와 풍속을 존중해주는 것이 우선이었다. 이런 이유에서 세운 건축물이 외팔묘이며, 좋게 해석하면 청나라 정부가 소수민족과의 유대관계를 고려한 민족단결의 산물이고, 나쁘게 해석하면 회유정책 중의 하나로 건설한 것이라는 생각이 든다.

일명 대불사大佛寺·다포쓰로도 불리는 보녕사는 건륭 20년인 1755년에 세웠다. 몽골족의 한 부족이었던 준갈이 부족准爾(준이·서몽골의 여러 부족 중 가장 오래된 부족)이 반란을 일으키자 건륭제가 이를 평정하고 나서 "온 천하를 평안하게 한다"라는 뜻(普天安寧보천안녕)으로 티베트에 있는 삼마야묘三摩耶廟의 오책전烏策殿을 모방해서 지었다.

외팔묘 8개의 사원 중 가장 아름답다는 보녕사는 외부는 한족 건축양식이고 안으로 들어가면 티베트 양식으로 꾸며졌다. 보녕사는

1994년 세계문화유산에 등재되었고 금칠목조대불은 1999년 기네스북에 등재되었다.

  정문을 통과하면 비석 정자가 있고 비석에는 사찰을 건축하게 된 내용이 새겨있다. 지도를 놓고 봤을 때 정면은 만주족 문자. 뒷면은 한문, 왼쪽은 몽골문자, 오른쪽은 티베트문자가 새겨져 있다. 이 글은 모두 건륭제가 직접 쓴 것을 석공이 새겼는데 읽을 수 없을 정도로 많이 마모되었다.

  경내에는 마니차가 설치되어 있다. '마니'는 티베트어로 '지혜'란 뜻이고 마니차는 '지혜가 담긴 통'이란 뜻이다. 손을 이용해 시계방향으로 돌리라는 문구가 있다. 소원을 담아 마니차를 돌리는데 도중에 중단하면 소원이 이루어지지 않는다고 한다. 그리고 약간 가파른 돌계단을 오를 때에도 절대로 뒤를 돌아봐서는 안 된다고 한다.

  가쁜 숨을 몰아쉬며 돌계단을 올라 천왕전을 지나면 본전인 대웅보전이 나온다. 피서산장에 있는 현판에는 모두 다섯 민족의 문자가 적혀있는데 이곳 대웅보전 현판에는 네 민족 문자만 적혀있다.

비석정자와 누각

보녕사 전경 / 보녕사 입구

대웅보전 / 대웅보전과 금륜법계 현판

위구르문자가 빠졌다. 오른쪽부터 만주족, 한문, 몽골, 티베트문자이다. 티베트문자는 가로로 쓰여 있기에 판별하기 쉽다.

기봉선인과 잡상

대웅보전 아래에는 '금륜법계金輪法界' 현판이 있다. 금륜법계란 '불경으로 평정한 진리의 세계'란 뜻으로, 금륜이란 불경에 나오는 말로 인도 신화 속의 임금인 전륜왕轉輪王이 하늘로부터 얻은 금 바퀴, 즉 금륜을 굴려서 천하를 통일·평정한다는 뜻이다. 바퀴에는 금륜(금 바퀴), 은륜(은 바퀴), 동륜(동 바퀴), 철륜(철 바퀴) 등 네 윤보輪寶가 있다. 법계란 불가의 말로 참다운 진리의 세계를 가리킨다.

법당 안에는 라마승들이 앉아 염주를 돌려가며 불경을 읽고 있다. 대웅보전 전각 네모서리 추녀마루에는 '잡상'이 있다. 잡상雜像이란 서유기에 등장하는 인물과 토신土神을 형상화한 것으로 추녀마루에 배열, 장식한 것을 말한다. 잡상은 저마다 조금씩 다른 모습을 하고 있으나 보봉 맨 앞자리에 있는 선인仙人을 포함해서 십여 종류가 된다.

중국에서는 잡상을 선인주수仙人走獸라 하는데, 맨 앞에는 탈것 위에 올라앉은 기봉선인騎鳳仙人을 필두로 각룡角龍, 각봉角鳳, 사자獅子, 천마天馬, 해마海馬, 산예狻猊, 자라押魚, 해치獬

법당 안 스님들

관세음보살과 선재와 용녀

豸, 두우斗牛 순으로 배열하는 것이 원칙이다.

이곳 추녀마루에는 7마리만 쭈그린 자세로 앉아있다. 여기에서 눈여겨볼 것은 처마 끝에 위험스럽게 자리 잡은 기봉선인이다. 봉황을 탄 신선인 기봉선인과 강자아姜子牙(강태공)에 관한 얘기가 있으나 차치하고, 탐욕은 깊은 골짜기와 같으니 낭떠러지에서 말고삐를 당기지 않으면 분신쇄골이 된다는 것을 경고하고 있다.

대웅보전 옆에는 대승지각大乘之閣·다청즈자오이 있다.

보녕사의 주체건물인 대승지각은 높이 36.65m의 목조누각식 건물인데, 밖에서 보면 앞은 6층, 뒤는 4층이며, 좌우는 5층인 독특한 구조로 되어 있다. 앞마당에는 철제 초꽂이 대가 놓여있어 향을 사

지팡이 장수

르고 촛불을 밝히려는 사람들로 분주하다. 향이 어마어마하게 크다. 도교에서는 '신선'이 되기 위해 향을 피우고 불교에서는 '깨달음'을 얻을 수 있는 지혜를 얻기 위해 향을 피운다고 한다.

"모든 중생이 이곳에서 구원을 받는다"라는 뜻인 홍휴보은鴻庥普蔭 현판을 뒤로 하고 안으로 들어서면 보녕사의 주존불상이자

보녕가 곡예

세계제일의 '금칠목조대불·천수천안관세음보살金漆木雕大佛·千手千眼觀世音菩薩'이 안치되어 있다. 어마어마하게 큰 대불의 위용에 압도당한 느낌이다. 높이 27.21m, 허리둘레 15m, 42개의 팔, 43개의 눈망울 그리고 물경 110톤 무게의 나무를 조각해 만든 목대불이다. 이 목대불을 조각하는 데는 모두 5종류의 나무가 사용되었으며, 제작은 먼저 현 위치에서 대불을 조각한 후 그 위에 건물을 지었다고 한다. 어쩌면 이리도 섬세하고 예쁘게 조각할 수 있었을까. 감딘사가 질로 나온다. 부저의 염력과 조각 마술사의 합삭품이라는 생각이 든다. 대불 어깨 부위에는 먼지가 수북이 쌓여있다. 대승지각을 지은 후 200년이 넘도록 한 번도 닦지 않았기 때문이란다.

　대불 옆에는 두 제자인 선재善才와 용녀龍女가 시립해 있다. 사찰 아래에는 보녕가普寧街가 있는데 기념품을 파는 가게들이 즐비하다. 보녕가를 거닐다 보면 수많은 사람과 곡예단 등 여러 풍물을 만나게 된다.

대승지각

금칠목조대불·천수천안관세음보살

민속종교가무 '대형불낙가무'
사해보녕(四海普寧)

보녕사 옆 지하에 있는 중국승덕보녕사불낙궁中國承德普寧寺佛樂宮에서는 민속종교가무인 대형불낙가무大型佛樂歌舞 사해보녕쓰하이푸닝을 공연한다.

A급 귀빈석이 2,000위안, B급 귀빈석이 1,500위안으로 관람료가 엄청 비싸다. 중국내에서 이렇게 비싼 관람료는 처음 본다. 중국승덕불교 문화예술단의 공연인 사해보녕은 천하태평을 뜻하는 말로 티베트와 만주족의 고전적 내용을 담은 것으로 내용은 다음과 같다.

"청대, 건륭황제는 보녕사를 짓고 시찰 인에 세계최대의 금칠목조대불·천수천안관세음보살을 세웠다. 불교가 중국에 들어온 지 벌써 2,000년이 넘었으며, 불교음악은 인도에서 서역을 거쳐 중국에 전해지면서 사람들에게 평안함과 행복을 가져다주었다. 법호法號(중의 아호)로는 국가의 발전과 백성의 평안 그리고 가정의 화목을 기원한다. 천수천안불은 눈과 손 그리고 지혜가 많아 아이들이 총명하고 영리하게 자라고 학업에 성과가 있도록 돌보며, 사업하는 자에게는 사업의 발전과 재물을, 관직에 있는 자에게는 높은 자리에 오를 수 있도록 하고, 노인에게는 건강과 평안함을 가져다준다. 하나霞那·샤나는 재해와 고난이 없어지고, 복과 장수를 기원하며, 악귀를 쫓고, 무사 평안을 기원한다.

크나큰 부처의 은혜는 중생을 두루 살피어 천하의 평화와 우의를 기원하며, 나라에 아름다운 산천과 굽이쳐 흐르는 강이 있기를 기원한다. 보녕사는 진실한 애정과 순수한 마음을 가지고 있다, 애정을 가지고 보녕사를 바라보고 우정으로 만인을 대하길 바란다. 이제 우리가 볼 것은, 전 세계 유일한 불교예술단의 뛰어나고도 엄숙한 불교음악무용 '사해보녕'으로 여러분의 마음을 정화하리라."

무대 장식과 배우들의 화려한 의상이 눈길을 끄는 공연이지만, 무희들의 황금빛 천수천안 공연이 가장 인상에 남는다. 사진 촬영은 엄격히 통제한다.

건륭황제로 분장한 배우

사해보녕 공연장면

달라이라마 8세 위해 건축
보타종승지묘(普陀宗乘之廟)

보타종승지묘푸퉈쭝청즈먀오는 허베이성 청더에 있는 피서산장 북부 사자구獅子溝 남쪽 언덕에 자리하고 있다. 또 다른 외팔묘 중의 한 곳인 보타종승지묘는 외팔묘 중 규모가 가장 클 뿐만 아니라 건축물이 정교하고 아름다워 외팔묘를 대표하는 사찰이다.

건륭 35년인 1770년, 건륭제의 60세 생일이자 그의 어머니인 효

비정과 티베트식 누각 전경

성헌황후孝聖憲皇后·1693. 1. 1~1777. 3. 2의 80세 생일을 기념하기 위해 찾아온 달라이라마 8세를 위해 건축했으나 공사 중에 화재가 발생해 1771년 8월에야 완공했다. 사찰은 자비의 보살인 관세음보살로 추앙받는 달라이라마 8세에 대한 건륭제의 무한한 존경을 담아 화려하게 꾸몄다고 한다.

보타종승지묘는 한족의 전통 건축양식과 티베트족의 건축양식을 혼합한 것으로 티베트 라싸에 있는 포탈라궁을 모방해서 지었기 때문에 일명 소포탈라小布達拉·샤오부다라 궁이라고도 불린다.

보타종승지묘에 들어서면 흰색과 붉은색이 서로 조화를 이루고 있는 건축물을 볼 수 있다. 흰색은 순결함을, 붉은색은 고귀함을 나타낸다. 온통 붉은색인 티베트식 누각에는 비정이 있다.

좀 더 안으로 들어가면 보문응현普門應現 현판이 있는 누각과 성루 그리고 돌사자가 있다. 여기에서 '보문'이란 관음보살이 중생의 온갖 재난을 구제하고 소원을 이루게 하며 널리 교화하는 일을 설

보문응현 누각과 성루 전경

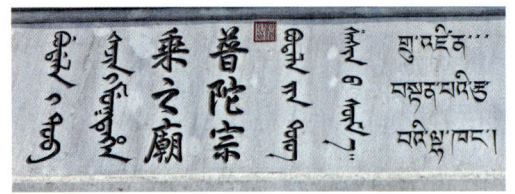

건륭제 어필 '보타종승지묘'

파한다는 것이며, '응현'은 응화와 같은 말로 부처나 보살이 중생을 구제하기 위해 여러 가지 모습으로 이 세상에 나타나는 일을 일컫는 말이다. 한족 전통양식의 비정도 있다.

소나무가 우거진 오솔길을 따라 걷다 보면 왼쪽에 돌계단이 나온다. 계단을 밟고 오르기가 쉽지 않다. 사찰로 이어지는 계단은 수행의 단계를 의미한다고 한다.

힘들게 계단을 오르면 검붉은 색의 직사각형 건물인 대홍대大紅台·다홍타이와 하늘을 찌르고 있는 높다란 깃대에 압도당한 느낌이다. 고개를 들어 쳐다보면 어찌나 크고 높고 웅장한지 현기증마저 난다. 곧 쏟아져 내려 짓누를 것만 같다. 깃대에는 수많은 깃발이 나부낀다. 깃발에는 불경이 적혀있다. 라마승에게 약간의 돈을 기부하면 깃발을 올려주고 축원도 해준다.

주요 건축물인 대홍대는 현재 전시실로 쓰이고 있다. 1층은 불당이고, 2층은 티베트 관련 전시실 그리고 3층은 몽골민족의 생활상을 보여주는 전시실이다.

대홍대 안으로 들어가면 주전인 만법귀일전萬法歸一殿·완파구이이전이 있다. 중앙에는 "온갖 인연으로 널리 구제한다"라는 뜻인 만연보응萬緣普應 액자가 걸려있는데 건륭제의 어필이다. 액자 아래에는 부처와 보살을 모셔두는 곳인 불감佛龕이 있고, 불감에는

보타종승지묘 전경 / 보타종승지묘 본 건물인 대홍대

만법귀일전 금정

청동으로 만든 무량수불無量壽佛이 있다. 무량수불은 아미타불을 달리 이르는 말이다. 세계문화유산이기 때문에 잘 보호하자는 글귀도 있다.

건물이 'ㅁ자' 모양으로 되어있기에 ㅁ자로 한 바퀴 돌고 2층으로 올라간다. 입구와 출구가 복잡하게 얽혀있어 출입구를 찾는데 매우 혼란하다. 복도에 부조된 몽골기마병의 역동적인 장면을 감상한 후 밖으로 나오면 황금빛 지붕이 보인다. 만법귀일전 금정金頂이다. 지붕 전체를 금으로 도금한 기와처럼 보인다.

그러나 사실은 금과 구리를 함께 사용해서 도금한 기와이다. 중국에서는 이를 유금동와鎦金銅瓦·리우진통와라 한다. 금정은 반사된 햇볕으로 인해 눈이 부실 정도로 아름답다. 마치 황금잉어의 비늘 같다.

만법귀일전의 전각 모서리에는 잡상이 있다. 그런데 여느 잡상과는 달리 봉황을 탄 신선인 기봉선인이 없다. 아마 청나라 황제가 이곳에서 중요한 종교의식이나 소수민족 지도자들과의 접견 장소로 이용했기 때문에 그들을 존중한다는 의미에서 기봉선인 부조를 세우지 않았다는 생각이 든다. 이미 전술한 바와 같이 기봉선인을 맨 앞에 배치한 이유는, 탐욕은 깊은 골짜기와 같으니 낭떠러지에서 말고삐를 당기지 않으면 분신쇄골이 된다는 것을 경고하고 있기 때문이다.

대홍대 가장 높은 곳에는 겹처마로 지은 육각형 정자인 '자항보도정慈航普渡亭'이 있다. 황금빛 지붕과 섬세한 조각으로 수놓은 추녀마루와 못 하나 사용하지 않고 머름 위에 설치한, 매우 정교하고 섬세하며 뒤틀림 하나 없는 창호는 보는 이로 하여금 감탄사를 자아내게 한다. 참으로 고풍스럽고 아름다운 건축물이다.

처마 밑에는 건륭제의 어필인 자항보도慈航普渡 현판이 걸려 있다. 자항은 대자대비大慈大悲로 중생을 제도한다는 말로서, 자항보도는 "자비의 배를 타고 중생을 널리 구제한다"라는 뜻이다. 다시 말해, 불교에서 불보살佛菩薩의 자비로 중생을 생사의 바다에서 구제하는 것이 마치 배로 사람을 태워서 바다를 건네주는 것과 같다 해 생겨난 글귀

고풍스러운 창호

이다.

정자 안 관세음보살상 위에는 건륭제의 어필인 시대자재示大自在 현판이 걸려 있다. 여기에서 '시대'는 위대함을, '자재'는 자성自性과 같은 뜻으로 "크게 보이려면 어떤 구속과 방해도 없이 자유자재로 와야 한다"라는 뜻이다. 관세음보살 양 옆 글씨도 건륭제가 직접 쓴 친필이라고 한다. 보타종승지묘의 여러 곳을 둘러보는데 입구와 출구 그리고 위층으로 올라가는 계단을 찾지 못해 한참을 헤맬 수가 있으니 출입구를 잘 기억해 두면 편리하다.

허베이성 요리

자항보도정 / 시대자재(示大自在)

허베이성

판첸라마 위한 건축
수미복수지묘(須彌福壽之廟)와
기석 경추봉(磬錘峰)

　　　　　　　청 건륭 45년인 1780년에 창건한 수미복수지묘쉬미푸서우즈먀오는 소수민족 회유정책의 하나로 건설한 외팔묘 중 하나이자 건륭제의 70회 연회에 참석하기 위해 머나먼 티베트에서 1년여에 걸쳐 찾아온 티베트 불교지도자인 판첸라마 6세를 위해 특별히 지은 티베트사원이다.

　그렇기에 일명 '판첸라마 행궁'이라고도 불린다. 수미복수지묘는 당시 청나라와 티베트의 친분관계를 보여주는 중요한 건축물로서 외팔묘 중 가장 나중에 세운 사원으로 티베트 제2의 도시인 시가체 日喀則에 있는 타시룸포扎什倫布 사원을 본떠서 지은 것이다. 타시룸포 사원은 1447년 달라이라마 1세가 창건한 사원으로 역사와 문화적으로 매우 중요하다.

　　조선의 사신들은 수미복수지묘로 가서 판첸라마를 알현하라는

타시룸포 사원

묘고장엄전

건륭제의 명을 받아 판첸라마를 찾아가 친견하게 되는데 이때 연암 선생도 함께했다. 이때가 여정 49일 째인 1780년 8월 11일(음) 오전인데 지금으로부터 230여 년 전의 일이다.

필자가 가장 눈여겨 본 곳은 수미복수지묘의 중심건물인 묘고장엄전妙高蔣嚴殿이다. 판첸라마가 불법을 강연했던 법당이 있는 묘고장엄전은 정사각형의 3층 건물로 지붕은 금으로 도금한 물고기 비늘 모양의 청동기와로 깔았고, 용마루에는 8마리의 금룡이 소각되어 있다. 금으로 도금한 금룡 한 마리의 무게는 물경 1톤에 달한다고 한다. 금룡을 보고 있노라면 생생하게 살아 있는 것처럼 생동감이 넘쳐흐르고 지붕은 금빛으로 반짝인다. 정말이지 황궁에 버금가는 위용을 자랑하는 묘고장엄전이다.

연암 선생은 열하일기 태학유관록太學留館錄에 묘고장엄전을 보고 다음과 같은 글을 남겼다. "문으로 들어가서 기암괴석이 층층이

수미복수지묘 일대 풍광

쌓였는데 그 기이한 솜씨는 귀신의 손에서 나온 것 같다. 옛날 시인들이 이른바 옥으로 만든 계단, 금으로 된 집이라고 표현했던 것이 정말 지금 내가 보고 있는 것과 같은 것인가?"

　조선 사신단 일행이 묘고장엄전에서 판첸라마를 만났을 때의 이야기가 나온다.

　당시 조선은 숭유억불崇儒抑佛 정책을 펴던 시기였기 때문에 처음에는 판첸라마와의 만남 자체를 꺼렸다고 한다. 어떻게 천한 중놈과 만날 수 있냐며 고집을 부렸던 것이다. 그렇지만 황제의 명을 어겼다가는 무슨 일을 당할지 모른다는 판단에 형식적으로 판첸라마를 만났다. 그러나 사신들은 판첸라마에게 절을 해야 할 순서가 오자 절을 못 하겠다며 버텼다. 절을 했는지 아니면 끝까지 절을 하지 않았는지는 열하일기에 기록이 되어있지 않아 알 길이 없지만, 당시에 판첸라마에게 절을 하느냐 마느냐는 조선 사신들의 목숨이 달린 정치적으로 매우 민감한 문제였지 않나 싶다. 건륭제가 조선

경추봉

으로 되돌아가는 사신단에게 아무런 혜택도 주지 않는 것을 보면 끝까지 절을 하지 않은 것 같다. 내용은 이렇다.

"사신은 비록 억지로 나아가 반선班禪·판첸라마을 보았으나 마음속으로는 불평을 품었으며, 당번 역관도 오히려 일이 날까봐 급급히 미봉彌縫하는 것을 다행으로 알았고, 하인들은 모두 마음속으로 번승番僧과 황제를 욕하고 비방했다."

해발 554m의 봉추산棒箠山에는 59.42m 높이의 기석이 한개 서 있는데 경추봉칭추이펑이다.

경추봉은 강희제가 하사한 이름으로 생김새가 빨랫방망이와 같다 해 옛날에는 방망이산으로 불렸다.

중국인들은 모양이 기묘하게 생긴 돌기둥을 보고 옥황상제의 엄지손가락이라 했다.

필자도 연암 선생의 발자취를 따라 열하(청더)를 여행하면서 많은 것을 보고 느꼈지만, 연암 선생도 238년 전, 열하를 여행하면서 "내 평생 기이하고 괴상한 볼거리를 열하에 있을 때보다 더 많이 본적은 없었다.(平生詭異之觀無逾在熱河時평생궤이지관무유재열하시)"라고 열하일기 만국진공기후지萬國進貢記後識에 남겼다.

> **TIP**
>
> 좋은 사진을 찍기 위해서는 일행보다 한발 앞서 가야한다.
> 스트로보stroboscope (카메라촬영 시, 광량부족을 보완하기 위해 셔터와 동시에 빛을 내는 강한 광원) 를 이용한 사진촬영이 금지된 곳은 고감도 촬영으로 문화재에 피해를 주어서는 안 된다.

명시대 대표 세계문화유산 장성
금산령장성(金山嶺長城)

　　　　　　　　　　우리가 일반적으로 만리장성하면 먼저 베이징 예칭셴延慶縣(연경현)에 있는 팔달령장성八達嶺長城·빠다링창청을 떠올린다.

　사실 만리장성의 한 구간에 속한 팔달령장성은 관광객들이 가장 많이 찾은 명소로서 세계에서도 이름난 중화민족의 자존심이자 자랑이며 세계문화유산이다. 그렇지만 장성의 길이가 가장 길고 원형이 잘 보존되어 있어 장성의 대표성을 띠고 있는 곳이 바로 이곳 허베이성에 있는 만리장성 구간이다. 그중에서도 허베이성 롼핑셴灤平縣(란평현)과 베이징 이윈취密雲區(밀운구)의 접경지역에 자리 잡고 있는 금산령장성찐샨링창청 구간을 최고로 손꼽는다. 1987년 세계문화유산에 등재된 금산령장성은 만리장성 구간 중 가장 아름답기로 이름난 곳인 사마대장성司馬台長城·쓰마타이창청 북쪽 끝과도 연결되어 있다.

　만리장성 중 물경 2,000km에 달하는 장성이 이곳 허베이성에 있고 금산령장성의 길이만 해도 91km에 달하며 베이징, 톈진, 랴

사마대 장성

오닝, 몽골 등과 경계를 이룬다.

　팔달령장성은 이미 수많은 관광객들의 손때가 묻고 발에 밟히고 훼손되어 잦은 개축으로 인해 거의 원형을 찾아볼 수 없지만, 금산령장성은 명나라 때 세운 원형 그대로 보존되어 있는 곳이 많고 만리장성 전 구간을 통해 가장 험하고 마치 거대한 용이 꿈틀거리는 형상의 웅장한 모습을 간직하고 있다. 만리장성 구간 중 가장 아름다운 자연경관과 옛 장성의 흔적 그대로 보기를 원하면 금산령장성에 오를 것을 권한다.

금산령장성 이모저모

石锅鱼 香炸鱼排 金饼
毛肚
葱香银鳕鱼 水燈
秘制羊排 刺身拼盘

허베이성 요리 열전

에필로그

　중국에는 '不到長城非好漢부도장성비호한'이란 말이 있다. "만리장성에 오르지 않으면 진정한 사나이라 할 수 없다"라는 뜻이다.

　이 말은 베이징에 있는 팔달령장성이 아니라 허베이성에 있는 금산령장성을 두고 한 말이란 생각이 든다. 중화민족의 자존심이자 중국의 상징인 만리장성은 거대한 용이다. 잠자고 있는 용이 아니다.

　1978년 덩샤오핑이 실용주의 노선에 입각해 과감한 개혁개방정책을 단행한 후 서서히 꿈틀거리기 시작한 용이 이젠 점점 더 세차게 포효하는 거대한 용으로 변하고 있다. 움직임에 가속도가 붙어 불을 뿜기 시작했다. 참으로 비약적인 발전을 하고 있는 중국이다.

　용의 꼬리가 아니라 용의 머리가 있는 허베이성, 연암 박지원 선생이 쓴 열하일기를 통해 우리에게 좀 더 가까이 다가선 허베이성, 이곳 허베이성에서부터 잠에서 깨어난 용이 서서히 꿈틀거리기 시작해 중국 전 대륙을 일깨우고 있다.

진시황 군단 병마용갱

Chapter 3

中國歷史縮影·
中國文化寶庫

중국역사축영·중국문화보고

중국역사·문화·문명의 고도

시안 西安 · 서안

시안 개요

진나라 수도였던 시안은 황토 고원 위에 자리 잡고 있으며 황허의 최대 지류가 흐르는 도시이다. 중국에는 중국 역사와 관련해 다음과 같은 말이 전해진다.

100년의 중국역사를 보려면 상하이一百年歷史看上海(일백년역사간상해)를, 1,000년의 역사를 보려면 베이징一千年歷史看北京(일천년역사간북경)을, 3,000년의 역사를 보려면 시안三千年歷史看西安(삼천년역사간서안)을 그리고 5,000년의 역사를 보려면 허난五千年歷史看河南(오천년역사간하남)을 가봐야 한다는 말이다.

산시성陝西省(섬서성)의 성도省都인 시안은 3,000여 년의 깊은 역사를 간직하고 있는 고도로서 아테네, 로마, 카이로와 함께 세계 4대 고도로 손꼽는 곳이기도 하다.

시안은 우리에게는 과거 실크로드의 출발점인 창안長安(장안)으로 더 널리 알려져 있다. 창안은 한고조漢高祖 유방劉邦이 '길이길이 안정되라'는 뜻으로 이름을 지었으나 600여 년 전, 당나라 황제가 난징南京(남경)으로 도읍지를 옮기면서 '서북지역에 안정을 가져오라'는 뜻인 시안으로 지명을 바꿨다.

시안은 기원전 11세기, 수도를 시안에서 뤄양洛陽(낙양)으로 옮기

시안 역 전경

기 전의 주나라인 서주가 이곳에 도읍지를 정한 후 진→한→수→당 나라 등을 지나면서 1,100여 년 동안이나 정치·경제·문화의 중심 도시로서 유구한 역사와 전통이 살아 숨 쉬고 있는, 중화민족의 발원지 중 한곳이자 고대 문화의 보고이다. 한마디로 시안 시대에는 중국의 르네상스였다.

　우리나라 면적의 50배에 달하는 거대한 중국의 지도를 보면 닭 모양이다. 닭의 중심부에 있는 곳이 산시성이다. 우리나라 크기와 비슷한 면적이다. 그리고 닭의 심장 부위에 해당하는 곳이 시안이다. 시안은 이렇듯 내륙지방에 자리 잡고 있어서 여름에는 몹시 무덥다.

  시안에는 수많은 유적지와 관광자원이 산재해 있다. 중국 정부에서 공식 지정한 2,944개의 문물지점, 282개의 중점문물보호단위, 41개의 국가급 중점문물보호단위, 65개의 성급 중점문물보호단위가 있으나 발굴이 계속되고 있어서 앞으로도 계속 늘어날 전망이다.

  시안에서 가장 찬란하면서도 유명한 문화유적으로는 명대 성곽을 비롯해 진시황릉과 병마용갱 그리고 당나라 현종과 양귀비가 사랑을 나눴던 화청지와 비석들이 숲을 이루고 있는 비림박물관 그리고 한양릉지하박물관 등이다.

  중국 대륙 한복판에 자리 잡고 있으면서 중국에서 가장 오래된 도시이자 중국 역사의 축영이자 중국문화의 요람인 시안으로 가는 항공편은 매일 있다. 이륙 후 3시간이면 시안셴양西安咸陽(서안함양)국제공항에 안착한다. 공항이 셴양에 자리 잡고 있어서 시안과 셴양 두 개의 도시 이름을 따서 지은 공항이다.

  셴양은 중국을 최초로 통일한 진시황이 나라를 세우고 도읍지로 정한 곳으로 유명하다. 공항에서 시안 시내까지는 약 40km쯤 떨어져 있다. 달리는 버스의 차창 밖으로는 광활한 평야 지대가 펼쳐진다. 관중평원關中平原·관중핑위엔이다. "관중평원을 얻은 자가 천하를 얻는다"라는 말이 있듯이, 중국의 수많은 황제들이 이곳을 도읍지로 정했는데, 이 지역에는 밀·옥수수·감자 등 먹을 것이 풍부했기 때문이다.

  공항 근처에는 한漢나라 황제의 무덤만 9개가 있다. 이중 공항을 건설하면서 우연히 발견한 한경제漢景帝의 무덤은 중국에서도 처

음이자 유일한 지하박물관으로 개발했다. 옛날 중국에서는 황제의 무덤을 능陵이라 불렀기 때문에 능이라 지칭해야 옳겠지만 독자들의 보편적 이해를 돕기 위해 문맥에 따라 이하 '무덤' 또는 '능'이라 지칭하기로 한다.

이곳 시안에서는 모두 73명의 황제가 살았다. 그러나 무덤은 72개이다. 그 이유는 당나라 황제였던 측천무후와 그의 남편인 고종의 무덤을 합장했기 때문이다. 두 황제의 합장 무덤은 중국에서도 유일하다. 72개의 무덤 중 가장 큰 것은 진시황릉으로 아직 발굴하지 않아 큰 야산으로 남아 있으며 오직 한경제의 무덤만을 발굴했을 뿐이다.

중국의 역대 황제 무덤에 대한 정책은 '개발이 아닌 보호가 우선'이다. 한건주의에 사로잡혀 서로 경쟁적으로 파헤치는 우리의 현실에 비춰볼 때 느끼는 바가 크다. 물론 여기에서 '보호'라고 하는 것은 아직 기술적인 문제로 발굴을 미루고 있다는 말도 내포한다.

시안 시내로 들어서면 시안은 고도라는 이미지를 그대로 살려내면서도 현대화된 도시로 발전하고 있음은 물론 관광도시·교육도시·공업도시로 힘찬 도약을 하고 있다는 느낌을 받는다. 대학교가 43개나 있다. 시안은 비약적인 발전에 발전을 거듭하고 있다. 수많은 빌딩이 들어서고 건물은 계속 신축 중이며 도로는 말끔히 단장

치샨사오즈미엔岐山臊子面(기산조자면) / 진시앤요우타金綫油塔(금선유탑)

되었다.

시안에 도착해서 처음으로 찾은 식당은 신문호식댁新文豪食宅이다. 시안 사람들이 즐겨먹는 요리로 가득하다. 식당 입구에는 "깊은 정을 담은 새로운 반찬"이란 뜻의 情沈菜新정심채신과 "사람의 정은 백년이 지나도 변치 않는다"라는 뜻인 人情百年不變인정백년불변이라 쓴 글씨가 중국인들의 상술에 앞서 진심이 담긴 프로정신에 감복하지 않을 수가 없다. 이뿐만이 아니다.

주변 상점 입구에는 붉은 색으로 쓴 禮義廉恥예의염치가 새겨진 간판이 눈에 띈다. 이 글은 춘추시대 제나라의 왕 환공桓公 때 제상이었던 관중管仲·관종(이름은 管夷吾)이 쓴 관자管子에 나오는 말을 인용한 것으로 사람이 가져야할 4가지 기본 덕행을 이르는 말이다. 이를 4유四維라고 한다. 즉 사람은 예를 알고 사양할 줄 아는 어진 마음을 가져야 하며, 상인에게도 의가 있어 옳은 일을 행해야 하며, 청렴함으로 돈 앞에서 당당하고 깨끗해야 하며, 모름지기 사람은 부끄러워할 줄 알아야 하고 부끄러움을 모르면 사람이 아니라는 뜻이다.

　요즘의 세태를 가리켜 예의도 없고 염치도 없으며, 부끄러움이 없이 남의 것을 탐하고 사악한 행동이 난무한다고 한다.

　전국시대에 관중이 말한 예의염치의 가치가 2천여 년이 지난 오늘날에도 더더욱 우리 가슴속 깊이 다가온다. 아주 친한 친구 사이의 사귐을 이르는 말인 '관포지교管鮑之交' 고사성어도 관중과 포숙아의 우정이 아주 돈독했다는 고사에서 유래한다.

중국에는 현지 발음으로 표기할 때 둘 다 '산시성'이 되는 지역이 있다. 동쪽의 산시성山西省(산서성)과 서쪽의 산시성陝西省(섬서성)이다. '山西省'은 1성이고 '陝西省'은 3성이기 때문에 중국인들은 쉽게 발음하고 구분할 수 있으나 외국인들은 구분하기가 여간 힘든 게 아니다.

'당삼채' 명성 시안박물원(西安博物院), 중국 최고 박물관 회자 산시역사박물관(陝西歷史博物館)

    신문호식댁에서 시안 사람들이 즐겨 먹는 요리로 늦은 점심 식사한 후 시안박물원으로 갔다.
    2007년 5월 18일 개장한 시안박물원은 시안 남문 밖 우의서로友誼西路에 자리 잡고 있으며, 건축면적 16,000㎡에 13만 여점의 수장유물 중 14,400여 점이 국가 3급 이상의 진귀한 유물이다.
    시안박물원에는 이 지역에서 출토된 청동기·옥기·금은기·자기·도기·석각 조상 등 여러 종류의 유물이 전시되어 있다. 특히 눈길을 끈 것은 당삼채唐三彩·탕싼차이이다.

시안박물원 외관

(상)당삼채 / (중,하)삼채여립용

당삼채란 '당나라 때 사용한 3가지 색'이란 뜻으로 당대에 도기를 만들 때 여러 종류의 금속산화물, 즉 철(Fe), 구리(Cu), 망간(Mn), 코발트(Co) 등을 첨가해(이를 '유약'이라고 함) 굽기를 반복하면 각 금속산화물이 지니는 고유의 색인 녹색·황색·남색의 빛깔이 흘러내리면서 아름답게 채색된 도기가 만들어진다.

당삼채는 주로 무덤에 넣는 그릇으로 많이 사용했지만, 이후 중국 도자기 발전에 지대한 영향을 끼쳤다. 특히 눈길을 끈 것은 시안 서쪽 교외에 있는 중보촌中堡村 당묘唐墓에서 출토된 삼채여립용三彩女立俑과 삼채재락타용三彩載樂駝俑 그리고 삼채호인견마용여마三彩胡人牽馬俑與馬이며, 금나라(1115~1234년) 때 유물로 황릉현에서 출도된 백유흑화와미인침白釉黑花臥美人枕은 웃음을 자아내게 한다. 전혀 미인으로 보이지 않을 뿐만이 아니라 이런 베개를 베고 자면 어떤 느낌일까가 궁금하다. 지하 1층에는 주·진·한·당·송·명·청나라의 옛 도성을 재현해 놓았다.

중국 제일의 현대식 박물관으로 '古都明

(상)삼채재락타용
(중)삼채호인견마용여마
(하)백유흑화와미인침

珠·華夏寶庫고도명주·화하보고'라 일컫는 산시역사박물관은 대안탑의 서북쪽인 안탑구 소채동로 91호에 자리 잡은 '국가일급박물관'이다. 박물관 내에는 상주商周시대 청동기 정품을 비롯해 역대 도용과 한당漢唐 시대 금은기, 당묘唐墓 벽화 등 170여만 점의 유물을 소장하고 있다.

전시유물은 청동기 제품 3,900여 점, 당대 벽화 400여 폭, 역대 도용 2,000여 개, 역대 도자기 5,000여 점, 금은 옥기 2,000여 점, 역대 화폐 1만여 개인데 번갈아 가며 전시하고 있다. 주로 신석기시대부터 청대에 이르기까지 산시성 일대에서 출토된 유물인데, 시안은 수 세기에 거쳐 가장 많은 왕조가 수도로 삼았던 만큼 국보급 문화재 또한 매우 풍성하고 다양하다.

제1전시실에는 신석기시대부터 주나라와 춘추전국 시대의 유물을 전시하고 있다.

그중 가장 중요한 유물은 신석기시대 황허를 중심으로 존속했던 양사오 문화를 대표하는 '인면어문분人面鱼纹盆'이다. 이 채도彩陶 유물은 1955년 시안시 반파半坡 지역에서 출토되었는데, 대야처럼 생긴 주황색 도기로 사람 얼굴을 한 물고기가 그려져 있다.

산시역사박물관 외관

    제2전시실에서 가장 눈에 띄는 유물은 1957년 산시성 신목현神木縣 납림고토촌納林高兔村에서 출토된 '금괴수金怪獸'이다. 길이 11cm, 높이 11.5cm, 무게 160g인 금괴수는 그 생김새가 특이해서 가장 많은 관람객의 발길이 머문다. 매의 부리, 말의 몸, 전갈의 꼬리가 달린 생김새가 신비롭다.

    제3전시실에는 주로 당삼채가 전시되어 있다.

    주요 유물로는, 1959년 시안시 서교우보촌西郊牛堡村 당묘唐墓에서 출토된 58cm 높이의 삼채재락타三彩載樂駝, 1970년 10월 시안시 하가촌何家村에서 출토된 관고罐高 24.2cm, 구경 12.4cm, 밑바닥 지름 14.3cm, 중량 1,789g에 달하는 유금앵무문제량은관鎏金鸚鵡紋提梁銀罐, 1968년 산시성 빈현彬縣에서 출토된 높이 18.3cm, 복경 14.3cm 크기의 청유제량도주자호 青釉提梁倒注瓷壺 그리고 당·쌍사문금당唐·雙獅紋金鐺 등이 있다.

인면어문분 / 금괴수

(시계방향) 삼채재락타 / 유금앵무문제량은관 / 당·쌍사문금당 / 청유제량도주자호

지하에 있는 특별전시관에는 이 박물관에서 최고의 유물로 손꼽히는 '양금수수마노배鑲金獸首瑪瑙杯'가 있다.

1970년 시안시 하가촌에서 출토된 양금수수마노배는 높이 6.5cm, 길이 15.6cm, 구경 5.9cm의 크기이며 옥으로 만든 당나라 때의 주기, 즉 술그릇이다. 마노瑪瑙를 아게이트Agate라고 하는데 모스 경도가 6.5~7로 매우 단단하며 준보석의 실리카 광물이다.

현재까지 발견된 유물 중 같은 재료로 만들어진 것은 단 한 점도 없기에 보존을 위해 해외 전시를 나가는 것조차 금하고 있다 한다.

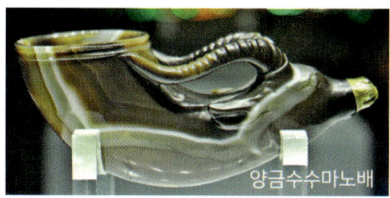
양금수수마노배

사실 양금수수마노배는 당나라 때의 것으로 추정되지만 중국에서 만든 것인지 아니면 서역에서 만들어 당나라로 들어왔는지 그 여부에 대해서는 고고학자들 간에 의견이 분분하다고 한다. 특별전시관을 관람하기 위해서는 별도로 20위안을 내야 한다.

시안 요리

> **TIP**
>
> ◈ 산시역사박물관의 관람료는 무료지만 하루 4,000명으로 제한하기 때문에 경쟁이 치열하다. 오전부터 14:00까지는 2,500명, 오후에는 1,500명에게만 입장권을 발부한다. 입장권을 나눠 줄 때 신분증 검사를 하므로 여권을 꼭 챙겨야 한다.
> ◈ 중국에서는 모든 박물관 입장료는 무료이다. 유적지 관람료는 만70세 이상은 무료이고 60~69세까지는 반값이다. 그리고 어린이의 신장이 1.2m 이하면 무료이다. 꼭 여권을 소지해서 혜택을 받도록 하자.

인도 반출 불경 보관하고자 세운 꼭지 없는 소안탑(小雁塔)

시안박물원 내에 있는 유물을 신속히 관람하고 40℃를 웃도는 온도와 따가운 햇볕을 받으며 시안박물원 바로 옆에 있는 소안탑으로 내달았다.

소안탑샤오옌타을 일명 '천복사탑'이라고도 불리는데, 중국 당나라 때 장안 성내의 천복사荐福寺·젠푸쓰 경내에 건립한 벽돌 탑이다. 소안탑은 대안탑에 비해 높이가 조금 낮다 해서 붙여진 이름이다.

소안탑이 맨 처음 건립된 것은 당 경룡景龍 원년인 707년으로 탑을 세우게 된 동기는 A.D. 707년, 당나라 의정義淨·635~713년 스님이 인도에서 가져온 불경을 모시기 위해서였다. 의정 스님의 속세 성은 장씨로 허베이성 줘저우涿州(탁주) 출신이다. 14세에 출가한 후 673년 2월 인도로 건너가서 날란다 사원에서 11년 동안 유학을 한다. 유학하는 동안 인도 각지는 물론 30여 개국을 여행한다. 무측천 원년인 695년 장안(지금의 시안)으로 귀국하면서 사리 300여 개와 산스크리트어로 쓰인 경전 400여 부를 가지고 돌아왔다.

의정 스님은 천복사에 머물며 불경번역작업에 몰두했는데 모두 56부 230권을 번역했다고 알려져 있다.

다음 글은 의정 스님이 유학했던 날란다 대학에 대한 설명이다.

"비하르 주의 파트나에서 남동쪽으로 약 88㎞쯤 가면 세계최초의 대학 중 하나였던 '날란다Nalanda불교대학 유적지'가 있다. 가로 10㎞, 세로 5㎞ 규모의 크기인데, 현장법사가 쓴 대당서역기에 의하면 전 세계에서 모여든 10,000여 명의 학생과 1,500여 명의 교수가 있었다고 한다. 1199년 이슬람교도들의 침입으로 인해 많은 학생과 스님들이 살해당하고 대학이 불태워졌는데 6개월 동안이나 불길이 꺼지지 않았다고 전해진다.

이후 폐허가 되면서 수백 년 동안 방치되어 있었는데 1861년 영국인 커닝엄A. Cunning ham에 의해 유적지가 발견되면서 발굴 작업은 현재도 계속 진행 중임과 동시에 800여 년 만에 다시 개교했다고 한다." [김종원 지음, 인도·라다크 문화유적답사기 39쪽 참조]

소안탑에는 탑 꼭지가 없다. 그 이유는, 원래는 15층, 50m 높이의 탑이었으나 당말 전란으로 인해 여러 번 훼손당했을 뿐만이 아니라 이 지역에서 발생한 수 십 차례의 크고 작은 지진, 특히 명 헌종 말년인 1487년 시안지역에 발생한 지진으로 인해 소안탑 탑신이 갈라졌고, 명 세종 34년인 1556년 산시성 화현華縣 대지진으로 인해 탑 정상 부분이 파괴되었다. 이렇게 지진으로 인해 탑이 양쪽

으로 갈라졌다 붙었다 하는 것을 반복함으로써(중국인들은 이를 일러 '小雁塔曾三裂三合惊世奇現 소안탑증삼열삼합량세기현'이라 함) 탑 꼭지가 없어졌기 때문이며, 소안탑을 복원하면서 원 상태로 복원하지 않고 지진 후 탑 꼭지가 없어진 상태 그대로 복원했기 때문이다. 지금은 13층, 43.3m의 높이이다. 오늘날에는 소안탑을 '당대 불교건축예술의 보고'라 일컫는다.

소안탑

천복사는 당 태종의 딸 양성 공주의 고택이었다고 한다. 그런데 A.D. 683년에 사망한 당 고종의 백일을 맞아 극락왕생을 기원하며

소안탑 주변 전경

(시계방향) 금대철종 / 안탑신종 / 안탑신종 누각

황실에서 '헌복사獻福寺'라는 이름의 사당으로 꾸몄다가 A.D. 690년 '천복사'로 개칭하면서 불교사원이 되었다.

   천복사 경내에는 명대 종루鐘樓가 있다. 종루에는 안탑신종雁塔晨鐘·옌타천중이라 쓴 현판이 있고 종루 앞옆에는 크고 작은 중국의 전통 종이 매달려 있다. 안탑신종을 청나라 때는 매일 아침 타종을 했는데 종소리가 어찌나 맑고 그윽하던지 수십 리까지 울려 퍼졌다고 한다. 건물 안에는 철종이 있다. 금대 명창金代明昌 3년인 1192년에 주조한 종으로 금나라 때 만든 종이라 해 '금대철종金代鐵鐘'이라 불린다. 종의 높이 3.55m, 구경 2.45m이고 무게는 약 8,000kg에 달한다.

시안 요리

　이곳 천복사는 왕오천축국전往五天竺國傳을 저술한 신라 승 혜초慧超가 남인도, 스리랑카, 우즈베키스탄, 아프가니스탄 등 40여 개국을 여행하고 돌아와서 잠시 머물렀다고 전해지는 곳이다.

TIP

　시안박물관 내에 있는 소안탑과 천복사는 언제든지 관람할 수 있으며 개장시간은 09:00~16:00까지이다. 매일 관람객을 3,000명으로 제한하며 관람료는 무료이다.

현장스님이 불교 경전 번역 후 보관하고자 세운 대안탑(大雁塔)

시안 남쪽교외, 시내에서 6km쯤 떨어진 곳에 대안탑따옌타이 있다. 당대자은사유지공원唐代慈恩寺遺址公園이 있는 곳이다.

공원 안으로 들어서면 수목이 우거져 있다. 수목 사이로 난 산책길을 따라 걸으면 삼장법사와 대안탑 건축과정에 관련한 조형물이 고풍스럽게 조각되어 있다. 동산 기슭에는 돌로 조각한 소림사 동자승들의 모습이 어찌나 코믹한 지 웃음을 자아내게 한다.

시안에서 가장 높은 탑인 대안탑은 높이 64m의 7층 탑으로 위로 올라갈수록 폭이 좁아지는 전탑塼塔(벽돌을 쌓아 만든 탑) 양식이다.

대안탑은 시안을 상징하는 대표적인 탑으로 서유기에 나오는 현장 스님과 매우 인연이 깊은 곳이다. 현장 스님은 인도에서 산스크리트로 된 많은 불교 경전을 가지고 중국으로 돌아와 이곳에서 12년 동안 자국어로 번역한 당나라 고승이다. 중국에서는 서역과 인도에서 불교 경전을 들여와서 한자로 번역하는 스님을 이르는 말이 삼장법사이다. 삼장이란 불교의 경전, 즉 경장經藏·율장律藏·

현장 스님 동상과 대안탑 / 대안탑

논장論藏에 통달한 스님으로 그 대표적인 스님이 바로 우리에게는 삼장법사로 잘 알려진 현장 스님이다.

645년, 현장 스님이 인도에서 가져온 1,335권의 불경을 번역하고 보관하기 위해 652년 당 고종의 명에 의해 대안탑을 세웠다. 처음에는 붉은 기와와 석회에 흙을 반죽해 5층 높이로 축조했으나 이후 7층으로 재건했다가 다시 당 태종이 짝수인 10층으로 높였다.

그러나 대안탑도 지진의 여파를 피해 갈 수는 없었다. 시안 일대에서 발생한 몇 차례의 대지진으로 인해 탑 꼭대기가 무너지고 탑신에 균열이 생기는 등 피해가 컸다. 명 만력 32년인 1604년 제5차 보수를 통해 지금에 이르는데, 정확한 대안탑의 높이는 64.517m이며, 밑바닥 한 변의 길이가 25.5m이다.

대안탑에서 내려다본 시안 시가지 풍광

　대안탑 내부에는 284개의 나선형 계단이 있어 7층 맨 위까지 올라갈 수가 있다. 각층에는 아치형 창이 나 있어 시안 시내를 한눈에 내려다볼 수 있다. 중국인들 사이에는 대안탑을 1층만 올라가도 1년을 더 오래 살 수 있다는 오랜 속설 때문에 늘 대안탑을 오르려는 사람들로 북적인다. 7층 꼭대기까지 올라가면 자기 수명에 7년을 더해 살 수 있다고 한다.

　중국에는 대안탑과 관련해 안탑제명雁塔題名이란 고사성어가 있다. 이 말은 "과거에 합격해 출세하는 것"을 의미하는 말로 당나라 때는 과거에 합격해 진사가 된 사람들이 대안탑에 와서 기념으로 자기 이름을 새겨 넣은 것이 관례처럼 되었다.

　탑 앞에는 당나라 때부터 청나라에 이르기까지 1,000여 년 동안

안탑제명기

산시성에서 과거에 합격한 사람들의 이름을 새긴 석각이 남아 있다.

대안탑을 지나 안으로 들어서면 대자은사大慈恩寺 현판이 눈에 띈다. 장쩌민 주석의 친필이다. 자은사慈恩寺·츠언쓰는 수나라 개황9년인 589년에 세웠는데 당시에는 '무누사無漏寺·우러우쓰'로 불렸다. 지금의 건물은 당나라 진관22년인 648년에 당나라 3대 황제인 고종 이치가 태자로 있을 때 죽은 그의 어머니 문덕 황후를 기리기 위해 지은 사찰이다. 어머니의 자애로운 흔적을 잊을 수 없어 보은하기 위해 지은 사찰이기 때문에 '자은사'라 명명했다고 전해진다. 그러고 보면 중국이나 우리나라 모두 정치의 근간은 충효 사상에 있었음을 알 수 있다.

대웅보전 안에는 역대 주지 스님들의 위패가 모셔져 있고, 법당 안에는 현장 스님의 애제자였던 규기窺基스님과 신라 승으로 알려져 있는 원측圓測스님의 초상화가 있다. 규기 스님과 원측 스님은 인도에서 가져온 불교 경전을 해석하는 데 중요한 역할을 한 스님으로 서유기에서 삼장법사와 함께 나오는 사오정과 저팔계로 회자 되었던 인물이기도 하다.

(시계방향) 현장 스님 / 대자은사 현판 / 대웅보전 불상 / 시안 요리

대자은사 입구와 경내 이모저모

아시아 최대 음악분수광장
북광장(北廣場)

당대자은사유지공원에서 북광장으로 이어지는 길에는 많은 청동상이 있다.

당나라 때의 사회 모습을 표현한 작품들이다. 6현 비파와 횡적橫笛 등의 악기를 불고 있는 호인胡人·만주사람들의 모습에서부터 민간 한의사가 노인 환자를 진맥하며 치료하는 장면, 부모를 공경하고 경로사상을 고취하기 위한 작품으로 자식들이 나이든 부모께

호인들의 악기연주 / 환자 진맥 / 중화미덕

북광장의 분수 쇼 / 북광장과 대안탑

절을 올리는 장면 등이 조각되어 있는데 '중화미덕中華美德'이라 소개하고 있다.

　청동상을 구경하며 길을 걷다 보면 북광장베이광창이 나온다. 2003년에 5억 위안을 들여 건설한 북광장은 대안탑 북쪽에 자리 잡고 있기에 붙여진 이름으로, 동서 너비가 480m, 남북 길이가 450m, 면적이 168,008㎡로 아시아에서 가장 큰 음악분수광장이 있는 곳이다.

　요한 슈트라우스의 왈츠곡에 맞춰 시원한 물줄기가 춤을 추며 내뿜는 분수 쇼는 경쾌한 음악과 함께 잠시 더위를 잊게 해준다. 물줄기 사이로 우산을 받쳐 든 연인들과 시원한 물줄기를 옷을 입은 채 맞으며 폭염을 이겨내는 사람들도 있다. 밤이 되면 이곳 북광장에서는 채색 분수가 음악의 율동에 맞춰 너울너울 춤을 추며 오색찬란한 환상적인 장면이 연출되는데 바로 장안몽長安夢이다.

> **TIP**
>
> ① 여름철, 중국을 여행할 때는 TV에서 방영하는 일기예보에 귀를 기울이되 기온은 믿지 말라. 근로 규정에 40℃를 넘으면 전면 휴업하도록 법으로 제정되어 있다. 그렇기에 40℃가 넘더라도 38~39℃로 방송한다. 필자가 여행하는 내내 40℃를 웃돌았지만 한 번도 40℃가 넘었다고 방송한 것은 듣질 못했다.
> ② 북광장에는 아시아 최대의 음악 분수가 설치되어 있어 밤에는 화려한 조명과 함께 분수 쇼가 연출된다. 이를 보기 위해 수많은 사람이 모여든다. 혼잡한 틈을 노려 소매치기가 기승을 부리니 소지품 관리에 조심 또 조심하자.

북광장과 대안탑 야경

'아방궁'에 필적, 당(唐) 궁궐 모방한
대당부용원(大唐芙蓉園)

진나라 때 시안에는 상상을 초월할 정도로 크고 화려한 두 개의 궁전이 있었다. 바로 '아방궁'과 '대당부용원'이다.

오늘날에는 '아주 호화로운 집'을 비유하는 말로 쓰이는 아방궁阿房宮·아팡궁은 진나라 시황제가 시안 서쪽 아방촌에 자신의 권력을 과시하기 위해 세웠으나 전쟁으로 소실되고 현재의 건축물은 당시 진나라 궁궐을 모방해서 새로 지었다.

다른 하나는 우리에게 잘 알려지지 않았으나 중국 최초의 대형 황가원림皇家园林으로 당나라 궁궐을 모방해서 지은 대당부용원 다탕푸룽위안이 있다.

중국인들이 '국인진감·세계경기國人震撼·世界驚奇(인민을 감동시키고 세계를 놀라게 한다는 뜻)'라 일컫는 대당부용원은 수천 년 고도 시안 남쪽에 있는 유원지인 곡강지曲江池·취쨩츠에 있다.

곡강지의 곳곳에는 연꽃이 활짝 피어 있어 연꽃 '芙', 연꽃 '蓉'자를 써서 부용원이라 이름 지었다. 2002년, 당 현종의 궁원이던 부용원 자리에 총면적 66ha(약 20만평)에 그중 호수가 20ha(약 6만

대당부용원 입구과 물에 반영된 모습

대당부용원과 아크릴 조각 / 옥새

평)의 대규모 정원형 테마파크를 조성해 2005년 4월 11일 개장했다. 13억 위안(약 2,200억 원)을 들여 조성한 부용원 안에는 호텔, 식당은 물론 12개 관람관과 시각, 청각, 후각, 미각, 촉각 등 오감을 만족시킬 수 있는 다채로운 구성으로 중국 서북지역에서도 손꼽히는 테마공원이다. 주요 볼거리로는 자운루紫云樓·쯔윈러우, 사녀관仕女館·스뉘관, 어연궁御宴宮·위옌궁, 방림원芳林苑·팡린위안 등이 있다.

입구에 들어서면 어원문御苑門이 나온다. 어원문 앞에는 '人唐芙蓉園'이라 쓴 커다란 글씨가 바닥에 고인 물에 반영되어 멋을 더하고, 판 아크릴유리에 색유리를 오려 붙인 조각은 당 현종과 양귀비가 되살아난 듯 색채가 풍부하고 화려하다.

사자춤을 추며 관람객을 반기는 가운데 좀 더 안으로 들어서면 '大唐芙蓉'이라 새긴 금빛 찬란한 금보金寶, 즉 옥새가 있다. 어마어마한 크기이다. 중간중간에 물이 고여 있는 어원문 주변에는 은 백색의 폭포가 있는 은교비폭銀橋飛瀑과 당나라 때의 시를 암석에 새겨놓은 당시협唐詩峽이 눈길을 끈다.

  2011년 1월 17일, 국가AAAAA급 풍경구로 지정된 대당부용원의 개방시간은 9:00~21:00까지이다. 봄과 여름철이 관람하기 좋으며 관람료는 성수기에는 120위안, 비수기에는 90위안으로 관람하려면 2~3시간이 걸린다.

당나라 시절 태평성세 노래한
몽회대당(夢回大唐)

봉명구천극원에서 공연하는 몽회대당멍후이다탕도 볼만하다.

'몽회대당'이란 "대당으로 돌아가는 꿈", 즉 "대 당나라를 다시 한번 꿈에서 되돌아본다"라는 뜻으로 당나라 전성기 때의 여러 궁중 모습과 태평성세를 재현한 당나라풍의 대형 시락무극大型詩樂舞劇이다. 요즘 많은 중국인이 대당, 즉 장안 시대로 되돌아가고 싶은 꿈에 심취되어 있다고 한다.

작품은 총 7막으로 구성되어 있는데, 시적 정취가 깃는, 대 낭나라의 태평성세를 잘 표현하고 있을 뿐만이 아니라 당 현종의 마음을 사로잡아 양귀비로 불렸던 여인 양옥환의 삶과 사랑을 노래한 극적인 장면들이 연출된다.

서막은 유원경몽游園驚夢으로 화

몽회대당 공연포스터

몽회대당 공연장면 이모저모

려한 의상을 입은 무희들의 춤과 함께 시작되며 관객들로 하여금 시간을 거슬러 올라가 당나라가 가장 번성했던 시절로 되돌아간다.

제1막은 몽환예상夢幻霓裳이다. '환상적이고 무지갯빛처럼 아름다운 의상'이란 내용으로 화려한 의상을 차려입는 선녀들이 아름다운 음악과 조명에 맞춰 당 현종과 양귀비가 직접 창작한 예상우의무霓裳羽衣舞를 춘다. 이 춤은 당나라 문화를 대표하는 춤이다.

제2막은 몽요진왕夢邀秦王으로 "꿈에서 진왕을 만난다"는 이야기다. 전투하는 장면에서는 전고戰鼓·쟝구(전투할 때 치는 북)가 힘차게 울리는 가운데 무장한 모든 병사들이 무기와 방패를 휘두르며 불패를 자랑하는 당나라 군대의 군위軍威를 재현한다. 진왕은 당 태종 이세민이 황제가 되기 전 관리의 등급을 말한다.

제3막은 몽욕화청夢浴華清이다. "꿈속에 화청지에서 목욕한다"는 내용으로 양귀비가 화청지에서 목욕하고 당 현종과 춤을 추면서 둘의 깊은 사랑을 표현한다. 양귀비가 화청지에서 목욕하는 장면은 미인과 관련해 중국에서 가장 유명한 이야기로서 후대사람들은 이에 대해서 수많은 시詩와 말辭과 연극을 창작해 냈다.

제4막인 몽영서역夢榮西域은 "꿈에서 서역을 유람한다"는 내용이다. 당나라 때 여러 지역에 사는 소수민족들의 대표적 악기연주와 무용으로 당시 다원화된 문화를 포용하고 천하 태평성세였던 당나라의 번영을 재현한다.

제5막은 몽유곡강夢游曲江으로 "꿈에서 곡강을 유람한다"는 내용으로 따뜻한 봄날에 곡강을 따라서 유람하고 강 주변에 백성들이 행복하게 생활하는 번화경상繁華景象의 모습을 보여준다.

제6막인 몽회대당은 "꿈에서 위대한 당나라로 돌아간다"는 내용으로 당나라 궁전에서 당 현종과 양귀비가 중앙 왕좌에 앉아있고 문무백관과 함께 백성들의 복을 비느라고 하늘에 제사를 지낸다. 당나라 후궁인 미인들이 각종 화려한 의상을 입고 나와 위대했던 당나라의 풍취를 보여준다.

세계최대 규모에 누구나 매료되는
수막 레이저쇼

시안 요리

화려한 무대인 몽회대당을 관람한 후에는 어연궁御宴宮에서 저녁식사를 했다. 당나라 때의 전통요리를 맛봤는데 마치 당나라 시대에 살았던 귀족의 한사람으로 돌아간 느낌이다.

식사 후에는 자운루紫雲樓에서 펼쳐지는 수막 레이저쇼를 감상했다. 수막 레이저쇼를 워터 스크린 레이저쇼water screen laser show라고 하는데, 워터 스크린을 활용해 다양한 이미지를 연출하는 영상이다.

자운루는 대당부용원의 가장 중심 건물로 당나라 건축양식이다. 당풍구선唐風久扇 현판이 눈길을 끈다. 당풍구선은 "당나라 시대의 옛 사립문"이란 뜻이다.

자운루 주변 야경

이천왕

이 얼마나 정감이 가는 현판인가. 하얀 당목 적삼을 입고 흰 고무신을 신은 할머니가 사립문을 열고 "아이고, 우리 새끼 어서 오거라"라며 환한 웃음으로 맞이할 것만 같은 착각에 빠져든다.

자운루 양쪽에는 눈을 부릅뜬 이천왕 二天王이 있다. 오른쪽 이천왕은 우측 팔을, 왼쪽 이천왕은 좌측 팔을 불끈 쥔 채 원숭이 석상 위에 앉아있다. 약간은 코믹한 모습이다. 광장 바닥에는 엄청나게 큰 중국 전역 지도가 부조되어 있다.

자운루 내부에는 부용원 보수과정에서 출토된 각종 유물이 전시되어 있고 바닥에는 당 장안성 唐長安城의 조감도가 있다.

당 현종이 옥좌에 앉아 내려다보고 있는 당 장안성 조감도를 보면 당시 인구 100만을 헤아리는 대도시로서 찬란한 역사와 문화를 간직한 도시였다는 것을 실감할 수 있다. 당시 장안성의 인구가 100만 명에 달할 때 로마의 인구는 고작 5만 명에 불과했으며, 장안성은 로마와 비교해 여섯 배나 더 넓은 대도시로 세계에서 가장 번성한 상업무역의 중심지였다. 이뿐만이 아니다.

장안에는 외국인도 많았으며 유학생만 해도 3만 명이 넘었다고 한다. 일본 유학생이 1만여 명으로 전체 유학생 중 3분의 1을 차지했다. 당나라에 유학해서 과거에 급제한 신라 선비도 50여 명이나 있었다고 한다.

당 장안성 조감도 / 당 황실

광전자 꽃수레 행렬 및 수막 레이저쇼 이모저모

수막 레이저쇼를 보기 위해서는 자운루 상단 중앙에 자리를 잡는 것이 좋다.

공연 전에는 이곳 시안에 도읍지를 정했던 주·진·한·수·당나라 등 13왕조의 찬란했던 문화를 다채롭게 감상할 수 있는 대형 광전자 꽃수레 행렬이 이어진다. 마치 가장행렬을 보는 듯하다. 곧바로 호수에서는 세계최대 수막 레이저쇼가 펼쳐진다.

그 내용은 대당부용원 전역을 비출 수 있는 야경주夜景珠를 물귀신이 훔쳐갔는데 결국 손오공의 도움을 받아 야경주를 되찾아 와서 다시 이곳을 비추게 했다는 전설이다. 야경주란 '밤에 빛을 비추는 구슬'을 말하는데 일명 야광주라고도 한다. 우리나라 논산의 은진미륵 머리에 있는 것이 야경주인데, 모스경도 8인 황옥이라는 보석이다.

수막 레이저쇼는 약 20분 정도 공연을 한다. 현대의 첨단기술인 레이저를 이용해 다양한 예술효과를 완벽하게 소화해냄으로써 고대의 전설을 현대의 과학에 담아 융합시킨 공연에 신비함이 더하다. 이 수막 레이저쇼는 비가 오더라도 공연을 하지만 바람이 불면 수막이 날리는 특성상 할 수 없다.

중국의 현존 성벽 중 최대 명대(明代) 성곽
시안 성벽(西安城壁)

명대 성곽인 시안 성벽은 1369년 명 태조가 당나라 장안성을 기초로 해 높이 12m, 위 폭 12~14m, 아래 폭 15~18m의 규모로 만들었으며 성벽의 둘레만도 12.9km에 달한다. 중국에서 현존하는 성벽 중 규모가 가장 크며 성벽 위는 자동차가 교행하며 다닐 수 있을 정도로 넓고 튼튼하다.

원래 성벽의 둘레는 13.74km였으나 1985년 북쪽 성벽의 일부를 헐어 기차역으로 만들었기 때문에 현재는 12.9km만 남아 있다. 성벽 밖에는 해자가 있다. 이 해자는 적의 침입을 막기 위한 방어의 목적으로 만들었기 때문에 성을 보호하는 상이라 해 호성하護城河·후청허라 불리며 호성하를 따라 환성공원環城公園이 자리하고 있다. 환성공원은 "성을 에돈다"라고 해서 붙여진 이름이다.

장락문

시안 성벽은 중국 건축물

영령문

중 가장 튼튼하고 보존이 잘 된 성벽으로 600여 년의 역사를 간직하고 있다.

성벽의 동서남북에는 4개의 주 성문이 있는데, 동문인 장락문長樂門, 서문인 안정문安定門, 남문인 영령문永寧門, 그리고 북문인 안원문安遠門이다. 동문인 장락문은 사절단이 오가는 문이었으며, 서문인 안정문은 고대 실크로드의 관문으로 서방의 상인들이 낙타를 타고 드나들던 문이었다. 남문인 영령문은 서안에 있는 성문 중 가장 오래된 것으로 수나라 초반인 582년에 건립했는데 황제만이 다닐 수 있었다고 한다.

그런데 현장법사가 인도에서 불경을 가져왔을 때 황제가 영령문으로 나가 친히 현장법사를 맞이했다고 해 더욱 유명해진 문이다. 북문인 안원문은 싸움이 잦았던 문으로 도성을 수호하는데 매우 중요했을 뿐만이 아니라 각 지방에서 올라오는 곡물이나 생필품 등이 드나드는 문이었다. 특히 신해혁명 때는 안원문에서 봉기군과 청나라 군대와의 치열한 전투가 벌어졌던 곳으로 교전 중 성루가 불타버렸는데 1983년 원상태로 재건했다.

성벽 중심의 파란색 건물이 종루鐘樓·중러우이다. 이곳에서는 시안 종루(이하 '시안 종루'라 칭함)라 일컫는다. 높이 36m의 3층인 시안 종루는 종이 걸려있는 누각이라 해 붙여진 이름으로 옛날에는 종루에 걸린 종을 침으로써 사대문이 열리고 통행을 시작할 수 있었다.

시안 종루에서 시간을 알리던 대형 종의 진품은 비림박물관에 보관되어 있고 이곳에 있는 종은 복제품이다. 중국에 있는 수많은 종루 중에서도 역사적·예술적 가치 면에서 으뜸으로 손꼽히는 이곳 시안 종루는 청 강희 38년인 1699년, 건륭 5년인 1740년 그리고 도광 20년인 1840년에 대대적인 개보수 작업을 벌였다.

그러나 신해혁명 당시 봉기군과 청군과의 격전지가 됨으로써 심각한 훼손을 당했는데, 1953년부터 1958년 사이에 국가 차원에서 대규모로 전면 보수를 하면서 종루 꼭대기의 금정에는 피뢰설비까지 갖춰서 금으로 도금을 했다. 그렇기에 햇볕이 있을 때는 지붕이 반짝반짝 빛난다. 어둠이 내리면 320개의 조명을 환하게 밝혀서 환상적인 자태를 뽐낸다.

시안 종루를 중심으로 각 문의 위치에 따라 사대 거리로 나뉜다. 시안 종루에서 북문까지를 '북대 거리'라 하는데 은행들이 많아 일명 은행 거리, 시안 종루에서 남문까지는 '남대 거리'라 하는데 값비싼 물건들이 많아 부자들의 쇼핑 명소이기 때문에 일명 명품거리이며, 시안 종루에서 동문까지는 '동대 거리'로 일반 서민들이 쇼

시안 성벽 종루 야경

핑하기에 알맞은 백화점들이 많아 일명 쇼핑 거리, 시안 종루에서 서문까지는 '서대 거리'라 하는데 식당가가 많고 당나라 때의 건축양식을 모방해 지었기 때문에 일명 고대 문화거리라 한다.

시안 중심, 시안 종루가 있는 서북쪽으로 200m 떨어진 곳에는 고루鼓樓·구러우가 있다.

이곳에서는 시안 고루(이하 '시안 고루'라 칭함)라고 한다. 시안 고루는 시안 종루보다 4년 앞선, 명 태조 주원장 홍무 13년인 1380년에 건립되었다.

시안 고루에는 24개의 북이 있어 밤을 알리는 시계 역할을 했는데, 시안 고루에서 북이 600번 울리고 나면 시안의 성문이 일제히 닫히고 사람들은 집으로 들어가야 했다. 전체 높이가 36m인 시안 고루는 명나라 초기 목조건축의 정수로 손꼽힌다. 이뿐만이 아니다.

명대 성곽과 다리

　이곳 시안 고루는 중국 고대로부터 내려오는 많은 고루 중에서 모양과 구조 면에서 가장 완벽하고 온전히 보존된 고루 중 하나이다.
　시안 종루와 시안 고루를 합쳐 '시안종고루西安鐘鼓樓'라고 한다.
　이곳에는 1996년 시안시에서 다시 제작한 신종모고晨鐘暮鼓라 불리는 큰 북이 있다. 불가에서는 새벽에 울려 퍼지는 종소리를 듣고 일어나서 하루를 시작하고, 저녁 무렵에 울려 퍼지는 북소리로 하루를 마감하고 잠자리에 들었다.
　그렇기에 '새벽에 울려 피지는 종과 저녁 무렵에 울리는 북', 즉 '신종모고'라 했으며, 신종모고를 '사람을 깨우쳐 주는 말'이라 해 매우 중요시했다. 이런 일이 유래가 되어 옛 중국에서는 종루에서 종을 울리고 고루에서 북을 쳐서 아침과 저녁 시간을 알렸다고 한다. 새롭게 제작한 큰북의 높이는 1.8m, 북을 칠 수 있는 고면鼓面 직경은 2.83m, 고복鼓腹·북통 직경은 3.43m이며 무게는 1.5톤에 달한다.

(상) 입성식 환영식 장면 / (중) 클린턴 부부의 입성식 장면 / (하) 너른 시안성곽 위 모습

남문에서 거행하는 입성식도 볼만하다.

현재의 남문은 정부에서 많이 이용하는 문으로 당나라 때의 입성식 과정을 재현해 보인다. 1998년 6월 25일 미국의 클린턴 전 대통령 부부가 이곳을 방문했을 때 바로 이곳에서 입성식 퍼포먼스가 열려 더욱 유명해진 곳이다. 입성식 퍼포먼스가 끝나면 성문이 열리면서 해자 위에 놓인 조교弔橋(가동교)를 통해 안으로 들어갈 수 있다. 성곽 내 광장에서는 당나라 때의 전통의상을 갖춘 악단이 전통악기를 연주하며 관람객을 맞는다.

40℃를 웃도는 따가운 햇볕을 받으며 성 위를 걸었다. 성벽의 위 폭은 대형버스가 양방향으로 다녀도 될 만큼 넓고 튼튼하다. 성벽 위에는 자전거와 자전거 릭샤를 대여해 주는 곳이 있다. 자전거를 빌려 타고 느긋한 마음으로 성곽 위를 한 바퀴 돌아보는 것도 좋을 것이다.

> **TIP**
>
> 시안 성벽은 직사각형 형태로 온전하게 이어져 있기에 걸어서 한 바퀴 (3~4시간 소요) 돌아봐도 좋고, 성벽 위에서 대여해 주는 자전거를 타고 하이킹해도 즐겁다. 이뿐만이 아니다. 매일 오전 10:30분과 오후 4:20분에 남문에서 군사훈련 및 입성의식을 거행하기 때문에 시간에 맞춰 가서 구경하는 것도 좋다.

비석 숲 장관 이루는
시안비림박물관(西安碑林博物館)

입성식을 마치고 걸어서 시안비림박물관으로 갔다. 성벽 남문 근처에 있는 시안비림박물관시안베이린보우관은 "비석이 숲을 이루고 있다"고 해서 붙여진 이름으로 중국내에서도 독보적인 예술박물관이다. 비림은 원래 공자를 모신 사당인 문묘文廟였으나 청나라 건륭제 때 산시성 순무사巡撫使였던 비위엔畢沅(필원)이 한대와 당대의 여러 석비를 산시부陝西府였던 이곳 공자문묘에 모은 것이다. 지금은 공자에 대한 존경의 표시로 박물관으로

시안비림박물관 입구

개조했다.

공자는 관우와 더불어 중국인들이 가장 존경하는 인물이다. 이들의 무덤도 황제의 무덤을 일컫는 능陵보다 높은 임林이라 해 공자의 묘를 공림孔林, 관우의 묘를 관림關林이라 한다. 그러고 보면 문文에서 가장 존경 받는 인물이 공자이고, 무武에서 가장 존경받는 인물이 관우라는 생각이 든다.

공자문묘 누각

건물 벽에는 '孔廟'라 새긴 현판이 있다. 안으로 들어서면 특유한 모양의 공자문묘 누각 아래에 '西安碑林·書法中國'·'天下碑林·西安碑林'이란 글이 있고 그 앞에는 자그마한 호수와 돌다리가 있다.

비림으로 들어가는 길은 세 갈래로 신분에 따라 각 사용하는 길이 달랐다. 정 중앙 길은 장원급제한 사람이, 오른쪽 길은 2~3등을 한 사람이 그리고 왼쪽 길은 이곳에서 일하는 사람들이 다녔다고 한다.

들어가는 길 오른쪽에는 '천하제일명종'이라 일컫는 경운종景云鐘·싱윈중이 있다.

경운종은 국보급 유물(國家一級文物)로 당 예종 경운2년唐睿宗景云2年(서기 711년)에 주조했기 때문에 붙여진 이름이며, 구리로 주조했기 때문에 중국명은 '경운동종景云銅鐘'이다.

그러나 사실은 구리로만 주조한 것이 아니라 구리에 주석을 넣은 청동제품이다. 그렇기에 '경운청동종景云靑銅鐘'이 올바른 명칭이다.

경운종이 원래는 시안 성벽 종루에 있었는데 1953년 이곳 시안

당경운종 / 명문

비림박물관으로 옮겨왔다. 종의 높이 247cm, 종 둘레 486cm, 구경 165cm, 무게 6톤으로 몸체鐘身(종신)에는 여자 선인을 그린 비천상飛天象을 비롯해 비룡·봉황·사자·주작·학 등의 동물과 상서로운 구름 조각 등이 새겨있다. 부조 하나하나가 생동감이 넘치고 매우 뛰어난 작품이다.

종의 하단 중간에는 18행 292자의 명문이 새겨져 있다. 당 예종 이단李旦의 친필이다. 이 명문은 경운종에서 울려 퍼지는 소리와 도교적 신비에 대해 찬양하는 찬어다.

양각한 각종 부조와 음각으로 섬세하게 새긴 명문을 보면 당시에도 주조기술이 매우 뛰어났으며, 당시 장인들의 솜씨가 얼마나 훌륭했는지 감탄사가 절로 나온다. 경운종은 1964년 세계명종전시회에서 세계명종에 뽑혔으

석대효경

며, 2000년에는 중국고종中國古鐘 기념 우표로 발행되기도 했다. 경운종은 중국에서 첫 번째로 지정한 해외반출 금지 품목이다.

좀 더 앞으로 나가면 당 현종의 친필인 석대효경石臺孝經·스타이샤오징 비석이 있다. 이 비석은 높이 620cm, 폭 120cm 크기로 장방형의 원기둥으로 사면에는 유교 경전이 새겨져 있다. 내용은 당 현종의 아들인 태자 이형李亨(당 숙종)에게 효로 나라를 다스리라고 이르는 글이다. 비석 꼭대기에는 두 겹의 화관과 정교하게 조각된 영지버섯구름 무늬가 빽빽하게 새겨있고 비석 아래에는 3층의 섬돌이 놓여있다.

석대효경을 품고 있는 건물에는 린쩌쉬林則徐(임칙서)가 썼다는 '碑林' 현판이 눈에 들어온다. 그런데 '碑'자에서 '田' 위에 한 획이 빠져있다. 그 이유는 확인할 수 없는 여러 설이 난무하다.

첫째, '碑'자에 있는 밭 전(田)은 백성을 상징하는데 삐침 획이 백성을 억누른다해 삐침 한 획을 뺐다는 설과 둘째, 옛날에는 한자를 쓰면서 균형미를 맞추려고 일부러 한 획을 빼는 경우가 많았는데 이것도 그중 하나라는 거다.

세 번째 이야기는 시안여유국에서 출간한 자료에 아래와 같이 나와 있다.

"린쩌쉬는 청나라 말기의 정치가로서 영국에 의한 아편 밀수를

석대효경과 비림 누각

강경하게 단속해 영국과 청나라 사이에 아편전쟁이 일어나게 하는 계기를 만들었다. 그는 전쟁에 패하자 책임을 지고 유배지인 신장 위구르로 떠나게 된다. 그는 떠나기 전에 비림의 현판을 써달라는 부탁을 받고 글씨를 써주면서 삐침 하나를 완성하지 않고 떠났다고 한다. 그것은 유배지에서 돌아오면 현판을 완성하겠다는 의미가 담겨있었던 거다. 하지만 린쩌쉬는 유배지에서 돌아와 잠시 은둔생활을 하던 중에 홍슈촨洪秀全(홍수전)에 의해 '태평천국太平天國의 난'이 발발하자 난을 진압하라는 황제의 명을 받고 출정했다가 병사하는 바람에 결국 현판을 완성하지 못했다."

이런 사유로 인해 미완성 비림 현판이 된 것이다. 린쩌쉬는 청나

명필 서체 비석 / 탁본 작업

라의 관리로서 아편과의 전쟁으로 인해 파면 등 불이익을 당하지만 청백리로 청나라 최고의 관료라는 평가를 받는 인물이다.

시안비림박물관 내에는 수·당·송나라에 걸쳐 역대 명필을 새긴 1,095기의 석비가 있는데 당시에는 도서관으로 공문서 보존이 목적이었다고 한다.

이곳에서는 중국 최고의 서예가로서 서성書聖이라 칭송받는 왕희지王羲之를 비롯해 안진경顔眞卿, 구양순歐陽詢, 조맹부趙孟頫 등 저명한 중국 서예가들의 필체가 한자리에 모여 있어 명필 서체를 접할 수 있고 중국 고대 서예의 진수를 감상할 수 있다. 이는 한문이라는 표현문자가 아니고 중국인이 아니라면 도저히 만들어낼 수 없는 중국만의 독특한 비석문화풍경으로 가히 석각 예술의 보고이다. 정말이지 한자를 예술로 승화한 서법은 한자 문화권을 대표하는 독특한 문화라는 생각이 든다.

박물관 내에는 석비에 중국풍의 수묵산수화와 중국인들이 가장 좋아하는 모란꽃을 비롯해 각종 비석의 서체를 탁본해서 기념품으로 판매하는 곳이 있다. 귀중한 비석유물은 유리로 보호막을 설치해 놓았기 때문에 사진 촬영이 힘들며 탁본을 하는 장면을 볼 수 있다. 다만 아쉬운 점은 비석들이 온전치 못해 금이 가고 깨진 것들이 많고 탁본으로 인해 원형 비석을 감상하기 어렵다는 점이다.

필자가 가장 관심을 가지고 들른 곳은 제2전시실이다.

이곳에는 구양순과 안진경을 비롯한 당나라 대가들의 작품이 한 군데에 모아있을 뿐만이 아니라 기독교가 중국에 전파된 사실이 상세하게 적혀있는 '대진경교유행중국비大秦景教流行中國碑'(이하 약칭해서 '경교비景教碑'라고 함)를 보기 위해서이다. '대진경교유행중국비' 9개 글자는 "서양의 빛나는 종교가 중국에 전파된 것을 기념해야한다"는 뜻이다. 물론 여기에서 말한 종교는 예수 그리스도를 구세주로 믿는 기독교를 말한다.

경교비는 당 건중唐建中·덕종의 연호 2년인 781년 2월 4일 페르시아 선교사 야즈도지트Yazdhozid가 대진사大秦寺 경내에 세웠는데 경교가 쇠락하면서 대진사도 불교 사찰로 바뀜으로써 분실되었다. 이후 명 천계明天启·희종의 연호 3년인 1623년에 시안 부근에서 출토됨으로써 세상에 나오게 되었다. 경교비 비신의 높이는 197cm이지만 아랫부분 거북 모양의 좌대를 포함하면 총 279cm이다. 아울러 비신의 윗부분 폭은 92.5cm, 아랫부분 폭은 102cm로 동양에서 가장 오래된 기독교 관련 비석이다.

여기에서 경교景教란, 고대 기독교 종파 중에 하나로 콘스탄티노플의 네스토리우스 주교를 시조로 하기 때문에 '네스토리우스교Nestorianism'라고도 한다. 그렇지만 교리에 문제가 있어 431년 에페소스 공의회에서 이단으로 판정받는다.

경교비 정면에는 '大秦景教流行中國碑并頌대진경교유행중국비병송'이 새겨있고, 위에는 해서체 32행과 행서체 62자 등 모두

대진경교유행중국비

1,780자의 한자와 수십 개의 시리아 문자가 빼곡히 새겨있다. 요약하면 다음과 같은 내용이다.

"635년, 서양에서 온 현자, '아마 페르시아'에서 온 '라반 아브라함'이라는 사람이 기독교 경전을 중국에 전해주었다. 갖은 고난을 뚫고 바람의 길을 타고 온 현자는 실크로드를 따라 중국에 들어와 이곳 장안에 도착했다. 황제는 그를 장안에 받아들이라 했고 기독교 경전은 황궁의 서고에서 번역되었으며 황제는 그 책을 궁궐로 가져가 읽었는데, 그 내용의 진실성에 깊이 감복했다. 그리고 638년, 다음과 같은 선언문을 발표했다. "다양한 시대와 장소에서 인류를 위하는 길은 같은 이름을 갖고 있지 않다. 아울러 다양한 시대와 장소의 현자는 같은 육체로 태어나지 않는다. 역사에서 하늘이 정하신 진정한 종교는 다양한 나라와 다양한 기후에서 일어날 것이며 그렇게 모든 인류가 구원받을 것이다. 우리는 기독교 경전을 살펴본 결과 인간의 핵심 가치에 대해 다루고 있다고 판단했기에 이를 온 나라에 전파하고자 한다."

 이렇듯 중국은 자기 문명의 우월성을 믿었고 깨달음으로 가는 길이 다양하다는 것을 알았던 셈이다.
 경교비 상단에는 상서로운 구름으로 둘러싸인 십자가가, 하단에는 불교의 상징이라 할 수 있는 연꽃문양이 조각되어 있다. 이는 당시 시안이 실크로드의 중심지로 동양의 불교와 서양의 기독교가 융화된 흔적으로 볼 수 있다.
 경교, 즉 네스토리우스교는 당 태종 때인 7세기에 실크로드를 통해 중국 대륙으로 전래 되었으며 중국어로 '빛의 신앙'이라는 의미에서 경교라 불렸고 '페르시아 교회당'이란 뜻인 파사사波斯寺라고도 불렸다.
 그러나 후에 종교의 시원지가 페르시아가 아닌 것으로 밝혀지자 대진경교大秦景敎로 이름을 바꾸고 그 사원을 대진사大秦寺라 했다. '대진'은 서방의 대국을 가리키던 국명이었으나 그 나라가 어디인지는 명확하지 않다고 한다.
 경교는 당나라의 수도인 장안에 경교비가 세워질 정도로 국가의 보호를 받으며 200년 동안 교세를 떨치며 번성했으나 당 제15대 황제인 무종武宗 때부터 왕권 강화를 위한 탄압정책으로 소멸하고 말았다.
 중국 정부는 특별 허가를 받은 경우를 제외하고는 경교비 탁본을 엄격히 금하고 있을 뿐만이 아니라 2002년에는 64건의 해외반출금지유물 중 하나로 지정하기까지 했다. 특히 경교비는 문명 간 교류를

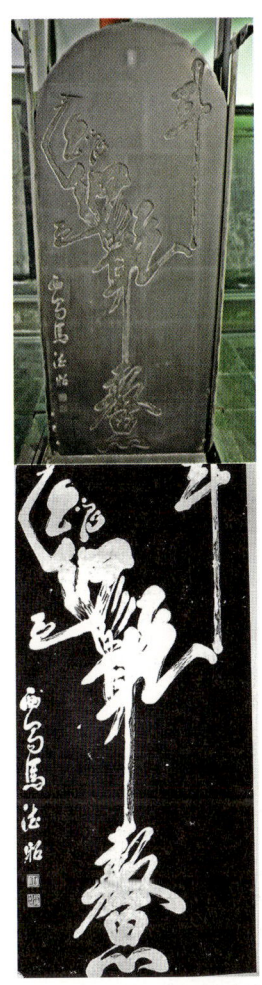

괴성점두도 실물과 탁본

증명하는 A급 문물(보물)이기 때문에 국외 반출이 절대로 허락되지 않는다고 한다.

필자는 제4전시실 서쪽 3열에서 아주 재미있는 석각을 발견했다. 마더자오馬德昭(마덕소)의 대표작이라 할 수 있는 '魁星點斗圖괴성점두도'이다. 여기에서 '魁星'은 북두칠성의 첫 번째 별로 중국의 신화에서 문장의 성쇠를 주관하는 신, 특히 과거시험을 주관하는 신(별)으로 여겼다. 그렇기에 옛날에는 과거시험을 앞둔 선비들의 공부방에는 괴성점두도가 꼭 걸려있었다고 한다. 지금도 중국인들은 북두칠성의 첫 번째 별을 길상의 상징으로 여긴다.

높이 114cm, 폭 60cm 크기로 조각한 그림을 보면 참으로 재미있을 뿐만이 아니라 마더자오의 기발한 아이디어에 감탄사가 절로 나온다. '魁'자는 보는 사람에 따라서 사람 또는 원숭이 형상으로 달리 해석한다는데 필자는 사람으로 봤다.

시안 여유국에서 출간한 자료에 의하면, 그림 안에 있는 '魁'자는 '正心修身·克己復禮정심수신·극기복례' 8자가 들어있다고 한다. 필자는 가장 쉬운 글자를 단 한 개라도 찾기 위해 10분 이상을 살펴봤지만 한 자도 찾지 못했다.

시안 445

고희대와 괴성각(윈난성 사계고진)

正心修身은 "마음을 바르게 하고 몸을 닦는 일"을 뜻하는데, 우리가 익히 들어 알고 있는 '修身齊家治國平天下수신제가치국평천하'도 먼저 마음을 바르게 한 후에, 즉 '正心修身齊家治國平天下' 해야 한다고 했다. 克己復禮는 "사욕을 버리고 사람이 본래 지녀야 할 예의와 법도를 따르는 마음으로 되돌아감"을 뜻한다.

왼손에는 벼루를 받쳐 들고 오른손에는 붓을 쥐고 있는데 마치 '斗'자를 쓰고 나서 만족해하는 모습 같다. 이뿐만이 아니다. 왼발 발바닥으로는 '斗'자를 받치고 오른발은 '鰲오'자를 밟고 있다. '鰲'는 전설상의 바다에 사는 큰 거북 또는 자라를 말하는데, 과거시험에서 장원급제한 선비를 '鰲頭아우터우(오두)'라 했었다. 오묘한 조합을 이루고 있는 괴성점두도를 보고 있노라면 석각미술의 정수를 보는 듯하다. 마더자오는 도광道光·청 선종의 연호 4년인 1824년

(순서대로) 관제시죽 / 달마동도도 / 공자상

쓰촨성 랑중에서 태어나 광서光緖·청 덕종의 연호 16년인 1890년 66세의 나이에 병으로 죽은 후 고향에 묻혔다.

  중국을 여행하다보면 괴성각魁星閣 또는 괴성루魁星楼라는 고색창연한 전통적인 건축물을 많이 보게 된다. 옛날에 중국의 여러 지방에서는 자기 고장의 학문진흥을 위해 괴성각 또는 괴성루라는 이름의 건물을 짓고 괴성을 모셔왔다고 한다. 일반적으로 괴성각 상단에는 '학분의 빛(영광)이 두루 비춘다.'라는 뜻인 '文光普照문광보조' 편액이 걸려있다.

  제4전시실에는 관우가 조조에게 사로잡혀 포로로 있었을 때 유비에게 보낸 한 장의 대나무 잎 편지가 있다. 이를 '관제시죽關帝詩竹'이라 한다.

  비석에 대나무를 그려 음각을 했는데 잎과 줄기가 글자로 되어 있다. 이곳에 전시된 관제시죽은 진품이 아니라 청나라 강희제 55

'호(虎)'자

'수(壽)'자

년인 1716년 한재림韓宰臨이 다시 조각한 것이라고 한다. 이외에 달마동도도達摩東渡圖와 공자상을 비롯해 수많은 비석이 있다.

제5전시실에는 1860년 경 마더자오가 일필휘지로 쓴, 높이 175cm, 폭 96cm의 '호(虎)'자와 높이 175cm, 폭 93cm의 '수(壽)'자 비석이 있는데 눈여겨 볼만하다.

현재 시안비림박물관에서 소장하고 있는 유물은 11,000여 점에 달하며, 이중 국보급 문화재가 134점, 1급 문화재가 535점이다. 그중에서도 가장 유명한 것은 석각예술관에 보존되어 있는 소릉육준昭陵六駿·자오링육준으로 산시성 리취안현醴泉縣(예천현)의 구주산九主山·주쭝산에 있던 당나라 태종의 능인 소릉昭陵·자오링에서 발굴한 준마석조이다.

여섯 필의 준마는 당 태종이 전쟁터에서 타고 다니던 말을 부조한 것으로 당 태종의 6준마라 해 육준부조六駿浮彫·류쥔푸댜오라

당 태종의 6 준마

전마장 괴수 / 서예작품

고도 한다. 높이 약 1.5m, 너비 약 1.8m의 판석에 각기 한 마리의 말이 부조되어 있다. 6준마를 보고 있노라면 늠름하고 강인한 말이 힘차게 말굽을 차고 돌진할 것만 같은 모습이 느껴진다. 소릉육준 진본 중 하나인 서쪽 제1석石은 미국 필라델피아 박물관에 소장되어 있고 나머지 5석은 이곳 석각예술관에 전시되어 있다.

전시실 밖에는 옛날에 대문 앞에 말과 낙타의 고삐를 묶던 돌기둥과 말을 탈 때 사용한 디딤돌이 또 하나의 숲을 이루고 있다. 이를 '전마장拴馬桩'이라고 한다. 다양한 모양의 돌기둥 위에는 각종 동물과 괴물을 조각해 놓았는데 악귀를 쫓는 역할을 했다고 한다.

혹자는 말뚝의 동물이 12간지 동물인 쥐·소·호랑이·토끼·용·뱀·말·양·원숭이·닭·개·돼지라고 하지만 필자가 유심히 살펴본 바로는 12간지 동물이 아니다.

전마장이 있는 회랑에는 중국 그림과 서예작품을 전시해 놨다. 필자의 눈에 띈 것은 모란꽃을 그린 대형 그림이 아니라 복잡한 한

문물천지 거리 / 문방사보

자를 써놓은 서예작품이었다. 중국에는 정말로 이렇게 복잡한 글이 있을까 싶었다.

시안비림박물관에서 나와 우측 길로 접어들면 시안의 전통문서 거리인 '문물천지文物天地'가 있다.

이곳에는 특이한 공예품을 파는 노점들이 즐비하고 시안 성벽 아래에도 노점상들이 있다. 문물천지 거리에는 비림박물관 주변답게 문방사보文房四寶·벼루,먹,붓,한지를 비롯해 전각篆刻 및 전지剪紙 작품이 주류를 이룬다. 특히 옥돌과 나무에 글자를 새기고 있는 전각 장인과 색종이를 접어 가위로 오려내어 작품을 만들어내는 전지 장인의 손놀림에 감탄사가 절로 나온다.

중국 고대 악기로 흙을 빚어 만든 '쉰塤(훈)'이란 악기가 필자의 눈길을 끌어 중간 크기로 한 개 샀다. 바닥에는 무명의 서예가가 쓴 수십 장의 서예작품을 깔아놓고 판매를 한다. 이뿐만이 아니다. 비림박물관에 있는 비석을 탁본한 것도 많다. 그렇지만 박물관 밖에

쉰(훈)악기 판매점

서 파는 것들은 대부분 탁본한 것을 다시 복제한 것이기 때문에 질이 많이 떨어진다. 탁본 진품을 사려면 비림박물관 안에서 사는 게 좋다.

우리나라에도 비림박물관이 있다. 허유 선생이 시안비림박물관을 보고 감동돼 우리도 역사상 위대한 인물의 업적을 비석에 각인해 기억할 뿐만이 아니라 한국문화유산을 계승하고 민족정신을 고취하기 위한 일념에서 10여 년의 노력 끝에 충청북도 보은군 수한면에 한국비림박물관을 조성했다.

TIP

중국 내에서 가장 많은 비석을 소장하고 있는 시안비림박물관의 비석을 모두 관람한다는 것은 어려운 일이다. 그렇기에 자기가 관심 가는 비석에 대해 미리 알고 가서 집중해 관찰하면 시간도 절약되고 좋겠다는 생각이다. 개방시간은 여름에는 8:00~18:45까지이며, 겨울에는 8:00~18:00까지이다. 관람료는 성수기 때는 75위안, 비수기 때는 50위안이다. 4계절 관람할 수 있으며 2~3시간이 걸린다.

시안 속 후이족 집단 거주지
회방풍정가(回坊風情街)
시안청진대사(西安淸眞大寺)

　　　　　　시안비림박물관에서 나와 문물천지 거리를 지나 시안의 중심부인 시안 고루 북문으로 이어진 곳으로 향했다. 입구에는 '回坊風情街歡迎您'라고 쓴 플래카드가 걸려있다. "귀하가 후이족 거리의 풍정을 보기 위해 오신 것을 환영합니다"라는 뜻이다.

　이곳이 바로 이슬람교도들의 생활터전인 회방풍정가후이팡펑징제가 있는 곳이다. 회방풍정가를 일명 '고루 야시장' 또는 '후이족 거리'라 불리는데 이들은 '이슬람 거리Islamic street'라 한다. 후이족들은 대부분 일명 '간디 모자'라 일컫는 흰색의 따끼야 이슬람 모자를 쓰고 있기에 다른 소수민족과는 구별된다.

　시안에 후이족回族(회족·이슬람교 신자)이 많이 사는 이유는 무엇일까.

　7세기경 실크로드를 따라 들어온 상인 대부분은 이란 사람들로 이들이 시안에 정착한 후이족 1세가 된다. 이후 8세기, 이란계 소그드인이었던 안록산이 난을 일으키자 당 현종은 서역 여러 나라에

회방풍정가 입구

원군을 청하게 되고 이슬람 병사들이 파병된다. 이슬람 파병군들은 대부분 이란 병사들이었는데 이들은 난을 진압한 후에도 고향으로 돌아가지 않고 대거 시안에 남게 된다. 이들은 이곳에 집단으로 거주하면서 상권을 이루었을 뿐만이 아니라 독특한 이슬람문화를 보존 계승하며 이슬람 문화거리를 조성해서 살고 있다.

오늘날에는 후이족 거리가 시안을 대표하는 이슬람 구역으로 수많은 관광객으로 문전성시를 이룬다. 현재 시안에 거주하는 후이족은 10만여 명으로 추정한다.

길 양쪽으로는 가게들이 즐비해 쇼핑하기에 좋고 대추·곶감·키위·체리·살구 등 각종 말린 과일과 후이족들이 즐겨 먹는 양고기 꼬치·양 갈비·닭고기·각종 생선 등 독특한 먹을거리가 풍부하다. 이국적 정취가 물씬 풍기는 거리의 풍경과 독특한 음식을 맛보려

시안 453

는 관광객들로 항상 붐비기 때문에 정신을 똑바로 차리고 걸어야 한다.

회족 거리를 쭉 따라가다가 좌측으로 접어들면 시안청진대사가 나온다. 시안청진대사를 중국에서는 동대사東大寺 또는 청진대사라

후이족 거리 풍광

하는데, 좁은 골목을 뜻하는 화줴샹化覺巷(화각항)내에 자리 잡고 있다 해 화각항청진대사化覺巷淸眞大寺라고도 한다.

청진대사는 중국의 건축양식과 이슬람 건축양식이 결합된 것으로 당 천보唐天寶·현종의 연호 원년인 742년에 성안에 최초로 세운 이

슬람 사원이다.

  사찰의 총면적 13,000m²(3,932.5평)에 건축면적 약 6000m²(1,815평)인 대청진사는 송·원·명·청대를 지나오면서 지속적인 보수와 확장을 해 오늘에 이른다. 사원 안에는 17세기 초에 만든 큰 목조 패방이

후이족 거리 풍광

있는데 그 크기가 9m에 달한다.

　청진대사 안에는 눈여겨 볼만한 비석이 몇 개 있다. 명 만력神宗의 연호 34년 황제의 명을 받들어 청진사를 중수하고 세운 '淸眞寺重修碑청진사중수비'와 청 건륭 33년에 세운 '敕修淸眞寺碑칙수

(상)청진사 현판 / (중)시안청진대사 비석
(하)양러우파오모

청진사비' 그리고 명 천계희종의 연호 시기에 예부시랑 동기창董其昌이 직접 쓴 '勅建禮拜寺碑칙건예배사비'이다. 여기에서 '勅建칙건'은 칙령, 즉 "군주의 명을 받들다"라는 뜻이고 '禮拜寺예배사'는 이슬람교 예배당을 뜻하는 것이니까 "군주의 명을 받들어 지은 이슬람교 사원"이란 뜻이다.

사원의 개방시간은 08:00~19:00까지이며, 관람료는 성수기 때 25위안, 비수기 때 15위안으로 사계절 모두 관람하기에 좋다.

청진대사에서 나와 화줴샹 좁은 골목을 따라 안으로 들어가면 후이족이 모여 사는 가옥이 나온다. 이곳은 후이족의 전통문화를 엿볼 수 있는 곳으로 '시안의 후퉁胡同·좁은 옛골목'으로 불린다. 시간 가는 줄도 모르고 구경하며 돌아다니다가 출출한 배를 채우기 위해 '양러우파오모羊肉泡饃'를 전문으로 하는 식당으로 갔다. 양러우파오모는 후이족의 고유 음식으로 일명 양고기 떡국이라고도 하는데 이곳에 오면 꼭 먹어봐야 하는 음식이다.

시안청진대사 입구 및 경내

시안 대표 만둣집 덕발장(德發長)
이슬람 요리 전문점 동성상(同盛祥)

회방풍정가에서 나오면 동쪽에 시안 종루, 서쪽에 시안 고루가 있고 광장과 직면한 곳에는 고색창연한 건축물인 덕발장더파창이 있다.

"중국은 요리의 천국이라지만 교자연의 본 고장은 시안이다"라는 말이 있다. 교자餃子란 만두를 일컫는 말로 시안의 가장 대표적인 만두 요리이다. 시안은 내륙지방에 자리 잡고 있기에 주로 돼지고기와 밀가루 그리고 각종 야채와 버섯을 주재료로 한 음식이 발달함으로써 자연스레 발달한 음식이다.

1936년에 문을 연 덕발장은 대대로 내려오는 전통 있는 가게로서 역사가 가장 오래되었을 뿐만이 아니라 다양한 종류와 맛에 있어서 시안을 대표하는 만둣집이다.

덕발장은 중국AAAAA급 친환경식당綠色飯店으로 4층 건물이다. 면적도

덕발장 외관

문전성시를 이룬 손님들

48,471m²(약 1,460여 평)에 달해 1,200여 명이 동시에 식사할 수 있다. 홀 안은 교자를 맛보려는 사람들로 문전성시를 이룬다.

중국 전통악기의 맑고 아름다운 음률이 울려 퍼지는 가운데, 다양한 색깔과 모양으로 만든 만두를 찌거나 굽거나 찐 교자 맛을 음미할 수 있다. 맨 마지막에는 일명 '국화 전골'이라고도 불리는 '서태후 전골'이 나온다.

이곳에서는 그냥 '태후 전골'이라고 한다. '태후 전골'은 서태후가 의화단운동으로 인해 미국을 비롯한 8군 연합군에 의해 베이징이 점령당하자 잠시 시안으로 피신을 왔는데 이때 황실 주방장이 서태후를 위해 만든 특별음식이다.

'국화 전골'이란 이름은 화로에 불을 붙였을 때 올라오는 불꽃 모양이 마치 국화꽃이 핀 것 같다고 해 붙여진 이름으로 팔팔 끓는

서태후 전골 / 덕발장 만두

국물에 아주 작은 교자를 넣어 익힌 후 건져 먹는다. 이 작은 교자를 건져 먹는 사람은 행운을 얻는다고 한다. 그러나 교자가 어찌나 작은지 국자를 들고 한참 동안 숨바꼭질을 해야만 겨우 한두 개 찾을 수 있을 뿐이다.

시안의 교자는 종류가 다양하고 맛 또한 다양하기에 눈과 입을 동시에 즐기면서 음미해야 한다. 오죽했으면 시안에는 만두를 찬양하는 다음과 같은 말이 생겨났을까.

"만두 하나하나 모양이 다르고, 만두마다 속이 다르니 백 가지 맛을 내네. 한 상의 만두로 천하의 맛을 만끽하도다!"

덕발장과 붙어있는 건물에는 각종 이슬람 요리를 맛볼 수 있는 동성상通淸祥이 있다.

동성상은 후이저우徽州(휘주) 상인 어우양歐陽(구양)이 광서12년인 1889년에 창건했다. 안으로 들어서면 입구에 '국가특급주가' 아래에서 양러우파오모羊肉泡饃(양육포마)를 먹고 있는 장면의 동상이 있다.

동성상 외관

동성상의 대표 요리는 산시성의 특산 요리라 할 수 있는 양러우파오모이다.

양러우파오모는 시안 사람들이 아주 좋아하는 회교도 음식 중 하나로 그 역사는 서주 시대에 '왕과 제후들에게 올리던 음식'이라고 기록되어 있을 정도로 오래되었다. 먹는 방법은 이렇다.

먼저 빵을 잘게 떼어서 양념하고 끓는 양고기 국물을 부어서 먹는 음식을 말하는데 주재료는 일명 밀전병이라는 '라우빙烙餠(락병)'이다. 부재료로는 원추리, 목이버섯, 당면, 풋마늘, 고수, 삶은 양고기가 들어가고 여기에 소금, 조미료, 후춧가루가 양념으로 들어간다.

주의할 점은, 식탁에 앉아있으면 먼저 라우빙이 나오는데 이것을 손톱만 한 크기로 잘게 떼어 사발에 담아야 한다. 그러고 나면 서빙하는 직원이 사발 겉면에 번호를 붙이고 사발을 주방으로 가지고 가서 앞에서 말한 재료들을 사발에 넣고 뜨거운 양고기 육수를 담아 온다. 안에 들어가는 재료가 많은데도 고기가 부드럽고 국물은 진하며 느끼하지도 않고 맛이 깔끔하다. 양러우파오모는 영양이 풍부할 뿐만이 아니라 위를 따뜻하게 해주는 기능도 있다고 한다.

동성상에서는 음식뿐만이 아니라 중국 10대 명차도 판매한다.

양러우파오모 먹고 있는 동상
/ 양러우파오모

안후이성安徽省(안휘성) 황산일대에서 나는 황산마우펑黃山毛峰 녹차, 치먼祁門(기문) 일대에서 나는 치먼 홍차, 루안 녹차六安瓜片(육안과편), 타이핑허우쿠이太平猴魁(태평후괴) 녹차, 신양마우젠信陽毛尖 녹차(신양모첨·품질 좋은 차나무의 어린 순만 골라 가공해 만든 차), 우롱차의 일종인 철관음鐵觀音 그리고 룽징차龍井茶를 비롯해 전국 각지에서 생산되는 진품 명차만을 판매한다.

시안 고루에 있는
문무성지(文武盛地) 현판 유래

밤에 시안 고루에 불이 밝혀지면 야경이 멋있다. 수십 개의 연을 매단 줄 연을 날리고 있는 사람들도 있다. 시안 종루보다 4년 먼저 지은 누각인 시안 고루는 원래 시각을 알리는 거대한 북이 있었다고 한다.

그러나 지금은 작은 북만이 남아 있다. 문관과 무관을 많이 배출한 곳이란 뜻인 '문무성지' 현판이 황금빛을 머금은 채 누각 상단 이마에 걸려있다.

'文武盛地' 현판과 관련해 재미있는 이야기가 전해진다.

옛날 이곳에는 어떤 거지를 따뜻이 보살펴주던 노부부가 살았다고 한다. 그러던 어느 날, 이 지역의 관리였던 오지부 대인이 상금 2백 냥을 걸고 시안 고루에 내걸 현판 글씨를 공모했다. 그런데 그동안 노부부의 보살핌을 받아오던 거지가 지금까지 보살펴준 은혜에 감사하며 그동안 진 빚을 갚는다면서 물통에 먹물을 담아오게 했다. 그러고는 빗자루에 먹물을 묻혀 '文武盛地'라고 4글자를 써주었다.

노부부는 거지가 시킨 대로 이 글을 오지부 대인에게로 가져갔다.

글씨를 본 오지부 대인은 감탄했다. 그런데 '武'자의 오른편 위 점 하나가 빠진 것을 보고 무척 애석하게 여겼다. 노부부에게 상금 2백 냥을 내린 후 이 글을 쓴 사람이 누구냐고 물었다. 노부부가 이실직고하자 오지부 대인이 그 사람을 직접 만나보고 싶다며 데려오기를 청했다. 노부부가 집에 와서 거지를 찾았으나 거지는 이미 집을 떠난 후였다.

바야흐로 시간은 흘러 오지부 대인이 누각에 걸린 '文武盛地'라는 4글자를 보며, 기가 막히게 잘 쓴 글씨인데 왜 '武'자에 점이 빠졌을까 탄식하고 있었는데, 홀연히 거지가 먹 묻은 빗자루를 들고 나타나 누각 아래로 와서 빗자루를 던져 점을 찍어 완성시킨 후 사라졌다고 한다.

전설에 의하면, 그 거지는 중국 신화의 전설적인 도교 선인인 팔선八仙 중의 한 명이자 운방 선생으로 불렸던 한종리漢鍾離·한중리라 믿고 있다고 한다. 어쨌든 중국에는 이렇듯 믿거나 말거나 하는 얼토당토않은 얘기들이 많이 전해진다.

시안 고루 전경과 야경

중국 역사상 유일한 합장묘
건릉(乾陵)

시안에서 서북쪽으로 2시간 정도 이동하면 양산梁山·량산이 자리 잡고 있다.

3개의 봉으로 이루어진 양산은 석회암 석산으로 원추형 모양을 하고 있으며 최고봉은 해발 1047.9m인 북봉이다. 이곳 북봉에 건릉첸링이 있다. 남쪽에는 비교적 낮은 봉우리가 양쪽에 있는데 여인의 젖가슴을 닮았다 해서 유봉乳峰이라 불린다.

중국 역사상 유일한 여황제인 측천무후(중국에서는 '우저텐武則天·무측천'이라고 함)와 그녀의 남편인 당 고종 이치의 합장한 무덤인 건릉은 당 광택唐光宅·예종 연호·684년 9월~684년 12월까지 원년인 683년, 측천무후의 명에 의해 공사를 시작해 684년 8월 이치가 매장된다. 이후에도 건축공사는 계속되었고, 측천무후가 죽은 지 5개월 후인 706년 5월, 당 중종 이현李顯이 측천무후를 건릉에 장사지내도록 명령해 창안長安에서 이곳 양산으로 운구되어 고종의 무덤인 건릉에 합장했다. 측천무후는 자기가 죽으면 남편 곁에 묻어달라는 유언을 남겼다고 한다. 이 지역 사람들은 건릉을 '무측

건릉 전경

천릉'이라 부른다.

 이미 앞에서 설명했듯이 옛날 중국에서는 일반 백성의 무덤은 묘 또는 분墳, 이름을 알 수 없는 귀족의 묘는 총塚, 제왕의 묘는 능陵 그리고 성인의 묘는 임林이라 불렀다. 그렇기에 허난성 뤄양에 있는 관우의 무덤을 관림關林이라 하고 산둥성 취푸曲阜(곡부)에 있는 공자의 무덤을 공림孔林이라 하는데 이를 중국의 이림二林이라 일컫는다.

 건릉은 인산위릉因山爲陵의 형식을 취하고 있다. 옛 중국에서는 황제의 묘를 쓸 때 두 가지 방법이 있었다. 하나는 관을 묻고 흙을 쌓아서 무덤을 산처럼 만드는 적토위총積土爲塚과 기존의 산을 뚫어 관을 안치한 인산위릉이다.

건릉비 / 육십일번신상

500여m의 신로神路를 따라 걸으면 주작문 안 헌전 앞에 머리가 잘려나간 '육십일번신상六十一蕃臣像'이 대칭으로 도열해 있다. 이 석인상은 당 고종의 장례식 때 조문을 온 중국 주변 61개국의 사절들을 조각한 것이다. 처음에는 이 모든 석인상의 뒤에 국명, 관직, 이름이 새겨져 있었으나 지금은 머리가 잘려나가고 글씨도 훼손되어 알아볼 수가 없다. 머리가 잘려나간 이유는, 살아 있는 자신의 석상이 죽은 황제의 능에 세워진 것을 꺼려한 당사자들이 몰래 석상의 머리를 잘라갔기 때문이라고 한다.

건릉 앞에는 높이 7.53m, 너비 2.1m, 두께 1.49m, 무게 98.9톤인 무자비無字碑·우즈파이가 있다. 무자비란 말 그대로 '비문이 없는 비석'을 말한다.

중국 천하를 호령했던 여걸 측천무후가 왜 비문을 남기지 않았을까. 여기에는 다음과 같은 가설이 전해진다.

첫째는 측천무후가 죽기 전, 자신의 묘비에는 아무런 글자도 남기지 말라는 유언이 있었다는 설과, 둘째는 측천무후가 세운 일생의 공덕을 간단한 몇 마디 말로 다 표현할 수가 없다는 것이다. 그렇기에 자신에 대한 평가는 후세사람들의 몫으로 돌려 평가하도록 하려 함이요.

셋째는 이 비석은 측천무후가 세운 것이 아니라 그녀의 아들인 당 중종 이현이 세웠

무자비

는데 비석을 세우면서 황후라 칭할지 아니면 황제라 칭할지 명칭에 관한 판단이 서지 않아 필을 들지 않았다고 한다.

중국 역대 황제들의 무덤은 거의 도굴을 당했으나 건릉은 당대 18릉 중 유일하게 도굴을 당하지 않았다고 하니 이 또한 역사의 수수께끼이며 아이러니가 아닐 수 없다.

건릉에는 측천무후와 이치의 합장묘 외에도 17개의 태자, 공주, 대신의 묘가 있다.

필자가 눈여겨본 묘는 당나라 세4대 황제인 중종의 일곱 번째 딸인 영태공주永泰公主 이선혜李仙惠의 묘이다.

영태공주는 남편과 오빠인 의덕태자가 측천무후를 비난했다는 이유만으로 할머니인 측천무후의 노여움을 사서 사사된 애련한 인물이다. 건릉의 대표적인 부장묘인 영태공주묘는 건릉에서 동남쪽으로 약 2.5km쯤 떨어져 있다. 이곳은 수많은 벽화와 부장품이 발굴됨으로써 더욱 유명하게 되었다. 특히 묘실 밖에는 많은 벽화가

궁녀도 벽화

그려져 있는데 관광객의 눈길을 가장 많이 끄는 것은 '16궁녀도'이다. 벽화들은 실제 사람의 크기로 그려져 있어 생동감을 더하나 사실은 복제품이고 원본은 산시박물관에 있다고 한다.

건릉도 언젠가는 발굴이 되겠지만 현재는 발굴기술과 방부기술 등이 완전하지 않아 유물의 훼손이 우려되어 발굴 작업을 미루고 있다 한다.

> **TIP**
>
> 건릉은 사계절 관람할 수 있으며 관람료가 성수기 때는 122위안, 비수기 때는 98위안이다. 개방시간은 3월~11월은 08:00~18:00까지이고 12월부터 다음 해 2월까지는 08:30~17:30까지로 관람하는 데는 2~3시간이 걸린다.

시안 최고 명소, 진시황 지하군단
병마용갱(兵馬俑坑)

시안에서 가장 유명한 관광지 중의 한 곳이자 진나라의 위상을 그대로 보여주는 병마용갱삥마용컹은 진시황릉에서 1.5km쯤 떨어져 있으며 1987년 유네스코에 등재된 세계문화유산이다.

1974년 3월 29일 리산驪山(여산)의 북쪽 산자락인 시안시 임동구 안채향 서양촌西楊村에 살던 양신만楊新滿, 양지발楊志發·양즈팔, 양준붕楊俊鵬·양쥔펑, 양계덕楊繼德·양지더 등 청년들이 이 지역에 극심한 가뭄이 들자 물을 얻기 위해 마을 남쪽에 있는 감나무 밭에서 우물을 파던 중 우연히 발견했다.

지금도 병마용 1호 갱 옆 시청각실 건물 안에서는 '진용발현인秦俑發現人 양계덕 선생 사인회'라 적힌 플래카드를 걸어 놓고 병마용갱을 최초로 발견한 사람 중 한 명인 양계덕 선생이 건강한 모습으로 병마용갱 관련 서적을 판매하고 있다. 양계덕 선생은 1948년 1월 17일생으로 필자보

병마용 갱 입장권

양계덕 선생 사인회와 양계덕 선생의 모습

다 한 살 더 많다.

　병마용은 '흙으로 빚은 병사와 말'을 가리킨다. 병마용은 기원전, 중국을 최초로 통일한 황제인 진시황이 사후에 그의 무덤을 지키기 위해 만든 거대한 지하군단으로 진시황릉의 일부다.

　중국에서는 황제가 등극했을 때부터 무덤을 조성하기 시작해 죽을 때까지 계속했다. 그렇기에 재위 기간이 길고 절대 권력을 누렸던 제왕일수록 무덤이 크고 화려하며 웅장하다. 그 대표적인 무덤이 진시황릉이다.

　진시황의 성은 영嬴, 이름은 정政으로 그의 출생에 대해서는 수수께끼로 남아 있으나 그의 어머니는 부유한 상인 여불위呂不韋·뤼부웨이의 애첩이었다고 전해진다. 젊은 부호 여불위의 도움으로 장양왕莊襄王이 왕위에 올랐으나 재위 3년 만에 죽고 그의 아들 정이 즉위했는데 그가 바로 시황제인 진시황이다. 시황제라는 칭호도 '진나라 때부터 새로 시작한 황제'라 해 붙여진 이름이다. 진시황은 13세에 황제 지위에 올랐으나 친정체제는 22살 때부터였으며 기원전 221년 그의 나이 38세 때에 중국을 최초로 통일하고 50세에 죽는다.

진시황이 허베이성에서 태어나고 허베이성에서 죽었기 때문에 허베이성에는 그의 이름을 딴 친황다오秦皇島(진황도)라는 곳이 있다. 친황다오란 이름은 진시황이 늙지 않고 죽지 않는, 불로장생을 위한 영약을 구하기 위해 진나라의 방사였던 서복徐福·쉬푸을 파견한 항구도시라는 데서 유래했다. 중국 내에서도 황제의 이름으로 명명한 도시는 친황다오가 유일하다.

진시황은 자신의 권력을 과시하기 위해 '아방궁'을 지었고, 자신의 제국을 지키기 위해 '만리장성'을 쌓았으며, 그의 꿈은 영원히 죽지 않고 자신의 제국을 다스리는 것이었다.

그러나 잦은 전쟁과 힘든 노역에 시달렸던 백성들과 그에게 앙심을 품은 수많은 정적으로부터 항상 암살의 위험을 느끼며 살아야만 했다.

무소불위 막강한 권력은 물론 불로장생과 영원한 제국을 꿈꿨던 진시황은 신하들에게 불로초를 찾아오도록 명한다. 이때 불로초의 행방을 알고 있다며 희대의 사기꾼으로 등장한 인물이 바로 서복이다. 서복은 진시황을 알현 후, 중국 동쪽에는 삼신산三神山인 봉래산, 방장산, 영주산이 있는데 삼신산에 사는 신선들이 불로초의 행방을 알고 있다며 자기가 직접 가서 찾아오겠다고 한다. 귀가 솔깃한 진시황은 서복에게 60척의 배와 3천명의 동남동녀童男童女와 5천 명의 수행원 그리고 수많은 보물을 아낌없이 내주며 불로초를 찾아오라 명한다.

그러나 서복은 삼신산을 지나 제주도를 거쳐 일본으로 간 후 행

진시황병마용박물관 외관

방이 묘연해졌을 뿐 진나라로 돌아오지 않았다고 한다. 진시황의 심리를 십분 활용한 사기 행각이라는 생각이 든다. 기원전 210년, 영원불멸할 것만 같았던 진시황이 순행 길에 올랐다가 갑자기 죽자 4년 만에 진 제국은 결국 멸망하고 만다.

  세계 8대 기적 중의 하나로 손꼽히는 병마용갱은 고고학자들에 의해 탐사 및 발굴 작업이 계속되고 있으며 지금까지 모두 4개의 갱이 발굴되었다. 갱은 발굴 순서에 따라 1, 2, 3호로 나뉘는데 그중 4호 갱은 사장되고 현재 1, 2, 3호 3개의 병마용갱이 개방되어 관광객을 맞고 있다. 원형 스크린 극장에서 진나라 때의 역사를 동영상으로 감상한 후 1호 갱으로 갔다.

  돔 형식으로 지은 1호 갱은 1974년 7월 5일 발굴을 시작해 1975년 7월 21일 전 세계에 공개함으로써 세상을 깜짝 놀라게 했으며, 중국을 재인식하게끔 만든 하나의 역사적 사건이 되었다.

  직사각형 모양의 1호 갱은 동서 길이 230m, 남북 너비 62m, 깊이 약 5m, 총면적 14,260㎡(약 4,314평)로 축구장 크기의 1.5배에 달할 만큼 규모가 가장 크다.

  입구로 들어서면 중앙관람대가 나오고 맨 앞에는 완전하게 복원한 병마용이 도열해 있다. 중앙관람대에서 아래쪽에 도열 해 있는 병마용을 내려다보고 있노라면 마치 자신이 진시황제라도 된 듯 병사들을 사열하고 있는 듯한 기분이 든다. 어디에선가 "열~중~ 쉬엇!, 연대~ 차렷! 황제폐하께 대해 받들어~ 검劍!"하는 우렁찬 구령과 "황제폐하! 만세! 만세! 만만~세!"를 외치는 함성이 들려오는가 싶더니 배를 약간 내밀고 고개를 빳빳이 세운 거만한 자세로 손을 흔들어 보이는 착각에 빠져본다.

1호 갱에는 보병군단이 3열 횡대로 전면을 응시하고 있으며 뒤로는 통로 사이사이에 38열 종대로 서 있고 바깥쪽에는 적을 주시하는 경계병이 있다. 매장된 전체 도용陶俑은 약 6,000여 개로 추정한다. 도용을 토용土俑이라고도 하는데 순장할 때 사람 대신 무덤 속에 함께 묻던 도토로 만든 허수아비를 말한다. 도토陶土란 도자기의 원료로 쓰는 진흙을 통틀어 쓰는 말이다. 병용兵俑이라 일컫는 일반 병사들의 모습과 갑옷으로 무장한 군사의 표정이 제각각이다. 마치 살아 있는 사람에게 진흙을 발라놓은 듯 사실적 묘사가 너무나도 생생해 진시황의 명령이 떨어지면 금방이라도 달려 나와 전투태세에 임할 것 같다.

이곳 병마용의 키는 170~180cm로 당시 진나라 남성의 평균 신장인 158cm보다 크게 만들었다. 이는 진시황의 호방한 성격 때문에 일부러 크게 만들었지 않나 하는 생각이 든다. 더욱 흥미로운 것은 1호 갱의 일반 병사의 신장은 평균 173cm, 3호 갱은 180cm로 계급의 차이를 신장으로 표현한 점이다.

1호 갱의 중간쯤에서는 아직도 복원이 진행 중이며, 갱의 끝에는 복원을 마친 말과 병사가 진열되어 있다. 오른쪽에는 병마용을 유심히 살펴볼 수 있는 전시실이 있다.

병마용 1호 갱 전경

도열해 있는 병용

전시실에는 문관과 무관의 도용을 별도로 전시해 놓았는데 관심을 가지고 유심히 살펴보면 재미있는 사실들이 발견된다. 문관은 신발과 모자로 계급(직분)을 구분했는데 계급이 높을수록 신발 코 부분이 올라와 있다. 그리고 무관은 체구가 크고 우람하며 갑옷을 입었는데 당시는 늘 전시상태였기 때문에 무관이 우대받았음을 짐작할 수 있다. 갑옷도 없이 깡마른 체구의 병사들 모습에서는 왠지 정이 가면서도 마음이 짠하다.

도용 하나하나에는 손톱과 손금은 물론 심지어 눈썹, 머리카락까지 세밀하게 묘사되어 있다. 감탄사가 절로 나온다. 말 또한 표정까지 어찌나 섬세하게 묘사했는지 마치 살아 움직이는 듯하다. 1호 갱을 전체적으로 둘러보면 병마용의 복원과정을 한눈에 관찰할 수 있도록 만들어 놓았다.

1호 갱 후면 오른쪽 통로를 지나면 2호 갱이 나온다.

1976년 4월 15일에 발견된 2호 갱은 비교적 규모가 작고 부분적으로 발굴했는데, 기마용騎馬俑, 보병용步兵俑 그리고 다양한 목재 전차와 이를 끄는 마용馬俑과 많은 양의 금속병기가 출토되었다. 2호 갱은 1호 갱과는 달리 도용이 채색한 그대로이다. 1호 갱도 발굴 당시에는 화려한 채색이었으나 햇볕에 노출된 후 몇 시간 만에 변색 되어버렸다. 고고학 발굴사상 최악의 실수를 저지른 것이다. 그렇지만 발굴 당시 함께 출토된 검은 녹슬지 않았다고 한다. 그 이유에 대해 과학적인 방법으로 분석한 결과 크롬분말을 검의 표면에 침투 확산시켜 내식과 내마모성을 높이는 방법인 '크로마이징(chromizing)'으로 열처리했음이 밝혀졌다.

  2호 갱을 발굴할 때는 1호 갱 발굴 시 저지른 실수를 거울삼아 발굴했기 때문에 채색원형을 유지할 수 있었다. 도용에 채색한 물감은 모두 천연식물과 광물에서 추출했다.

  1호 갱과 2호 갱을 발굴하면서 축적된 기술로 인해, 비록 일부분이지만 가장 완전하게 발굴한 3호 갱(1976년 5월 11일 발견)은 장군의 것으로 추정되는 채색한 목재 전차 1량과 갑옷을 입은 보병용 64기 그리고 마용 4기가 함께 출토되었다.

  특히 3호 갱에서는 4명이 탈 수 있는 지휘용 전차와 출정하기 전, 점을 친 흔적으로 보이는 사슴뿔 등 동물의 뼈가 나왔는데 이곳이 바로 당시 군 지휘부라는 증거이다. 이곳 군 지휘부의 군용은 세계 고고학사 사상 유일한 발견이며 역사적 가치가 매우 크다고 한다. 지금까지 모두 4호 갱이 발굴되었으나 4호 갱은 완성되기 전에 폐기된 상태였다. 그 이유는 진시황 후기에 실정으로 인해 민란이 이어지고 정국이 혼란해지면서 원래 계획대로 추진하지 못했을 거라 추정되고 있다. 사실 4호 갱을 보면 진 왕조의 흥망성쇠를 알 수 있다.

널브러져 있는 3호 갱

그럼 잠시 진 왕조의 멸망과 병마용갱이 어떻게 파괴가 되었는지 알아보도록 하자.

진시황은 흉노족의 침입을 막아 북쪽 지역을 지키려고 만리장성을 쌓았으며 진시황의 궁궐인 아방궁을 지었다. 이와 같은 대규모 토목공사를 하면서 백성들을 강제로 징집해 노역은 물론 막대한 세금까지 부과했다.

백성들은 대다수가 농민이었는데 토목공사에 동원되느라고 농사를 지을 수 없었다. 지나치게 많은 토목공사와 세금으로 인해 백성들은 지칠 대로 지쳤고 원성은 증폭되었다.

그러던 어느 날, 세상을 호령하던 진시황은 죽음을 맞는다. 그러자 조정에서는 내분이 일고 백성들은 반란을 일으켰다. 반란의 불길은 전국으로 번져나갔고 전국은 대혼란에 빠졌다. 결국에 진나라는 진시황이 죽은 지 4년 만에 멸망하고 만다. 진시황의 잔혹한 통치가 진 왕조의 단명을 초래한 것이다. 진나라의 혼란을 틈타 진나라를 멸망시킨 초나라 장수 항우項羽는 병마용갱 안의 토용들이 들고 있던 병장기를 약탈하고 병마용갱을 불사르고 파괴했다. 병마용갱의 불길과 함께 진나라는 역사 속으로 사라졌다.

진시황릉 서북쪽에서 대형 청동전차인 부차와 안차 두 개가 발견되었다. 이를 4마리의 말이 끈다 해 청동 4두마차青銅四頭馬車라 하는데 일명 동차마銅車馬라고도 한다. 부차는 지금의 경찰차에 해당하는 것으로 수동으로 올리고 내릴 수 있게 만든 차양막이 있어 햇볕과 화살을 막았다. 아울러 진시황의 것으로 추정되는 안차는 누워서 탈 수 있도록 만들었는데 30개의 바퀴살은 한 달, 즉 30일을 나타낸 것이라고 한다.

청동 4두 마차가 전에는 1호 갱에 있는 전시실에 있었는데 지금은 따로 박물관을 지어 지하유물전시실에 있다. 실제보다 2분의 1로 축소해 만든 이 청동 4두 마차는 진시황이 살아생전에 사용했던 것이 아니고 사후에도 부귀영화와 절대 권력을 누리면서 현세와 똑같은 삶을 살 것이라는 믿음 속에서 만든 것이다.

당시 기마군이 탄 말은 몽골의 말蒙古馬이었다고 한다. 몽골의 말은 몸집이 작고 길며, 다리가 비교적 짧아 호마胡馬(중국의 북방이나 동북방 등지에서 나는 말)에 비해 좋은 말이 아니었다. 하지만 몽골의 말은 지구력이 강하고 급회전 능력이 뛰어나며 쉽게 놀라지 않아 선투 시에 다양한 전술을 구사할 수 있었다. 이뿐만이 아니다. 추위에도 잘 견디며 거친 먹이도 잘 먹고 질병에 대한 저항력도 강해 기마군단으로서의 위력을 갖추고 있었기 때문이다.

파손되어 널브러져 있는 병마용을 퍼즐 맞추듯 조각 하나하나를 맞춰 완성해 나가는 고고학자들의 끈기와 인내와 노력에 열렬한 박수를 보낸다.

연간 200만 명 이상의 관광객이 찾는다는 병마용갱은 지금도 발굴이 계속되고 있으나 언제 끝날지는 아무도 모른다. 병마용갱을 발견한 마을의 주민들은 자손 대대로 살아온 삶의 터전에서 이주당해 다른 주택에서 살고 있다. 이들은 농부에서 상인으로 바뀌어 관광 상품을 팔고 있다.

  2,000여 년 동안 깊은 잠에 빠져있던 지하군단이 잠에서 깨어 "쿵! 쿵! 쿵!" 지축을 흔들며 세상 밖으로 나올 것만 같은 환상을 뒤로하고 진시황릉으로 발걸음을 옮겼다.

병마용박물관 경내에 들어서면 먼저 원형극장에서 영화를 보고 1·2·3호 갱 순서로 관람을 하자. 박물관 내는 원칙적으로 사진촬영 금지구역이다. 공안원과 관리인이 감시하고 있다. 그러나 형식적일 뿐이기 때문에 너무 겁먹지 말고 마음 놓고 사진을 찍기 바란다.

부차인 청동 4두 마차

안차인 청동 4두 마차

수은으로 가득 찬 미발굴 상태
진시황릉(秦始皇陵)

시안시 린퉁구臨潼區(임동구) 북쪽의 리산 산기슭에 자리한 진시황릉친스황링은 중국을 통일한 최초의 황제인 진시황이 묻혀 있는 무덤이다.

능묘는 70만 명 이상을 동원해 36년간에 걸쳐 완성한 황릉으로 무덤의 내성 둘레 2.5km, 외성 둘레 6.3km, 높이 76m로 유네스코에 등재된 세계문화유산이다. 원래 진시황릉은 진시황이 50세까지 살았기 때문에 능의 높이를 50장丈(1장은 보통 사람 신장 길이)으로 만들었다고 한다.

그런데 지금은 가라앉아 76m밖에 되지 않는다. 중국 정부는 기술적인 문제로 아직 발굴을 미루고 있는 상태지만 레이저 탐지기 및 위성탐사를 통해 무덤의 내부를 어느 정도 파악하고 있다고 한다.

그동안 파악된 연구발표에 의하면, 진시황이 무덤을 설계할 때 훗날의 도굴을 방지하기 위해 여러 장소에 함정을 만들었고 매장된 유물의 부식을 막기 위해 많은 양의 수은水銀(Hg)을 함께 넣었다고 한다. 실질적으로 진시황릉의 지표면에서는 다른 황릉의 지표

면보다 무려 20~30배나 높은 수은이 검출되었다.

그런데 진시황의 사인과 진시황릉에 대한 또 다른 학설이 제기되고 있다. 캐나다 캘거리대학의 역사학과 교수인 데이비드 커티스 라이트David Curtis Wright는 진시황의 죽음은 진시황이 먹은 불로장생약 때문이라고 발표했다. 어의들이 진시황에게 불로장생약이라고 먹인 것은 바로 수은이었기 때문이다. 수은은 '물처럼 흐르는 은銀'이란 뜻이다. 수은은 상온常溫에서 액체 상태로 존재하는 은백색의 금속으로 강력한 독성이 있고 중독성이 강하다. 진시황이 살았던 당시에 수은은 매우 귀한 물질로 소량 섭취할 경우 순간적으로 피부가 팽팽해지고 혈색이 좋아지며 몸에 활력이 넘치는 것처럼 느껴졌기 때문에 고대 중국에서는 질병을 치료하는 귀한 약제로 쓰였다고 한다. 수은을 불로장생약으로 잘못 알고 즐겨 먹은 진시황은 수은에 중독된 것이라는 이야기이다.

진시황에게서는 수은의 중독 증세인 손 떨림과 강박관념이 매우 심해지고 온몸에 괴사가 생겨 이로 인해 신경질적 발작을 일으키는 등 난폭해졌다는 것이다. 이런 난폭한 성격은 결국 폭정으로 이어졌다. 학자들이 자신을 비방하지 못하도록 실용서적을 제외한 모든 서적을 불사르고 460여 학자들을 생매장시킨, 이른바 분서갱유焚書坑儒와 같은 어처구니없는 일을 저지르게 된다.

어쨌든 과학이 좀 더 발전하고 발굴기술이 향상되어야만 비밀의 열쇠는 풀리겠지만, 진시황 자신이 그토록 영원불멸을 꿈꾸었던 일은 현실에서가 아닌 역사 속에서 불로장생을 누리고 있는 것만은 확실하다.

진시황릉 광장

　필자의 생각에는 중국 당국은 어쩌면 향후 아주 오랫동안 진시황릉을 발굴하지 않을 것이라는 생각이 든다. 발굴하는 과정 자체가 곧 파괴하는 것이며, 우리가 숨겨진 의미와 가치를 안다면 굳이 발굴하지 않아도 된다는 인식이 학자들 사이에 확대되어 가고 있기 때문이다.

　앞으로 과학이 더욱 발전하면 발굴하지 않고 내부에 어떤 유물이 들어 있는지를 알아볼 수 있기에 발굴하지 않고 과거의 기억이기도 한 역사의 한 페이지로 남겨두는 것도 좋겠다는 생각이다. 이뿐만이 아니다.

　진시황에 대한 부정적인 평가에 있어서 간과해서는 안 될 것이 있다. 분서갱유 같은 이야기는 진나라를 멸망시킨 한나라 때 승자 편에서 쓰인 이야기임을 고려할 필요가 있다.

(순서대로) 진시황릉 (1990년대) / 진시황릉 (2010년대) / '등정 금지' 팻말

사실 진나라는 짧은 역사임에도 불구하고 중국의 유럽식 이름인 'China'가 진에서 유래되었으며, "중국 2천 년 역사는 진나라 정치로 이루어졌다(中國兩千年之政秦政也)"라고 할 정도로 중국 전체에 많은 영향을 주었다.

지금은 봉분을 밟고 올라가는 자체를 금지하고 있다. 오르는 길목에는 능에 오를 수 없다는 팻말을 세우고 아예 나무로 막아 놓았다.

필자는 오래전 금지하기 전이라 정상까지 오를 수가 있었다. 마침 여름철이라 40℃를 웃도는 따가운 햇볕을 받으며 한 계단 한 계단 정상을 향해 오르는 일은 결코 쉬운 일이 아니었다. 온몸이 땀으로 뒤범벅이 되어 정상에 다다러서야 땀을 식힐 수가 있었다. 정말이지 인내가 요구되는 고역이었다.

진시황릉의 정상에 서서 올라왔던 길을 뒤 돌아보니 마치 진시황의 머리 가르마를 타고 올라와서 정수리에 다다른 기분이었다. 전에는 정상에 올라 시안 시내를 한눈에 조망하며 무소불위의 권력을 휘둘렀던, 중국을 최초로 통일한 진시황의 용맹한 기개를 온몸으로 느껴볼 수 있었으나 오늘날은 차창관광으로 대신한다. 차창

관광이란 버스 안에서 차창을 통해 주마등처럼 관광지를 둘러보는 것을 말한다.

여기에서 황제의 무덤에 관련한 사실을 한 가지 덧붙이자면, 당 태종 이세민 전까지는 인공적으로 쌓아 올린 야산에 무덤을 만들었으나 공사가 매우 방대하고 공사 기간이 길어 이후에는 경치가 좋고 풍수지리학적으로 위치가 좋은, 자연적으로 형성된 산을 찾아 무덤을 만들었다. 그 대표적인 무덤이 측천무후와 당 고종 이치의 합장묘인 건릉이다.

진시황릉에서 나오면 거리 곳곳에 가게들이 즐비하다. 특히 이 지역의 특산물인 석류와 석류 진액이 많다. 석류에는 여성호르몬과 유사한 성분이 풍부하게 함유되어 있어서 갱년기 여성에게 최고의 과일로 알려져 있다. 그래서인지 한국관광객 특히 여성 관광객들이 꼭 사가는 물품 중에 가장 인기 있는 품목이 석류 진액이라고 한다. 이뿐만이 아니다. 산시성의 고장답게 각종 면 요리점이 많다.

특히 필자의 눈을 사로잡은 것은 식당 앞에 걸린 한자이다. 중국에서 가장 많은 획수를 자랑하는 '빵빵 면'이라는 한자다.

(순서대로) 면 식당 외관 / '빵빵 면' 한자 / 시안 요리

당 현종·양귀비 불륜 장소 황실 '온천휴양지'
화청궁(華淸宮)

시안 시내에서 동쪽으로 약 35km쯤 떨어진 곳에는 화청궁화칭궁이 있다.

여산궁이라고도 불리는 화청궁은 당 태종이 이곳 여산 기슭에 지은 이궁으로 역대 중국 황제들이 겨울에 휴양차 와서 온천욕을 즐겼던 곳이다.

이곳 화청궁은 현존하는 최대 규모의 당대황실원림으로 산세가 수려하고 풍광이 아름다울 뿐만이 아니라 질 좋은 온천수가 풍부해 주나라 때부터 3,000여 년간 황실 온천휴양지로서의 명성을 누려온 곳이다. 화청지華淸池·회칭츠린 이름도 화청궁 안에 못池이 있기에 붙여졌다. 오늘날의 화청지는 온천지보다는 당 현종과 양귀비가 사랑을 나눴던 장소로 더 많이 알려져 있다. 실제로 당 현종과 양귀비가 함께 이곳에 와서 10월부터 이듬해 봄까지 부적절한 관계의 밀월을 즐겼다. 아무리 두 사람만의 로맨스라고는 하지만 시아버지와 며느리 관계가 부부 사이가 되었으니 어찌 부적절한 관계라 말하지 않겠는가.

화청궁 입구

　화청궁 현판은 중국의 유명한 작가이자 학자이며 정치가였던 궈 모뤄郭沫若(곽말약)가 쓴 것이다.
　입구를 들어서면 구룽호九龍湖·쥬룽후의 너른 호수가 나오고 바로 위에 장생전長生殿·창션뎬이 있다. 장생전 안에는 당 화청궁전람관唐華淸宮展覽舘이 있다. 화청궁 한가운데에 있는 구룽호의 가장자리에는 연꽃이 자리하고 있는데 다음과 같은 전설이 담겨있다.
　옥황상제께서 이 지역에 가뭄이 든 것을 알고 용 8마리를 비와 함께 내려보냈다고 한다. 그런데 이 용들이 구룽호에 물을 가득 채운 후 놀기만 하자 다시 또 한 마리의 용을 내려보내 8마리의 용을 다스리게 했다고 한다.

'온천고원' 온천 발원지

구룡호와 상생전 / 구룡호와 장생전 야경

  이런 전설을 입증이라도 하듯 구룡호의 위쪽에는 한 마리의 용 입에서 흘러내리는 온천고원溫泉古源이 있고 그 아래쪽에는 8마리의 용 입에서 온천수가 콸콸 쏟아져 나온다. 또 한 마리의 용이란 온천수의 과다한 사용을 절제하고 관장하는 우두머리용이었지 않나 싶다. 전에는 구룡호 한쪽에 오동포동한 반라의 양귀비 조각상

장한가가 적힌 죽판

이 있었는데 다른 곳으로 옮겨지고 지금은 '장한가'의 일부가 시멘트로 만든 죽판竹版에 새겨있다.

'장한가'는 당 현종과 양귀비의 사랑과 비련을 주제로 한 것으로, 당나라 때의 시인 백거이白居易·772~846년가 35세 때인 806년에 창작한 장편서사시이다.

장한가는 '七言歌行体'로 쓰였으며 모두 840글자로 [白居易集箋校백거이집전교]에 있는 내용이다. 백거이의 자가 낙천樂天이고 호가 향산거사香山居士이기 때문에 우리에게는 '백낙천' 또는 '향산거사'로 더 널리 알려졌다.

장한가 중 당 현종이 양귀비를 향한 사랑이 얼마나 깊었고 타의에 의해 양귀비를 떠나보낸 후 그녀를 얼마나 그리워했는지를 가장 적절하게 묘사한 마지막 부분을 발췌해 본다.

臨別殷勤重寄詞임별은근중기사 / 작별 전에 간절하게 거듭 전하는 말은
詞中有誓兩心知사중유서양심지 / 두 마음만이 아는 맹세의 말.
七月七日長生殿칠월칠일장생전 / 칠월칠석날 장생전에서
夜半無人私語時야반무인사어시 / 밤 깊어 사람 없자 은밀히 속삭였던 말,

在天願作比翼鳥재천원작비익조 / 하늘을 나는 새가 되면 비익조가 되고
在地願爲連理枝재지원위연리지 / 땅에 나무로 나면 연리지가 되자고
天長地久有時盡천장지구유시진 / 영원하다는 천지도 끝날 때가 있을 것이나
此恨綿綿無絶期차한면면무절기 / 우리 슬픈 사랑의 한은 길이 길이 영원히 계속되리.

비익조比翼鳥·비이냐오는 암컷과 수컷의 눈과 날개가 하나씩이어서 짝을 짓지 아니하면 날지 못한다는 전설상의 새를 말하며, 연리지連理枝·랸리즈는 두 나무의 가지가 서로 맞닿아 감고 있는 교합 모양의 것으로 남녀 간의 지극한 사랑을 의미하는 단어들이다.

백거이는 장한가에서 당 현종과 양귀비와의 사랑을 비익조와 연리지에 비유했다.

그러나 필사 생각에는 비익조와 연리지에 대한 모독이라 생각한다. 비익조와 연리지는 이들의 부적절한 관계를 미화하는 데 사용되어서는 아니 되는 새와 나무이기 때문이다.

백성을 돌보고 나라를 잘 다스려야 하는 황제라는 공적인 위치와 본분을 망각한 채 한낱 미모의 여인에게 푹 빠져 국정은 내팽개치고 첩의 가족들에게 나라를 맡겨 도탄에 빠지게 한 결과, 중국 역사에서 최악의 인재로 평가되는 안사의 난安史之亂(당 현종 말엽인

반라의 양귀비상 주변 전경과 목욕 직후 양귀비 초상화

755년에 안녹산과 사사명이 일으킨 반란으로 '안녹산의 난'이라고도 함)이 일어나고 말았다. 그 여파로 양귀비가 도망가다 마외역관 앞의 배나무에 목을 매달아 자결하고, 결국 당나라가 쇠퇴기로 접어드는 계기가 되었지 않았던가.

안사의 난 8년 동안 수많은 백성이 목숨을 잃거나 고향을 잃었다. 안사의 난 전후의 인구조사에서 3천 5백만 명이 사라졌다고 하니 상상을 초월한 정도로 엄청난 국가적 재난이었다는 사실을 알 수 있다.

시성詩聖으로 불렸던 두보는 그의 나이 46세 때 봉선현에 있는 처자를 만나러 갔다가 백수白水에서 안녹산의 군대에 붙잡혀 장안에 연금되었을 때 '춘망春望'이란 작품을 남기기도 했다. 춘망은 '봄을 기다리며'라는 뜻으로 안사의 난이라는 참혹한 시대를 살아가는 시인의 비통한 심정이 가족에 대한 애틋한 그리움과 함께 실린 작품이다.

國破山河在국파산하재 / 나라는 완전히 무너졌으나 산과 강은 그대로 남아 있고
城春草木深성춘초목심 / 성안에 봄이 와 초목이 무성하네.
感時花濺淚감시화천루 / 시절을 슬퍼하니 꽃까지 눈물을 흘리게 하고
恨別鳥驚心한별조경심 / (처자와의) 이별을 슬퍼하니 새소리에도 마음이 놀라네.
烽火連三月봉화연삼월 / 봉화(전쟁 소식)는 석 달이나 타오르고
家書抵萬金가서저만금 / 집에서 온 편지(소식)는 만금보다 값지네.
白頭搔更短백두소갱단 / 흰머리 긁으니 더 짧아져(근심이 많다는 뜻)
渾欲不勝簪혼욕불승잠 / 이제는 아무리 애써도 비녀마저 못 꽂겠네.

이런 일련의 과정을 필자의 관점에서 바라보았다.

두 사람이 '아버지와 아들의 첩'이라는 부적절한 관계를 떠나 권력과 부귀영화를 누리기 위한 요부 양귀비와 그 친인척들, 권력을 자기들 마음대로 주무르기 위해 국정까지 내팽개치고 여체의 탐닉에만 푹 빠지게 한 간신 모리배들이 참으로 개탄스럽다. 아울러 참담한 백성들의 삶은 거들떠보지도 않은 채 본인의 향락만을 추구한 당 현종의 무책임하고 무절제하며 비상식적인 망년연忘年戀으로 인해 가치관이 상실된 하나의 산물에 불과하다는 생각이 든다. 그래서 옛말에도 "미인이 화를 부른다"고 해 홍안화수紅顔禍水라

하지 않았던가.

장한가의 전문을 읽어보면 백거이도 권력에 상당히 빌붙는, 아부 근성이 강했다는 생각이 든다.

양귀비의 죽음에 관해서 또 다른 이야기가 전해진다.

일설에 의하면, 안사의 난 때 양귀비가 자결하지 않고 일본 상인에 의해 구출되어 일본으로 건너갔다고 한다. 현재 일본에는 양귀비에 관한 이야기와 함께 그녀의 유물과 사당, 무덤 등이 실존하며, 양귀비가 38세 때 일본으로 건너가서 30년간을 활동하다가 68세에 죽었다는 것이다.

우리가 흔히 양귀비의 아름다움을 이야기할 때 수화羞花·슈화라고 말한다. 수화란 "꽃이 부끄러워한다"라는 뜻이다.

양귀비가 현종을 만나기 전 어느 날, 궁궐에 있는 정원에서 꽃을 구경하다가 아름답게 핀 모란과 월계화 등을 보고 덧없이 지나가는 청춘을 아쉬워하며 "꽃아! 꽃아! 너는 해마다 다시 피어나지만 나는 언제나 빛을 보겠느냐?"라는 한탄과 함께 눈물을 흘리면서 꽃을 쓰다듬었다. 그러자 갑자기 꽃받침이 오그라들고 꽃잎이 말려 들어갔다. 그녀가 만진 꽃은 바로 미모사含羞草(함수초)였던 것이다. 이때 한 궁녀가 그런 광경을 목격했다. 그 후 그 궁녀는 가는 곳마다 "양귀비가 꽃과 아름다움을 견주었는데 꽃들이 모두 부끄러워서 고개를

미모사 꽃

숙였다"라고 소문을 내고 다녔다고 한다. 여기에서 꽃도 부러워할 정도로 미인이란 뜻인 '수화'가 유래되었다.

양귀비는 얼굴만 예쁜 것이 아니라 노래와 춤 솜씨도 뛰어났으며 특히 비파를 잘 탔다고 한다. 더욱 잘한 것도 있었다는데 내용이 글로 표현할 수 없을 정도로 부적절해 상상에 맡기겠다.

구룡호 왼쪽으로 들어가면 시안의 특산물이자 시화市花인 석류가 탐스럽게 주렁주렁 매달려있다. 석류는 양귀비가 가장 좋아했다는 과일이다.

귀비지貴妃池·구이페이츠 현판이 붙은 건물 안으로 들어서면 양귀비가 혼자서 목욕했다는 전용탕이 나온다. 당 천보6년인 747년에 만들었다는 양귀비 전용탕은 청석푸른 빛깔의 돌로 만든 욕조의 모양이 해당화를 닮았다 해 해당탕海棠湯·하이탕탕이라 한다.

당 현종과 양귀비가 함께 목욕했던 연화탕蓮花湯·렌화탕 벽에는 당 현종과 양귀비 두 사람이 만나고 사랑하고 죽기까지의 이야기가 그림으로 엮여있다. 이외에 지붕이 없어 하늘의 별을 보며 목욕을 했다는 노천탕인 성신탕星辰湯·싱천탕은 태조 이세민이 사용했다고 전해지며, 신하 특히 황제의 음식을 마련하던 관리들이 공동으로 사용했다는 상식탕尙食湯·상스탕, 태자가 전용으로 목욕했던 태자탕太子湯·타이즈탕 등이 있다.

필자의 눈길을 끈 것은 양비지楊妃池이다. 역대 황제들도 양비지에서 목욕을 했다는 기록이 있으나, 장제스蔣介石도 시안사변 전 오간청에 머무르는 동안 양비지에서 목욕을 즐겼다고 한다. 양비지 현판 아래에는 '蔣介石沐浴室장개석목욕실'이란 설명문이 있다. 이

(상)석류나무 / (중)해당탕 / (하)장제스 목욕실

뿐만이 아니다. 중국의 저명한 경극 배우인 메이란팡梅蘭芳(매란방·1894~1961년)이 1957년 화청궁을 방문해 목욕 후 '楊妃池' 석 자를 남겼는데 지금 있는 현판은 메이란팡이 남긴 글씨이다.

건물 뒤편에는 새로 지은 목욕탕이 있어 누구나 온천욕을 즐길 수 있고 간단히 세수하고 손발을 온천물에 담글 수 있다. 이 온천수는 사람에게 유익한 다량의 광물질을 함유하고 있어 피부에 좋고 관절염에 특효라고 한다.

1,300여 년의 역사를 지니는 화청지 내의 목욕물은 지하 3,000m에서 분출되는 천연온천수로서 사시사철 43℃를 유지하며 하루 용출량이 113톤에 달한다고 한다. 아쉽게도 이 유적은 안사의 난 때 모두 불타버렸다고 한다. 현재 유적지는 몇 개의 목욕탕 밖에 남아 있지 않으며 건물은 새로 지은 것들이다. 이곳을 찾은 사람들은 이곳 물로 얼굴을 씻으면 양귀비처럼 예뻐진다 해 많은

담쟁이덩굴로 뒤덮인 비하각

사람이 세수하는 모습을 볼 수 있다.

목욕 직후 반라의 양귀비 모습을 조각한 석고상을 뒤로하고 왼쪽으로 가면 담쟁이 넝쿨에 둘러싸인 아름다운 정자 비하각飛霞閣·페이샤거이 나온다. 양귀비가 목욕 후 요염한 자태로 긴 머리를 말리던 장소이다. 비하각 자체만으로도 한 폭의 그림이다.

> **TIP**
>
> 시안에 오면 특산물인 석류, 복숭아, 감을 맛보기 바란다. 시안은 비가 적고 일조량이 많기에 과일의 당도가 매우 높다. 특히 신맛과 단맛이 나는 석류는 갱년기 여성들에게 좋다고 한다. 농축한 석류(일명 엑기스)를 사면 장기간 보관하면서 마실 수 있다. 국내와는 비교할 수 없을 정도로 값도 저렴하다.

중국 근대사 바꾼 시안사변의 현장
오간청(五間廳)

화청궁 왼쪽에 있는 산 계단을 따라가다 보면 일자 건물인 오간청우지엔팅이 나온다.

다섯 개의 방이 있다 해 붙여진 이름이다. 이곳 오간청은 중국 근대사를 일시에 바꿔놓은 시안사변西安事變의 현장이자 마오쩌둥이 중국 대륙에 거대한 중화인민공화국을 건국하는 데 결정적 계기가 되는 역사적 장소이다.

시안사변이란, 1936년 12월 12일 새벽 3시, 중국국민당의 대원수 장제스가 국공합작을 주장하던 자신의 부하인 장쉐량張學良(장학량)에 의해 이곳 오간청에서 감금된 사건을 말한다. 국공합작國共合作이란, 중국 현대사에서 중국국민당과 중국공산당의 양대 정당이 먼저 일본의 침략에 대해 투쟁하자며 연합한 일을 말한다.

시안사변은 장쉐량의 '12·12 쿠데타'라고나 할까. 역사에 가정이란 없다지만 '우리나라에서 12·12 쿠데타가 없었다면 전두환 정권이, 중국에서 12·12 쿠데타가 없었다면 마오쩌둥 정권이 탄생할 수 있었을까?'라는 가정을 해본다. 중국에서는 시안사변을 숫자 12가

오간청 전경

두 개 있는 12월 12일에 일어났다 해 '雙十二事變쌍십이사변'이라고도 한다.

오간청 안에는 침대가 있는 숙소, 개인 집무실, 사무실, 회의실, 전시관으로 구분되어 있다. 각방에는 탁자·의자·침대·사발·다기·화로·양탄자·전화기 등이 있다. 이 물품들은 모두 원형에 가깝게 만든 복제품이다. 벽 한쪽 게시판에는 시안사변의 주인공인 장제스, 장쉐량, 양후청楊虎城(양호성)의 군복을 입은 사진과 함께 당시 신문에 보도된 기사가 다른 자료와 함께 전시되고 있다. 집무실에는 장제스가 그의 부인인 쑹메이링宋美齡(송미령) 여사와 함께 찍은 사진도 있다.

특히 오간청 벽에는 시안사변 때 장쉐량의 군대가 장제스를 잡기 위해 쏜 총탄으로 인해 깨진 유리창과 벽에 난 총탄 자국이 그대로 보존되어 있어 역사적 현장감을 더해주고 있다.

장제스 집무실 및 침실과 '시안사변' 관련 신문 보도 기사

연못을 돌다 보면 여산으로 올라가는 동그란 문이 있다. 그 위에는 장제스가 도망가다 체포된 정자가 있다. 이 정자의 원래 이름은 장제스를 잡았던 곳의 정자라는 뜻으로 착장정捉蔣亭·쥐쟝팅이라 했으나 타이완과의 정치적 관계를 고려해서 1986년에 병간정兵諫亭·빙지엔팅으로 명칭을 바꿨다. 병간정이란 장쉐량이 장제스에게 내전 정지와 공동 항일共同抗日을 요구하는, 이른바 '국공합작을 무력으로 간언한 정자'라는 뜻이다.

벽에 난 총탄 자국 / 병간정

화청지 구룡호 실경 무대에서의 환상공연
장한가(長恨歌)

시안 여유국에서 주최한 만찬 후 장한가 공연을 보기 위해 화청지를 다시 찾았다.

매년 4~10월에 밤이 되면 화청지는 장한가의 무대로 변신한다. 화청지를 병풍처럼 두른 여산에 조명을 설치해서 화려한 무대가 펼쳐지는데 산이 배경이 되고 호수가 무대이다.

이렇게 유적지 내에서 공연하는 작품은 중국 내에서 처음이라고 한다. 연출은 중국의 대표적 영화감독인 장이모우 감독이 맡았다. 구룡호의 노천극장은 이미 많은 사람으로 발 디딜 틈이 없이 꽉 찼다.

이미 진술한 바와 같이 장한가는 당 현종과 양귀비의 불륜 사랑을 시인 백거이가 아름답고 슬프게 묘사한 노래이다. 양귀비가 황궁에 들어와서 당 현종과 사랑을 나누고 안사의 난 때 도망을 가다가 38세의 나이로 목을 매 자결하고, 양귀비를 잊지 못한 당 현종이 도성에 머물고 있던 임공도사臨工道士에게 부탁해 방사方士(신선의 술법을 닦는 사람)로

장한가 공연 티켓

하여금 위로는 벽락碧落(푸른 하늘로 천국을 일음), 아래로는 황천 黃泉(저승)까지 뒤지게 해 양귀비의 혼을 불러오게 한 후 결국 양귀비를 만난다는 내용이다. 공연 중 레이저 빔을 이용해 거대한 붕새가 나는 장면이 연출되는데 단연 압권이다.

붕새는 장자의 소요유편逍遙游篇에 나오는 상상 속의 새로 북쪽 바다에 사는 상상 속의 물고기 곤鯤이 변해서 된 새를 말하는데, 한 번에 구만 리 장공長空을 난다고 한다. 장한가 중 양귀비에 대한 한 대목을 소개한다.

天生麗質難自棄천생여질난자기 / 타고난 아름다움 그대로 묻힐 리 없어
一朝選在君王側일조선재군왕측 / 하루아침 뽑혀 황제 곁에 있게 되었네.
回眸一笑百媚生회모일소백미생 / 한 번 눈웃음 치면 이는 애교 그지없어
六宮紛黛無顏色육궁분대무안색 / 단장한 육궁 미녀들의 얼굴빛을 가렸네.

> **TIP**
>
> 공연을 준비하고 무대를 설치하는데 4억 위안이 들었다는 장한가는 노천에서 공연하기 때문에 비가 오면 공연을 하지 않는다. 공연 기간은 4월부터 10월까지로 겨울에는 공연이 없다. 관람객도 1,300~1,500명만 수용 가능하며 입장료도 가장 비싼 988위안부터 888위안, 588위안, 258위안 그리고 가장 싼(입석 포함) 238위안까지 5단계로 나뉜다. 장한가를 관람하기 위해서는 카메라·라이터·물 등을 가지고 들어갈 수 없다.

석가모니 진짜 손가락이 모셔진
법문사(法門寺)

시안 시내에서 차량을 이용해 서쪽으로 2~3시간을 가다보면 푸엉시엔扶風縣(부풍현) 파먼전法門鎭(법문진)이 나온다. 이곳에는 중국 최고의 황실불교사찰이었던 법문사파먼쓰가 있다.

법문사는 동한시대東漢時代(유수가 세운 나라로 수도는 뤄양)에 세운 사찰로서 인도 아소카왕阿育王(아육왕)이 신병에게 지시해 하룻밤 사이에 인도와 우리나라 전남 장흥군 천관산에 있는 탑산사塔山寺 그리고 중국 이곳에다가 동시에 탑을 쌓게 했다는 전설을 간직하고 있다.

이곳에는 아소카왕 탑阿育王塔이 있다. 동한시대에는 아소카왕 탑이 있는 사찰이라 해 '아소카왕 사찰'로 불렸으나 7세기 당나라 시대에 와서는 '불법의 문'이란 뜻에서 '법문사'로 고쳤으며 탑 이름도 진신보탑眞身寶塔·전선바오타이라 했다. 사실 법문사는 당태종 이세민이 이용한 황가사원으로 석가모니의 손가락, 불지 진신사리佛指眞身舍利를 모셨던 곳이다.

1,700여 년의 역사를 간직한 법문사가 더욱 유명해진 것은 진신

법문사 입구

보탑 때문이다.

　진신보탑은 당나라 때는 목탑이었으나 명나라 때인 1579년에 8면 8각 13층 47m 높이로 새로 세운 전탑이다. 그동안 베일에 가려 있던 법문사가 역사적 베일을 벗게 된 계기는 순전히 자연의 힘에 의해서였다. 1981년 8월 24일, 이 지역에는 며칠 동안 천둥 번개를 동반한 폭우가 쏟아지면서 홍수가 났다. 이로 인해 진신보탑의 서쪽 부분이 반파되었다. 당시에는 진신보탑의 귀중함을 인식하지 못하고 6년가량을 방치했다가 1987년에 와서야 비로소 대대적인 발굴·보수작업을 진행했다. 이 과정에서 진신지문비眞身志文碑와 당대 지궁唐代地宮이 발견됨으로써 1,100여 년을 훨씬 뛰어넘는 과거의 역사가 드디어 세상에 밝혀진 것이다.

진신지문비에는 전술한 바와 같이, "인도 아소카왕 때 불법을 전하기 위해 부처님의 진신사리 가운데 하나인 불지사리가 중국으로 건너와 숭배돼 오다가 당나라 왕궁유적 양식으로 조성된 지하궁전에 봉안했다"라는 사실이 알려지게 되는데 그 장소가 바로 법문사

진신보탑 외관

이다.

당대 지궁에서 석가모니의 지골사리指骨舍利, 세계 최고의 석장錫杖(중이 짚고 다니는 지팡이), 측천무후의 자수치마 등이 발견됨으로써 세계를 깜짝 놀라게 했다.

특히 지골사리를 보호하기 위해 진골사리와 똑같이 만든 모조사리인 영골사리靈骨舍利도 함께 발견되었다. 세계 유일의 지골사리는 석가모니의 세 번째 손가락이라는 사실이 여러 검증을 거쳐 인정받았다.

1991년 이곳을 방문한 장쩌민江澤民 당시 중국국가주석은 "천하의 어떤 것과도 바꿀 수 없는 보물들이다"라며 감탄했다고 한다. 이곳에서 발굴한 유물들은 현재 법문사박물관인 진보각에 전시되어 있다.

진신보탑 설명문 / 당대 지궁 입구 / 팔중보 사리함

법문사 대단지의 설계는 타이완의 유명한 건축설계사 리주위앤 李祖原(리조원)이 맡았는데, 산문광장, 불광대도, 법문사 사원 및 합십사리탑 등 네 부분으로 나뉘어 설계했다. 2009년 5월에 새로

(순서대로) 지장보살 / 보현보살 / 관세음보살

확장하고 건설한 후 관광객을 맞고 있는 법문사의 경내는 어찌나 넓고 큰지 전동차를 타고 이동한다. 그동안 수많은 사찰을 봐왔지만 이렇게 널찍한 부지에 크고 웅장하고 화려한 사찰은 처음 본다.

산시성에서는 법문사를 명실상부한 세계 불교 성지로 발돋움하기 위해 10대 문화관광 공정 중의 하나로 선정해 온 힘을 쏟고 있다 한다. 아직도 공사가 진행 중인데 완공 후에는 어떤 모습의 사찰로 변모해 중국 대륙의 위용을 만방에 떨칠지 기대된다. 정말이지 중국 불교의 역사를 다시 쓰고 있다는 느낌이 든다.

입구에 들어서면 직사각형의 대리석 판에 '法門寺'가 새겨있고 산문광장을 지나면 '佛光' 현판이 걸린 건물이 나온다. 귀빈을 맞이하기 위한 붉은 카펫이 중앙에 깔려있다. 길 양옆에는 지장보살과 문수보살을 비롯해 불교와 관련한 금빛 좌상 보살이 여럿이 모셔져 있다.

특히 초입에는 일본 불교계에서 기증한 대형 일본 종이 걸려있

대웅보전

다. 이 정도로 유명한 세계 불교 성지의 메카라는 사실을 직시할 때 우리나라 불교계에서도 '법문사 범종 달기 캠페인'을 벌여 많은 국민과 불자들의 동참이 이루어져 법문사에도 한국 고유의 종이 걸렸으면 하는 게 소망이다.

전동차를 타고 가면 금빛 좌상 인물들에 대해 일일이 확인하지 못하고 주마등처럼 스쳐 지나가는 단점도 있다. 잠시 전동차에서 내려 법문사가 있는 경내를 들어서면 진신보탑이 있고 지하로 내려가면 당대 지궁이 있다. 다시 진신보탑을 뒤로 하고 앞으로 나가면 대웅보전이 나온다. 대웅보전에 모셔져 있는 좌불과 나한상은 금으로 개금했는데 매우 화려하고 아름답다.

낡은 선풍기 바람에 더위를 날리며 붓글씨를 쓰고 있는 스님과 돋보기 아래로 독서 삼매경을 즐기는 노스님의 모습이 정겨움으로

대웅보전 불상 / 노스님들

다가온다.

　대웅보전에서 나와 왼쪽으로 돌면 법문사와 관련한 여러 얘기가 전시되어 있다. 특히 '八七年農歷四月初八發現佛指眞身舍利'라 쓰인 설명문을 잘 읽어보자. 사진과 함께 진신보탑에 대한 설명이 자세하게 나와 있다.

TIP

시안 시내에서 법문사까지의 거리는 약 115km이다. 교통체증을 고려하면 2~3시간이 걸린다. 이 먼 곳까지 와서 법문사만 보고 간다는 것은 많이 서운하지 않겠는가. 법문사에서 50분 거리에 건릉이 있다. 측천무후와 당 고종의 합장묘가 있는 곳이다. 일일 투어로 두 군데를 다녀올 것을 권한다.

불지 사리 봉안된 합장 형태
합십사리탑(合十舍利塔)

전동차를 타고 불광대도를 지나 앞으로 나가면 사리탑을 양손을 모아 공손히 감싸고 있는 모습의 합십사리탑허스서리타이 나온다.

합십사리탑에는 불지 사리가 봉안되어 있고 대형 도량이 있다. 안으로 들어서면 염주를 돌리며 환하게 웃고 있는 거대한 포대화상이 반긴다.

좀 더 안쪽 좌우에는 악기를 연주하는, 검을 든, 뱀을 쥔, 사리탑을 든 대형 사천왕이 서 있고, 법당 바닥에는 붉은 카펫이 깔려있다. 연꽃을 연상케 하는 둥근 방석도 이채롭다. 법당 중앙에는 연꽃 위에 가부좌로 눈을 지그시 내리뜬, 지극히 자애로운 모습의 황금 불상이 있다. 입이 다물어지지 않을 정도로 화려함의 극치를 보여준다. 법당 안은 사진 촬영 금지구역이다.

승강기를 타고 최상층으로 올라갔다. 승강기에서 내리는 순간 눈이 휘둥그레졌다. 지금 보고 있는 것이 과연 우리 인간의 능력으로 빚어낸 건축물이고 조각품인지 다시 한번 나의 눈을 의심하지 않

합십사리탑

법당 내 황금 불상

봉안식 장면(시안여유국 제공)

다례 시연

을 수가 없었다.

지붕과 천장의 마름모꼴 안에 있는 황금빛 불상의 부조는 매우 섬세하고 아름답고 화려하다. 아래를 내려다보면 넓고 곧게 쭉 뻗은 불광 대도와 주변 풍광이 한눈에 조망된다. 다시 아래로 내려와 우측으로 가면 황실에서 차를 어떻게 마셨는지에 대한 다례茶禮 시연이 있다.

법문사 지하에는 법문사박물관이 있다.

박물관 내에 전시되어 있는 여러 유물 중 단연 압권은, 당대 지궁에서 발굴한 유물이 전시돼있는 진보각珍寶閣·전바오거이다. 진보각에도 이미 전술한 바와 같이 석가모니의 불지 사리가 들어있던 여덟 겹의 팔중보함八重寶函과 한백옥아육왕탑漢白玉阿育王塔을 비롯해 '세계 제일의 석장'이라 일컫는 단수십이환석장箪輸十二環錫杖과 측천무후의 자수치마 등 국보급 유물이 다량 전시되어 있다.

법문사 경내에 있는 식당에서 사찰요리로 점심을 먹어보자. 그동안 중국을 수없이 여행하면서 먹어본 요리 중 가장 특색 있는 요리가 법문사 사찰요리이다.

사찰요리 이모저모

불광대도

한백옥아육이탑

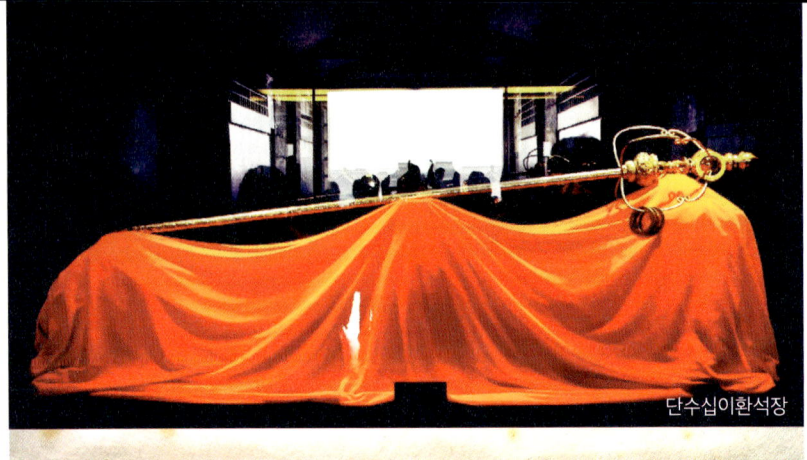
단수십이환석장

측천무후 자수치마

> **TIP**
>
> 법문사 내에 있는 식당에서 법문사 절밥(사찰요리)을 먹도록 하자. 중국 어디에서도 맛볼 수 없는 특이한 요리이다. 사찰음식답게 신선하고 담백하며 맛있다. 미와 맛과 건강을 조화시킨 '참살이(웰빙)밥상'이다. 단 사전 예약은 필수다.
> ☎ (0917)525-4154, Fax (0917)525-4163

나체병마용 전시
한양릉지하박물관(漢陽陵地下博物館)

시안·셴양국제공항西安咸陽國際機場에서 그리 멀지 않은 곳에는 한양릉지하박물관이 있다.

귀국길에 꼭 들려서 볼 것을 권한다. 한양릉을 양릉陽陵이라고도 하는데 중국 전한의 제6대 황제였던 한 경제漢景帝·한징디 유계劉啓(기원전 188~141년, 재위 157년~141년까지 16년간)의 무덤으로 1990년, 시안-셴양간 신공항고속도로를 건설하다가 우연히 발견했다. 이후 첨단장비와 기술을 동원한 발굴과정을 거쳐 2006년 3월 일반인에게 공개했다.

그러나 공개는 일부만 했을 뿐 발굴작업은 아직도 계속되고 있다. 한양릉지하박물관은 시안지역에 산재한 황제 무덤 중 유일하게 발굴한 능이다.

한양릉에 대해 많은 사람이 한 경제와 그의 두 번째 부인인 효경황후孝景皇后 왕지王娡가 함께 묻혀있는 합장릉으로 알고 있으나 사실은 그렇지 않아 보인다.

양릉陽陵 표지석 뒷면에도 분명히 "한 경제가 죽은 지 15년 후 황

한양릉 외관

후가 죽어 이곳 양릉에 합장했다"라고 쓰여 있다.

그런데 시안 여유국에서 발간한 자료에 의하면 "황후의 무덤은 한 경제 무덤으로부터 동북쪽으로 450m쯤 떨어져 있는데 멀리 떨어져서도 상통하고 있다"라고 설명되어 있다.

한나라 때는 황제의 무덤은 크게 만들고 황후의 무덤은 황제 무덤 옆에 따로 황제 무덤보다 작게 만드는 풍습이 있었다. 그렇기에 한나라 때는 황제와 황후의 무덤이 따로 떨어져 있는 것이며 실제로도 박물관 내에서 황후 무덤의 흔적은 찾아볼 수가 없다. 한 경제 무덤에서 바라보이는 왼쪽에 야산이 하나 있는데 그것이 바로 황후의 무덤이라고 현지인은 말한다.

한나라의 역사를 간략하게 살펴보면, 한나라는 전한과 후한으로 나뉜다.

전한은 한고조 유방漢高祖劉邦(기원전 206~195년 재위)이 진秦나라가 붕괴된 뒤, 초나라의 왕 항우項羽를 쓰러뜨리고 창안에서

제위에 오르고부터 왕망王莽에게 잠시 나라를 빼앗긴 후까지를 말한다.

왕망은 중국의 가장 단명한 나라인 신新 왕조의 건국자이다. 전한 시대의 역대 황제는 고조高祖→혜제惠帝→소제少帝→소제少帝→문제文帝→경제景帝→무제武帝→소제昭帝 순이다. 그러니까 경제景帝는 전한의 제6대 황제가 되며, 중국 역사상 진시황제, 강희제 등과 더불어 중국의 가장 위대한 황제 중 한 사람으로 손꼽히는 한 무제漢武帝의 아버지가 곧 한 경제이다. 전한시대에 '少帝'를 시호로 한 황제는 3대, 4대 그리고 '昭帝'를 시호로 한 황제는 8대이다. 후한의 초대 황제는 광무제光武帝이다.

한양릉지하박물관은 초입부터가 여느 박물관과는 사뭇 다르다.

한양릉제능외장갱보호전시청漢陽陵帝陵外藏坑保護展示廳이라 새긴 멋진 현판을 뒤로하고 지하로 들어가야 한다. 박물관이 지하에 있기 때문이다.

지하로 들어가는 오른쪽 벽에는 한 고조 유방을 필두로 한나라 역대 황제들이 소개되어 있고, 박물관 안에는 한양릉의 모형도가 있다. 다음부터는 나눠주는 덧신을 신고 밑밑의 유리 복도를 걸으며 유리 벽을 통해 유물을 감상해야 한다.

한양릉지하박물관은 진시황릉의 병마용 갱과는 달리 많은 시간과 돈을 들여 최신기술을 이용해 발굴했기 때문에 관광객이 좀 더 가까이 다가가서 볼 수 있도록 한 게 특이하다. 정말이지 진시황릉의 병마용 갱과는 차별화되는, 만족도가 매우 높은 박물관이라는 생각이 든다.

No16 도용 / No17 도용

아래 널브러져 있는 도용을 보면 없는 모습이 섬뜩하면서도 마치 어이 같아 귀엽기조차 하다. 사실 이 중국에서 처음으로 출토된 나체도용 裸體陶俑이다. 아니, 좀 더 정확히 표현하자면 '조립식 도용'이다.

여기에서 도용陶俑·타오용이란, 테라코타Terracotta(이탈리아어로 '구워낸 점토'라는 뜻)라고도 하는데 죽은 사람과 함께 매장하기 위해 흙으로 만든 인간이나 동물 모양을 말한다. 지금은 팔이 없고, 옷을 입지 않은 도용이지만 처음부터 나체는 아니었다. 흙으로 사람 모양을 빚은 후 나무로 만든 팔木腕을 조립해서 붙이고 명주(실크)로 짠 옷을 입혔는데 세월이 흐르면서 나무와 명주천은 삭아 없어지고 알몸만 남게 되었다.

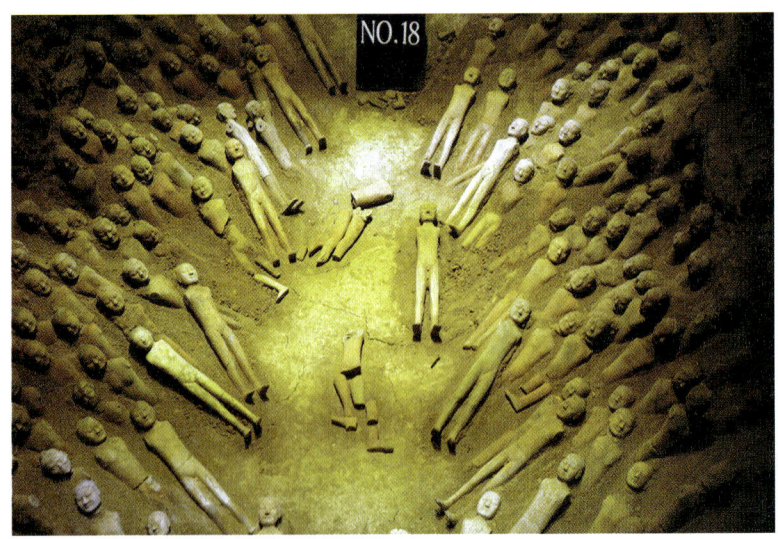

No18 도용

고추(?)가 있는 도용 / 발굴 중인 도용

 도용의 크기도 진시황릉의 병마용은 1:1 비율로 만들어져 도용 하나의 평균 크기가 180cm가 되지만 이곳의 도용은 그 3분의 1 크기인 60cm 정도이다. 사실 진시황릉의 병마용은 1:1 실물 크기가 아니라, 진시황의 군대는 기골이 장대하고 용맹스럽다는 것을 보여주기 위해 상당히 과장해서 만든 것이라는 생각이 든다. 당시 180cm의 신장이라면 거인에 속하기 때문이다.

 나체도용을 유심히 살펴보고 있노라면 절로 웃음이 나온다. 남자의 은밀한 부위인 고추(?)는 물론 양옆 열매(?)까지 어찌나 적나라하게 표현했는지 웃음과 함께 감탄사가 절로 나온다. 남녀의 구분은 물론 환관이란 것까지도 구분할 수 있게 만들었다. 여러 토기와 수레바퀴 그리고 돼지와 양의 도용도 있다.

 박물관 내의 또 다른 전시실에는 도용을 대량생산할 수 있는, 나무로 만든 모형模型(복형이라고도 함)과 나제노용에 팔을 붙이고 무명옷을 곱게 차려 입힌 도용 그리고 이곳에서 발굴한 수많은 토기가 진열대 위에 놓여있다.

 지하박물관에서 나와 야산처럼 보이는 양릉을 한 바퀴 돌면 1999년 9월 30일에 개관한 한양릉고고진열관이 나온다.

 이곳에는 양릉에서 출토된 다양한 종류의 도용 및 부장품이 진열장 안에 전시되어 있다. 발굴 당시의 현장 사진과 복원 전후의 도용

복원한 도용 / 기마도용

이 전시되어 있어서 마치 생생한 현장을 보는 듯하다. 특히 다리를 쫙 벌리고 태권도 후굴 자세의 도용은 신기하기까지 하다. 이 도용을 기마도용騎馬陶俑·치마타오용이라고 한다. 기마도용의 아랫부분은 분명 나무로 만든, 아니면 흙으로 빚은 말 모양이 있었을 것으로 추측된다.

한 경제의 숨결을 아쉬워하며 진열관에서 나오면 사방으로 펼쳐

> **TIP**
>
> 시안을 가면 귀국길에 '한양릉지하박물관'을 꼭 들러보기 바란다. 지하에 있는 비밀의 문을 열고 들어가면 기원전 사람인 한 경제와 만날 수 있고 당시의 생활상을 이해하는 데 많은 도움이 된다. 아울러 나체도용을 보면 진시황릉의 병마용과는 확연히 다른 느낌을 받을 것이다. 문을 여닫는 시간은 여름에는 08:30~17:30, 겨울에는 08:30~17:00까지이다. 관람료는 성수기인 3월~11월까지는 90위안, 비수기인 12월~2월까지는 65위안이며 관람하는 데는 1~2시간이 걸린다.

(시계방향) 복원 전후의 도용 / 종장갱 / 시안 요리

진 너른 벌판이 나온다.

벌판 주변은 숲이 우거지고 평평한 밭으로 조성한 땅은 온통 장미꽃밭이다. 발굴 예정지에는 번호를 매긴 종장갱從葬坑·충짱컹 표지판과 함께 장미가 심겨 있다.

종장갱이란 '따라서 매장한 갱'이란 뜻으로, 황제가 죽은 후 지승에서도 살아생전과 똑같이 생활할 수 있도록 살아생전의 모든 것, 즉 각종 병기와 생활용품 그리고 도용 및 가축까지도 함께 매장했다. 그렇기에 종장갱은 황릉 주변에 분포되어 있으며 종장갱에서 나온 부장품을 보면 황제는 물론 조정과 후궁들의 생활상까지 엿볼 수 있는 매우 귀중한 자료가 된다. 기원전 우리 인간이 만든 가장 경이로운 곳 중 한 곳이 한양릉지하박물관이라는 생각이 든다.

에필로그

매년 100만 명 이상의 외국 관광객이 찾는다는 시안은 중국대륙의 한복판인 중원, 즉 지구상의 위치를 나타내는 좌표인 경도와 위도축의 교차 중심지에 자리 잡고 있어 대지원점大地原點이라 불린다.

시안은 허난성 다음으로 오래된 역사의 도시로서 화하華夏(중국·한족의 옛 명칭) 문명의 요람이자 보고이며 중화문명 발원지 중의 한 곳이다.

중국에서는, "중국에 왔다가 시안을 보지 않으면 진정으로 중국을 봤다고 말할 수 없다" 또는 "베이징에서 권력 자랑하지 말고, 상하이에서 돈 자랑하지 말고, 시안에서 골동품 자랑하지 말라"는 말이 있다. 시안은 그만큼 중국의 역사와 문화가 농축되어 있으며, 지하에는 미발굴 상태의 수많은 유물이 매장되어 있다. 실제로도 땅을 파다가 몇백 년 혹은 몇 천 년 전 유물을 발견하는 일이 흔하다. 지금 시안은 지하철 공사가 한창인데 지하에 매장되어 있는 유물 때문에 탐측작업을 계속하면서 공사를 진행해야 하는 문제로 인해 공사가 매우 더디다고 한다. 그렇지만 이런 개발로 인해 역사가 역사를 훼손하는 일은 결코 있어서는 아니 될 것이다.

시안이 지닌 매력은 무엇보다도 기원전 11세기, 서주西周가 이곳에 도읍지를 정한 후 진→한→수→당나라 등을 지나면서 1,100여

년 동안이나 정치·경제·문화의 중심도시로서 유구한 역사와 전통이 살아 숨 쉬고 있기 때문이다. 이뿐만이 아니다. 13개 왕조가 시안에 도읍지를 정하고 역대 73명의 황제가 살았던 시기를 통과하면서 기원 전후의 수많은 문화유적·유물과 함께 과거와 현대를 아우르는 시안의 독특한 문화 때문일 것이다.

오래전부터 수차례 시안을 여행하면서 느낀 점은, 시안의 역사는 전설 속의 역사가 아니라 실제 존재했던 역사라는 사실이다. 아울러 한낱 돌멩이에 불과한 것도 갈고 닦아 옥으로 만들어내고, 다시금 생명을 불어넣는 중국인들의 저력에 의해 수천 년 전의 역사가 살아 숨 쉬는 시안이라는 생각이 든다. 정말이지 수많은 왕조의 흥망성쇠를 지켜본 시안은 옛 고도답게 가는 곳마다 옛것을 고스란히 간직하고 있어 볼 것과 먹을 것이 다양하고 풍부할 뿐만이 아니라 쓸쓸히 시하에 남아있을 고대 유물이 생명을 되찾아 빛을 발하고 있다. 시안은 여행 후 돌아와서는 금방 망각하는 그런 곳이 아니라 꿈과 추억을 간직하며 길게 여운이 남는 곳이라고 자신 있게 말할 수 있다. 그런 의미에서 우리 모두 타임머신을 타고 수백 년, 아니 수천 년 과거로의 시간 여행을 떠나보자. 한비자韓非子가 유도편有度篇에서 말한 '國無常强無常弱(영원히 강한 나라도 영원히 약한 나라도 없다)'이라는 진리를 되뇌면서 말이다.

장쑤성 쑤저우 산당하 주변 일몰 풍광

Chapter 4

上有天堂·下有蘇杭
상유천당·하유소항

수향과 어미지향의 도시

장쑤성(江蘇省 · 강소성)

장쑤성 개요

"하늘에는 천당, 땅에는 쑤저우蘇州(소주)"라고 자찬하는 장쑤성 사람들, 중국의 동남 연해 창장長江(장강·양자강·이하 '양자강'이라 칭함) 하류에 들어서 있는 장쑤성은 운하와 정원 그리고 자연과 문화와 역사가 한데 어우러져 세계문화유산이 산재해 있다.

장쑤江蘇(강소)라는 명칭은 청조 때 기원한 것으로 난징南京(남경)의 옛 이름인 장닝江寧의 '江'과 쑤저우蘇州의 '蘇'를 때내어 지은 이름이다. 장쑤성 곳곳에는 호수와 강 그리고 운하가 분포하고 있어 수향水鄕이라고도 불리며, 농산물과 수산물이 풍부해 예로부터 어미지향魚米之鄕으로도 불렸다.

장쑤성에는 성도인 난징을 비롯해 쑤저우, 우시無錫(무석), 양저우揚州(양주), 젠지앙鎭江(진강) 등 13개의 시와 30개의 현 그리고 28개의 현급 시로 이뤄져 있는 매우 큰 성이다.

장쑤성은 중국에서도 저지대 습지가 가장 많이 분포하고 있어 산다운 산은 거의 볼 수 없으며, 기후도 온대와 아열대가 공존하기 때문에 사계절이 뚜렷하고 계절풍의 영향을 받아 여름에는 무척 덥고 겨울에는 매우 춥다. 특히 6~8월 사이에는 비가 많이 내리기 때

난징 시가지 전경

문에 이곳으로의 여행 시 이러한 점을 고려해 보는 것도 좋지 않을까 싶다.

 사실 장쑤성은 중국 사람들한테는 잘 알려진 곳이지만 우리나라 사람들한테는 잘 알려지지 않아 발길이 뜸한 지역이다. 장쑤성은 중국의 역사상 16개 왕조의 도읍지였으며 오랜 역사와 풍부한 유물을 간직하고 있는 곳이다. 그럼 중국의 4대 고도이자 모든 사람을 평등하게 사랑한다는 박애지도博愛之都 난징으로 역사여행을 떠나보자.

> 장쑤성은 양고기로 유명하다. 이 지역은 겨울이 몹시 추워서 추위를 이기기 위해 겨울 한 철만 양고기를 먹는다. 겨울철 이 지역을 여행할 경우 꼭 양고기 맛볼 것을 권한다. 다른 계절에는 태호에서 잡아 올린 자라와 장어를 넣고 달인 보양식이 유명하다.

봄 유채꽃 향연 펼쳐지는 '박애지도'
난징(南京·남경)

　　　　　　　　　난징공항에 도착해 입국 수속 후 공안원이 탄 차의 에스코트를 받으며 난징 시내로 이동했다. 도로 곳곳에는 공안원들이 우리 일행의 원활한 이동을 위해 교통을 통제했다. 도로변 넓은 대지 위에는 새로운 아파트 건설이 한창 진행 중이고, 주변 풍광은 온통 유채꽃이 만발했다. 전에는 이 지역이 누에를 많이 키워 뽕나무가 숲을 이뤘는데 지금은 곳곳에 유채꽃을 심어 매년 3~4월이면 이곳 전역은 노란 물감을 뿌려 놓은 듯 유채꽃 향연이 펼쳐진다. 그래서인지 이 지역에는 유채 기름을 이용한 요리가 많고 일 년 사계절 내내 신선한 야채를 먹을 수 있다고 한다.

　가이드의 설명이 이어진다. 중국인으로 태어나서 평생 해보지 못하는 3가지가 있다고 한다. 첫째는 땅덩어리가 너무 크기 때문에 다 둘러보지 못함이요, 둘째는 요리가 하도 많아서 다 먹어볼 수 없음이요, 셋째는 글이 많을 뿐만이 아니라 민족마다 언어가 다르기에 아무리 배워도 자국어를 다 배울 수 없다는 설명이다.

　무엇보다도 하늘에는 천국이 있고 땅에는 천국과 다름없는 쑤저

난징시 야경

우와 항저우가 있기에 다른 지역으로 이사 가지 않는다고 한다. 이뿐만이 아니다. 중국 내에서도 장쑤성은 물이 가장 많고 산이 없는 도시라고 한다. 정말이지 산이 없는 평원지대다. 물이 많다고 하는 것은 비가 많이 온다는 것이며 습도도 높다는 말이다. 그렇기에 집을 지을 때 방은 모두 2층에 둔다.

 아파트에는 보일러가 없고 7층 이상의 아파트에만 승강기를 설치하도록 법으로 규제하고 있다. 한여름에는 50℃가 넘는다고 한다. 그래서 하는 말이 "난징에서는 마누라 없이는 살아도 에어컨 없이는 못산다"라는 우스갯소리가 있을 정도로 무덥다고 한다.

 차창 밖 풍광은 가관이다. 아파트 베란다에는 빨래들이 무질서하게 널려있다. 빨래를 밖의 베란다에 널 수밖에 없는 이유는 습도가 높아 실내에서는 마르지 않고 냄새가 나기 때문이란다. 이곳 사람들은 베란다에 널린 빨래를 보고 빈부의 차이를 알 수 있다고 한다.

 도로 양옆에 심은 가로수는 모두가 플라타너스이다. 플라타너스를

난징 시가지 전경

  중국에서는 '오동나무'라고 한다. 여름철에는 상상을 초월할 정도로 무덥기에 그늘을 만들어주는 잎이 큰 플라타너스를 심는다고 한다.
  필자에게 난징 하면 가장 먼저 떠오른 것이 '난징대학살'이다.
  난징대학살은 세계 제2차 대전 때 난징을 점령한 일본군이 중국인을 끔찍하게 학살한 사건으로, 1937년 12월 13일부터 1938년 2월까지 6주간에 걸쳐 무려 5만~30만 명의 중국인들이 일본군의 총칼에 학살당했던 사건이다. 이뿐만이 아니다. 난징에는 일본군 1644부대가 창설되어 생체실험이라는 만행을 자행한 곳으로도 잘 알려져 있다. 특히 1644부대에서는 중국인 죄수나 포로 또는 난징에 있는 시민들을 대상으로 '마루타(통나무)'라는 실험 대상을 모아 독극물·세균·독가스를 주입하면서 생체실험을 자행했던 곳으로 악명이 높았다.

난징의 관문이자 천하제일 옹성
중화문(中華門)

난징성南京城에는 모두 13개의 성문이 있는데 이중 난징의 관문은 중화문중화먼으로 난징고성의 정남에 자리 잡고 있다. '천하제일 옹성'이라 일컫는 중화문은 그 높이가 21.45m로 동서 너비 118.5m, 남북길이 128m이며 부지면적은 16512㎡(약 4,995평)에 달한다. 중화문은 명 태조 주원장이 명나라를 세우고 도읍을 난징으로 정한 후 세운 건축물로서 명나라 때는 취보문聚寶門·쥐바오먼이라 불렸으나 1931년 중화문으로 이름을 바꿨다. 현재 걸려 있는 중화문 현판은 1931년 국민당정부 당시에 장제쓰 총통이 쓴 것이다.

중화문, 즉 취보문과 관련해서 다음과 같은 이야기가 전해진다.

취보문을 건설하는데 지반이 자꾸만 무너져 내렸다. 그래서 유명한

중화문

명 건국 이야기 공연 장면

점쟁이를 찾아가 점을 쳤다고 한다. 점쟁이가 말하길, 성문 아래에 취보분聚寶盆을 묻으면 지반이 무너지지 않을 것이라고 했다. 취보분은 중국 고대 전설에 나오는 것으로 금은보화가 끊임없이 나온다는 그릇을 말하는데 일종의 화수분 같은 것이다.

주원장이 신하를 시켜 수소문해 봤다. 그랬더니 강남의 거부 심만삼沈萬三이 취보분을 가지고 있다는 사실을 알게 된다. 주원장은 심만삼이 가지고 있던 취보분을 가져다 성문 아래에 묻게 했다. 그랬더니 지반이 더 무너지지 않았고 성문을 세울 수 있었다고 한다.

한편 난징성을 축조하는데 들어간 비용의 3분의 1을 심만삼이 댔다고 하니 그가 얼마나 거부였는지 알 수 있다. 심만삼은 주원장한테 취보분을 빼앗겼을 뿐만이 아니라 주원장에게 군사들의 노고를 위로하는 자금까지 내놓겠다고 했다가 "일개 필부가 천자의 군대를 위로하겠다니…"라는 주원장의 노여움을 사서 결국 목숨만을

성 위로 오르는 길 주변 풍경

부지한 채 윈난성으로 유배를 당한다.

　중화문을 들어서면 명나라 건국 얘기를 들려주는 공연이 있다. 많은 중국인과 함께하는 공연이다. 황제로 분장한 배우의 엉성한 수염이 약간은 어설프나 무희들의 춤과 무사들의 검무가 역동적이다. 상당히 웅장하고 화려한 야외공연이다. 공연이 끝난 후에는 황제 행렬을 따라 명나라 깃발을 들고 서 있는 밀랍인형 수문장을 지나 성 위로 올라갈 수 있다.

　성 중앙의 계단은 황제가 말을 타고 올라갈 수 있도록 말의 보폭에 맞춰 만들었다. 여기에 있는 밀랍인형 수문장은 중일전쟁 때 무너진 성벽을 복원하면서 명나라 군사들을 밀랍인형으로 만들어 성루로 오르는 계단 옆에 초병으로 세워 놓았다. 성 위에서는 많은 사람이 연鳶을 날리고 있다. 중국 어디를 가나 남녀노소 불문하고 연을 날리고 있는 중국인을 보면 중국인들의 연에 대한 사랑은 각별

장쑤성 *541*

뢰석

한 것 같다.

필자의 궁금증을 자아내게 하는 것은 성안에 있는 커다란 둥근 돌이다. 난징 여유국 담당자에게 물어봤더니 '뢰석礌石'이라고 한다. 뢰석이란, 옛날에 전쟁 시 적이 성벽에 기어오르는 것을 막기 위해 성벽 위에서 떨어뜨렸던 큰 돌을 말한다.

우리나라에서는 '석괴石塊'라고 하는데 전남 여수시 봉화산에는 임진왜란 때 사용한 석괴가 남아있다.

필자가 여수시 향토사학자인 이중근李重根 선생과 함께 봉화산 정상에 올라 확인해 본 결과 여수시 만성리 해수욕장 주변에 있는 둥근 돌과 같았다.

쑨원 선생이 잠들어 있는
중산릉(中山陵)

쑨원 선생

난징에서 가장 많은 사람이 찾는 중산릉쭝산링은 신해혁명을 일으켜 공화제를 창시한 쑨원孫文(손문) 선생의 묘가 있는 곳으로 자금산紫金山·즈진산 남쪽 종산鐘山 풍경구 내에 있다. 자금산은 자줏빛 운무가 감돈다 해 붙여진 이름으로 풍수지리상 최고의 명당으로 손꼽힌다.

종산 풍경구 또한 유명한 명승지이다. 제갈량은 난징의 지세가 어씨나 험준하던지 난징을 '龍蟠虎踞용빈호거'라 칭했다. 용빈호기란 용이 서리고 호랑이가 도사리고 앉아 있는 모습의 웅장한 산세를 일컫는데 여기에서 '龍蟠'은 용이 서렸다는 뜻으로 종산을 말한다.

중국 국민당의 지도자였으며 근대 민주혁명의 위대한 선구자로 추앙받고 있는 쑨원 선생은 1925년 3월 12일 베이핑北平에서 서거했는데 1929년 6월 1일 이곳으로 모셔와 본능에 안장했다. 중산中山(쭝산)은 쑨원 선생의 호이며, 앞에서 말한 베이핑은 중국 국민당

'박애' 패방 / '천하위공' 능문

정부 시절에는 베이징을 베이핑으로 불렀기 때문에 당시의 이름으로 표기한 것이다.

중국 역사에서 보면 중국의 정치체제나 정치 권력의 변화에 따라 베이징의 이름을 각기 달리 불렀다.

예컨대 청 왕조 시기에는 옌징燕京(연경), 난징 국민정부 시기에는 베이핑, 중화민국 군벌 시기부터 베이징으로 불리다가 중화인민공화국 시기에 완전히 베이징을 중국 수도로 정했다. 현재 중국에서는 우리나라의 수도 서울을 한성漢城으로 잘못 표기하고 있는데, 우리가 중국의 수도를 옛 이름인 옌징이나 베이핑으로 부르지 않듯이 중국도 한성을 '서울'로 표기해야 옳을 것이다.

쑨원 선생은 죽기 전에 "내가 죽거든 자금산 자락에 묻어주시오. 난징은 임시정부가 있던 곳이고 신해혁명을 잊을 수 없기 때문이

중산릉 전경

요"라며 측근들에게 당부했다고 한다. 이런 연유로 서거 후 당시 베이핑 향산 香山에 있는 벽운사碧雲寺·비윈쓰에 잠시 영구를 모셨다가 난징 이곳에 능묘를 조성한 뒤 이장했다.

입구에 있는 패방 중앙 위 편액에는 쑨원 선생의 친필인 '博愛' 글씨가 있다. 박애는 "모든 사람을 평등하게 사랑한다"라는 뜻으로 쑨원 선생이 가장 좋아한 말이었다고 한다.

양옆으로 가로수가 우거진 길을 따라 한참을 올라가면 청기와 지붕의 능문이 나온다. 이 능문에는 '天下爲公' 편액이 있다. 천하위공이란 "세상은 한 사람의 것이 아니라 국민 모두의 것이다"라는 뜻이다. '天下爲公' 역시 쑨원 선생의 친필로서 중국을 개혁하고자 했던 선생의 기본사상이 가장 잘 나타나 있는 글이다.

탄얀카이 친필비석 / 사자 석상

능문을 지나면 비정이 나온다. 비정 안에는 높이 17m, 너비 12m의 비석이 있다. 비석에는 금색으로 '中國國民黨葬總理孫先生於此 중국국민당장총리손선생어차'란 비문이 새겨 있다. 탄얀카이譚延闓(담연개)의 친필이다. 탄얀카이는 후난성 출신으로 국민당 호남

쑨원 선생 제당

지부장과 성장省長 그리고 국민정부 주석과 행정원장을 지낸 인물이다. 비석 뒷면에는 아무런 글씨가 없다. 그 이유는 쑨원 선생의 업적이 하도 많아 글로는 모두 기록할 수가 없어 일부러 비워놓았다고 한다. 중국인의 기지가 엿보이는 대목이다.

  가파른 화강암 계단을 밟으며 쑨원 선생 제당이 있는 곳까지 올라갔다. 비석에서 선생의 묘가 있는 곳까지 계단의 수는 모두 392개이다. 쑨원 선생이 서거했을 당시 중국 인민의 수가 3억 9천 2백만 명이었기 때문이다. 계단을 밟고 올라가다 보면 평대平臺에 어미 사자가 새끼 사자를 밟고 있는 특이한 석상이 있다. 어미 사자가 새끼 사자를 밟고 있는 것은 자손의 번성을 의미한다고 한다. 그렇지만 필자의 생각에는 어미 사자인 거대한 국가권력이 새끼 사자인 힘없는 인민을 짓밟고 있는 것만 같았다. 지금까지의 역사가 그래왔으니까 말이다.

  중산릉을 오르기 전, 아래에서 위를 올려다보면 계단만 보이는데다 오른 후 위에서 아래를 내려다보면 마치 평지처럼 보인다.

  중산릉은 유명한 건축가 류앤쯔呂彦直(려언직)가 1926년 1월 공사를 시작해 1929년에 완공했다. 중산릉의 전체적인 구도에 있어서, 하늘에서 본 전체 능원의 모양은 산 아래 종산의 동산을 종의 꼭지로, 반원형 광장을 종의 아래쪽 넓은 입으로, 능묘 정상의 묘실을 추로 삼았으며, 전체 형상은 '자유의 종'처럼 디자인했다고 한다. 그렇기에 중산릉 전체를 하늘에서 보면 커다란 종 모양을 하고 있다. 종은 쑨원 선생의 혁명 정신을 상징하는 것이라 한다. 중산릉의 설계자 류앤쯔는 36세였던 1929년 3월 18일 중산릉의 완공을 지켜보지 못한 채 간암으로 세상을 떠났다.

해발 159m 지점에는 제당이 자리하고 있다. 제당 입구 3개의 아치형 문 위에는 쑨원 선생이 주창한 삼민주의, 즉 民生민생, 民權민권, 民族민족의 글씨가 쓰여 있고 정중앙에는 '天地正氣천지정기'가 새로 글씨로 쓰여 있다. 물론 쑨원 선생의 친필이다. 제당 중앙 천장에는 삼민주의를 상징하는 그림으로 장식했는데, 태양에서 뿜어내는 12개의 빛줄기는 국민당을 나타내는 기旗로서 타이완의 국기를 닮았다. 제당 안쪽

국민당기와 쑨원 선생 백옥좌상

에는 백옥을 조각한 쑨원 선생의 좌상이 있는데 '쑨원선생백옥좌상'이라 일컫는다.

제당 뒤 지하 5m 깊이에는 쑨원 선생의 유해가 안장되어 있다. 대리석관 위로 두 손을 포갠 채 잠들어 있는 쑨원 상이 눈길을 끈다. 능의 구조는 습기 제거가 잘되고 통풍이 잘되도록 한 돔 형태이며, 옆에는 쑨원 선생의 일대기가 담긴 사진이 진열되어 있다.

제당 안에서의 촬영은 엄격히 통제한다. 평일임에도 불구하고 많은 참배객으로 인산인해를 이룬다. 비록 그의 뜻은 이루지 못했으나 오늘의 중국을 있게 한 쑨원 선생이 국부로 추앙받고 있다는 것을 실감할 수가 있다.

주원장과 마황후 잠들어 있는
명 효릉(明孝陵)

중산릉에서 나와 5km쯤 떨어진 자금산(해발 448.2m) 남쪽 기슭 종산 풍경구 내에 있는 명 효릉밍샤오링으로 갔다.

명 효릉은 주원장朱元璋·주위안장(1328~1398. 6. 24)과 그의 부인 마황후(馬秀英, 1332~1382년)가 잠들어 있는 곳이다.

명나라를 세운 초대 황제 주원장은 비천한 농민 출신으로 힘들게 얻은 황권이었기에 황위의 보존을 위해 잔인한 정치를 했다고 알려진 인물이다. 주원장은 권좌는 오르기보다 지키기가 더 어렵다는 것을 일찍이 간파했던 것 같다.

한국판 바보온달과 평강공주 또는 개천에서 용 난 인물로 비유되는 주원장은 성질이 급하고 의심이 많았는데 나이가 들어갈수록 더욱 심해졌다고 한다. 특히 자기 황권에 도전한다든가 자존심을 상하게 하는 자가 있으면 가차 없이 죽여 버렸다. 심지어 주변 공신들은 물론 아들까지도 죽였다고 하니 그가 얼마나 의심이 많고 잔인했는가를 알 수 있다. 그래도 자기를 황제 자리에 오르게 한 일등공신이자 조강지처인 마황후의 말은 잘 들었다고 한다. 마황후는

'治隆唐宋(치융당송)' 비석

곽자흥郭子興·귀즈싱의 양녀로 중국 역사상 가장 인자하고 후덕한 황후로 일컬어지는 인물이다.

전해 내려오는 일화에 의하면, 주원장은 살아생전에 묏자리를 정하려고 당대 유명한 풍수 5명을 각각 따로 보내 묏자리를 알아보도록 했다.

그런데 5명 모두가 돌아와서 현재의 명 효릉이 있는 곳을 지목하며 말하길, "큰 용이 여의주를 안고 놀고 있는 형국으로 명당 중에 명당자리입니다"라고 말해 이곳을 묘지로 선정했다고 한다.

그러나 완주봉 남쪽에는 이미 손권孫權·순취엔(중국 삼국 시대 오나라의 초대 황제)의 무덤이 있어 주원장의 묏자리 앞을 가로막고 있었다. 신하들은 손권의 무덤을 파내자고 했으나 주원장은 "손권의 무덤을 파내지 말라. 손권도 호걸 중의 한 사람인데 오히려 그가 나의 보초를 서도록 놔두면 더 좋지 않겠느냐?"라고 말해 손권의 무덤이 파헤치지 않았다고 한다. 대신 손권의 능은 봉우리밖에 없다. 철저한 보안 속에 10만여 명의 일꾼을 동원해 30여 년의 공사 끝에 완성한 능은 하나의 거대한 동산이다. 직경이 무려 400m에 달한다.

비석 거북이 뒷면

능 입구에 있는 문무방문文

武方門을 지나면 비정이 나온다. 비정 안 비석에는 거북이 등위에 금색의 '治隆唐宋치융당송'이란 글귀가 새겨있다. "명나라도 송나라와 당나라만큼이나 융성했다"라고 자화자찬하는 내용이다. 비석을 이고 있는 거북이 머리와 등은 어찌나 많은 아이들이 타고 놀았던지 반짝반짝 윤이 난다.

주원장 초상화 / 마황후와 태자 초상화

효릉박물관 진열실에는 주원장의 초상화를 비롯해 마황후와 태자가 함께 있는 그림과 유물이 진열되어 있다. 유물 중 금빛 기와를 눈여겨 봤다. 금빛 기와에는 금빛용이 부조되어 있는데 발가락이 5개이다. 용의 발가락과 관련한 재미있는 이야기가 있다.

상하이 황푸구黃浦區 안런제安仁街에는 1559년에 조성한 명·청시대의 대표적 강남정원인 예원豫园·위위안이 있다. 명나라 때의 관료였딘 만윤단潘允端·핀윈둰이 자기 부모님의 노후를 편하게 보낼 수 있도록 지은 정원이다. 예원 안에는 길이가 55m나 되는 용을 조각한 벽이 있는데 이를 용벽龍壁·룽비이라고 한다. 용은 황제들만이 사용할 수 있는 상서로운 문양이다.

그런데 개인의 집에 용벽을 만든 것이다. 당시에는 개인이 집이나 정원에 용 모양을 조각해 놓으면 황제의 권위에 대한 도전이라 여겨 반역죄로 처형을 당하기도 했다. 그런데도 어떻게 예원의 용

금빛 기와유물 '용 발톱' / 예원 용벽의 용 발톱

은 살아남았던 것일까.

　개인의 정원에 용을 조각했다는 이유로 황제에게 불려간 반윤단은 이렇게 말했다고 한다. "황제 폐하! 원래 용의 발톱은 5개이옵니다. 그러나 소신의 정원에 있는 짐승의 발톱은 3개이옵니다. 소신의 정원에 있는 동물은 용이 아니옵고 이무기에 지나지 않습니다."

　그는 이러한 기지를 발휘해 목숨을 부지했다고 한다. 이곳 효릉박물관 진열실 기와에 있는 용의 발톱은 5개인데 반해 예원 용벽에 있는 용의 발톱은 분명 3개이다.

　박물관을 뒤로하고 한참을 가면 웅대한 주원장의 능이 나온다. 능이라기보다는 숲이 우거진 야산 같다. 직사각형의 돌로 석축을 쌓았는데 벽에는 "이 산이 명태조의 묘"라는 뜻인 '此山明太祖之墓 차산명태조지묘'라고 음각한 글씨가 새겨있다.

　2007년 7월 세계문화유산에 등재된 주원장의 묘는 30년 동안이나 권좌를 누렸던 만큼 중국의 역대 제왕 능 중 가장 규모가 크다. 이뿐만이 아니다. 오늘날까지 주원장의 시신이 묻힌 지하궁전의 위치가 밝혀지지 않았고 미 발굴 상태이다.

후세 사가들은 아들 26명과 딸 16명을 두었던, 공포정치의 대명사인 주원장이 자신의 권력과 부귀를 보존하고 후손들

석축에 새겨진 '此山明太祖之墓' 휘호

에게 승계하기 위한 강박관념이 말년에는 정신분열 증세로까지 나타난 것이라 평가하기도 한다. 중앙의 통로를 지나 위로 올라가면 너른 평원과 숲이 한눈에 조망된다.

명 효릉 입구

주원장의 기다림·배려 진면목
'산 오리 리더십'

주원장의 지도력과 관련한 '산 오리 리더십'이란 이야기가 있다.

원나라 말, 주원장과 장사성張士誠·장쓰청(반란군 지도자)의 대결로 압축되었을 때의 일이다. 주원장의 주력부대가 소금장수 출신인 장사성의 주력부대를 포위코자 험준한 산을 넘어 우회하고 있을 때 협곡의 외길 복판에서 산 오리 한 마리가 알을 품고 있었다. "새끼 품은 짐승을 해치면 업보를 받는다"라는 큰스님의 말이 일순 떠올랐다. 지독하게 가난했던 주원장은 목구멍에 풀칠이라도 하려고 열일곱 살 되던 해에 황각사皇覺寺로 출가해서 중노릇을 잠시 한 적이 있었다.

숲이 우거진 명 효릉

주원장은 부하 장수들의 반대에도 불구하고 사활이 걸린 전쟁을 포기하고 산 오리가 알을 부화할 때까지 여러 날을 기다렸다. 그로 인해 전세가

명 효릉 전경

불리하게 된다. 그런데 예상치 못했던 일들이 벌어지기 시작했다. 장사성의 휘하에 있던 적장들이 부하들을 거느리고 주원장 휘하로 투항해 오는 것이 아닌가. 천하를 얻고 잃는 전쟁 통에서 일개 미물인 산 오리의 생명을 지켜주기 위해 전쟁까지도 유보하는 주원장의 인간성을 보고 투항해 온 것이다. 결국에 화살 한 발 쏘지 않고 승리로 이끌어 천하를 얻은 주원장을 보고 사람들은 이를 가리켜 '산 오리 리더십' 또는 '주원장의 리더십'이라고 한다.

장쩌민 전 주석 고향,
경항대운하(京杭大運河) 압권
양저우(揚州·양주)

난징을 출발해 양저우로 가는 길에는 온통 유채 꽃밭이다. 노란 유채꽃이 만개해 유채 꽃 향연이 펼쳐져 있다.

필자가 일찍이 북인도를 여행하면서 끝도 없이 펼쳐지는 노란 유채 꽃밭을 보고 '화평선(花平線)'이란 신조어를 만들어냈는데, 이곳도 화평선이라 표현해도 부족함이 없을 것 같다.

양저우 윤양대교 전경

그런데 문제는 습기가 많은 지역이라 뿌연 연무현상으로 인해 좋은 사진을 찍을 수 없었다는 것이 참으로 아쉬웠다.

한참을 달리자 '윤양대교潤揚大橋·룬양따챠오'가 나왔다. 긴 강이라 해 중국 사람들이 장강長江이라 부르는 양자강 위에 건설한 현수교懸垂橋인 윤양대교를 중국에서는 '윤양장강대교潤揚長江大橋'라 한다. 윤양대교는 중국에서 가장 긴 다리로 중국 기술진에 의해 건설했다는 것과 다리를 건설하는 과정에서 단 한건의 안전사고가 없었다는 점에 자부심과 자랑이 대단하다. 다리 이름을 처음에는 '진양대교鎭揚大橋'로 하려다가 양저우를 흔든다는 뜻의 '振揚'이 있다해 '潤揚', 즉 "양저우를 기름지게 한다"라는 뜻으로 윤양대교로 명명했다고 한다. 짙은 안개가 대교를 삼키고 있어 한참을 기다린 후에야 사진을 찍을 수 있었다.

이름난 역사문화의 도시인 양저우는 장쩌민 전 주석의 고향이다. 요금소를 통과하고 양저우 시내로 들어가기 전 도로변 커다란 입

경항대운하 전경(양저우)

장쩌민 주석 관련 입간판

간판에는 환하게 웃으며 손을 흔들고 있는 장쩌민 주석의 대형사진이 있다.

양저우는 중국경제의 동력인 경항대운하가 흐르는 곳이다. 경항대운하는 베이징과 항저우를 잇는 1,800km 길이의 대운하인데 이중 92km 구간이 양저우 운하이다.

이런 연유로 해서 베이징을 '장성長城의 도시', 양저우를 '운하運河의 도시'라 일컫는다. 이뿐만이 아니다.

양저우에는 분홍빛의 복숭아꽃과 긴 머리를 늘어뜨린 연둣빛의 수양버들이 많다. 우리나라에서는 수양버들이 수양대군과 관련한 이름이라고 하지만, '수양'은 원래 중국 수隋나라의 양제煬帝에서 유래한 이름이라고 한다.

양저우는 예로부터 풍부한 농산물과 소금의 집산지로 경제가 발달한 도시로서, 중국 4대 요리 중 하나인 화이양淮揚(회양) 요리의 본거지이기도 하다. 특히 말린 두부를 데워서 만든 요리인 탕깐쓰湯幹絲(탕간사)와 만두가 유명하다.

그렇지만 양저우를 여행하는 우리나라 사람들이라면 꼭 먹어봐야 할 요리가 있다. 그것은 우리에게 잘 알려진 '양저우 차오판揚州炒飯(양주초반)', 즉 '양저우 볶음밥'이다.

볶음밥은 그 종류가 다양한데 가장 일반적인 달걀 볶음밥蛋炒飯(단초반)을 비롯해 해물 볶음밥海鮮炒飯(해선초반), 간장 볶음밥醬

油炒飯(장유초반) 그리고 오무라이스鷄蛋炒饭(계단초반) 등이 있다. 이중 해물 볶음밥은 찬밥에 달걀·다진 파·새우 알·쇠갑오징어·가리비·생선·기름·후춧가루·전분·소금·식 소다를 넣고 볶은 요리로 싱싱한 해물이 많이 들어가 느끼하지 않고 맛이 깔끔하다.

간장 볶음밥은 요리과정이 간단하고 맛이 좋아 중국인들 가정에서 자주 해 먹는 음식으로 찬밥에 다진 고기·달걀·다진 파·간장·설탕·다진 마늘·다진 생강·맛술·옥수수기름·돼지기름·후춧가루 등을 넣고 볶은 요리이다.

필자가 맛본 요리는 양저우식 볶음밥이다. 양저우식 볶음밥의 기본재료는 밥인데 중국 본토에서 생산되는 끈기가 없는 쌀로 밥을 지어야 한다. 여기에 달걀·소시지·생새우 알·당근·푸른 콩·옥수수·다진 파·샤오싱 주紹興酒(소흥주)·소금·후춧가루를 넣고 볶아 내면 여러 색깔이 조화를 이뤄 먹음직스럽다.

양저우 볶음밥

달걀 볶음밥

간장 볶음밥

최치원(崔致遠) 선생 체취 물씬
당성유적지(唐城遺跡祉)

당성유적지탕청이지즈는 말 그대로 당나라시대에 건축한 성으로 중국에서 가장 잘 보존된 옛 성터 중 한 곳이다.

이곳에는 최치원기념관이 있다. 최치원 선생이 양저우에서 관리 생활을 했던 것은 우리가 익히 알고 있는 사실이다.

그런데 이렇게 유서 깊은 양저우에 우리나라 유학자의 기념관이 있다는 사실이 놀랍다. 이곳 관장의 설명에 의하면, "최치원 선생은 중·한 양국 경제문화교류에 있어서 대표적인 인물인데 중국 당나라 말, 최치원 선생이 12살 때 배를 타고 중국으로 왔다"며 "그가 지은 문장도 매우 유명한데 계원필경집桂苑筆耕集은 그가 당나라에 남긴 유일하면서도 유명한 작품이고 이 작품 속에는 그의 문학사상이 그대로 담겨있다고 할 수 있다"라고 한다.

2001년부터 양저우시에서는 매년 최치원 선생 기념행사를 대규모로 진행해 왔을 뿐만 아니라 경주 최씨 종친회에서는 양저우시와 자매결연을 하고 최치원 선생과 관련한 학술토론회와 바둑시합 등 활발한 친선교류 활동을 통해 최치원 선생에 대한 추억과 공경을 표시하고 있다 한다.

수양버들이 우거진 수로 위 다리를 지나 한참 계단을 오르면 천흥문天興門·톈싱먼이 나온다. 성벽과 함께 쌍루도 이색적이다. 담쟁이 넝쿨로 덮인 고풍스러운 성벽에 올라서면 우측에는 최치원기념관이 있고, 연못이 있는 정원에는 홍매화·배꽃·두견화 등이 만개해 봄의 아름다운 정취를 연출한다.

최치원기념관 내에는 최치원 선생 관련된 여러 자료와 비석 정자 그리고 중한우호기념비가 있다. 특히 최치원 선생의 한백옥조각상 漢白玉彫刻像은 조각의 진수를 보는 듯하다.

최치원 선생의 본관은 경주慶州, 자는 고운孤雲으로 경주 사량부 沙梁部(지금의 경주 남천 이남일대) 출신이다.

신라 경문왕 8년인 868년, 12세 때 당나라에 유학해 서경西京·長安에 체류한 지 7년 만에 18세의 나이로 예부시랑 배찬裵瓚이 주관한 빈공과賓貢科에 장원으로 급제한다. 빈공과는 당나라 때에 외국

전흥문 외관

최치원 선생 기념관 외관

인에게 보이던 과거시험이다. 이후 최치원 선생은 여러 관직을 거치면서 많은 글들을 남겼는데, 특히 군무에 종사하면서 지은 글들이 계원필경집이란 제목으로 20권이 엮어졌으며, 881년에 지은 격황소서檄黃巢書는 그의 명저로 손꼽힌다.

최치원 선생은 유儒·불佛·선仙의 가르침은 하나로 통한다고 보았기 때문에 유학자이면서도 불교에도 깊은 관심을 가졌을 뿐만이 아니라 노장사상老莊思想과 풍수지리설에도 상당히 해박했다.

노장사상이란, 노자老子와 장자莊子의 사상을 말하는 것으로 "인위적인 것을 배격하고 자연 그대로의 상태를 이상적인 경지로 본다"는 사상이다.

선생의 이러한 해박한 지식이 승려들과 폭넓게 교류하며 불교 관련 글을 많이 남길 수 있었다. 당나라에서 문장가로 이름을 떨쳤던 최치원 선생이 자신을 알아주지 않는 세상에 대한 고독과 외로움

최치원 선생
한백옥 조각상

을 표현한 5언 절구인 '추야우중 秋夜雨中(가을밤에 빗소리)' 한시를 소개한다.

여기에서 절구絶句란 시인의 애상적 정조를 나타내는 한시를 말하는데 선생의 '추야우중' 역시 서정적이고 애상적인 시이다.

秋風唯苦吟추풍유고음 / 가을바람에 외로운 한숨 소리
世路少知音세로소지음 / 세상에 알아주는 이 없네.
窓外三更雨창외삼 경우 / 창밖엔 밤 깊도록 비가 내리는데
燈前萬里心등전만리심 / 등불 앞에 마음은 만 리 밖을 내닫네.

장쑤성

정원문화의 정수 '만청제일원'
하원(何園)

만청제일원晩淸第一園이라 일컫는 하원허위엔은 일명 기소산장寄嘯山莊·지샤오산좡이라고도 불리는데, 청대 중기 한족 고전원림으로 하지도何芷舠·허즈다오가 지은 개인 정원이다.

입구에 들어서면 만개한 라일락꽃 향기가 콧속 깊숙이 스며들고 호수에서 직접 꺼내 세웠다는, 기기묘묘한 생김새의 돌이 위용을 뽐내며 서 있다. 유심히 살펴보니 석회석인 태호석이다. 하원 내의 여러 곳에는 이런 기이한 형상의 수석들을 장식해 놨다. 하원은 석회암지대에 지었기 때문에 석회석이 많이 나온다. 바닥도 물결 모양이다. 그 이유는, 강가에 살았던 집안들이라 물을 좋아해서 바닥도 물결 모양으로 만들었다고 한다. 연못 주변에는 녹음이 우거지고 그 위에 천하제일누각으로 불리는 수심정水心亭·수이신팅이 있다.

태호석

건물 안으로 들어서면 그 길이가 무려 1,500m나 되는 복도 회랑이 있는데 '천하제

하원 정원 내부와 하원을 찾아 망중한을 즐기는 여행자들

일복도'라 불린다. 그리고 '천하제일 창문'으로 불리는 십금화창什錦花窓과 천하제일산인 편석산방片石山房도 있다. 필자 눈에는 천하제일로 보이는 것은 하나도 없는데 모두가 천하제일이라니 중국인들의 과장된 표현은 좀 심하다는 생각이 든다.

그러나 하원은 여러 가지 건축기법과 예술성이 뛰어나 정원문화의 정수로 손꼽는다.

안방마님 초상화

하원은 국가 AAAA급 관광지일 뿐 아직 세계문화유신에는 등재되지 못했다. 혼자서 사진을 찍고 다니느라고 시간이 다 되었는데도 출구를 찾지 못해 한참을 헤맸다. 면적 1.4만여㎡, 건축면적 7,000여㎡인 하원의 개방시간은 7:30~17:15까지이며, 관람료는 성수기인 3~12월까지는 45위안, 비수기인 1월~2월까지는 30위안이다. 3~5월까지가 최적기인데 이때는 여러 종류의 꽃들이 만개해 매우 아름답다.

기소산장 입구

물결 모양 바닥

만개한 라일락꽃

건륭제 낚시터였던
수서호(瘦西湖)

　　　　　　　　　수서호서우시후로 이동하는 동안 양저우 시내의 많은 고건축물이 눈에 들어온다. 모두 먹물을 뿌려놓은 듯 검은색이다. 그 이유는 옛날부터 양저우는 먹물을 먹은 선비가 많아 선비의 고장이라 해 모든 건축물에 먹물 색을 칠했다고 한다. 먹물을 먹었다는 말은, 당시에 선비들은 벼루에 먹을 갈아 붓에 먹물을 묻혀 종이에 글을 썼기 때문에 그렇게 표현한 것이다. 문방사우文房四友인 종이·붓·먹·벼루는 곧 선비를 의미했었다. 이렇듯 양저우 시민들은 선비고을에 대한 자긍심이 대단하다.

　양저우 북쪽에 자리하고 있는 수시호는 긴륭제 때 염상鹽商(소금장수)들이 황제에게 잘 보이기 위해 만든 호수이다. 건륭황제가 이곳을 여섯 번이나 방문했는데 주로 낚시를 즐겼다고 한다.

　그런데 황제가 호수에 낚싯대를 드리우고 있는 동안 사람이 몰래 물속에 숨어 있다가 낚싯바늘에 물고기를 끼워줬다고 한다.

　우리나라에서도 자유당 정권 시절 이승만 대통령이 경회루에서 낚시하다가 방귀를 뀌었는데 옆에 있던 내무부장관이 "각하 시원

수서호 오정교 주변 봄 풍광

하시겠습니다"라며 아부했다는 얘기가 전해진다. 옛 청나라 관리들 아부의 도에 혀가 내둘러진다.

 수서호의 원래 이름은 보장호保障湖·바오장후였다. 이후 항저우에 있는 '서호西湖'와 견주어도 될 만큼 아름답기에 '양저우 서호揚州西湖'라 불렸는데, 청나라 때의 시인 왕항汪沆이 그의 작품인 '咏保障河영보장하'에서 다음과 같은 글을 남겨 '수서호'라고 이름이 바뀌었다고 한다.

   垂楊不斷接殘蕪수양부단접잔무 / 버들가지 늘어져 잡초에 닿고
   雁齒虹橋儼畫圖안치홍교엄화도 / 기러기 나는 모양의 홍교계단 그림과도 같아
   也是銷金一鍋子야시소금일과자 / 항저우 서호와 별다른 게 없

이십사교 주변 풍경

구나.
故應喚作瘦西湖고응환작수서호 / 그리해 마땅히 수서호라 부르리.

그러니까 모든 풍광은 '항저우 서호'와 다를 바 없지만 크기에 있어서 '양저우 서호'가 작기 때문에 '마를 瘦'자를 붙여 '수서호'라 한 것이다. 수서호는 길이가 약 4km이고 너비는 채 100m도 되지 않아 다른 호수와는 다르게 좁고 긴 형태이다. 역대 수많은 문인이 이곳 수서호를 유람 후 수서호의 수려한 자연경관을 보고 '天下西湖三十有六惟揚州的西湖천하서호삼십유육유양주적서호', 즉 "천하에 36개의 서호가 있으나 양저우의 서호가 제일이다"라는 글을 남겼다.

야춘冶春에서 양저우의 대표적 요리인 탕간사湯干絲와 만두로

무쇠솥과 매화 / 튤립 꽃밭에서 필자

식사를 한 후 용으로 치장한 유람선을 타고 선상유람에 나섰다. 주변은 안개가 자욱하다.

유람선은 물안개 자욱한 수면 위를 미끄러지듯 지나간다. 수로 양옆에는 분홍빛 복숭아꽃과 연둣빛 수양버들이 긴 머리를 늘어뜨리고 있다. 마침 구름이 내려앉아 한 폭의 그림이다. 원래 양저우에는 버드나무가 많았는데, 중국 수나라 양제煬帝가 자기 이름을 붙여 '수양버들'이라 명명했다고 전해진다. 물 위에 떠 있는 오정교五亭橋를 지나고 이십사교二十四橋를 지나 서국 지역에서 내렸다. 산책로에는 매화가 만발하고 수양버들과 노랗고 빨간 튤립이 지천으로 심겨 있어 환상적인 분위를 자아낸다. 무릉도원이 따로 없다.

매년 수서호 풍경구 내에서는 축제가 열린다. 봄에는 매화꽃 축제, 여름에는 연꽃 축제, 가을에는 국화꽃 축제가 열린다.

필자가 방문했던 시기는 4월 초였기 때문에 매화꽃 축제가 한창이었다.

저녁에는 양저우시 인민정부에서 주최한 만찬에 초대되었다. 만찬장에는 각종 요리가 원형식탁에 올려졌다. 요리사가 나와 두부를 채 써는 시범도 보여준다.

탕간사는 두부가 주재료이다. 다양한 요리를 맛보았으나 그중에서도 가물치요리가 가장 특이하다.

만찬 후에는 고운하古運河 유람에 나섰다. 낮에는 꽃의 향연이, 밤에는 빛의 향연이 펼쳐진다. 운하 주변의 모든 건물과 담장은 물론 나무기둥에도 불을 밝혔는데 참으로 환상적이다.

① 가물치요리 ②③④ 양저우 요리　　　　　두부 자르기 시범

> **TIP**
> 국가AAAAA급 풍경구인 수서호의 개방시간은 06:30~17:30까지이며, 관람료는 성수기인 3월부터 5월까지와 9월부터 11월까지는 150위안이고 기타 비수기에는 120위안이다.

양저우 수서호 봄 시즌 일몰 풍광

태호석으로 유명한 '어미지향 도시'
우시(無錫·무석)

우시는 장쑤성 남부, 타이후 북쪽 연안에 있는 공업 도시로 3,000여 년의 역사를 자랑하는 유서 깊은 도시이다.

우시는 한때 주석朱錫(Sn) 생산지였으나 한꺼번에 너무 많이 캐내 광산이 고갈되는 바람에 한나라 시대 이후 주석이 나오지 않아 "주석이 없다"라는 뜻으로 우시, 즉 무석이란 이름을 갖게 되었다. 이를 일러 과유불급過猶不及이라 했던가. 우시는 '有錫'에서 '無錫'으로 변한 고장이라는 생각이 든다.

우시로 향하는 도로변은 끝없이 펼쳐지는 유채꽃 밭과 민물진주 양식장이 보이고 수나라 때 건설했다는 대운하도 보인다. 이 대운하가 우시 시내를 통과함으로써 강남의 농산물과 직물이 집산 되어 화북이나 중국 각지로 보내지는 중요한 경제·상업의 도시가 되었다.

우시는 아주 오래전 바다였기 때문에 태호석이 많이 산출된다. 태호석太湖石이란 '타이후에서 나는 돌'이라 해서 붙여진 고유명사로 석회석($CaCO_3$)이 주성분이다. 타이후에서 산출되는 태호석은 오랜 세월 물에 의한 침식작용과 바람에 의한 풍화작용으로 인해 많은 구명이 뚫리고 바위 형태가 기이하게 생겼을 뿐만이 아니라 색이 가무잡잡해 예로부터 정원석이나 가산假山·쟈샨(정원에 조성해 놓은 작은 인공 산)을 만드는 데 이용했다. 그렇기에 이 지역에 있는 원림·사원·저택 등에서는 반드시 태호석을 볼 수 있다.

그리고 타이후에는 물고기 등의 수산물이 풍부해서 예부터 '어미지향魚米之鄕'이라고 불렸다. 어미지향의 고장 우시에는 유명한 3대 백색 요리가 있다. 그것은 백어 요리, 새우 요리, 은어 요리인데 모두 하얀색이다.

5성급 호텔인 '금릉대주점金陵大酒店'에 여장을 푼 후 우시 인민정부에서 주최한 만찬에 참석했다. 다채로운 연주 및 무대공연을 관람하면서 우시의 3대 요리인 백어, 새우, 은어찜 요리를 맛보았

우시의 시가지 전경

다. 우시에는 3대 백색요리 외에도 붉은색을 띤 돼지 갈비찜이 유명하다. 우시의 돼지 갈비찜이 유명하게 된 일화는 다음과 같다.

옛날에 한 거지 스님이 있었다고 한다. 어떤 이는 신선이었다는 사람도 있으나 행색이 매우 초라한 거지 스님이었다. 이 지역에 기근이 들어 너나 할 것 없이 먹고살기가 힘들었을 때의 일이었다. 시주를 받지 못해 매우 배가 고팠던 스님은 돼지 갈비찜을 팔아 많은 돈을 번 식당에 가서 한 끼를 청했다.

그런데 허기를 달래기는커녕 물까지 뒤집어쓰고 내쫓음을 당했다. 하는 수없이 그 옆집에서 파리만 날리고 있는 식당으로 가서 한 끼 식사를 구걸했다. 그런데 문전박대는커녕 성심성의를 다해 대접을 해주는 게 아닌가. 배가 고파서 먹긴 했으나 돼지 갈비찜이 너무나도 맛이 없었다. 맛이 없으니 손님들이 오지 않을 수밖에…. 비록 맛없는 음식이지만 잘 대접받은 스님은 가지고 있던 부채로 돼지 갈비찜에 부채질을 하자(부채살을 떼어 돼지갈비에 넣었다고도 함) 붉은색으로 변하면서 향이 진동하고 맛있게 변했다고 한다. 이후로 처음에 들렸던 식당의 돼지 갈비찜에서는 고약한 냄새가 나고 맛이 없어 망하고 스님을 잘 대접한 식당은 맛 좋은 돼지 갈비찜 하나로 장사가 잘되어 큰 부자가 되었다고 한다.

이렇게 해서 붉은색의 돼지 갈비찜이 우시의 명물 요리로 자리 잡았다는 이야기이다.

돼지 갈비찜에 얽힌 이야기를 하다 보니까 필자가 어렸을 때의 일이 생각났다.

거지가 우리 집에 동냥을 오면 할머니께서는 절대로 그냥 돌려보낸 적이 없었다. 배고파하는 사람을 문전박대하면 벌을 받는다며 부엌으로 데려가 뜨거운 국물에 밥을 말아 먹이시던 우리 할머니였다. 필자가 어렸을 때는 6·25 한국전쟁 직후라 거지들이 많았다. 우리 할머니는 단 한 번도 배고파하는 사람을 그냥 돌려보내는 것을 보지 못했을 뿐만이 아니라 점심을 싸 오지 못한 친구한테 주라며 도시락을 한 개 더 싸주기까지 하셨다.

만찬 후에는 일행들과 함께 발 마사지를 받고 한잔 후 호텔로 돌아와 보니 선물이 있었다. 우시의 또 하나의 유명한 특산품으로 '흙인형'이라는 다아푸大阿福(대아복)다.

중국인들은 자기 집에 길흉을 막고, 길상을 기원하는 의미로 통통한 모습의 어린아이 인형을 두길 좋아한다. 이 한 쌍의 어린아이 인형을 다아푸, 즉 '아복 인형'이라고 하는데, 진흙을 굽지 않고 자연 상태에서 말린 다음 색칠하는 것이 특징이다. 다아푸에 얽힌 전설은 이렇다.

아주 오랜 옛날에 혜산惠山·후이산에 매우 흉악한 괴물이 출현했다. 이 괴물은 성인은 해치지 않고 오직 어린아이만을 잡아먹었다. 괴물에게 많은 아이가 희생되었다. 혜산지역 주민들은 공포에 사로잡혀 벌벌 떨며 종일토록 문밖으로 출입을 하지 못했다. 어떤 사람은 아예 고향을 등지고 먼 타향으로 떠나갔다.

이 사실을 알고 천상에서 샤하이얼沙孩兒(사해아)이란 두

다아푸

명의 신선이 내려왔다. 비록 어린아이 모습의 신선이지만 힘이 장사고 도술에도 능한 신선이었다. 두 신선은 산으로 들어가서 요사스러운 괴물을 일격에 퇴치했다. 이후 혜산 일대에는 다시 예년의 평온을 되찾았다.

혜산지역 주민들은 두 신선에게 고마움을 표시하기 위해 혜산지역에서 산출되는 진흙으로 두 신선의 모습을 빚어 가가호호 모셔두고 그들에 대한 공경과 사랑을 표했다. 그리고 아이 모양으로 변신한 두 신선에게 '뚱뚱한 사람'이란 뜻인 아복阿福이란 이름까지 지어주었다. 이로 인해 민간에서는 다아푸를 소장하면 잡신을 퇴치하고 재앙과 사악함을 막아주며 행복을 가져다준다는 상징물이 되었다.

장쑤성 요리

세계최대 입상 청동불상
영산대불(靈山大佛)과
천하제일장(天下第一掌)

태호석으로 유명한 타이후를 경유해 가다보면 영산대불링산따푸어의 미소를 만나게 된다.

국가AAAAA급 풍경구 안에 있는 영산대불은 당나라 시대에 현장법사가 이름 지은 소령산小靈山·샤오링산에 있다. 1994년 기초를 시작해 1997년 11월 15일 준공식과 함께 개안식開眼式(점안식이라고도 하며 불상의 눈에 붓으로 동자를 찍는 의식)을 가진 영산대불의 총 높이는 물경 88m에 불체 높이 79m, 연꽃잎 크기가 9m이며, 여기에 들어간 청동만도 700여 톤에 달린다. 영산대불은 현존하는 노천에 있는 불상 중 세계최대를 자랑하는 '입상청동불상立像靑銅佛像'이다. 중국에서는 '제일대불'이라고 부른다.

영산대불의 구조설계는 상하이 푸둥浦東에 있는 동팡밍쭈東方明珠(동방명주)를 건설한 팀이 맡아 14급 태풍과 8급 지진에도 전혀 흔들리지 않도록 설계했으며, 외곽 조형은 난징의 예술가 우시엔린吳顯林(오현림)이 맡았다. 높이를 88m로 한 이유는 중국인들이

불족단 / 영산대조벽

'8'이란 숫자를 좋아하기 때문이다. 8은 행운의 숫자로 "큰돈 벌다" 또는 "부자가 되다"라는 뜻인 '發財(빠차이)'에서 '發(빠)'과 숫자 '8(빠)'의 발음이 비슷하기에 숫자 '8'을 좋아한다. 중국인들이 숫자 8을 얼마나 좋아하는지는 베이징 올림픽이 개최되는 날짜와 시간인 2008년 8월 8일 8시 8분에서도 알 수 있다.

길이 39.86m, 높이 7.2m의 거대한 영산대조벽靈山大照壁을 지나면 불족단佛足壇·퓌주탄이 나온다. 불족단은 부처가 열반하기 전에 남긴 족적이다. 어찌나 큰지 도저히 부처의 발바닥으로는 이해되지 않는다. 많은 사람이 행운을 빌며 불족단에 동전을 던져 넣는다. 좌측에는 황동(구리와 아연의 합금)으로 만든 커다란 부처의 오른손이 있다. 이를 중국인들은 '천하제일장'이라 부른다. 세상에서 가장 큰 손이란 뜻이다. 손의 총 높이 11.7m, 손의 넓이 5.5m, 손가락 직경이 1m이며 무게는 13톤에 달한다. 많은 사람이 한 줄로 서서 손 주위를 돌며 손바닥 중앙에 있는 원을 문지른다. 부처님 손바닥에 있는 원을 문지르면 가장 많은 복을 받는다고 믿기 때문이다. 어찌나 많은 사람이 소원을 빌었던지 유독 원 부분만 달아져 노란 구릿빛으로 반짝인다.

천하제일장

오른쪽에는 황동으로 만든 포대화상布袋和尙·부다이허상이 있다. 포대화상은 중국 후량後梁 사람으로 법명은 계차契此이다.

백자희미륵

뚱뚱한 몸집에 항상 웃으며 배는 풍선처럼 부풀어 생김새가 코믹하다. 기이한 행적을 수없이 남긴 계차 스님은 지팡이 끝에 커다란 자루를 메고 다녔는데, 자루 속에는 뭐든지 들어있어 중생이 원하는 대로 다 내어주어서 포대스님이라 불렸다.

포대화상의 불룩한 배를 만지면 많은 돈을 벌게 해준다는 속설이 중국인들에게 전해 내려온다. 많은 사람이 동자승들의 재롱에 코믹하게 웃고 있는 포대화상 입에 동전을 던져 넣는다. 동전이 입속으로 들어가면 소원이 이루어지는 것이라 한다. 100명의 동자승 조각 하나하나를 살펴보면 동작들이 무척 다양하고 재미있다. 이곳에서는 백 명의 동자승들이 미륵의 품안에서 장난치고 논다해 '百子嬉彌勒백자희미륵'이라고 한다.

미소를 머금고 운무에 싸인 영산대불의 모습을 보고 있노라면 신비로움과 경건함에 스스로 도취 되어 잠시 두 손을 모아 묵상하게 만든다. 아래에는 똑같은 모양의 불상이 또 하나 있다. 힘들게 계단을 올라 대불을 보고 내려오면 아래에서는 음악과 함께 분수 쇼가 벌어진다. 이를 구룡관욕九龍灌浴·쥬룽관위이라한다. 이를 직역하면 "아홉 마리의 용이 아기 부처를 목욕시킨다"라는 뜻이지만, 석가모니의 탄생설화를 형상화한 내용이다. 분수 한가운데 높은 곳에는 연꽃 속에 아기 부처가 있다. 아홉 마리의 용이 물을 뿜어대면 서서히 연꽃이 벌어지면서 황금빛 아기 부처가 검지를 펴 보이며 나타난다. 이는 '천상천하유아독존天上天下唯我獨尊'을 나타내는 것이라고 한다. 천상천하유아독존은 붓다가 태어나자마자 동서남북 사방으로 일곱 걸음을 걸은 뒤 오른손은 하늘을, 왼손은 땅을 가리키면서 읊었다는 탄생게誕生偈로 "우주에서 인간보다 더 존엄한 것은 없다"라는 의미이다.

아기 부처가 아주 천천히 360° 회전하면서 목욕을 하는데 걸리는 시간은 약 20분 정도다. 하루에 두 번 목욕하는 아기 부처를 보려고 전국에서 수많은 사람이 모여든다. 아기 부처를 씻기는 동안 중생들의 속마음까지도 씻기는 듯한 시원함을 느낄 수 있다.

구룡관욕 / 운무에 싸인 영산대불

(상)연꽃 속 아기 부처
(하)쌍둥이 영산대불

중국 최대 영화촬영장, '동방의 할리우드'
삼국성(三國城)

영산대불을 뒤로하고 삼국성싼궈청으로 갔다.

삼국성은 중국에서는 처음이자 최대 규모의 영화촬영 세트장으로 중국 CCTV 드라마 삼국연의三國演義, 수호지水湖志, 양귀비楊貴妃 그리고 당명황唐明皇 등을 촬영한 장소이다. 우리나라 TV에서 방영한 해신海神도 이곳에서 촬영했다. 그래서 이곳을 '동방의 할리우드'라고도 부른다. 세트장의 규모가 어찌나 큰지 걸어 다니기에는 힘이 벅차 전동차를 타야 한다.

마침 삼국성에서는 삼영전여포三英戰呂布 공연이 펼쳐지고 있었다. 삼영전여포란 "유비, 관우, 장비 삼의형제가 여포와 싸운다"라는 뜻이다.

공연은 마상 쇼부터 시작하는데 매일 오전 10시에 다양한 소재의 공연이 펼쳐진다. 갑자기 쾅! 하고 터지는 포탄 소리와 함께 전쟁이 시작되는데 임산부나 노약자는 깜짝 놀라지 않도록 조심해야 한다. 실제 전쟁 상황을 방불케 하는 공연이다.

촉나라 장군들이 하나둘 여포에게 패하면 유비, 관우, 장비가 함

타이후 세트장 / 손권 진영 깃발

께 나서는데, 이 장면이 가장 인기 있다고 한다. 여포는 무예가 뛰어난 인물로 "말 중에는 적토마赤兎馬가 최고이고 사람 중에는 여포呂布가 최고다"라는 말이 있다.

등장하는 공연 인물들의 말 타는 재주와 창검을 다루는 기술 그리고 박진감 넘치는 기마전을 보고 있노라면 탄성이 절로 나온다. 야외 공연장이라 말이 달리면서 튕긴 흙탕물을 뒤집어쓰지 않으려면 좀 먼 곳에서 관전해야 한다. 공연 후에는 중국에서 세 번째로 큰 담수호인 타이후 안에 지은 세트장으로 간다. 타이후는 제주도보다 더 큰 면적이기 때문에 직접 배를 타고 나가 둘러보아야 한다.

> **TIP**
>
> 72개의 섬으로 이루어진 타이후는 주변에 방갈로도 많고 골프장도 4개나 있기에 골프마니아들이 즐겨 찾는다. 특히 타이후에서는 엄청나게 많은 게가 잡히는데 9~10월에 잡힌 게가 가장 맛있다. 그리고 이 지역에서는 녹차도 많이 생산되는데 발효차가 아니라 120℃에서 덖어낸 차로 맛이 좋아 최고의 차로 인정받는다.

영전여포 공연장면

신이 축복한 지상의 천국
쑤저우(蘇州·소주)

쑤저우는 수향水鄕이라 불릴 만큼 물이 도시와 어우러져 있고 수로가 있으며 수로 사이에 집들이 있어 일찍이 마르코 폴로는 '동양의 베니스'라 극찬했다.

쑤저우는 장쑤성 동남부, 타이후 동쪽에 있는 운하의 도시로서 상하이에서 고속도로로 1시간 거리에 있기에 접근성이 좋아 상하이 국제시장과 국내시장을 연결하는 요지이다.

무엇보다도 쑤저우는 2,500여 년의 역사를 간직하며 오나라 문화의 발상지로서 옛날부터 "하늘에는 천당이 있고 지상에는 소항 蘇杭(쑤저우와 항저우)이 있다"라고 일컬어질 정도로 아름다운 고장이다. 그렇기에 쑤저우 사람들은 다른 지방으로 옮겨가서 살지 않는다고 한다. 이미 천당에서 살고 있기 때문이다.

졸정원 풍경

쑤저우는 정원과 물의 도시이다.

수나라 때 건설한 경항대운하는 쑤저우의 남북을 가르고 있으며 중국 남방의 대표적인 도시로서 그 아름다움과 삶의 향기가 가득해 당대의 최고 시인 묵객들이 모여들었다고 한다.

서기 605년에 완공한 이곳 운하는 당시에는 없어서는 안 될 교통수단이었지만 지금은 관광 상품화가 되어 관광객을 실은 배가 유유자적 흐르고 있는 모습을 볼 수 있다. 쑤저우는 운하뿐만이 아니라 '역사적 보고'라 할 만큼 문화유산이 많은 곳이다. 그중에서 유네스코 세계문화유산에 등재된 한산사를 비롯해 호구 등도 꼭 둘러보아야 할 명승지이다. 쑤저우가 자랑하는 것은 이뿐만이 아니다. 쑤저우는 타이후에서 산출된 태호석으로 장식한 정원문화가 발달해 '정원의 도시'로도 불린다.

특히 쑤저우에서 가장 큰 정원 중의 하나인 졸정원拙政園을 비롯해 유원留園, 사자림獅子林, 창랑정滄浪亭을 '쑤저우 4대 정원'이라 일컫는다. 이 중 졸정원과 유원은 베이징의 이화원, 허베이성의 청더에 있는 피서산장과 더불어 중국 4대 명원에 속한다. 쑤저우 4대 정원은 모두 1997년과 2000년에 유네스코 세계문화유산에 등재되었다.

이밖에도 중국 전통극의 하나이자 세계비물질문화유산인 쿤취崑曲(곤곡), 수공예품인 실크제품과 옥공예, 재스민 차, 양청후陽澄湖(양징호)에서 잡힌 대게大閘蟹(대갑해), 쏭수구이위松鼠桂魚(송서계어)가 유명하다. 특히 '쏭수구이위'는 건륭황제가 먹고 어찌나 맛이 좋았던지 입에 침이 마르게 칭찬했다는 요리로서 쑤저우를 대표하는 요리가 되었다. 쏭수구이위는 쏘가리를 주재료로 한 생선 튀김에 탕수 소스를 얹은 요리로서 생선을 튀겨낸 모양이 마치 다람쥐가 연상되기에 붙여진 이름이다. '松鼠'는 '다람쥐'를 '桂鱼'는 '쏘가리'를 뜻한다. 필자도 어찌나 맛있던지 코로 들어가는지 입으로 들어가는지 모르게 맛있게 먹었다.

양청후 대게   쏭수구이위

TIP

쑤저우는 사계절이 분명하고 강우량은 연평균 1,100mm로 충분하나 여름에는 매우 습하고 겨울에는 춥다. 봄가을은 쾌적한 편이다. 그렇기에 꽃이 피기 시작하는 4~5월이 여행하기에 가장 좋다.

운하와 쑤저우 풍광

쑤저우의 성문인 창문(閶門) 야경

'동양의 베니스'라 불리는 쑤저우 운하 풍경

소동파가 극찬 후치우(虎丘·호구)
중국판 피사 사탑 운암사탑(雲岩寺塔)

송나라 시대 대문호인 소동파蘇東坡·쑤둥포는 "쑤저우에 가서 후치우를 보지 않으면 유감이다"라고 칭찬한 시를 남긴 곳이 후치우 산이다.

소동파는 중국 북송시대에 시인·산문작가·예술가·정치가로 활동했던 사람으로 본명은 소식蘇軾, 자는 자첨子瞻이며, 동파는 그의 호로 동파거사東坡居士에서 따온 별칭이다.

후치우는 춘추시대 오나라 왕 합려闔閭·허뤼가 묻혀있는 곳으로 합려가 죽은 후 3일 만에 흰 호랑이가 나타나 그의 무덤을 지켰다고 해서 붙여진 이름이다.

합려는 중국 춘추전국시대 오나라의 제24대 임금이며 춘추 5패의 한 사람으로 꼽히는 인물이다. 입구에 있는 단량전斷梁殿에는 大吳勝壤대오승양과 含眞藏古함진장고라고 쓴 현판이 눈에 들어온다. 월나라에 패했던 오나라 왕 부차夫差·푸차가 절치부심切齒腐心의 세월을 보낸 후 다시 월나라를 쳐서 이기고 후치우 산 입구에 새긴 커다란 승전비이다.

얼마 전 TV에서 인기리에 방영되었던 와신상담臥薪嘗膽의 고사성어는, "섶에 누워 자고 쓰디쓴 곰쓸개를 핥으며 패전의 굴욕을 되새긴다"라는 뜻으로 사기의 월세가越世家에 나오는 얘기이다.

중국 춘추전국시대에 오나라의 왕 부차가 아버지의 원수를 갚기 위해 장작더미 위에서 잠을 자며 월나라의 왕 구천句踐·쥐지엔에게 복수할 것을 맹세했고, 다시 부차에게 패배한 월나라의 왕 구천이 쓸개를 핥으면서 복수를 다짐한 데서 유래한 말이다. 월왕 구천이 오나라를 쳐서 이기고 오왕 부차로 하여금 자살하게 한 것은 그로부터 20년 후의 일이다. 복수를 위해 얼마나 오랫동안 와신상담을 했는지 알 수 있는 대목이다.

후치우의 정문을 들어서면 왼쪽에 마른 우물이 있다. 양나라 때 감감존자憨憨尊者라는 승려가 목이 말라 맨손으로 팠다는 감감천憨憨泉이다. 눈먼 동자승이 꿈에서 우물 자리를 발견하고 그곳을 파서 나온 물로 눈을 닦으니 눈을 뜨게 되었다는 전설이 있다. 지금은 물이 말라버렸으나 전에는 눈병 치료에 탁월한 효과가 있다는 믿음 때문에 많은 사람이 눈병 치료를 위해 찾았다고 한다.

감감천을 지나 돌계단을 밟고 올라가면 연꽃 안에서 어린 무희들이 춤을 춘다. 마치 요정들의 모습이다.

손오공이 복숭아를 물고가다 떨어진 복숭아가 바위로 변했다는 석도石桃가 있고, 자그마한 돌

감감천

춤추는 요정

을 던져서 바위 위에 떨어지면 아들을 낳는다는 전설이 깃든 침석 枕石(돌베개)도 있다. 침석은 베개 모양처럼 생겼다고 해 붙여진 이름으로 많은 사람이 침석 위에 작은 돌이나 동전을 던져보지만 쉽게 성공하지 못한다. 물론 필자도 성공하지 못했으나 아들만 두 명이다. 아마 성공했더라면 딸을 한 명 점지해 주지 않았을까 엉뚱한 생각을 해본다.

  침석을 지나 조금 더 위로 올라가면 시검석이 나온다.

  시검석試劍石·스지엔스은 오나라 왕 합려가 소장하고 있던 명검을 시험해 보기 위해 잘라 본 바위라고 한다. 이 세상에 바위를 자를 정도로 강도가 높은 명검이 어디 있겠는가마는 금이 간 바위의 모양이 마치 칼로 자른 듯하다. 지성이면 감천이란 속담을 낳은 감천 바위를 지나 좀 더 위로 올라가면 넓은 판석이 나오는데 천인석 千人石이다. 이곳에서 양대梁代에 유명한 고승인 도생道生이 설법을 하자 돌들이 고개를 끄덕였다는 전설이 깃든 곳이기도 하지만, 오왕 합려

침석

가 화살을 맞은 후유증으로 죽자 무덤을 만들고 나서 비밀을 지키기 위해 인부 1,000명을 이곳에서 죽였기 때문에 천인석이라 이름 지었다고 한다. 그래서인지 바위가 모두 붉은색을 띠고 있다.

천인석 바로 앞에는 풍학운천風壑雲泉이 있고 풍학운천 안에는 검지劍池·지엔츠가 있다.

시검석 / 천인석

'風壑雲泉'은 '바람과 구름과 우물이 있는 산골짜기'란 뜻으로 중국 송나라 때의 학자이자 서예가인 미페이米市(미불)의 글씨라고 전해진다.

검지는 BC496년 오왕 합려를 장사지낼 때 보검 3,000여 자루를 함께 묻었다고 전해지는 바람에 중국의 역대 왕들이 이 보검을 찾기 위해 호구를 파헤치고 또 파헤쳤다. 그 결과 생긴 연못이 검지이며, 단 한 개의 검도 발견되지 않았다고 한다. 연못 자체도 검 모양을 하고 있으나 검지 글자도 검 모양으로 쓴 것이 인상석이다. 친인석 바로 앞쪽 호구검지의 오른편에는 이선정二仙亭이 있다. 신선놀음에 도끼자루 썩는 줄 모른다는 속담이 유래된 곳이다.

호구검지 위쪽에는 쌍정교雙井橋가 있다. 쌍정교에는 두 개의 구멍이 있는데 이 두 개의 구멍을 각각 한 개의 우물로 보고 붙여진 이름이다. 이 구멍을 통해 검지의 물을 퍼 올렸다고 하며, 검지의 물이 어찌나 맑던지 서시西施가 쌍정교 위에서 내려다보며 거울로

풍학운천과 검지와 쌍정교

사용했다고 한다. 미인의 대명사로 알려지는 서시는 중국 4대 미녀 가운데 가장 오래된 인물로 춘추시대 월왕 구천이 오왕 부차에게 바친 월나라 미녀이다.

해발 36m의 후치우산虎丘山(호구산) 정상에는 호구탑虎丘塔·후치우탑으로 더 잘 알려진 운암사탑雲岩寺塔·윈옌쓰타이 있다.

운암사탑은 현존하는 중국 최고의 벽돌탑으로 후주 현덕后周顯德 6년인 959년에 공사를 시작해 북송 건륭北宋建隆 2년인 961년에 완성했다. 탑의 높이는 47.7m로 8각형 7층 불탑이다. 운암사탑은 지진으로 인해 동북방향으로 약 15도 정도 기울어져 있기에 '중

월나라 자기   월나라 청자

국제일사탑' 또는 '중국판 피사의 사탑'이라 불리지만 사실은 피사의 사탑보다 300년이나 앞선 건축물이다.

1,000년도 훨씬 전에 세워진 벽돌탑인데도 믿기지 않을 정도로 보존상태가 양호하다. 1956년에는 탑 안에서 유물이 대량으로 발견되었는데 이중 가장 유명한 것은 월나라 때의 자기인 '월요越窯'이다. 기단에는 '쑤저우 운암사탑'이 석판에 새겨있다. 이렇듯, 후치우산을 오르는 길은 중국의 역사가 깊은 만큼이나 사소한 돌과 바위 하나하나와 탑 곳곳에도 수많은 전설이 깃들어 있다.

운암사 탑

TIP
운암사탑의 개방시간은 08:00~17:00까지이며 관람료는 성수기인 매년 4. 16~10. 30까지는 80위안, 비수기인 매년 10. 31~4. 15까지는 60위안이다.

중국 4대 정원이자
명 시대 대표 정원 유원(留園)
중국 명대 전통가극 쿤취(崑曲·곤곡)

졸정원과 함께 쑤저우를 대표하는 또 하나의 원림인 유원류위안은 명나라 시대의 대표적 정원이자 중국 4대 정원 중 하나로 유네스코에 등재된 세계문화유산이다.

입구를 들어서면 유원의 3대 볼거리 중 으뜸인 '관운봉冠云峰'과 가장 먼저 눈길이 마주친다. 관운봉은 높이 6.5m, 무게가 5톤에 달하는 태호석으로 쑤저우 원림에 사용된 태호석 중에서 최고의 돌로 평가받는다. 태호석이란 이미 앞에서 설명한 바와 같이 타이후 太湖(태호) 주변의 구릉에서 채취한 기형의 석회암 덩어리를 말하는데 주로 정원석으로 사용된다.

쑤저우 여유국에서 발간한 자료에 의하며, 태호석이 정원석으로

유원의 여름 풍경

유원 관운봉　　　태호석

사용되려면 다음 4가지 특징을 갖추고 있어야 한단다.

'瘦수', 즉 투박하지 않고 길게 쭉 뻗은 모양이어야 하고, '漏누', 즉 구멍이 송송 나 있어야 하며, '透투', 즉 햇볕이나 대기가 스며들어야 하고, '皴준', 즉 주름이 잡혀있어야 최고의 정원석으로 평가받는다고 한다.

두 번째 볼거리는 '남목전楠木殿'으로 속칭 오봉선관五峰仙館이라고 한다. 오봉선관은 이백의 시구인 '廬山東南五老峰여산동남오로봉, 晴天削出金芙蓉청천삭출금부용'에서 유래한 것으로 시구를 풀이하면, "여산 동남쪽에 있는 오로봉은 푸른 하늘에 금색 연꽃을 깎아낸 듯 우뚝 솟아 있구나"라는 뜻이다.

세 번째 볼거리로는 대리석 한 면에 산과 물과 달을 품고 나온 듯한, 자연적으로 형성된 한 폭의 수채화인 '雨過天晴圖우과천청도'

남목전 내부 모습

이다. 이 대리석은 윈난성 따리大理(대리)에 있는 창산에서 산출된 것으로 크기는 직경이 1m이고 두께는 15mm이다. 이 외에도 물고기 모양의 어화석魚化石 등이 있다. 그렇지만 유원에서 눈여겨 볼 곳은 회랑이다.

길이가 700m에 달하는 긴 회랑은 원림의 동서남북을 연결했기 때문에 걷는 동안 작은 연못과 주변 조경이 파노라마처럼 펼쳐진다.

건물 2층에는 찻집이 있다. 동행인들과 느긋한 마음으로 차를 한 잔 나누면서 벽에 난 창을 통해 정원의 아름다운 풍경을 꼭 감상해볼 만하다. 한 폭의 그림이다.

우과천청도 / 유원기

정원 곳곳에서는 중국 전통의상을 차려입은 아가씨들이 중국 전통악기를 연주하며 노래를 들려준다. 특히 취주악기 중에서 유일하게 화음을 낼 수 있는 성笙簧(생황)과 겉보기에는 우리나라 가야금과 비슷하나 중국에서는 활로 연주하지 않고 아쟁과 같이 손으로 연주하는 구쩡古箏(고쟁)의 선율은 참으로 아름답다.

유원에서는 명대의 희곡인 쿤취崑曲(곤곡·이하 '곤곡'이라 칭함)를 감상할 수 있다.

곤곡은 쿤산崑山(곤산)에서 시작되었다 해 쿤취崑劇(곤극)라고도 하는데, 곤곡은 16세기 말부터 성행한 중국 연극의 한 파로 600여 년의 역사를 가진 중국 전통가극 중 가장 오래되었다. 곤곡은 피리, 소簫('샤오'라고 하며 중국에서 세로로 부는 민속 목관악기), 생황, 비

곤곡 공연 광경과 고쟁연주

파 등을 연주하는 악사들의 연주에 맞춰 남녀무희 한 쌍이 공연한다. 그리고 곤곡은 징쥐京劇(경극·이하 '경극'이라 칭함)보다 먼저 발달한 중국의 전통가극이며 2001년 유네스코 세계무형유산으로 지정되었다. 즉 명대의 곤곡, 청대의 경극이다.

곤곡은 많은 부분에 있어서 경극과는 다르다.

경극은 곤곡의 요소가 가미되어 만들어졌다. 연기와 창에 중점을 둔 경극은 격렬한 연기와 곡예적인 몸놀림이 자주 사용되는 반면, 문학적 뿌리가 깊은 곤곡은 표현이 섬세하고 우아하고 부드럽다. 곤곡의 소재는 삼국지에 나오는 여포와 초선의 이야기인 연환기連環記, 당나라 원진元稹이 쓴 연애소설 앵앵전鶯鶯傳에서 유래한 서상기西廂記, 춘추시대 월나라의 범려와 서시의 내용을 소재로 한 완사기浣紗記 그리고 명나라 말기 탕현조湯顯祖의 희

생황 연주 광경

장쑤성 603

곡인 모란정牡丹亭 등이 있다. 이중 단연 으뜸은 탕현조의 모란정이다. 모란정은 한 아가씨가 화원을 돌다가 잠시 잠이 들어 사랑에 빠지는 꿈을 꾸는 내용으로 일장춘몽을 노래한 것이다. 이중 가장 많이 공연되는 것은 모란정 환혼기牡丹亭還魂記이다. 모란정 환혼기는 남송을 배경으로 전개되는 이야기인데 간략하면 이렇다.

두여랑杜麗娘·두리냥이란 처녀가 꿈속에서 본 청년 유몽매柳夢梅·류멍메이와 모란정에서 단 한 번의 사랑을 나눈다. 여랑은 몽매를 잊지 못해 결국 상사병에 걸리게 되고 자기의 초상화에 시를 써서 벽에 걸어두고 죽는다. 꿈속의 청년 몽매는 실제로 과거를 보러 가다가 우연히 여랑의 집에 머물게 되고 그 초상화를 보게 된다. 한눈에 초상화의 여인에게 반한 몽매는 그림을 가져와 자신의 방안에 걸어둔다.

3년 뒤, 몽매는 다시 과거를 보러 가기 위해 상경하다가 병에 걸려 우연히 그녀의 무덤 옆에 있는 절에서 요양하게 된다. 초상화 속 여인은 몽매의 꿈속에 나타나 다시 행복한 시간을 보낸다. 그러던 중 자신을 환생시켜달라며 몽매를 무덤으로 인도한 여랑은 몽매가 관 뚜껑을 열어주자 환생하게 되고 둘은 오래오래 행복하게 살았다는 내용이다.

이는 삼류소설 같은 얘기지만 현재 중국에서 가장 많이 공연되고 있는 극이 바로 '모란정 환혼기'라고 한다. 삶과 죽음을 넘나드는 사랑의 감동적인 이야기로 중국인들의 감성을 불러일으키고 자아내게 하는 내용이기 때문이라는 생각이 든다.

유원 내에 있는 연못에는 비단잉어가 유영하고 연못을 장식한 태

(시계방향) 연못에 비친 정자 / 물고기 바닥 / 해초 바닥

장시롱張西龍 국장과 장쑤성 여유국장

호석 위에 정자가 자리하고 있다. 연못에 비친 정자의 그림자가 무척 아름답다. 바닥에는 여러 종류의 물고기와 해초 그리고 파도치는 무늬가 새겨있다. 이들의 조상이 어부 등 바다와 밀접한 관계가 있었기 때문에 새긴 것이다.

오늘날의 유원은 개인소유가 아니다. 1961년부터 개인소유의 정원이 없어지고 주 정부에서 관리하는데 오히려 후손들도 이를 반긴다고 한다.

TIP

세계문화유산인 유원은 5A급 명승지로 개방시간은 07:30~17:00까지이며, 관람료는 성수기 때는 55위안, 비수기 때는 45위안이다.
이름난 명승지로는 관운봉, 남목전, 우과천청도 등이 있다. 유원은 쑤저우에서 졸정원과 더불어 관광객이 가장 붐비기 때문에 이른 아침에 방문하는 것이 좋다.

천년 고찰 한산사(寒山寺)
소운하 정취 가득 풍교야박(楓橋夜泊)

쑤저우의 구 시가지에서 서쪽으로 약 5km쯤 떨어진 곳에는 한산사한산쓰가 있다. 한산사는 불교 사찰로 두 분의 고승인 습득拾得대사와 한산寒山대사가 주지로 있었던 천년 고찰이다. 원래의 명칭은 묘리보명탑원妙利普明塔院이었으나 당나라 때 '시승詩僧'으로 불리던 한산(한산대사)이 머물렀다해 한산사로 이름이 바뀌었다. 한산사는 남조시대인 서기 502년에 건립되었으나 여러 차례의 화재로 소실되었다가 청나라 광서제 32년인 1906년 정덕전을 재건했다.

한산사의 전당은 대부분 청대의 건축물이다. 주요 건축물로는 대

한산사 경내

한산대사와 습득대사 초상화

웅보전, 장경루藏經樓, 종루, 비랑碑廊 (비석을 전시해 둔 복도), 풍강루楓江樓, 상종각霜鐘閣 등이 있다.

이곳 대웅보전에는 유리 벽 안에 우리나라 사찰에서 볼 수 있는 나한상과는 사뭇 다른 형상과 크기의 여러 나한상이 있다.

필자의 눈길을 끈 것은 너비 9.8m, 세로길이 9.2m인 장경루이다. 장경루는 서역에서 가져온 불경이 보관되어 있다는 건물로 지붕에는 서유기에 등장하는 삼장법사 일행의 조각상이 있다. 가운데에는 백마가 있고 오른쪽에는 손오공과 사오정이, 왼쪽에는 현장법사와 저팔계가 앞을 응시하고 있다.

장경루 남쪽에는 종루가 있다. 종루 주련에는 '鐘聲明慧眼·月色照禪心종성명혜안·월색조선심'이 쓰여 있다. "문득 들리는 종소리

(상)나한상 (하)장경루 지붕 삼장법사 일행   대웅보전 불상

혜안을 밝혀주고, 중천의 밝은 달빛 선심을 비추네"라는 뜻이다. 육각형 겹처마 지붕인 종루에는 '천하제일불종'이라 불리는 종이 있는데 2007년 8월 우한武漢(무한)에서 주조한 것이다. 무게가 물경 108톤에 달하고, 종의 높이는 8.588m, 종 하단 둘레가 5.188m이다. 종면 중앙에는 [大乘妙法蓮華經대승묘법연화경]명문이 새겨있는데 종에 새겨진 글자 수는 모두 70,094자라고 한다.

한산사의 상징물인 42m 높이의 목조건물인 보명보탑普明寶塔의 층계를 오르면 탑 내부 중앙에 동서남북 네 곳으로 나뉘어 앉아 있는 모습의 보현상이 있다.

이곳에서는 한산사 경내만이 아니라 쑤저우 시내 풍경까지도 모두 관망할 수 있다. 지붕에는 수많은 은빛물체가 햇볕에 반사되어 반짝인다. 동전이다. 중국인들은 지붕에 동전을 던져 떨어지지 않으면 소원이 이루어진다고 믿는다. 코믹한 청동 부자사자상이 웃음을 자아내게 한다.

한산사를 나오면 바로 앞에 쑤저우 시내를 가로질러 대운하를 잇는 소운하가 있고 소운하를 건너는 아치형 돌다리가 있다. 이 다리의 이름은 강촌교江村橋지만 풍교楓橋로 더 잘 알려져 있다. 다리와 맞닿는 양 끝 부분과 산문 사이의 붉은색 담장이 있는데 이를 조벽照壁이라 한다.

풍교는 당나라 시인 장지張繼(장계)

부자 사자상

보명보탑 보현상

법당 지붕 위 동전

한산사 종과 시비

쑤저우 소운하 주변 야경

가 56세의 나이에 세 번째 응시한 과거시험에도 낙방하고 고향으로 돌아갈 때 한산사 근처에 있는 이 다리 어딘가에 정박해 있는 나룻배에서 하룻밤을 보내면서 '풍교야박펑치아오예보'이란 시를 남김으로써 더욱 유명해진 다리이다.

  한산사도 풍교야박 시에 한산사란 이름이 등장했을 뿐만이 아니라 중국 초등학교 교과서에 수록됨으로써 중국은 물론 세계적인 명소가 되었다. 배를 타고 가다 날이 저물어 풍교의 강가에 배를 대고 밤잠을 이루지 못하고 뒤척이며 쓴 시를 음미해보면 장지 자신의 암담하고 착잡한 심경을 느낄 수가 있다. 다음은 "단풍이 있는 다리에서 밤에 정박하다", 즉 "풍교에서 하룻밤을 보내다"라는 뜻인 '풍교야박' 시의 전문이다.

  月落烏啼霜滿天월락오제상만천 / 달 지고 까마귀 울고 서리는 천지에 가득한데
  江楓漁火對愁眠강풍어화대수면 / 강가의 단풍나무, 강위 고기

잡이배들의 불빛이 잠 못 이루는 내 눈에 와 닿는구나.
姑蘇城外寒山寺고소성외한산사 / 고소성 밖 한산사에서
夜半鐘聲到客船야반종성도객선 / 깊은 밤의 종소리는 나그네가 탄 배까지 전해오네.

시에서 말한 '江'은 창장長江(양자강·揚子江)을 말하고, '姑蘇城'은 쑤저우의 옛 이름이다.

풍교야박 시의 제목도 장지 자신이 붙인 것이 아니라 후대사람들이 붙인 것이다. 옛 시인들은 시를 쓰면서 자기 시에 제목을 붙이지 않았다.

일설에 의하면, 객지에서 바라본 늦가을 밤의 정경과 나그네의 심정을 빼어나게 묘사한 풍교야박을 청나라 강희제가 읽고 이 시에 끌려 풍교를 찾았다고 한다.

그런데 왜 장지는 종소리를 깊은 밤에 들었을까. 당시 절에서는 '야반종성夜半鐘聲'이라 해 한밤중에 종을 치는 풍습이 있었기 때문이다. 장지의 심금을 울렸던 한산사의 종은 오래전에 사라지고, 지금은 20세기 초에 제작한 종이 걸려 있다. 한산사는 매년 제야의 종을 치는 곳으로 유명하다. 고향으로 되돌아가기 위해 수려한 자연경관을 자랑하는 물의 도시인 쑤저우에서 하룻밤 잠을 청한 낙방서생 장지는 풍교야박이란 시 한 편을 남김으로써 쑤저우에서 가장 인기 있는 시인이 되었다.

(시계방향) 강촌교(풍교) / 풍교야박 시비 / 강촌교 야경

중국 조소 예술의 진수, 천년 암자
자금암(紫金菴)

　　　　　　　　아침부터 비가 내렸다. 우산을 쓰고 "물이 흘러가야 하는데 나무가 막아섰다"라는 뜻을 지닌 '목도고진木瀆古鎭'을 들렸다. 계속해서 비가 내리는 바람에 목도고진을 대충 둘러보고 차에 올라 동정 동산 서묘오洞庭東山西卯塢를 지나 자금암으로 갔다. 자금암즈진안은 회양목으로 지은 천년암자이다.

　양진시기梁陳時期에 최초로 건축된 자금암은 이후 당 정원 년간에 중건했고 청대에 다시 개수했다. 이곳 자금암은 우리나라 암자와는 비교할 수 없을 정도로 크다. 입구에는 잠자는 모습의 해태석상이 있고 정문 처마에는 '고자금암古紫金庵'이라 쓴 작은 현판이 있다. 입구에서부터 풍기는 멋이 중국 조소 예술의 진수를 보여주는 고찰이란 느낌을 받는다. 현판 앞에는 청종석聽鐘石이라 새긴 입석이 있으나 실제 종은 2층 목조건물 안에 있다. 게시판에는 장쩌민 전 주석이 다녀갔다는 사진이 자랑삼아 붙어있다.

　자금암의 주요건축물은 일전일당一殿一堂으로 본전에는 남송 때 소성塑聖으로 불렸던 레이차오雷潮(뇌조)부부 조각가가 진흙을

목도고진 풍광

진흙으로 빚은 삼존불

빚어 조각하고 식물즙을 사용해 채색한 16 나한상이 있다. 나한상의 크기는 실제 사람 크기의 3분의 2정도이며 저마다 표정이 다르고 자태도 각양각색이다. 나한상 조각 하나하나를 살펴보면, 오랜 세월로 인해 채색은 퇴색하고 먼지는 겹겹이 쌓였지만 고풍스러운 멋은 그대로 남아있다. 표정 하나하나와 색상이 어찌나 생생한지 마치 살아있는 듯하다. 참으로 뛰어난 걸작이다.

16 나한 중에는 수염을 기른 인도사람도 있다. 당시 인도와의 불교 교류가 상당히 활발했음을 보여주는 나한상이다.

특히 오른손 위에 왼손을 가볍게 올리고, 눈을 지그시 감고 살며시 미소를 짓는 관음보살상의 양손과 확연히 드러나는 옷자락은 1,400여 년의 세월 속에서도 마치 살아있는 사람의 모습처럼 사실적이다.

한쪽에는 남송 시대에 만든 철종이 있는데 생김새가 우리나라 종과는 사뭇 다르다. 본전 안 가운데에는 눈을 살포시 내리깔고 엷은 미소를 머금은 석가모니불을 모시고, 왼쪽에는 두 손을 배 앞에 가지런히 모은 약사불과, 오른쪽에는 두 손바닥이 모두 천정을 향한 아미타불을 배치했다. 석가모니불 양옆에는 부처님의 수제자 가섭과 아난이 시중드는 모습으로 서 있다.

자금암에는 삼보三寶가 있다.

첫째는 삼세여래불의 '혜안慧眼·후이엔'이고, 둘째는 서쪽 벽에 있는 꽃을 수놓은 경전 덮개용 비단인 보살상의 '경개經盖·징가이' 그리고 셋째는 붉은 색 비단으로 만든 일종의 햇빛가리개로서 관음상의 머리를 장식하고 있는 '화개華盖·화가이'이다. 자금암에 있는 문화유산들은 모두 중국의 대표적인 고대 예술품으로 평가받고 있으며, 자금암의 유구한 역사와 중국 고대예술의 숨결을 느낄 수 있는 문화유적의 보고이다.

AAAA급 경승지인 자금암의 개방시간은 08:00~17:00까지이며 관람료는 30위안이다.
가장 유명한 곳은 채색한 나한상이 있는 '채회나한彩繪羅漢'이다.

후치우와 고성 연결하는 수로
산당하(山塘河)

산당하는 당나라 때인 825년, 시인 백거이가 쑤저우 자사刺史(관찰사)로 있을 때 후치우산虎丘山과 고성을 연결하기 위해 건설한 운하이다.

육로를 산당가산탕제, 수로를 산당하산탕허라고 하지만 통칭 '산당하'라고 한다. 후세 사람들은 백거이가 쌓은 제방이라 해 '白公堤백공제'라 불렀다. 이뿐만이 아니다.

산당하는 전체 길이 3,829.6m, 너비 2~6.8m로 옛날에는 산당하에서 호구까지 7리라 해 '七里山塘到虎丘'라 칭했다. 지금도 수로인 산당하에는 작은 배들이 유유히 떠다니고, 산당하 주변에 조성된 거리는 옛 모습을 고스란히 간직하고 있어 과거 시간으로의 여행을 하는 듯하다. 산당가 골목길을 거닐다 보면 고희대古戱台를 비롯해 옥함당玉涵堂, 강남선문화박물관江南船文化博物館, 쑤저우상회박물관蘇州商会博物館 등을 만날 수 있다.

특히 작은 배를 타고 수로를 따라가다 보면 화강암 아치형 다리인 통귀교通貴橋가 나온다. 통귀교는 기둥 사이의 거리, 즉 경간

7.2m, 너비 2.3m, 길이 19m이며, 다리 한쪽에는 비석이 있고 난간에는 다리의 중수, 중건 그리고 재건시기를 알리는 희미한 필적이 새겨있다. 명 융경隆慶·목종의 연호 2년에 통귀교 위에 상서로운 구름이 출현했다해 '瑞雲橋서운교'라 불렸었다.

 산당하 주변에는 전통 공예품을 파는 상점들이 즐비해 다양한 볼거리를 제공하는 등 옛 모습의 고풍스러운 분위기 때문에 유명 영화촬영지이기도 하다.

 산당가에 있는 골목을 조금만 들어서면 많은 실크 제품을 만날 수 있다. 쑤저우는 비단의 생산지로도 유명한 곳이기 때문이다. 실크 공장을 방문하면 누에가 뽕잎을 먹고 자라서 집을 짓고 누에고치에서 명주실을 뽑아 명주 솜을 만드는 과정을 모두 볼 수 있다. 쑤저우의 명주산업은 2,000여 년의 역사를 자랑한다.

TIP

쑤저우에는 매화꽃이 유명한데 특히 뽕나무가 많아 누에를 많이 키운다. 쑤저우의 명주산업 역사는 2,000년이 넘기 때문에 비단의 생산지로 유명하다. 최고품질의 비단제품을 비교적 저렴한 가격에 믿고 살 수 있는 곳이 쑤저우이다.

저장성 항저우 서호 일대 이른 저녁 무렵 풍광

Chapter 5

詩畵江南·山水浙江
시화강남·산수절강

중국공산당 탄생지, 독립운동가 혼 생생한

저장성(浙江省·절강성)

저장성 개요

저장성은 중화문명발상지의 한곳으로서 중국 동남 연해 지역에 자리 잡고 있으며, 동쪽은 황해와 접해있고, 남쪽은 푸젠성福建省, 서남쪽은 장시성江西省, 서북쪽은 안후이성安徽省 그리고 북쪽은 장쑤성江蘇省과 상하이시와 경계를 이루고 있다.

그리고 저장성은 연해에 200여 개의 크고 작은 섬이 흩어져 있어 섬이 가장 많은 곳으로도 유명하다.

기후는 아열대 습한 계절풍에 속하고 사계절이 분명하며, 연평균 기온이 15°~20°C, 연평균 강우량이 850~1,700mm이다.

이곳 사람들은 저장성을 간단히 '저浙(절)'라고 부르는데 이는 성 내에 있는 가장 큰 강인 첸탕장錢塘江(전당강·이하 '첸탕강'이라 칭함)의 옛 명칭에서 유래한 것이다.

저장성의 역사를 보면, 춘추전국시대에는 월나라의 영토였다가 진나라가 중국을 통일한 후에는 회계군會稽郡으로, 한나라 때는 양저우에 속했다. 삼국시대에는 오나라에, 당나라 때는 절동浙東과 절서浙西로 나뉘었다가 원나라 때는 절강행성浙江行省에 속했고, 명과 청나라에 이르러서야 저장성이 되었다. 행정구역은 항저우,

항저우시 야경

닝보寧波, 원저우溫州, 자싱嘉興, 후저우湖州, 사오싱紹興, 진화金華, 취저우衢州, 저우산舟山, 타이저우台州, 리수이麗水 등 11개의 지급시와 22개의 현급시, 35개의 현 그리고 1개의 자치현으로 이루어져 있다.

  저장성에는 중국 후한 시대의 철학자 왕총王充(왕충)과 북송시대의 과학자 선쿼沈括(심괄), 중국 명말·청조의 사상가이지 역사가인 황종시黃宗羲(황종희), 중국 청말 민국초기 사상가로 활동한 장빙린章炳麟(장병린) 그리고 우리에게 널리 알려진 혁명문학가 루쉰盧迅(노신) 등 수많은 역사적 인물을 배출한 곳이기도 하다.

  저장성에 거주하는 주민구성원을 보면 가장 많은 한족과 서족畲族(사족), 후이족回族(회족), 좡족壯族(장족), 만주족 등 48개 민족으로 이루어져 있으며 소수민족의 비율은 약 0.85%이다. 저장성은

저장성 요리

일찍이 경제가 발달했던 창장長江(이하 '양자강'이라 칭함) 삼각주의 남쪽 날개에 해당하는 한 성으로 이른바, 비단실크의 본고장, 물고기와 쌀 등 문물이 풍부한 고장, 문인들을 많이 배출한 고장, 오랜 불교 성지의 고장, 중국 공산당의 탄생지 등으로 불리는 유구한 역사와 전통에 빛나는 곳이다.

하지만 오늘날에는 IT산업과 제약업이 가장 발달한 도시로 변모했다. 자싱경제개발구에는 세계 26개 국가에서 투자하고 있으며 주요산업은 자동차부품, 정밀기계, 방직 등으로 이미 한국의 효성과 한국타이어 등 60여 개의 한국회사가 입주해 있다.

중국인들 사이에는 "쑤저우蘇州에서 태어나고, 항저우杭州에서 놀고, 황산黃山에서 일하고, 광저우廣州에서 먹고, 류저우柳州에서 죽는 것이 소원"이라는 얘기가 있다. 쑤저우는 선비가 많은 고장이기 때문이며, 류저우는 입관목入棺木이 좋기 때문이다.

중국 6대 고도, 중국인의 지상 유토피아
항저우(杭州·항주)

　　　　　　　　중국 동남 연해 지역에 자리 잡고 있으며 부자가 가장 많이 산다는 저장성의 성도는 항저우이다.
　항저우는 13세기 '동방견문록'을 썼던 마르코 폴로가 쑤저우와 함께 세계에서 가장 아름다운 도시라고 극찬했던 곳이다. 유서 깊은 물의 도시 항저우는 중국의 6대 고도 중 한 곳으로 '하늘에는 천당이 있고 지상에는 항저우가 있다.'라고 극찬할 정도로 빼어난 자

항저우시 스카이라인

항저우시 서호의 뱃사공

연풍광과 온화한 기후 그리고 넉넉한 생산물로 인해 옛날부터 중국인들이 이상향(유토피아)의 고장으로 손꼽았다.

항저우는 베이징을 시작으로 항저우까지 이어지는 기나긴 운하로서 중국경제의 동력인 경항대운하京杭大運河·길이 1,794km가 흐르는 곳이다. 특히 월나라 수도였던 항저우는 '오월동주吳越同舟'와 '와신상담臥薪嘗膽'의 고사성어가 유래한 곳이기도 하다.

'오월동주'는 손자의 구지편九地篇에 나오는 말로 "대저 오나라 사람과 월나라 사람은 서로 미워한다. 그러나 그들이 같은 배를 타고 가다가 바람을 만나게 되면 서로 돕기를 좌우의 손이 함께 협력하듯이 한다(夫吳人與越人相惡也 當其同舟而濟遇風 其相救也如左右手)"라고 한 데서 비롯되었다. 즉 서로 원수지간이면서도 어떤

항저우 천주교회

목적을 위해서는 부득이 서로 협력을 한다는 뜻이다. 이뿐만이 아니다. 우리에게 있어서 항저우는 김구 선생을 비롯한 독립운동가의 혼과 숨결이 살아있는 곳이기도 하다.

  많은 중국인의 일생일대 소망은 관직에서 은퇴 후 "항저우에 저택을 짓고 쑤저우의 미인과 함께 꽝저우의 음식을 먹고 사는 것"이란 말이 있을 정도로 중국인은 항저우를 사랑한다. 그래서인지 항저우 사람들은 다른 지역으로 이사 가지 않는다고 한다. 이미 자기들은 천국에서 살고 있기 때문이다.'

  무엇보다도 항저우는 룽징龍井(용정) 일대에서 생산되는 녹차인 룽징차龍井茶(용정차)로 유명할 뿐만 아니라 중국 4대 약방 중의 한 곳으로 청 말에 후쉐엔胡雪巖(호설암)이 세운 휘칭위탕胡慶余堂

저장성   *629*

(호경여당)이 있다.

　인천국제공항에서 상해 푸동浦東(포동)국제공항까지는 약 1,300km로 2시간이 걸린다.

　푸동국제공항에서 내려 입국 수속을 마친 후 대기하고 있던 버스를 타고 항저우로 이동했다. 중국도 고속도로에서 안전 벨트를 매지 않으면 벌금을 부과한다고 한다. 버스를 타고 한참을 달리다 보면 첸탕강이 나온다. 첸탕강은 파도치는 강으로 유명하다. 음력 8월 추석 즈음에는 파도의 높이가 물경 5~6m에 이른다. 바다가 아닌 강의 파도가 이렇게 높다니 경이롭다. 매년 추석을 전후로 첸탕강의 파도를 구경하기 위해 전국에서 모여든 관광객들로 북새통을 이룬다. 강의 폭도 양자강보다 넓다.

　차창 밖으로 보이는 농촌 마을 집들은 모두 2~3층 건물이다. 강우량이 많아 습도가 높기에 1층에서는 사람이 살지 못하고 창고로 이용하며, 2~3층에 방을 만들어 생활한다고 한다. 가끔 단층건물이 보이는데 누에를 키우는 곳이다.

　우리가 일반적으로 알기로는 실크 로드Silk Road(비단길)가 시작된 곳이 창안長安(장안, 지금의 서안)으로 알고 있으나 사실은 양자강 삼각주가 있는 이곳에서부터 시작했다고 한다. 실제로 이 지역은 실크가 가장 많이 나기로 유명한 고장이다.

　달리는 버스 안에서는 무료함을 달래기 위해 [중국여행자클럽] 양서원 사장의 이야기가 이어졌다. 양 사장은 중국 역사와 문화 그리고 경제에 대해 해박한 지식을 지닌 분이다.

　그가 "염소와 양의 가장 맛있는 부위가 어디인지 아십니까?"라고

항저우시 여유위원회 주최 만찬장

질문하자 일행은 많은 부위를 거론했으나 정답은 "볼 딱지(볼따구니)"라고 한다. 그 이유는 뜯어먹은 풀을 되새김질하기 때문이란다.

어둠이 내려서야 항저우에 도착했다. 3시간이 넘게 걸렸다. 항저우 시내도 교통체증이 심하다. 시골 골목길 같은 곳으로 접어들자 요릿집이 나왔다. 입구에는 [중국요리박물관]이란 현판이 있다. 안으로 들어서자 화려한 'Gala Dinner 장'이 마련되어 있다.

만찬장에는 13가지의 요리가 나왔다. 거북요리, 칠성장어요리, 애저계란탕, 용봉탕, 드렁허리(일명 드렝이)요리 그리고 둥퍼러우東坡肉(동파육·이하 '동파육'이라 칭함)와 닭을 통째로 연잎에 싸서 구운 통닭구이인 쟈오화지叫花鷄(규화계·이하 '규화계'라 칭함)까지 맛보았다.

동파육은 항저우를 대표하는 음식으로 수둥퍼蘇東坡(소동파·이하 '소동파'라 칭함)가 이곳에서 벼슬을 할 때 처음으로 요리법을 개발했고 소동파 자신도 즐겨 먹었다고 한다.

저장성 *631*

(시계방향) 13종 요리 부채메뉴판 / 동파육 / 저장성 요리 / 규화계

동파육은 삼겹살 덩어리에 사오싱주紹興酒와 사오싱에서 생산한 묵힌 간장 등을 넣고 졸여서 만든다. 정말이지 한 번 맛보면 중독되어 다시 먹고 싶어지는 동파육이다.

"항저우에 와서 동파육을 맛보지 않으면 말짱 도루묵이다" 또는 "항저우에 와서 동파육을 먹어보지 않으면 항저우에 왔다고 말할 수 없다"라는 말이 회자 되고 있다.

소동파는 동파육과 관련해 '食猪肉식저육(돼지고기를 먹자)'이란 시까지 남길 정도로 동파육을 즐겨 먹었다고 한다.

  黃州好猪肉황주호저육 / 황저우의 맛 좋은 돼지고기
  價錢如糞土가전여분토 / 값은 터무니없이 싸다네.
  富者不肯吃부자불긍흘 / 부자들은 거들떠보지 않고

貧者不解煮빈자불해자 / 가난한 사람들은 요리할 줄 모르니
慢着火少着水만착화소착수 / 물을 적게 넣고 약한 불로 삶으면
火候足時它自美화후족시타자미 / 그 맛 비길 데 없어
每日起來打一碗매일기래타일완 / 아침마다 한 그릇씩 배불리 먹으니
飽得自家君莫管포득자가군막관 / 그 누가 어찌 이 맛을 알리오.

　소동파가 후베이성 동부에 있는 황저우黃州(황주)에서 유배 생활을 하면서 동파육을 개발했는데 후에 남송의 수도인 임안(지금의 항저우)으로 확산돼 항저우의 대표적인 요리로 남았다고 하는 이야기도 있다. 그렇기에 시에서 황저우가 나온 것이다.
　규화계는 옛날에 거지들이 먹을 것이 없어 몰래 닭서리를 한 후 연잎으로 싸서 땅속에 숨겨두었다고 한다. 그리고 그 위에 추위를 견디기 위해 모닥불을 피웠는데 맛있는 냄새가 진동해 땅을 파보니 노릇하게 익어 있더란다. 그래서 손으로 발라 맛있게 먹었다고 한다. 이후 닭을 연잎에 싸서 진흙을 발라 구워 먹는 정식 요리로 정착했는데 섯가락실보나는 손으로 발라 믹는 게 제격이다. 이렇게 거지처럼 손으로 먹었다 해서 이름이 '거지 닭'으로 더 잘 알려지게 되었다.

항저우 시민 휴식처 서호(西湖)
수상 뮤지컬 인상서호(印象西湖)

다음 날, 서호시후 유람에 나섰다. 서호는 원래 첸탕강과 서로 연결된 해안의 포구였는데 진흙과 모래로 막혀 육지의 호수로 조성된 것이다. 이번에는 서호 북쪽에서 승선했다. 항저우 시민들에게 좋은 휴식처를 제공해 주는 서호는 항저우 서쪽에 자리하고 있다 해 붙여진 이름으로 전체 면적 6.3㎢, 둘레 15㎞, 동서길이 2.8㎞, 남북길이 3.3㎞인 타원형 호수로 평균 수심은 1.5m, 최대 수심은 2.8m이다. 서호는 중국 4대 미인 중 한 명인 시스西施(서시·이하 '서시'라 칭함)의 고향이자 서시의 아름다움을 닮았다 해 '시스후西子湖(서자호)'라고도 부른다.

서시는 춘추 말기 월나라의 여인으로 '침어浸魚'라는 별명을 얻었는데, 이는 서시의 미모에 홀딱 반한 물고기가 헤엄치는 것조차 잊은 채 물밑으로 가라앉았다는 데서 유래한 말이다.

그리고 전쟁에서 패한 월나라의 왕 구천의 충신 범려가 서시에게 온갖 유혹의 기술을 가르쳐서 호색가인 오나라의 왕 부차에게 바쳤는데 서시의 미모와 기교에 사로잡힌 부차는 정치를 돌보지 않

뇌봉탑에서 바라본 서호 풍광

게 되어 결국 월나라에 패망했다는 이야기가 전해진다. 여기에서 중국의 4대 미인에 대해 잠깐 언급하고 넘어가겠다.

중국의 4대 미인은, 춘추전국시대에 침어란 별칭을 얻은 '서시', 한나라 때에 기러기가 왕소군의 미모에 반해 날개를 움직이는 것을 잊고 땅으로 떨어졌다 해 '낙안落雁'이란 별칭을 얻은 왕소군王昭君, 삼국시대에 달이 초선의 미모를 보고 스스로 부끄러워 얼굴을 가렸다 해 '폐월閉月'이란 별칭을 얻은 초선貂蟬 그리고 당나라 때 양귀비가 꽃을 어루만졌는데 양귀비의 아름다움에 꽃이 부끄러워서 잎을 말아 올렸다 해 '수화羞花'라는 별칭을 얻은 양귀비楊貴妃는 우리가 익히 알고 있는 미인이다.

이 4대 미인을 두고 생긴 말이 '浸魚落雁·閉月羞花침어낙안·폐월수화'이다. 즉 "그녀들의 아름다움에 물고기가 가라앉고, 기러기가 날아가다 떨어지고, 달이 숨고, 꽃이 고개를 숙인다"는 뜻이다.

동양에서는 미인을 마른 미인과 통통한 미인으로 분류했다.

마른 미인의 대표적인 사람이 한나라 성제成帝가 총애한 '조비연趙飛燕'이고 통통 미인의 대표적인 사람이 당나라 현종의 마음을 사로잡은 양귀비, 즉 양옥환楊玉環이다. 이 두 미인을 일컬어 '燕瘦玉肥연수옥비'라 한다.

조비연은 황제의 손바닥 위에서 춤출 정도로 말랐다고 해서 '作掌中舞작장중무'라 불렸다. 아무리 과장법을 쓴 표현이라지만 어찌 손바닥 위에서 춤을 출 수 있는 사람이 있단 말인가. 이에 반해 양귀비는 풍만한 몸매를 지녔다. 옥비玉肥는 양옥환, 즉 양귀비를 말하며 그녀의 이름처럼 '뚱뚱한 미인'이라는 뜻이다.

서호에는 두 개의 제방이 있다. 백거이白居易가 축조한 '백제白堤'와 소동파가 축조한 '소제蘇堤'이다. 서호를 찾은 수많은 시인과 묵객들이 서호를 대표하는 아름다운 경치를 뽑아 '서호10경西湖十景'이라 이름 지었다.

시선詩仙이라 일컫는 이태백은 "맑은 날의 서호는 서시의 화장한 모습 같다"라고 노래했으며, 중국 지폐 1위안짜리 뒷면에 서호의 그림이 새겨져 있을 정도로 유명하다. 그렇기에 서호는 중국인들에게 있어서 단순한 관광지가 아니라 꼭 봐야 하는 순례지와 같은 곳이라는 생각이 든다.

서호10경의 아름다움을 한 번에 모두 볼 수는 없고 사계절에 걸쳐 봐야 하지만 가장 좋은 계절은 역시 봄이다. '서호10경'은 다음과 같다.

①소제춘효(蘇堤春曉) ②곡원풍하(曲院風荷) ③평호추월(平湖秋

月) ④단교잔설(斷橋殘雪) ⑤뇌봉석조(雷峰夕照) ⑥쌍봉삽운(雙峰揷雲) ⑦유랑문앵(柳浪聞鶯) ⑧화항관어(花港觀魚) ⑨삼담인월(三潭印月) ⑩남병만종(南屛晚鍾)이다.

'소제춘효' 표지석

이중 상춘객이 가장 많이 찾는 곳이 소제이다. 소제는 북송 때 시인이었던 소동파가 항저우의 지방관으로 있을 때 서호에 만든 인공제방 이름으로, '소제춘효蘇堤春曉'는 봄에 복숭아꽃이 많이 피어서 "소제에서 봄이 깨어난다"라는 뜻이다.

항저우 사람들은 소제를 '정인교情人橋'라 부른다. 오래전부터 항저우에 사는 선남선녀들이 경치가 아름다운 이곳 소제에서 사랑을 속삭이고 결혼으로 이어지는 경우가 많았기 때문이다.

'소제춘효' 풍광

다음으로 유명한 것은 '단교잔설斷橋殘雪'이다.

단교는 서호의 여러 다리 중에서 인기가 가장 많은 곳으로 끊긴 다리라는 뜻이지만 사실은 끊어진 다리가 아니다. 겨울철에 아치형으로 구부러진 다리에 눈이 쌓이면 다리 위 볼록한 부분의 눈이 녹아서 마치 끊어진 다리처럼 보이기 때문에 붙여진 이름이며, 단교의 양쪽에는 녹지 않은 눈이 쌓여 있다 해서 단교잔설이라 한다.

특히 단교는 중국판 로미오와 줄리엣으로 불리는 허선許仙과 백소정白素貞의 사랑을 그린 백사전白蛇傳으로 유명하다. 백소정은 인간이 된 백사를 말한다.

'삼담인월三潭印月'도 서호의 절경을 이야기할 때 빼놓을 수 없는 곳이다. 이미 전술한 바와 같이 소제는 북송 때 시인이었던 소동파가 항저우의 지방관으로 재직할 때 가뭄으로 고생하는 농민들이 서호의 웃자란 수초들 때문에 물을 대기가 힘들게 되자 호수 바닥에 침전된 진흙을 모두 파내면서 인공제방이 생겼는데 이를 소

'단교잔설' 풍광을 즐기는 사람들

'1위안 지폐'의 삼담인월 그림과 '서호 10경' 우표

제라고 한다. 이렇듯 소동파는 서호를 파내면서 서호에 자꾸만 진흙이 쌓이는 것을 방지하고 호수 수위를 측정하기 위해 2m 높이로 각 5개의 구멍이 있는 3개의 석탑을 건설했다.

　삼담인월은 보름달이 뜰 때 서호에 비친 달이 호수를 3개로 나뉜다고 해서 생긴 이름이다. 삼담인월을 구경하기 위해서는 추석을 전후해서가 가장 좋다고 한다. 이때 배를 띄워 석탑에 있는 5개의 구멍 안에 등불을 밝히면 마치 5개의 둥근달이 뜬 것 같아 3개의 탑에 15개의 달이 뜨고(3X5=15) 이것이 호수에 비쳐 또 15개의 달이 떠서 30개가 뜨고(15X2=30), 하늘에 떠있는 둥근달(1)과 호수에 비친 둥근달(1) 그리고 술잔에 담긴 둥근달(1)까지 합쳐 모두 33개의 달이 뜬다고 해석한다.

　이렇게 멋진 시인 묵객들의 시적 표현은 참으로 중국인다운 발상이라는 생각이 든다. 중국 지폐 1위안짜리 뒷면에는 서호10경 중 으뜸인 삼담인월을 노래한 3개의 탑이 새겨있다. 이뿐만이 아니다. 2011년 6월 24일 세계문화유산에 등재된 항저우 서호 문화경관은 1989년 11월 25일 중국국가 우정국郵政局에서 서호10경 중 삼담인월, 소제춘효, 곡원풍하, 단교잔설을 우표로 만들어 발매했다.

저장성　*639*

'단교잔설' 주변 이른 저녁 풍광

삼담인월 주간 풍광 및 야경

배에서 내리자 서호의 아름다운 경치를 바라보며 스케치 하는 황빈홍 상이 눈에 띈다. 많은 사람이 옷깃과 수염을 만져 구릿빛 색으로 변했다. 그림을 잘 그리고 싶은 중국인들의 여망이 담긴 듯하다.

황빈홍黃賓虹·후앙빈홍·1864~1955.3.25은 중국 현대미술의 대가로 시문과 산수화에 뛰어났으며 미술계에 많은 공헌을 한 인물이다. 많은 사람이 황빈홍 상이 청동靑銅(구리와 주석의 합금)으로 제작한 것으로 알고 있으나 사실은 닳아진 부분이 구릿빛 색인 걸로 봐서 황동黃銅(구리와 아연의 합금)으로 제작했다는 것을 알 수 있다.

황빈홍상

한때 모 라디오 방송에서 인기리에 방송했던 수호전水滸傳에서, 맨손으로 호랑이를 때려잡아 영웅호걸이라 칭송 받는 무송武松의 무덤 역시 서호를 바라보고

'인상서호' 입장권

있다는데 바쁜 일정 때문에 찾질 못해 아쉬움으로 남는다.

저녁에는 저장성 인민정부에서 주최한 만찬이 있었다. 만찬 후에는 수상 뮤지컬인 '인상서호'를 보기 위해 서호로 갔다.

"항저우에 와서 서호를 보지 않으면 항저우에 왔다고 말할 수 없고, 서호에 와서 인상서호를 보지 않으면 서호를 보았다고 말할 수 없다"라는 말이 있을 정도로 유명하다.

인상서호는 세계적 명성을 얻고 있는 장이머우張藝謀(장예모) 감독이 만든 작품으로 서호의 아름다운 야경을 무대로 하고 있다.

인상서호의 소재는 중국 4대 민간설화인 '백사전'과 '양산백梁山伯과 축영대祝英台'이다. '백사전'은 백사白蛇인 백소정과 서생 허선의 사랑 이야기이며, '양산백과 축영대'는 축영대가 부모 때문에 사랑을 이루지 못하고 둘의 영혼은 나비가 되어 날아간다는 슬픈 이야기다. 공연은 아름다운 사랑의 전설인 백사전부터 펼쳐지는데, 만남·사랑·이별·추억·인상의 5부로 구성돼 있다.

3천석 규모의 관중석은 '은폐식 관중석'으로도 유명하다. 낮에는 서호의 아름다운 경관을 해치지 않기 위해 숨겨져 있다가 밤에는 관중석으로 변하는, 이른바 수축 계단형 관중석으로 자연 그대로를 살린 설계에 감탄사가 절로 나온다.

캄캄한 서호의 실경 세트장에서 공연이 시작되면 오른쪽 호수 위로 커다란 백학 한 마리가 날아오른다. 백학은 곧 서생으로 변하고

'인상서호' 공연 이모저모 (원건민 국장 촬영)

백사전 우표와 양산백과 축영대 우표

서생은 중국 전통 우산을 받쳐 들고 수면 위를 걷는다. 서생은 백사전의 주인공인 허선이다. 허선은 인간으로 변한 백사 백소정과 이룰 수 없는 사랑에 빠지는 비극적 인물이다. 이어서 또 한 마리의 백학이 나타나 아리따운 낭자로 변신한다. 백사인 백소정이다. 둘은 깊은 사랑에 빠진다. 두 사람이 함께 쪽배를 타고 서호의 경치를 구경하는 동안 곳곳에 설치된 형형색색의 조명이 서호의 주변을 밝힌다.

어둠에 묻혀있던 서호 주변의 아름다운 경관이 조명으로 드러날 때마다 만원을 이루는 관중석의 관람객들은 박수 치며 탄성을 지른다. 무대도 평소에는 수면 아래에 있다가 공연이 시작되면 수면 위 10cm 높이까지 부상한다. 참으로 환상적이다. 아니 몽환적이란 표현이 더 적절할 것 같다. 이렇게 수준 높은 스토리텔링을 활용한 문화콘텐츠를 생산하고 있는 중국인들의 저력에 혀를 내두르지 않을 수가 없다.

백사전은 중국 송나라 시대로부터 전해져 내려오는 뇌봉탑에 얽힌 전설로 워낙 유명하기 때문에 내용을 약간씩 달리 각색해 여러 버전으로 이야기되고 있다.

중국국가우정국에서는 2001년 12월 5일 '백사전'의 허선과 백 낭자의 사랑 이야기 중 유호차손(遊湖借傘), 선산도초(仙山盜草), 수만금산(水漫金山), 단교상회(斷橋相會) 시리즈 우표 4종류를 발매

저장성 요리(좌 개구리)

했으며, 2003년 10월 18일에는 '양산백과 축영대'의 이야기 중 초교결배(草橋結拜), 삼제동창(三載同窓), 십팔상송(十八相送), 누대상별(樓台傷別), 화접쌍비(化蝶双飛) 우표 시리즈 5매를 발매했다. 백사전(白蛇傳) 이야기는 다음 뇌봉탑에서 듣기로 한다.

백사와 선비의 사랑 이야기 깃든
뇌봉탑(雷峯塔)

　　　　　　　뇌봉탑레이펑타은 서호 남쪽의 난핑산南屛山(남병산) 기슭에 있는 탑으로 북송 때인 977년 오월의 왕 전홍숙錢弘俶·첸훙추의 총애를 받던 비 황 씨가 득남한 것을 경축하기 위해 세운 탑이다. 원래의 탑은 벽돌과 목재를 병용한 전목탑磚木塔으로 8각형의 누각식 5층으로 건립되었으나 명나라 가정제嘉靖帝 때 왜구의 침략으로 불타서 탑신만 남게 되었고 그 뒤 사람들이 뇌봉탑의 기초석을 자기 집에 가져다 놓으면 아들을 낳는다는 속설 때문에 한 개 두 개 빼가는 바람에 1924년 9월에 완전히 무너졌다.

　무너진 뇌봉탑 안에서는 옛날 스님들이 사용했던 여러 물품과 사리 등 많은 보물이 나왔다고 한다. 이후 80여 년 동안 유적지로만 남아있다가 2000년 12월 복원공사에 착수해 2002년 10월에서야 71.96m 높이의 탑을 완공했다. 관광객들의 편의를 위해 엘리베이터와 에스컬레이터 등 현대식 시설을 갖추는 바람에 현대적인 냄새가 풍겨 1,000년의 역사는 느껴지지 않는다.

　뇌봉탑은 백사전으로 유명한 백사의 전설로 널리 알려지게 된 탑

뇌봉탑 주변 야경

이기도 하다. 전설의 줄거리는 이렇다.

한 마리의 백사가 인간 세상을 동경한 나머지 사람으로 변한 후 허선이란 총각을 만나 단교에서 사랑을 나누고 결국 임신까지 하게 되어 아기를 낳는다.

그러나 요괴인 백사와 인간의 결합을 용납하지 않았던 법해法海 스님이 허선이란 총각을 금산사로 데려가 가두었다. 그러나 백사가 요술을 부려 허선을 빼내 가자 이번에는 스님이 백사를 잡아 뇌봉탑 아래에 가두고 "백사는 서호 물이 마르고 뇌봉탑이 무너지기 전

뇌봉탑으로 오르는 계단 주변 풍경

원탑 안 지폐와 동전과 뇌봉탑 안 부조

에는 영원히 햇빛을 보지 못할 것이다"라고 했다.

그 후 1,000년의 세월이 흐른 1924년 서호 물이 거의 마르다시피 할 때 실제로 뇌봉탑이 무너졌다고 한다. 이를 두고 중국 사람들은 백사와 허선 둘의 사랑의 힘으로 뇌봉탑이 무너진 것이라 회자되고 있다고 한다.

에스컬레이터를 타고 위로 올라가면 옛터가 전시되고 있는 1층이 나온다. 이곳에는 원탑의 잔재가 남아있고 유리 칸막이 안에는 지폐와 동전이 가득하다. 다시 엘리베이터를 타고 최상단으로 가면 서호가 한눈에 조망된다. 고즈넉하고 무척이나 아름다운 서호이다.

많은 사람이 서호가 인공호수라 생각하나 사실은 자연호수이다.

당나라 중반 때의 인물인 백거이가 무너진 제방이 농사를 망치는 것을 보고 제방 공사를 다시 했으며, 2백 년 후 송나라 초기에 소동파가 가뭄으로 고생하는 농민들이 웃자란 수초들 때문에 물 대기가 힘들게 되자 호수 바닥에 침전된 진흙을 모두 파내게 했는데 이때 제방이 생겼다고 한다. 그러니까 원래 자연호수인 것을 백거이, 소동파 등이 재작업을 해서 제방을 쌓았을 뿐 인공호수가 아니라

황혼녘 서호 풍광

서호와 뇌봉탑 주변 풍경

는 애기이다.

중국에는 서호란 이름을 가진 호수가 무려 80여 개가 있을 정도로 많은데 이중 가장 유명한 곳이 바로 항저우의 서호이며, 일반적으로 서호하면 항저우 서호를 말한다.

다른 지역의 서호를 말할 때는 반드시 서호 앞에 지명을 붙여야 한다.

예컨대 양저우揚州(양주) 서호, 우시無石(무석) 서호 이런 식으로 말이다.

뇌봉탑 천정 중앙에는 금색의 연꽃과 주변에 수많은 불상이 부조되어 있다. 걸어 내려오면서 층마다 걸려 있는 작품 하나하나를 감상하는 것도 좋다.

저장성 요리

'재신(財神)'으로 불리는 중국 거상
호설암(胡雪岩) 고택

'중국 거상의 제일 저택'이라 일컫는 호설암 고택은 항저우시의 역사와 문화를 대표하는 거리인 하방가河坊街·허팡지에와 대정항大井巷 역사문화보호구 동쪽 원보가元寶街·위엔빠오지에에 자리 잡고 있다.

호설암후쉐엔·1823~1885년은 19세기 말 중국 청나라를 대표하는 거상으로 현재까지도 중국인들 사이에 '살아서는 활재신活財神 죽어서는 상재신商財神'이라 회자 되는 인물이다.

호설암은 1823년 안후이성安徽省(안휘성)의 가난한 농가에서 태어났다. 이름은 광용光墉이고 자가 설암이다. 집안이 워낙 가난해서 따로 공부할 수 없었던 그는 아버지한테서 읽고 쓰는 정도만 배웠다고 한다. 12세 무렵 아버지가 죽은 후, 호설암은 고향을 떠나 저장성 항저우에 있는 신호전장에 수습 사환으로 들어갔다. 전장錢莊은 중국 남부에서 자생적으로 발달한 사설 금융기관을 말하는

호설암 초상화

데, 이 전장은 차츰 근대적 은행으로 발전하는 초석이 된다.

호설암이 일개 수습 사환으로부터 시작해 중국 최초로 상인으로서는 유일하게 청나라 정부로부터 붉은 산호가 박힌 모자를 하사받은 사람이다. 이때부터 호설암을 '홍정상인紅頂商人·훙딩샹렌'이라 불리게 된다.

오늘날에는 홍정상인을 '붉은(공산당) 우두머리 상인'이란 뜻으로 기업에 몸담고 비즈니스 활동을 하는 당 또는 정부의 고급관리를 지칭하는 부정적 의미로 쓰이는데 청대 당시에는 1급 관직에 해당했다.

사실 호설암의 부의 축적과정을 보면 오늘날의 경제윤리나 기업윤리로 볼 때는 문제가 있어 보인다.

그는 청나라 말기의 군인이자 정치가이며 새방파塞防派의 우두머리인 좌종당左宗棠에게 돈줄을 대고 관과의 유착을 통해서 부를 쌓았기 때문에 정경유착의 대표적인 인물이라고 말하지 않을 수가 없다. 그래서 그를 관상상인官商商人(관과 결탁한 상인)이라고도 부른다.

호설암은 그의 나이 51살 때인 1874년 5월, 호경여당胡慶餘堂·위칭위탕이란 약방을 개점했는데 이날 '戒欺계기'라고 적힌 현판을 내걸었다고 한다. 계기는 말 그대로 "거짓을 경계한다", 즉 "다른 사람을 속이지 않는다"라는 뜻이다. 재료를 선별하고 살 때 진품만을 고집할 것이며 약을 제조할 때도 한 치의 거짓도 없이 정성껏 만들겠다는 의지의 표현이었을 것이다.

실제 그는 약재의 조제 과정을 직접 감독했을 뿐만이 아니라 한

결같이 좋은 품질만을 유지했다고 한다. 이런 신의로 인해 호경여당은 좋은 품질의 약과 빈민구제 등으로 명성을 얻으며 점포가 빠른 속도로 전국각지로 늘어갔다. 호설암의 파산 이후에도 호경여당은 살아남아 호설암이 일으킨 사업 중 유일하게 현재까지 이어지고 있다.

호설암은 사업을 시작하려는 사람들에게 다음과 같은 네 가지 핵심 요소를 마음에 새기라고 충고했다고 한다.

> 첫째, 큰 사업을 일으켜 세우겠다는 강력한 의지인 '입지立志'
> 둘째, 사물의 큰 흐름을 꿰뚫어 보는 통찰력인 '안목眼目'
> 셋째, 사업 기회가 오면 절대 놓치지 않고 민첩하게 움직이는 '수활手滑'
> 넷째, 사업의 뜻을 세우는 것은 나我지만 성공시키는 것은 남他이라는 '용인用人'

신의를 바탕으로 돈을 버는 데에 있어 일정한 원칙을 지켰던 호설암은 사업 운영에 있어서 큰 것을 추구했고 이를 성취하기 위해서는 성실과 배움 그리고 인맥 관리를 중시했으며 이런 말을 남겼다고 한다.

"안일하게 지내는 사람에게는 크고 높은 뜻이 생길 수 없다. 큰 뜻을 가지고 큰 사업을 일으키기 위해서는 부단한 연마와 수련이 선행되어야 한다. 눈은 먼 곳에 두되 가까이에 있는 인연에 충실하다 보면 장차 드넓은 천지를 만나게 될 것이다."

호설암 고택(청우정)

　아울러 그는 "작은 상인은 재물을 탐하고, 큰 상인은 인재를 탐한다"라는 어록을 남겼다. 그가 항상 강조하는 것은 돈을 모으는 것보다 중요한 것이 인재를 얻는 것이라 했다.
　일찍이 중국의 문호 루쉰魯迅(노신)이 말한, "호설암이야말로 봉건사회의 마지막 위대한 상인이다"라는 말을 가슴에 담으며 호설암 고택으로 들어섰다.
　중앙에는 청나라 동치 황제가 내렸다는 '勉善成榮면선성영' 현판이 자리하고 있다. 면선성영은 "착한 일에 힘쓰면 영화를 이룬다"

면선성영과 봉양인풍 그리고 수덕연현 현판

라는 뜻이다. 다시 말해, "아무리 많은 돈을 벌어도 선을 행하지 않으면 진정한 영화를 누리지 못한다"라는 말이겠다.

면선성영 좌측에는 "어진 바람을 일으켜 백성들을 위로한다"는 뜻인 '奉揚仁風봉양인풍' 현판이 그리고 우측에는 "하늘을 공경해 받들면 은혜를 받는다"는 '承天恩賜승천은사' 현판이 그리고 그 옆에는 "장사를 하는 데도 도가 있어야 한다"는 뜻인 '經商有道경상유도' 현판이 눈에 들어온다.

그리고 오른쪽 기둥에는 "집안에 전하는 도도가 있으면 오로지 두터움이 있어야 한다"는 뜻인 '傳家有道惟存厚전가유도유존후'가 쓰여 있고, 왼쪽 기둥에는 "처세란 갑자기 되는 것이 아니니 다만 솔직 담백해야 한다"는 뜻인 '處世無奇但率眞처세무기단솔진' 글이 세로로 쓰여 있다.

은행나무로 지었다는 문루門樓에는 "닦은 덕은 높이 걸어두어 멀리 퍼져나가게 해야 한다"는 뜻인 '脩德延懸수덕연현' 현판이 있고 문루에 섬세하게 조각한 부조는 예술성이 뛰어난 작품이다. 여기에서 문루란 대궐이나 성 따위의 문 위에 사방을 볼 수 있도록 다락처럼 지은 집을 말한다.

안뜰로 들어서면 잉어 떼가 유영하는 연못이 있는데 태호석으로 꾸며졌다. 연못 정면의 석교 너머에는 청우정晴雨亭이 있고 왼쪽에는 예금당藝錦堂이 아름다움과 위용을 동시에 뽐내고 있다. 12명의 아내가 기거했다는 청아당清雅堂 2층 침실 창문 또한 아름답다.

내부 이곳저곳을 두루 살펴보았다. 한약을 달이던 부엌에는 큰 솥 1개, 중간 솥 2개, 작은 솥 4개 모두 7개의 솥이 있고, 부엌 중앙

(시계방향) 예금당 / 한약을 달이던 부엌 / 바닥 문양

에는 조왕신竈王神을 모셨다.

  조왕신은 부엌의 길흉화복을 맡아보는 신으로, 필자가 어렸을 때 할머니가 첫물을 길어 오기 위해 새벽에 일어나 공동우물에 가서 두레박으로 물을 길어와 조왕신께 바친 후 손바닥이 닳도록 빌며 뭔가를 기원하던 할머니의 모습이 떠올랐다.

  고택 안에는 약방이 있어 실제 약을 판매하고 있으며 마당에는 조각 돌로 무엇인가를 형상화해 놓았다.

항저우 전통역사·문화 대표하는
하방가(河防街)

호설암에서 나와 하방가허팡지에로 갔다. 길바닥이 모두 청석판青石板이 깔려 있는 하방가는 도로의 길이가 1,800m에 이르고 너비는 13m~32m에 달한다. 하방가는 항저우의 역사문화 거리인 청하방淸河坊·칭허팡 역사문화경구내의 중산중로中山中路 주변에 있는 거리 중 한 곳으로 청나라 시대의 문화를 체험할 수 있는 곳이다.

청하방은 항저우가 남송 시대의 도읍지였을 때부터 가장 번화했던 거리로 이곳에서는 중국의 다양한 민속 문화와 분주히 살아가는 중국인들의 일상적인 생활상을 엿볼 수 있기에 여행자들의 발길을 멈추게 하는 곳이다.

하방가에서 가장 눈길을 끈 것은 푸른색 기와의 호경여당이다. 담장의 높이가 물경 12m에 이르고 길이도 60m에 달한다. 하방가의 한쪽에 위치한 흰색의 벽에는 '胡慶餘堂國藥號후칭위탕궈야오하오(호경여당국약호)'라는 검은색의 일곱 글자가 가로로 쓰여 있는데, 각 글자의 크기는 높이 5m, 폭 4m이다. 그러나 글자의 하단

왼쪽으로 보이는 '胡慶餘堂國藥號' 글씨 일부

부는 노점상에 가려 보이지 않는다.

하방가의 풍물 이모저모를 소개하면 다음과 같다.

양옆 건물 중앙에는 영산대불이 있는 곳에서 보았던 '백자희미륵 百子嬉彌勒'과 똑같은 동상 조각이 있고, 덮개가 있는 수로 위에는 의자가 놓여 있어 어르신들이 다리쉼을 하고 있다. 작품명은 알 수 없으나 담에는 출입문과 창문, 실제 사용했던 자전거, 두꺼비집, 2층 계단, 공구보관함, 가스통 위에 주전자, 수도꼭지가 있는 세면대 등을 입체적으로 붙여 놨다.

이곳 여러 풍물 중 가장 기억에 남는 것은, 상인이 직접 가져온 민물조개에서 진주를 추출하는 장면을 보기 위해 모여든 수많은 사람, 이 지역에서 생산되는 용정차를 직접 덖어 판매하는 가게와

(순서대로) 백자희미륵 / 입체적 작품 / 민물진주 장수 / 용정차 가게 / 실크 가게 / 장소천 가위

커다란 주전자, 사람들의 발길이 계속 이어지는 유령의 집인 괴택怪宅(귀신집), 누에고치에서 실크를 뽑아 늘여서 이불을 만드는 장면과 실크 제품을 판매하는 가게, 장소천 가위張小泉剪刀 판매장 그리고 납양편拉洋片·라양피앤 등이다.

항저우는 비단으로 유명할 뿐만 아니라 전통가위로도 유명하다. 특히 장소천 가위張小泉剪刀·장샤오취안젠다오는 300여 년 된 가위 전문 메이커로서 모든 공정이 수작업으로 이루어지며 중국정부로부터 '비물질문화유산명록'에 등재될 정도로 명품이다. 값도 비교적 저렴해 3개를 샀다.

필자가 가장 눈여겨본 것은 '납양편'이다.

지금은 우리나라에서 찾아볼 수 없으나 필자가 어렸을 때는 '요지경瑤池鏡'이라 했는데 1원씩 내고 구경했던 추억이 새롭게 다가온다.

납양편은 '줄을 당기는 서양식 극'이라 해 청나라 말기에 주로 길거리에서 유행했던 민간예술의 하나이다. 납양편은 확대경이 달린 조그만 구멍을 통해 그 속의 여러 가지 그림을 돌리면서 들여다보는 장치로서 변사辯士(무성 영화를 상영할 때 그 줄거리나 대화 내용을 설명하던 사람)가 한 단락 얘기할 때마다 상황에 맞는 슬라이드로 바꿔준다. 필자가 이곳을 올 때마다 변사가 바뀌는 것으로 봐서는 요지경은 한 개인데 변사는 2~3명 되는 것 같다.

내용은 주로 중국의 설화와 전설 등을 담고 있다.

필자가 본 것은 무송武松이 호랑이를 때려잡는 이야기다. 무송은 수호지에 등장하는 인물로 양산박에서 봉기했던 108명 영웅호

요지경과 변사들

걸 중 한 명이다. 무송은 친형 무대武大가 불륜의 관계였던 형수 반금련과 서문경에 의해 죽자 그 둘을 죽이고 자수한 뒤 맹주로 귀양 간 후 파란만장한 삶을 살다가 육화사에서 출가해 남은 삶을 스님으로 살았다는 인물이다. 원래 무대란 이름은 "무성하고 크다"는 뜻이지만, 무대는 동생인 무송과는 영 딴판으로 왜소하고 약골이었다고 한다. 그렇기에 오늘날에는 나약하고 체구가 작은 사람들을 일컫는 말이 되었다.

상자 안의 그림과 함께 변사의 구수한 입담이 재미를 더해주면서

저장성 663

눈과 귀를 즐겁게 한다. 오랜 역사를 말해주는 낡은 납양편 위의 해학적인 그림은 웃음을 자아내게 한다. "매우 뛰어난 솜씨를 연출하는 요지경은 신기하도다"란 뜻인 '絶技之表演·神奇拉大片절기지표연·신기납대편'과 '盡在一眼·千古妙趣진재일안·천고묘취'라 쓴 대구對句(표현이 비슷한 어구를 나란히 써놓은 글귀)는 옛 정취와 향수를 자아내게 한다.

저장성 요리

항저우 대표 명품 서호
용정차(龍井茶) 그리고 호포천(虎跑泉)

중국에서 차의 역사는 5천 년 전쯤으로 올라간다. 기원전 2737년 중국 전설에 나오는 삼황三皇 중 한 명으로 흔히 '염제신농 炎帝神農'으로 불리는 신농씨神農氏가 우연히 찻잎을 발견한 것을 차의 시초로 삼는다. 반인 반수의 모습인 신농씨는 농업의 신, 불의 신, 의약의 신으로 불리는데 인간에게 약초를 알려주  기 위해 모든 풀을 직접 먹어봤다고 한다. 그러다가 독으로 한동안 쓰러지기도 했다. 이렇듯 신농씨는 인간을 돕는 자비로운 신이기 때문에 중국뿐만이 아니라 우리나라 고구려 벽화에도 소머리를 한 사람으로 등장한다.

상주시대에는 복인僕人이라 불렸던 소수민족인 와족佤族이 운남차를 공물로 바쳤다고 전해온다. 복인은 와족의 선조로 운남성 난창강과 누강 유역에 거주했던 고대 소수민족을 말한다. 와족은 약 3,000년 전부터 차의 효능을 알고 마셔왔다고 한다. 와족에게

육우 석상

있어서 차나무는 아주 특별해서 차나무가 곧 영혼이고 조상으로 여기는 것은 물론 차를 마시면 영혼을 정화해서 정신을 깨어있게 할 수 있다고 믿는다.

중국 최초로 차나무 재배가 시작된 곳은 사천성에 있는 멍딩산蒙頂山(몽정산)에서이다. 이곳에는 오리진吳理眞이란 이름의 농부가 처음으로 7그루의 차나무를 심었던 곳으로 오리진은 나중에 출가해서 보혜선사普慧禪師라 불렸던 인물이다.

지금도 이곳에는 '황제에게 바친 차의 정원'이라 해 황차원皇茶園이 있는데 예로부터 황실에 공차로 바쳐졌다해 붙여진 이름이다. 오리진이 심었다는 7그루의 차나무는 아직까지도 현존하고 있는데 사실일까라는 의구심이 든다. <김종원 저, [중국 서남부 자연·문화유적 답사기] 160~161쪽 참조>

항저우는 중국을 대표하는 녹차 생산지이자 중국 차 문화의 본향이다. 중국인들에게 있어서 녹차는 가장 많이 마시는 차로 항저우는 전체 생산량의 70%를 차지한다. 그중에서도 서호 일대에서 생산된 룽징차(용정차. 이하 우리나라에서 통칭되는 '용정차'라 칭함)가 가장 으뜸이다.

당나라 때의 학자이며 다인茶人들로부터 다신茶神, 다성茶聖 그리고 다선茶仙으로까지 추앙받고 있는 '육우陸羽·733~804년'는 서호 일대에서 생산되는 서호 용정차西湖龍井茶를 최고품으로 손꼽았다. 다도茶道의 시조로 불리는 육우는 세계 최초로 차 백과사

전인 [다경茶經]을 저술한 사람이다.

중국에서는 용정차를 크게 사봉용정獅峰龍井, 매오용정梅塢龍井, 서호용정西湖龍井으로 분류하는데, 이 중에서 사봉산에서 생산되는 사봉용정을 으뜸으로 친다.

그러나 실제 이 모두를 통틀어 '서호용정'이라 부르기도 한다. 중국 녹차의 대명사인 용정은 본래 "우물 안에 용이 산다"는 전설이 깃든 용정산龍井山 내에 있는 용정사龍井寺에서 기인했다.

용정사에 계시던 어느 스님이 절 주변에 차나무를 심고 가꾸었다고 한다. 그리고 찻잎을 따서 만든 차를 용정에서 솟아난 샘물로 우렸더니 그 맛과 향이 매우 좋았다고 한다. 그러니까 용정이란 샘이 있어서 용정사란 절이 세워지고 그 절에서 재배한 차를 용정차라 했다는 것이다. 그렇기에 용정龍井은 '차茶'의 명칭이기도 하고 '샘泉'의 명칭이기도 하고 또한 '절寺'의 명칭이기도 하다.

항저우 사람들 사이에는 "용정차는 호포천후파오추엔의('호포몽천虎跑夢泉'이라고도 함) 샘물로 우려내서 마셔야 용정차의 참맛을 알 수 있다"라는 말이 회자 되고 있다. 호포천은 항저우시에서 서남쪽으로 약 5km쯤 떨어진 대자산 백학봉 기슭 정혜선사定慧禪寺(일명 '호포사虎跑寺'라고도 함) 안에 있다.

호포천에는 유명한 전설이 전해 내려온다. '호포虎跑'라는 이름도 다음 전설에서 유래된 것으로 내용은 이렇다.

당나라 때에 성공性空 대사가 대자산으로 스님들이 거처할 곳을 찾으러 왔다고 한다. 산세도 수려하고 경치도 아름다웠다. 그런데 물을 구할 수 있는 샘이 없었다. 하는 수 없이 하룻밤을 유숙하고 다음 날 다른 곳으로 가려고 했다.

그런데 꿈에 신선이 나타나서 말하길, 호랑이 두 마리가 샘을 팔 것이라 얘기했는데 다음 날 과연 두 마리의 호랑이가 나타나 맑고 깨끗한 샘을 파 놓았다고 하는 이야기이다. 이런 전설로 인해 호포천에는 성공 대사와 호랑이 상이 조각되어 있다.

호포천은 장쑤성 전강鎭江(진강) 금산에 있는 중냉천中冷泉과 우시無錫 혜산에 있는 혜천惠泉과 함께 '천하제삼천天下第三泉'이라 불린다.

성공 대사와 호랑이 상

품질 좋은 '녹색 황후'
용정차 고르는 법

용정 찻잎은 그 모양이 아름답고 녹색의 우아함과 기품을 황후에 비유해 '녹색 황후'라 불린다. 용정차는 명·청 시대에 전국적으로 유명해졌다.

청나라 강희제는 항저우에 행궁을 짓고 용정차를 공차貢茶(공물로 바치는 차)로 만들었으며 그의 손자인 건륭제는 사봉산 아래에 있는 용정촌의 샘물('龍井泉'이라고 함)로 용정차를 마신 후 그 맛에 반해 찻잎을 따서 돌아갔는데 이 용정차를 태후가 마신 후 병이 나았다 해 절 앞 차나무 18 그루를 '어차수御茶樹'로 봉했다는 전설이 있다. 18 그루의 어차수에서는 지금까지 계속해 찻잎을 채취하고 있는데 용정차 중에서도 특별하게 재배되고 특별하게 판매된다고 한다.

찻잎을 채취할 때는 두 손가락, 즉 2~3째 손가락 사이에 넣어 잡아당겨서 채취하고, 연 생산량도 5~6량(약 300gr) 밖에 되지 않아 매우 진귀하다고 한다. 자료에 의하면 2006년 경매시장에서는 찻잎 2량(100그램)이 12만 위안(약 2,045만원)에 낙찰되었다고 한다.

찻잎 덖기와 용정차

일반적으로 찻잎은 청명淸明(양력 4월 5일 경) 전에 따는데 "청명 3일 전에 따면 보물이요, 3일 늦으면 풀草"이라는 말이 있다. 우리나라에서는 이때 채취한 차를 명전차明前茶라 부른다.

중국인들은 용정차가 4가지의 특색을 지니고 있다 해 '용정차 4절四絶'이라 말한다.

첫째는 빛이 같은 녹색 빛깔, 둘째는 은은하면서도 짙은 향기, 셋째는 부드럽고 순한 맛 그리고 넷째는 작설 모양의 아름다운 찻잎이다. 이뿐만이 아니다.

용정차를 마실 때는 찻잎을 투명한 유리잔에 넣어야 하고 유리잔에 뜨거운 물을 부은 후 덮개를 씌우면 안 된다. 덮개를 씌우면 차 온도가 상승해 녹차의 엽록소, 비타민, 아미노산 등 미량의 원소들이 파괴되어 버리기 때문이다. 마른 찻잎을 유리잔에 넣고 80℃의 뜨거운 물을 부으면 찻잎이 떠오른다. 처음에는 코로 향기를 맡고 두 번째는 입으로 차를 음미한다. 차가 3분의 1정도 남으면 다시 뜨거운 물을 붓는다. 그렇게 5~6번 반복해서 마신다. 이런 방법으로 마시는 것이 바로 용정차 4절인 빛깔과 향기와 맛과 모양을 즐기면서 음미하는 방법이다.

그럼 어떻게 하면 좋은 차를 살 수 있는 걸까.

사실 이 문제는 중국인들도 난감해하는 부분이다. 차에 일가견이 있다는 사람들은 일간一看, 이문二聞, 삼모三摸, 사상四嘗에 근거해서 산다고 한다.

즉 눈으로 색을 본 뒤, 코로 향기를 맡고, 손의 감촉으로 만져보고, 혀로 맛을 봐서 감별한다는 것이다. 초보자에게는 참으로 어려운 방법이다. 그렇지만 초보자라도 간단하게 간파하는 방법이 있다. 그것은 건조 정도와 신선도를 보는 것이다. 찻잎을 손가락으로 비벼 가루처럼 바삭바삭 부서지면 보관이 잘된 차다. 찻잎의 수분함량이 6~7% 정도가 가장 좋다고 한다. 잘 부서지지 않으면 수분이 9% 이상 밴 것으로 제아무리 명차라 해도 참맛을 내기 어렵다고 한다. 신선도는 향기를 맡아보면 어느 정도 구분할 수 있다. 그리고 포장한 지 1년을 넘기면 신선도가 떨어지기 때문에 1년 이내의 것을 사는 게 좋다.

용정차에는 어떤 성분이 함유되어 있어서 몸에 좋다는 것인가.

용정차에는 비타민 C와 필수아미노산이 많이 함유되어 있을 뿐만이 아니라 암세포가 증식하는 것을 막거나 암세포를 죽이는 항암작용이 있어 '항암차抗癌茶'로 널리 알려져 있다. 그리고 식후에 마시면 독소와 지방질을 분해해 다이어트에 도움을 주고 혈액순환을 도와준다는 연구결과가 있다. 생선을 요리할 때도 찻잎을 몇 개 넣으면 비린내가 없어지기 때문에 찻잎을 활용할 뿐만이 아니라 찌꺼기는 냉장고 탈취제로도 사용된다.

그런데 우리가 간과해서는 안 되는 것이 있다. 중국 차는 농약을 하고 비위생적이며 가짜(불량 차)가 많다는 선입견이다. 천만의 말씀이다. 일찍이 박홍관 [동양차도구연구소] 소장이 언급했듯이, "중국인의 차에 대한 관념은 우리보다 훨씬 분석적이고 과학적이며 위생적이다. 그들은 끊임없이 차나무의 품종을 개량하고 있으며, 대학의 차 학과에서 석사와 박사를 수없이 길러내고 있다. 만약 중국의 차 문화를 현지에서 제대로 경험한 사람이라면 중국차를 함부로 비하하지 못할 것"이라고 말이다.

차를 많이 마시면 102세까지 살 수 있다고 한다. '茶'자를 풀면 초두머리 '艹'은 십(10)이 두 개로 스물(20)+여덟 팔(8)X열 십(10)=80+2=120, 즉 20+80+2=102가 되기 때문이다. 참으로 재미있는 풀이다.

용정차밭

신라승 김교각(金喬覺) 체취 물씬
영은사(靈隱寺) 그리고 제공(濟公) 스님

다음 날, 아침 일찍 서둘러 영은사링인쓰로 갔다.
항저우도 교통체증이 심하기에 러시아워를 피하기 위해서이다. 중국의 선종 10대 사찰 중 하나인 영은사는 항저우 서북쪽에 자리 잡고 있으며 서호 문화경관 중 대표적인 불교 문화 유적지의 하나로 중국에서는 세 번째, 항저우지역에서는 처음으로 지은 불교 건축물이다. 중국에서 가장 오래된 불교사찰은 뤄양에 있는 백마사이며 두 번째가 숭산에 있는 소림사이다.

영은사는 동진 함화 원년東晉咸化元年인 326년, 인도 승려 혜리慧理가 항저우에 왔다가 이곳 산세가 매우 아름다운 것을 보고 "仙靈所隱선령소은이로고!(신선의 영이 이곳에 깃들어 있다는 뜻)"라고 말한 후 사찰을 짓고 영은사라 했다고 전해진다. 아울러 영은사는 남송시기1127~1279년에는 선종의 '동남제일산'으로 봉해 정자사淨慈寺와 함께 선종사원 오산십찰五山十刹에 속했다. 오산십찰은 국가권력의 보호에 의한 제도로 송대의 선종을 제2의 국가불교로 삼는 요인이 된다.

咫尺西天(지척서천)

영은사 광장 노란색 조벽에는 네 개의 정사각형 안에 노란색의 '咫尺西天지척서천' 글자가 새겨져 있다. 일반적으로 노란색은 품격 있는 건물의 담이나 벽에 칠하지만 황제가 다녀갔다는 표시이기도 하다. 지척서천을 직역하면 "극락은 지척(가까이)에 있다"는 뜻이다. 즉 극락은 멀리 있는 것이 아니라 가까운 내 마음속에 있다는 뜻이기도 하지만, 가까이에 있는 영은사가 바로 극락이라는 의미가 내포되어 있다고 해석하는 사람도 있다.

영은사 입구에는 장쩌민 중국국가주석이 쓴 편액이 눈길을 끈다. 여느 편액에서는 보기 드문 황금색이다. 마치 금색 실로 수놓은 비단 같다.

그런데 편액에 새긴 무늬의 전체적인 윤곽은 마치 금룡金龍이 황금빛 바다에서 유영하는 것처럼 보이지만 유심히 관찰해보면 새의 머리가 보인다. 필자는 황금빛 붕새로 봤다.

시안에서 동쪽으로 35km쯤 떨어진 곳에는 화청궁이 있다.

화청궁 안에는 호수인 구룡호가 있고 바로 위에 장생전이 있다. 이곳 구룡호의 노천극장에서 장한가를 공연한다. 시안 편에서 설명했지만, 장한가는 당 현종과 양귀비와의 불륜의 사랑을 시인 백거이가 아름답고 슬프게 묘사한 노래이다. 양귀비가 황궁에 들어와서 당 현종과 사랑을 나누고 안사의 난 때 도망을 가다가 38세의 나이로 목을 매 자결하고 도성에 머물고 있던 임공도사에게 부탁해 방사로 해금 양귀비의 혼을 찾아오게 해 위로는 벽락碧落(푸른

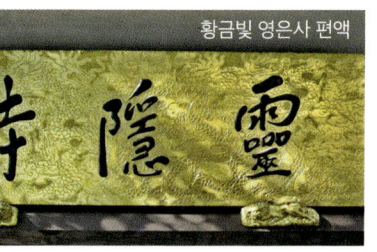

황금빛 영은사 편액

하늘로 천국을 일음), 아래로는 황천黃泉 (저승)까지 뒤지게 해 결국 당 현종과 양귀비가 만나는 장면 등 양귀비의 일생을 전개한 내용이다. 바로 이 공연에서 붕새가 하늘을 나는 환상적인 장면이 연출되는데 필자는 붕새와 황제는 상호 연관이 있는 새로 봤다. 붕새는 장자의 소요유 편에 나오는 상상 속 새로 북쪽 바다에 사는 상상 속 물고기인 곤鯤이 변해서 된 새를 말하는데, 날개의 길이가 물경 3천 리로 한 번에 구만리 장공長空(높고 먼 하늘)을 난다고 한다.

편액을 받치고 있는 조각 또한 예술품이다. 왼쪽 받침은 용, 오른쪽 받침은 사자이다. 맨 처음 필자는 오른쪽 받침이 혹시 해태가 아닐까 생각했었는데 머리에 뿔이 없는 것으로 봐서 사자로 판명했다. 편액에 쓴 '靈隱寺' 글씨는 필력이 힘차고 멋과 기가 느껴지는 장쩌민 전 주석의 붓글씨이다.

한참을 걸어 올라가면 왼쪽에 '이공탑理公塔'이 있다. 일명 영축탑靈鷲塔이라고도 불리는데 개산조사開山祖師(절이나 종파를 새로 세운 사람) 혜리 스님의 유골을 묻은 곳이다. 이공탑은 6면 7층 누각식탑으로 높이가 약 8m이다. 탑 2층에는 '理公之塔'이 새겨있고 3층에는 금강경이, 4층 이상에는 불상이 조각되어 있다. 이공탑 뒤에는 해발 209m의 비래봉飛來峰·페이라이펑이 있다. 석회암으로 이루어진 비래봉은 혜리 스님이 인도에서 날아왔다는 전설로 인해 붙여진 이름이다.

중국 역사 속에는 세대와 신분을 뛰어 넘어 많은 중국인에게 사

이공지탑

랑받는 인물이 더러 있다. 이 중 대중들에게 가장 널리 알려지고 공경받는 인물이 바로 활불活佛이라 일컫는 제공 스님이다. 법명이 도제道濟인 제공1148~1209년 스님의 본명은 이수연李修緣으로 저장성 태주부臺州府 천태현天臺縣 영녕촌永寧村 출신이다. 제공 스님은 술을 즐기고 기이한 행동을 하면서도 가난하고 병들고 곤경에 처한 약한 사람들을 도와줬다고 한다. 그의 행적에 있어서 겉모습만 봐서는 우스꽝스러운 미치광이 승려의 모습이지만 사실 제공 스님은 학문이 깊고 해탈의 경지에 이른 승려였다.

기행에 있어서 우리나라에서 걸레 스님으로 유명했던 중광重光·1935~2002년 스님이 제공 스님보다 한 수 위였지 않나 싶다.

중광 스님은 달마도 등 선화禪畵와 선시禪詩에 능숙했을 뿐만이 아니라 "나는 걸레다" 또는 "내 생활 전부가 똥이요, 사기다"라는 유명한 말을 남겼다. 그의 기행은 이뿐만이 아니다. 누더기 승복에 음주와 흡연을 즐겼고, 자신의 성기에 붓을 매달아 선화를 그리기도 했으며, 중광 자신의 제사를 스스로 지내기도 하는 등 수많은 기행을 일삼은 스님이었기 때문이다. 이런 스님들을 두고 주육천장과·불조심중류酒肉穿腸過·佛祖心中留라 했던가. 즉 "술과 고기를 자유롭게 먹지만 심중에 불심은 살아 있다"라는 뜻이다.

비래봉에는 제공 스님과 관련해 "제공이 신부를 빼앗는다"란 뜻인 '濟公搶親제공창친'이란 재미있는 이야기가 전해져 온다.

어느 날, 제공 스님이 영은사 앞을 지나다 문득 이상한 느낌이 들어 비래봉을 바라보니 머지않아서 산봉우리가 무너져 내려와 산 아랫마을을 덮친다는 것을 알았다. 깜짝 놀란 스님은 마을을 찾아

제공 스님 초상화

가 큰소리로 앞으로 닥칠 재앙을 말해주며 빨리 대피하라고 알렸다. 하지만 마을 사람들은 미친 중이 헛소리를 한다며 손가락질만 할 뿐 말을 듣지 않았다. 스님이 평소에 술을 즐기고 기이한 행동을 일삼았기 때문에 믿지 않은 것이다.

곧 닥쳐올 재앙을 감지해 마음이 초조해진 제공 스님 앞에 마침 어느 집에서 새 신부를 맞이하는 행렬이 지나갔다. 이에 한 가지 꾀를 낸 제공 스님은 다짜고짜 가마에 타고 있던 신부를 들쳐 엎고는 줄행랑을 쳤다. 사람들은 미친 중이 신부를 빼앗아 달아나는 줄 알고 마을 사람들을 총동원해 추격했다.

그런데 스님을 뒤쫓던 사람들이 마을 입구를 막 벗어날 무렵 갑자기 산이 무너지면서 산봉우리가 떨어져 내려와 마을을 덮쳤다. 이때 걸음이 느려 뒤처진 한 여인이 굴러 내린 바위에 깔릴 뻔해 보이자 이를 본 제공 스님이 신통력을 발휘해 산봉우리를 밀쳐낸 후 목숨을 구했다. 이렇게 해서 여인은 구사일생으로 목숨을 건질 수 있었고, 마을 사람들은 제공 스님의 기지 덕에 위험한 고비에서 모두 벗어날 수 있었다. 이후 마을 사람들은 제공 스님이 해탈의 경지에 이른 승려임을 알아보고 큰스님이라 부르며 존경하고 따랐다고 한다. 아마 제공 스님은 육신통六神通 중 눈으로 볼 수 없는 것을 보는 능력인 천안통天眼通에 능통하지 않았나 싶다. 제공 스님

비래봉 조각상

의 석상이나 그림들을 보면 거의 염주와 함께 술병이 함께 하는 것을 볼 수 있다.

영은사 맞은편 냉천계곡冷泉溪谷 좌측 암벽에는 길이 500m에 달하는 비래봉 조상造像이 있다. 이 암벽 조상과 문구들은 중국 5대五代(중국 역사상 907년 당나라가 망한 뒤부터 960년 송나라가 건국되기까지의 다섯 왕조 또는 그 과도기), 북송, 남송, 원, 명대에 거쳐 조성되었다. 암벽에는 왼손에는 염주를, 오른손에는 포대를 안고 있

는 포대미륵불을 비롯해 330여 개의 석 조각상이 있는데 강남지역에서는 보기 드문 고대 석굴예술의 아름다움을 보여주고 있다.

이 조각상들은 중국 한족이

운림선사 본체

전해온 불교, 흔히 서장족西藏族이라 부르는 티베트족, 즉 장족藏族이 전해온 불교의 조각상을 동시에 간직하고 있는 대형 석조 조각상들로 10~13세기 항저우에서 일어난 불교 문화의 부흥과 한족과 티베트족과의 민족문화교류의 가치를 담고 있다.

영은사의 정문은 우리나라 사찰과는 달리 일주문이 없고 중앙 입구라 할 수 있는 천왕전天王殿을 통해 들어간다. 천왕전 위에는 청나라 강희제의 친필인 운림선사雲林禅寺 편액이 걸려있다. 운림선사 편액에 관해서는 다음과 같은 이야기가 전해져온다.

강희 28년인 1689년, 강희제는 남방을 순시 중 영은사에 들렸다고 한다. 이때 영은사 주지 스님이 황제에게 현판 글씨를 부탁했다. 그런데 전날 밤 과음을 한 황제는 '靈'자를 쓴다는 게 잘못해 '雲'자를 크게 쓰고 말았다. 곁에서 보고 있던 주지 스님이 감히 황제에게 잘못 썼으니까 다시 써달라고 할 수 없었기에 "황제 폐하! 여기는

운림선사 편액

영은사이옵니다"라고 조심스럽게 말했다.

그러자 강희제가 대답하기를 "짐이 왜 그걸 모르겠는가. 짐은 절의 이름을 쓴 게 아니라 절의 풍경을 두고 쓴 것이니라. 주변에 나무가 우거지고 구름이 자욱하며 안개가 덮인 곳에 영은사가 있지 않나?"라고 말했다.

주지 스님은 강희제의 이런 대답에 하는 수 없이 편액을 '운림선사'로 달게 되었다고 한다. 이뿐만이 아니다. 강희제가 친히 영은사를 쓰면서 '비 우雨'자를 너무 크게 쓰는 바람에 '영靈'자를 못 쓰고 '운雲'자로 쓰면서 운림선사로 했다는 설도 전해진다. 이유야 어떻든 '雲林禪寺' 편액 4글자는 강희제의 어서御書임에는 분명하다. 중국에서는 이렇듯 글자 하나 획 하나를 두고도 믿거나 말거나 하는 여러 이야기가 전해져온다.

천왕전의 전각 내 정면에는 미륵불을 모셔두고 양측에는 4대 천왕을 두었는데 그 높이는 8m이다. 특히 천왕전에서 눈여겨 볼만한 것은 남송 시대에 향장목으로 조각한 위타보살韋馱菩薩이다. 항저우의 시목이기도 한 향장목은 녹나무과에 속한 나무로 예전부터 예장豫樟이란 이름으로 널리 알려진 나무다. 나무 자체에서 향기가 나는 향장목은 구이저우성貴州省(귀주성)에서는 신수樹神라 해 나무의 신으로 불리는 나무이다.

위타보살은 사찰을 보호하는 신으로 장검을 들고 있다. 장검의

위타보살

위치에 따라 사찰의 성향을 알 수 있다. 장검을 위로 들고 있다면 그 사찰은 재워만 줄 뿐 먹여주지는 않는 곳이고, 밑으로 들고 있으면 그 반대이며, 옆으로 들고 있으면 숙식을 제공하는 사찰이다. 그러니까 이곳 영은사의 위타보살은 장검이 아래로 향하고 있기에 먹여는 주되 재워주지 않는 사찰이다. 여행하다 숙식할 곳이 없으면 절을 찾아 위타보살이 들고 있는 장검의 위치부터 살펴야겠다는 생각이 든다.

영은사의 주전에는 높이가 33.6m에 달하는 웅장한 대웅보전이 있다. 전각 내 정면에는 1956년에 제작한 높이 19.6m의 '목조석가모니연화좌상'이 있다. 이 연화좌상 역시 24쪽의 향장목을 이어 당대 불상을 모방해 조각한 것으로 당시 저우언라이 총리의 지시에 따라 황금 60여 냥(약2.25kg)으로 금박을 만들어 입혔으며 현재 중국 내에서 향장목으로 조각한 불상 중 가장 큰 좌불상이다.

대웅보전 뒤 약사전을 지나면 '慈航普渡자항보도' 편액이 걸린 건물이 나온다. 자항보도는 관세음보살을 가리키는 대명사로 "자비로운 배로 중생들을 무사히 건너게 해준다"라는 뜻이다. 관세음보살은 바다의 풍랑을 잠재우고 무사히 건너게 해주는 역할을 한다. 정 중앙에는 오어관세음보살鰲魚觀世音菩薩 입상이 있다.

목조석가모니연화좌상 정면과 측면(상) / 대웅보전 관세음보살(하)

약사전

  길이 20m, 너비 12m 크기의 약사전에는 약사전 현판 외에도 '佛光普照불광보조'와 '利益安樂이익안락'이라 쓴 현판이 나란히 걸려 있다. 불광보조는 "부처님의 지혜와 광명이 일체 중생의 마음에 두루 비친다"라는 뜻이다. 약사전의 휘호는 중국불교협회장과 정치협상위원회 부주석 등 요직을 지낸 조박초趙朴初·자오파추우가 쓴 것이다. 약사전 내전에는 중생의 모든 병을 고쳐준다는 약사여래藥師如來와 협시보살이 모셔져 있다. 약사불의 왼편에는 일광보살日光菩薩이 오른편에는 월광보살月光菩薩이 봉안되어 있다. 약사여래와 일광보살 그리고 월광보살을 약사삼존藥師三尊이라 일컫는다.

  약사전을 지나 언덕 위 높은 곳에는 장경루藏經樓가 있다. 장경루 아래에는 직지당直指堂 현판이 있는데 그 아래 벽에 반야심경을 새겨놨다. 손을 뻗어서 닿는 하단 부분은 반짝인다. 어떤 사람은 아이를 무등을 태워 글자를 만지게 한다. 가장 높이 만진 글자는 '지혜로울 또는 슬기로울 智지 자'이다. 자기가 원하는 글자 네 개

약사여래불 / 반야심경

김교각 스님(지장보살)

를 믿지면서 소원을 빌면 이루어진다고 한다.

대웅보전 왼쪽에는 1999년에 '卍'자 형태로 중건한 12.62m 높이의 오백나한당五百羅漢堂이 있다. 나한羅漢은 수행을 완성한 사람을 일컫는 아라한阿羅漢을 줄인 말이다. 이곳에는 청동靑銅(구리와 주석의 합금)으로 주조한 각양각색의 오백나한상이 모셔져 있다. 나한상 한 사람의 평균 신장은 1.7m이며 무게는 물경 1톤에 달한다. 이로 인해 '세계실내최고동전 世界室內最高銅殿'으로 평가받아 기네스북에 등재되었다.

오백나한당에는 신라의 왕손 김교각金喬覺·697~794년 스님의 지장보살이 모셔져 있다. 김교각 스님은 신라 33대 성덕왕의 장남으로 태어났으나 왕위를 버리고 719년 24살의 나이에 안후이성에 있는 구화산으로 들어가 수도를 하며 세속나이 99세까지 살았다고 한다. 그가 죽은 후 3년 동안 시신이 썩지 않아 등신불로 만들었다는 기록이 있으며, 구화산에는 김교각 스님의 등신불을 지장보살로 모시고 있다. 매년 음력 7월 30일을 김교각 스님의 탄생일로 제사

영은사를 찾은 스님들

를 지내고 있다 한다.

　오백 명의 아라한을 모신 전당이기 때문에 오백나한당이라 불리며 나한당을 아라한전阿羅漢殿이라고 한다. 아라한전에 들어갈 때는 문턱을 밟지 않아야 하며 문턱을 넘은 후 자기 나이 수만큼 걸어가 그 아라한 앞에서 합장하고 절을 하면 복을 받는다고 한다.

저장성 요리

사오싱 4대 고진 중 한 곳
안창고진(安昌古鎭)

영흥사에서 나와 사오싱紹興(소흥)으로 향했다. 교통체증이 심한 항저우의 교통사정을 고려해 간선 도로마다 공안公安(경찰)을 배치해 교통의 흐름을 원활히 해주는 등 많은 배려가 있었다. 저장성의 아름다운 수향마을인 사오싱은 저장성 북동부 항저우만杭州灣 남안에 있는 도시로 다리가 많기로 유명하다.

옛 사오싱 성에는 만개가 넘는 다리가 있었다고 한다. 성 곳곳에는 물이 있고 다리가 있다. 그래서 '水鄕橋都수향교도'라는 별칭도 얻었다. 이뿐만이 아니다. 사오싱은 중국 다리의 발달사를 한 눈에 볼 수 있는 곳이라 해 '중국고대다리박물관'이라 불리기도 한다.

사오싱은 운하와 술의 고장이며 중국역사속의 대표적 미인인 서시가 태어난 곳이고, 20세기 중국 문학의 거장 루쉰의 고향이며, 중국 총리를 지낸 저우언라이의 고향이다. 이뿐만이 아니다.

사오싱주와 사오싱주 주조장 내부

사오싱 안창고진 수로 주변의 목가적 풍경

安昌古鎭' 패방 앞면과 뒷면

춘추전국시대에 월나라의 도읍지로서 우리가 널리 알고 있는 '오월동주吳越同舟'와 '와신상담臥薪嘗膽'의 고사성어가 탄생한 시대적 배경지이기도 하다. 그리고 사오싱은 찹쌀로 빚은 사오싱주紹興酒(소흥주)가 유명하다. 중국의 8대 명주에 속하는 사오싱주는 이곳의 특산주다. 사오싱주 중에서 대표적인 것은 탄판찌오攤飯酒(탄반주)로서 알코올 함량이 13~15%로 아무리 마셔도 숙취가 없다.

사오싱에 도착 후 점심을 먹은 후 곧장 안창고진으로 갔다. 고진古鎭이란 '오래된 마을'을 말한다. 수향고진水鄕古鎭이라 일컫는 안창고진은 천년의 역사를 자랑하는 가장 오래된 마을로 관광객이 많지 않아 비교적 조용한 편이다. 입구에 있는 패방부터가 예사롭지 않다. 정면 패방에는 '安昌古鎭'이, 뒷면 패방에는 '南國明珠'란 글씨가 멋스럽다. 안창고진이 "남쪽에서 가장 빛이 곱고 아름다운 구슬 같은 곳"이라니, 이들의 안창고진에 대한 사랑과 자부심을 패방에 새겨놓았다는 생각이 든다.

좁은 수로에는 각각 모양이 다르고 특색이 있는 수많은 다리가

옛 다리 흔적과 안창고진에서 필자

놓여 있다. 수로의 동편 좁은 골목에는 옛 정취가 물씬 풍기는 시장이 있고 반대쪽 수로의 서편에는 간장 공장 등 이 지역의 특산품을 파는 가게들이 있어 여행자들에게 많은 볼거리를 제공해준다.

특히 수로 양옆에는 우리나라의 순대 같은 것을 곳곳에서 볼 수 있는데 이곳에서는 '샹창香腸(향장)'이라고 한다. '향기 나는 창자'란 뜻을 지닌 샹창은 돼지 소장에 돼지고기 70%와 비계 30%에 소금·간장·설탕·황주·오향분·생강 등의 조미료를 넣어서 말린 중국식 소시지이다. 샹창은 모두 수작업으로 이뤄지며 '魚幹香腸어간향장'이라 쓴 간판을 내걸고 판매도 한다. 필자는 사진을 찍고자 일부러 일행에서 떨어져 나와 한가한 서편 쪽 길을 걸었다. 한없이 고즈넉한 분위기를 느끼며 반대쪽 고가에 널려있는 샹창이 물 위에 비춰 무척이나 이채롭다.

사오싱에는 여러 사람의 입을 통해 "사오싱의 술은 온 천하에 떨치고 장원은 전국에 널려있다"라는 말이 회자가 되고 있다.

장원醬園이란 간장·된장·장아찌 등을 전문으로 파는 상점을 말

저장성 **691**

안창고진 풍광

인창장유

하는데 인창장유에서 생산한 제품을 최고로 여긴다. 이곳저곳을 구경하다가 '인창장유仁昌醬油'에 들렸다. 인창간장공장이다. 언젠가 TV에서 봤기 때문에 기억을 더듬어서 들린 것이다.

  예로부터 인창장유는 전통 장으로 유명했다. 이곳에서 일하는 노인의 안내를 받아 뒤뜰로 갔다. 빈 항아리와 된장이 담긴 항아리 그리고 숙성과정에 있는 간장이 담긴 항아리들이 즐비하다. 노인의 간장에 대한 설명이 이어졌다. 인창간장은 전통방식에 따라 모두 수작업으로 이뤄지며 안창고진의 특산품이라 자랑한다. 이곳 수공업 된장은 한여름 삼복 때 3~4개월 동안 뜨거운 태양 아래에서 말린다고 한다.

  우리는 일반적으로 된장은 오래 묵혀둘수록 좋다고 알고 있다. 그렇지만 사실은 매년 나오는 신선한 된장일수록 맛이 좋다고 한다. 그렇기에 쌈장이나 고추, 오이 등

장야

샹창과 객잔 / 샹창을 손질하는 아낙네 / 샹창 말리기

과 곁들여 먹거나 여러 요리에 사용한다고 한다. 그리고 간장은 된장에서 바로 나온 '생 간장'과 '묵힌 간장'으로 나뉘는데, 묵힌 간장은 주로 요리할 때 사용한다고 한다.

노인에게 고맙다는 인사를 하고 인창장유에서 나와 푸른색 돌이 깔려있는 수로를 따라 걸었다. 모두 1,700m에 달하는 거리인데 이곳에서는 이 거리를 '삼리노가三里老街·싼리라오제'라 한다. 수로에는 배 한 척이 오가며 오물을 제거하고 있다. 수로를 따라 이곳저곳을 기웃거리며 한참을 올라가자 부인네들이 샹창을 만들어 대나무에 널고 있다. 이뿐만이 아니다.

안창고진의 골목마다 사오싱의 냄새라 일컫는 진한 간장 향기가 풍기고 간장에 조린 오리고기인 장야醬鴨(장압)도 햇볕에 말리고 있다. 어느 곳을 가나 샹창이 지천으로 널려있는 풍광이 참으로 이채롭다.

강남의 물고장으로 수로가 많은 이곳에서 빼놓을 수 없는 것이 '사오싱 수상3절紹興水上三絶'과 '사오싱 삼오紹興三烏'라 일컫는 오봉선烏蓬船·우펑촨이다. 사오싱 삼오는 사오싱의 검은색 전통요리 재료인 오간채烏干菜(매간채霉干菜라고도 함)와 사오싱 사람들이 평소에 많이 쓰고 다니는 검은색 모자인 오전모烏氈帽 그리고 운하를 다니는 검은 배인 오봉선을 말한다.

800여 년의 역사를 자랑하는 검은색의 나룻배인 오봉선은 덮개를 콜타르로 검게 칠했기 때문에 붙여진 이름이다. 흑봉선이라 하지 않고 '까마귀, 검을 오烏'자를 써서 오봉선이라 이름 지은 것은 사오싱 방언에서 '黑'과 '烏'는 똑같이 검다고 부르기 때문이다. 흑

오봉선

봉선보다는 오봉선이 훨씬 더 운치가 있고 어감이 좋지 않은가.

  2~3명이 탈 수 있는 오봉선은 오전모라고 하는 검은 중절모를 쓴 뱃사공이 손과 발을 동시에 사용해서 노를 젓는 사오싱만의 전통적이고 특이한 작은 배로 오랫동안 사오싱의 교통수단이었다. 가가호호 '마도'라 불리는 선착장과 오봉선이 있다. 한때 수로에 의존해 살았던 이 지역 사람들의 이동수단이었던 오봉선이 지금은 관광용으로 전락하고 말았으나 그 고풍스러운 역사의 흔적은 아직 남아 있다.

  안창고진 수로 양옆 건물의 1층은 가게와 식당이고 2층은 민박집이다. 민박집을 이곳에서는 '커잔客棧(객잔)'이라고 한다. 도시에서 하루하루를 바쁘게 살아가는 필자에 있어서 이곳은 여백과 자연의

오간채와 오간채소육(燒肉)

미가 살아 있고 낮에는 수로에 의존해 느긋하게 살고 밤에는 강물을 물베개 삼아 잠들 그들이 부럽다는 생각이 든다.

사오싱의 여름은 몹시 무덥고 숲과 습지가 많아 모기가 극성을 부리기 때문에 모기에 물렸을 때 바르는 약을 준비하는 게 좋다.

강남의 첫 옛 동네 '세계문화유산'
츠청(慈城·자성)

한 폭의 수묵담채화 같은 소박한 마을인 안창고진을 뒤로하고 사오싱으로 나와 점심을 먹은 후 닝보寧波(영파)로 향했다.

고속도로를 들어설 때는 버스번호판을 가린 후 논스톱으로 질주했다. 요금소를 통과하자 닝보 여유국장 등 관계자들이 마중을 나왔다. 공안 차가 비상등을 켜고 앞장섰다. 강남의 첫 옛 동네로 불리는 츠청慈城에 잠깐 들렸다. 세계문화유산에 등재된 곳이다. 츠청은 고건축물과 천연염색으로 각양각색의 문양을 넣은 천과 매듭공예로 유명하다.

어느 고택에서는 츠청에서 만든 옷과 두건을 쓴 남정네 두 명이 인절미를 만드는 퍼포먼스를 보여준다. 찹쌀을 쪄서 돌절구에 넣은 후 한 남정네가 떡메(나무절구공이)를 하늘 높이 들어 올려 내리쳤다가 다시 위로 올리는 순간 다른 남정네는 양푼에 들어있는 물에 손을 적신 후 잽싸게 공간을 메운다. 찹쌀이 찰지기에 손에 물을 묻혀야 붙지 않는다. 혹시라도 실수로 손을 내려찍지나 않을까 걱

(상) 닝보 시가지 전경/ (하) 츠청 역사문화 건축군 안내판과 츠청 특산품

정이 되었지만 두 사람의 손발이 척척 맞다. 한쪽에서는 아낙네들이 찧은 찰떡을 적당한 크기로 자른 후 콩고물을 비비고 있다. 콩고물을 비비고 있는 손놀림이 어찌나 빠른지 모두가 달인이라는 생각이 든다. 이런 장면을 보고 있자니 필자의 청소년 시절, 인절미에 콩가루를 뿌려 먹었던 추억이 떠올랐다. 명절 때마다 할머니는 손에 물을 묻혀가며 절구에 든 떡을 고르고 나는 떡메를 쳤다. 그리고

저장성 요리 / 닝보탕원(寧波湯圓)

할아버지는 너른 판에 찧은 찰떡을 깔고 콩가루를 묻혀가서 홍두깨로 밀어 넓게 편 후 1m가 넘은 긴 대자를 대고 자르셨다. 그립던 그 시절이다.

  저녁에는 닝보인민정부 주최로 만찬이 있었다. 닝보여유국 관계자가 말하길, 닝보는 한국 관광객이 거의 오지 않기 때문에 앞으로 많은 관심을 가져달라고 부탁을 한다. 만찬 후에는 원건민 기자와 족욕을 받은 후 잠자리에 들었다.

인절미 만들기

강남 6대 고진 중 한 곳
시탕고진(西塘古鎭·서당고진)

다음 날, 닝보를 떠났다. 중국이 자랑하는 항저우만대교杭州灣大橋를 건넜다.

중국에서는 바다를 건너는 다리라 해 '杭州湾跨海大橋항주만과해대교'라 불리는 항저우만대교는 2003년 6월 7일 공사를 시작해 4년만인 2007년 6월 26일 준공했다. 순수하게 중국 기술진에 의해 시속 100km의 강풍에도 견딜 수 있을 뿐만이 아니라 사용수명도 100년 넘도록 설계하고 건설했다. 기둥과 기둥 사이의 거리는 325m이고 다리 전체 길이가 36km로 세계에서 가장 긴 해상대교라며 자랑이 대단하다. 참으로 긴 다리이다. 다리를 건너 곧장 시탕고진으로 갔다. 입구에서는 우리 일행을 맞아 용춤을 추며 환영을 한다.

세계역사문화유산 예비명단에 올라가 있는 시탕고진은 저장성 자싱嘉興에 있는 작고 아담한 운하 마을로 중국 강남 6대 고진 중 한 곳이다. 강남 6대 고진은 저우장周莊(주장)·퉁리同里(동리)·루즈角直(녹직)·우전烏鎭(오진)·난쉰南潯(남심)·시탕西塘(서당)을 말

항저우만대교 전경

한국대표단 단체 사진

시탕고진 입구 / 한국대표단 환영행사

한다.

 강남 수향 중에서도 대표적인 고진으로 양자강 하류의 흐르는 물을 따라 마을을 형성한 물의 고장 시탕고진은 수로 양옆으로 지붕이 있는 긴 복도인 랑펑廊棚(낭붕)과 수로를 따라 만들어진 크기와 모양이 저마다 다른 다리, 마을 깊숙이 들어간 민가의 좁은 길로 강남 특유의 골목인 롱탕弄堂(롱당)으로 유명한 옛 마을이다.

 고진을 거닐다 보면 1,000년 전의 예전 모습 그대로인 하천과 건축물을 고스란히 간직하고 있어 마치 타임머신을 타고 수백 년 과거 시간으로 돌아가는 느낌을 받는다. 정말이지 현대를 살아가는 필자에게 있어서 시탕고진 사람들은 마을이 품고 있는 고유한 풍광으로 인해 정적이 감돌고, 느긋하면서도 여유로워 보여 시간의 흐름이 정지한 곳 같아서 좋다. 이런 분위기 때문에 에이브람스가 감독하고 톰 크루즈가 주연한 영화 [미션 임파서블3]을 촬영해 더욱 유명해졌다.

 시탕고진을 예전에는 '오근월각吳根越角'이라 불렸다. 오나라와 월나라의 접경지대에 자리 잡고 있었기 때문이다. 이뿐만이 아니다. '구룡봉주九龍捧珠', '팔면내풍八面來風'이라고도 불린다. 구룡봉주란 "아홉 마리의 용이 구슬을 받들다"라는 뜻으로 이 지역에 있는 9개의 강을 의미하고, 팔면내풍은 "여덟 개의 방향에서 바람이 불어온다"라는 뜻으로 나누어진 여덟 개 구역을 말한다. 즉 아홉 개의 강줄기가 마을을 여덟 마을로 가르고, 27개의 석교가 마을을 하나로 연결한다는 의미이다.

 석교에는 모두 이름이 있다. 이중 대표적인 다리가 함수교合秀橋

와 환수교環秀橋이다. 환수교는 구슬처럼 둥글게 생겼다 해 붙여진 이름으로 좌측에는 '往來人度水中天왕래인도수중천'이 우측에는 '上下影搖波底月상하영요파저월'이 새겨있다. 환수교를 오가는 사람들은 물속에 있는 하늘을 보고 출렁이는 물결 아래로 수면에 비치는 달을 볼 수 있다니 이 얼마나 서정적 분위기를 자아내는 문구인가.

시탕고진 매표소를 지나면 곧장 수로가 나온다. 선착장에는 수십 척의 나룻배가 물 위에 떠있다. 홍등을 단 8인승 나룻배를 타고 시탕고진의 옛 정취를 느껴보기 위해 유람에 나섰다. 예전에는 분명 오봉선이었을 텐데 지금은 환경을 고려한 무동력 나룻배다. 뱃사공이 노를 저어 서서히 물 위를 미끄러지듯 앞으로 나아가면 계속해서 다리들이 나온다. 그림을 그리러 나온 학생들은 우리 일행을 보고 '강남스타일'을 노래하며 춤을 춘다.

수로 양쪽에는 명·청 시대에 지은 건축물이 즐비하다. 1층은 상점이고 2층은 객잔이다. 객잔이 있는 수로 쪽으로는 창문이 나있어 수로를 오가는 나룻배와 마을의 풍광을 감상할 수 있다. 집집마다 홍등이 매달려있는데 고풍스러운 건축물과 함께 물에 비친 그림자가 아름답다. 이곳 사람들은 수많은 다리와 이런 건축형태를 일컬어 水巷小橋多·人家盡枕河수항소교다·인가진침하라고 노래했다. "물길마다 작은 다리가 많고, 집들은 모두가 운하를 베개 삼고 있다"라는 뜻인데, 당나라 때의 시인 두순학杜荀鶴의 송인유오送人游吳(오나라로 유람 떠나는 사람을 보내며)라는 시에 나오는 말이다. 이 얼마나 멋진 표현인가.

시탕고진 환수교 주변 야경

시탕고잔의 무동력 유람선

명·청 시대 건축물과 객잔

나룻배는 여러 모양의 석교 밑을 지나간다. 가마우지를 이용해 물고기를 잡는 어부도 있다. 커다란 잉어 3마리를 3만 원에 팔고 있다. 다른 한쪽에서는 곱게 차려입은 배우들이 공연을 펼친다. 중국 희극 가운데 하나인 월극越劇이다. 월극은 강남의 농촌 지역에서 비롯된 지방 극으로 경극·곤극·천극과 더불어 중국 4대 전통극 중 하나이다.

월극은 여자들이 모든 배역을 맡아 연기하는 것이 특색이다. 유명한 작품으로는 양산백과 축영대梁山伯與祝英臺, 홍루몽紅樓夢 등이 있다. 이곳에 사는 사람들의 일상사는 강물로 빨래를 하고 물고기를 잡으며 강물과 더불어 살아가고 있다.

가마우지 이용 물고기 잡기

시탕고진 일대 전경

나룻배들의 퍼포먼스

나룻배에서 내려 골목길을 걸었다. 시탕고진의 또 다른 매력은 바로 골목길이기 때문이다. 시탕고진에는 옛 정취가 느껴지는 좁은 골목길이 300개나 있다고 한다. 골목길마다 온갖 물건을 파는 상점이 들어서 있다. 가장 유명한 골목길은 스피룽石皮弄(석피롱)이다. 스피룽은 하늘 높이 치솟은 담벼락에 둘러싸인 집과 집 사이의 골목에 두께 3cm인 화강암 돌판이 216개가 깔려있다 해서 붙여진 이름이다. 스피룽은 총 길이가 68m로 가장 넓은 곳이 1m, 가장 좁은 곳은 80cm

스피룽

에 불과하다. 그렇기에 사람들과 교행할 때에는 등이나 배를 벽에 바짝 붙여야 한다. 스피룽 돌판 아래로는 하수가 흐른다. 배가 출출해서 만둣집에 들렀다. 젊은 아낙네가 익혀낸 물만두는 속된 표현으로 맛이 기똥차다.

현대 문명이 발전할수록 사람들의 살림살이가 윤택해질수록 점차 이런 수향마을은 그 독특한 옛 정취를 잃어가고 있어 아쉬움이 크다. 그렇지만 오

만둣가게 / 장정 선생 작품

늘날에 수백 년 옛 모습을 간직하고 있는 시탕고진 같은 마을이 있어서 얼마나 다행이고 좋은지 모르겠다. 다만 개발과 복원이라는 미명 아래 편의주의에 사로잡혀 새로운 역사가 옛 역사를 훼손하는 일은 결코 없어야겠다는 것이 필자의 생각이다.

다음으로 들린 곳은 시탕 계가농西塘計家弄 골목 안에 있는 '장정근각예술관張正根雕藝術館'이다. 이곳에는 나무뿌리조각가인 장정 선생의 작품 100여 점이 전시되어 있다. 장정 선생은 대형 뿌리 조각 작품 최다 보유자로 기네스북에 등재된 인물이다. 장정 선생이 만든 작품은 500여 점에 달하며 작품 한 개의 평균 무게가 250kg이다.

시탕고진 일대 야경

시탕고진 봄 풍경과 야경

중국공산당의 탄생지이자 김구 선생 피신지
자싱(嘉興·가흥)

　　　　　　　자싱은 저장성에서 네 번째로 큰 도시로서 중국공산당이 탄생한 곳이다.

　1921년 제1차 중국공산당 전당대회가 이곳 자싱에서 열렸는데 감시가 심해 중도에 대회를 중단하고 자싱에 있는 호수인 남호에 배를 띄워 전당대회를 마쳤다는 일화가 전해진다.

　그리고 자싱은 김구 선생이 상해임시정부 시절 매헌梅軒 윤봉길 尹奉吉 의사의 홍구虹口·홍커우 공원에서 일본의 수뇌부가 앉아 있는 행사장의 단상에 폭탄을 투척한 후 일본군의 추적을 피해 항저우로 왔으나 항저우까지 일본군의 손길이 뻗치자 다시 피신해 간 곳이 이곳 자싱이다.

　앞에서 말한 홍구 공원은 윤봉길 의사가 폭탄을 투척한 역사적 의거의 현장으로 우리에게 잘 알려진 곳이다.

　그런데 1956년 10월, 루쉰魯迅

자싱 시가지 전경 / 우의가 거리 풍경

한국대표단을 환영하는 어린이들

(노신) 서거 20주년을 맞아 중국 정부에서는 루쉰 묘를 이곳으로 이장하고, 루쉰 기념관이 들어서면서 '루쉰 공원'으로 이름을 바꿨다. 루쉰은 중국 현대문학을 대표하는 소설가이자 혁명가이다. (이하 우리 귀에 익숙한 '홍구 공원'이라 칭함)

항저우에서 자싱으로 이동하는 동안 차창 밖에 펼쳐진 농촌의 목가적 풍경은 참으로 아름답다. 한 폭의 산수화이다. 누렇게 익은 벼는 황금 물결을 이루고 독특하면서도 고풍스러운 목조건물에서는 소박하면서도 짙은 향토색이 묻어나와 농촌의 정취와 함께 시골의 향기가 전해져 온다. 저장성이 비단과 용정차와 민물진주가 특산물인 만큼 뽕나무밭과 민물진주 양식장과 온통 초록빛의 차밭이다.

자싱 시내 도심지에는 우의가友誼街·여우이제가 있다. 한·중이 서로 우의를 다지자는 의미에서 만든 우호의 거리이다. 거리 주변

한국대표단 환영 공연장면

에는 개고기를 파는 한국음식점과 한국 가게도 눈에 띈다. 우의가 끝에는 홍보궁위엔洪波公園(홍파공원)이 있고 공원 내에는 중·한 우호를 기념해 심은 나무와 표지석이 있다.

 밤에는 자싱시 71광장에 있는 남호혁명기념관 신관 앞에서 자싱시 인민정부와 저장성여유국이 공동 주최한 '저장산수여유제 대형 문예만회'의 공연이 열렸다.

 발을 디딜 틈조차 없을 정도로 수많은 관람객들로 시끌벅적하다. 무대 중앙에는 '산수절강·매력가흥山水浙江·魅力嘉興'이라 쓴 네온사인이 반짝인 가운데 과거와 현대가 아우르는 공연이 펼쳐진다. 항저우 신청년가무단과 저장가무극원에 속한 가수와 배우들로 구성된 공연으로 남녀가수의 독창, 기예단의 쇼, 소림무술 등 다양한 내용을 선보인다.

특히 제4장 인우고진烟雨古鎭 중 대가무인 대운하편에서는 자싱시 남호합창단을 비롯해 9개 단체 합창단의 화음이 울려 퍼진다. 마지막 편인 천인합창千人合唱은 자싱시에서 활동하고 있는 12개 단체 1,000명 합창단원의 아름다운 화음의 노래 선물이 있다. 참으로 엄청나게 많은 인원이 동원된 공연이다.

TIP

● 저장성을 여행할 때는 날씨의 변화가 많고 기온 차가 크기 때문에 감기에 주의해야 한다. 그리고 요즘 저장성을 찾는 관광객들이 많다 보니 도난 사건도 자주 발생한다. 여권 등 귀중품을 잃지 않도록 보관을 잘해야 한다.

● 중국에서는 12시간 이내는 단거리라 하며 12시간 이상이 되어야만 장거리라고 말하기 때문에 차로 이동할 경우 조급한 마음을 버리고 느긋한 마음으로 여유를 갖는 것이 좋다.

김구 선생의 가슴 아픈 추억 서린
매만가(梅灣街)

매만가메이완제는 옛사람들이 이곳에 매화를 많이 심었다 해서 붙여진 이름이다. 자싱 시내에 있는 매만가는 고풍스러운 옛 시장터의 분위기를 재현하고 김구 선생의 피난처와 대한민국 임시정부 요원의 거주지 및 김구선생기념관 등이 있다.

이곳이 한·중 관계에 있어서 매우 중요한 사적지임을 간파한 자싱시가 2000년 5월에 대대적인 보수작업을 하고 자료를 모아 자싱 시 문물보호단위로 지정했다.

김구 선생과 임시정부 요인들이 왜 이곳 자싱까지 왔는가에 대해서는 앞에서도 언급했는데 김구기념관에 있는 글을 참고해 더욱 상세하게 덧붙이면 다음과 같다.

상하이에 있는 홍구 공원에서 윤봉길 의사의 거사가 일어난 후 일본군이 토벌대까지 만들어 수사망이 좁혀오자 쑨원 선생의 친구인 추푸청褚輔成(저보성·1873~1948년) 선생의 도움을 받아 이곳으로 피신해 매만가에 있는 허름한 2층 목조건물에 임시정부의 간판을 달게 된다. 그러나 일본군에게 "김구 선생을 발견하면 즉시 무

매만가 거리 풍경

조건 사살하라!"는 명령이 내려지고 심지어 김구 선생의 소재가 파악되면 비행기 공습도 불사할 것이라는 소문이 나돌아 김구 선생은 임시정부 청사에 머물 수가 없어 추푸청 선생의 양아들인 천퉁성陳桐生(진동생)의 집에 숨는다.

특히 이 건물은 김구 선생에게 있어서 가장 가슴 아픈 곳으로 기억되는 곳이기도 하다. 그것은 다름 아닌 김구 선생 부인인 최준례崔遵禮 여사가 이곳에서 숨을 거두었기 때문이다.

최 여사는 3층 작은 단칸방에서 어머니, 아들 등 다섯 식구와 함께 살았다. 방 두 개가 더 있었으나 생활비 조달을 위해 세를 내줬

김구 선생 흉상과 '독립정신' 휘호

다. 최 여사는 둘째 아들 신信을 낳고 백일쯤 되어 크게 실족해 거동조차 하지 못한 데다가 폐결핵까지 앓았다.

그러나 돈이 없어 입원도 하지 못하고 있다가 병세가 날로 나빠지자, 외국인 선교사가 운영하는 병원에 무료 입원했으나 결국 남편의 체온을 느껴보지도 못하고 이 세상을 떠나고 말았다. 남편이 매우 위험해서 오지 못한다는 것을 잘 알고 있었던 최 여사는 쓸쓸한 타향에서 가족을 남겨둔 채 외로이 숨을 거두고 만다.

그럼 여기에서 상하이 훙구 공원에서의 의거와 백범 김구 선생의 자싱에서의 발자취를 더듬어 보자.

임시정부 요인과 가족들

임정 요원들 / 김구 선생 친필 '양심건국' / 윤봉길의사

먼저 '상하이 홍구 공원에서의 의거'는 1932년 1월 28일 상하이를 침공한 일본군은 4월 29일 일왕의 생일인 천장절天長節에 맞춰 홍구 공원에서 승전기념행사를 거행한다. 이때 한인애국단원이었던 윤봉길 의사는 김구 선생의 지휘로 식장에 폭탄을 투척해 일본군사령관인 시라카와白川義則 대장을 현장에서 폭사시키고 중국 주재 일본공사 시게미즈重光葵에게 중상을 입히는 등 다수의 일본 요인을 죽게 하거나 부상하게 하는 의거를 감행한다.

홍구 공원에서의 의거는 전 세계의 주목을 받았고 한·중 양 국민의 항일 투쟁 의지를 만방에 알리는 계기가 된다. 이후 김구 선생은 자신이 이 사건의 책임자라고 공개적으로 선언한다.

김구 선생은 독립운동 지도자로서 대한민국임시정부 주석을 역임한 분이시다. 1919년 3·1운동 이후 중국 상하이로 망명해 항일독립운동에 투신하며 평생을 조국의 독립과 민족의 통일을 위해 매진한다. 일본군의 중국 침략 이후 의열단체義烈團體인 한인애국단을 조직하고 1932년 4월 29일 윤봉길 의사의 상하이 훙구 공원 의거를 직접 지휘한다.

일제가 거액의 현상금 60만 원(현재 돈으로 환산하면 약 198억 원)을 내걸고 추격하자 중국인 추푸청 선생의 도움을 받아 이곳 자싱으로 피신한다. 자싱에서 머문 2년 동안 김구 선생은 대한민국임시정부의 실질적인 지도자로 부상하는 한편 자싱·항저우·난징을 오가며 독립운동의 새로운 방향을 모색하다가 1936년 2월 자싱을 떠난다.

추푸청 선생은 저장성 자싱 출신으로 호가 혜승慧僧이고 중국 신해혁명의 원로이자 애국민주인사이다. 1918년부터 독립운동가 박찬익朴贊翊 선생과 친분을 쌓았다. 윤봉길 의사의 훙구 공원 의거 후 상하이 항일구원회 회장으로 활동하던 추푸청 선생은 박찬익 선생 등의 요청을 받아 자신과 가족의 위험을 무릅쓰고 주도면밀하게 김구 선생과 독립운동가들을 자신의 고향인 자싱으로 피신시킨다. 이후에도 여러 차례 피신 장소를 옮기며 한국 독립운동가들의 생명과 안전을 지키기 위해 노력을 아끼지 않는다.

추푸청 선생의 양아들인 천퉁성은 호가 화균和均으로 산둥성 칭다오시, 저장성 자싱시 정부와 쿤밍昆明(곤명) 종이제조공장에서 근무하며 추푸청 선생의 비서로 활동했다. 천퉁성은 추펑장褚鳳章(저봉장) 등과 함께 자싱으로 피신한 김구 선생의 생활과 안전을 책임진다. 김구 선생은 백범일지에서 "진동생천퉁성의 집은 반서양식 정자로 구조가 매우 정교하고 창밖으로 수륜사 공장과 마주하고 있으며 경치가 아름답다"라고 서술한 바 있다.

김구 선생이 자싱으로 피신한 지 반세기가 지난 후에 한·중 양국은 다시 왕래를 시작했으며 김구 선생의 차남 김신은 딸과 사위 그리고 손자 손녀와 함께 자싱을 방문해 김구 선생의 피난처를 직접 확인하고 당시의 상황을 회고하며 추푸청 선생의 가족, 특히 추푸청 선생의 장남과 천통성의 아들을 만나 감사의 마음을 전했다.

김신은 "저보성추푸청 선생이 없었다면 우리 일가는 없었을 것입니다. 중국 속담에 '点滴之恩·涌泉相報점적지은·용천상보'란 말이 있습니다. '목마를 때 물 한 방울 먹여주는 은혜에 훗날 샘물로 보답한다'라는 뜻입니다. 중국과 저 선생 일가가 우리에게 베푼 온정을 나는 다 보답하지 못할 것이며 영원히 잊지 못할 것입니다"라며 고마운 마음을 표현했다. 아울러 1995년 12월 22일 추푸청 선생의 이장식에 참석해서는 "반세기 전, 저보성 선생으로부터 시작된 한·중 양국 간의 우호 관계가 앞으로 계속되길 바란다"라는 소감을 밝히기도 했다.

기념관 건물 1층에는 김구 선생 흉상이 있고 흉상 위에는 '獨立精神독립정신'이 새겨져 있으며 자싱에서의 김구 선생 흔적을 남겨놓았다. 그리고 김구 선생 친필인 '良心建國양심건국' 액자가 걸려있다. 좁은 계단을 올라가면 2층에 '김구의 모친·김신의 침실'과 '엄항섭 일가의 침실' 등이 있다. 이렇게 좁은 공간에서 어떻게 살았나 싶을 정도로 비좁다.

친일파 후손들이 이곳에 오는 것을 피하겠지만, 만약 이곳에 왔다면 어떤 생각이 들까. 자기 아버지나 할아버지가 친일 행보를 보

김구의 모친·김신의 침실

였던 일에 대해 부끄러운 마음을 가지고 속죄했을까.

천만의 말씀 만만의 콩떡이리라. 조국의 독립을 위해 목숨을 바쳐가며 고생했던 독립운동가의 후손들은 배우지 못해 대를 이어가며 가난 속에서 힘들게 살고 있는데, 자기 조국과 양심을 판 조상 덕에 잘 배운 친일파 후손들은 지금도 큰소리치고 떵떵거리며 살고 있으니, 도대체 부끄러움을 모르는 이런 후안무치厚顔無恥한 인간들이 어디 있단 말인가.

일제 강점기 때 일본군 육군사관학교를 나와 일본군 장교가 되어 일본의 주구 노릇을 했던 사람이 해방 후에는 쿠데타로 국정을 장악한 후 권력 맛에 중독되어 영원한 대통령을 꿈꾸며 유신헌법을 만들어 무소불위 독재를 자행했다. 그러면서 이것도 모자라 영장 없이 체포·구속·압수·수색이 가능한 긴급조치라는 해괴한 법을 만들어 의식 있고 옳은 말하는 민주인사들을 잡아가서는 무자비한 고문으로 살해하는 것을 마다하지 않았다. 아울러 국민의 눈과 귀를 막고 입에는 재갈을 물리는 등 인권이란 찾아볼 수 없었던 공포정치를 기억하는가.

이뿐만이 아니다. 해방 후에는 친일했던 사람들이 잽싸게 변절해 국회의원, 군·경 등 요직을 차지하고, 독립운동가를 잡아 고문했던 왜놈의 앞잡이들이 독립운동가로 둔갑하고, 친일파 후손들 또한 조상의 후광으로 대를 이어가며 떵떵거리며 살고 있으니 원…. 해방 후 바로 친일파를 단죄하지 못한 우리네의 책임이 크다.

　10여 년 전, 필자가 베트남 관광청 초청을 받아갔었을 때 가이드 '팜Pham Ngoc Son' 선생에게 직접 들은 이야기이다.

　팜 선생은 필자와 동년배로 김일성종합대학에 유학해 7년간 공부한 엘리트이다. 팜 선생은 베트남 전쟁 당시 전쟁에 참여할 수 없었다고 한다. 국가에서 전쟁에 참여하지 말고 유학을 가라고 했기 때문이다. 이들은 무려 20년에 걸쳐 미국을 비롯해 서방의 여러 나라와 다윗과 골리앗의 싸움과 같은 전쟁을 하면서도 전쟁이 끝난 후 나라의 미래를 이끌어갈 인재들은 선발해 외국으로 유학을 보냈다고 한다. 즉 인재들을 양성해놔야만 나라의 미래가 있다고 본 호치민胡志明(호지명)의 혜안이었다.

　결국에 이들은 전쟁에서 승리해 남북을 통일하고 1976년 7월 2일 베트남 사회주의 공화국을 수립했다. 이들이 통일국가를 건설한 후 맨 먼저 행한 일이 친미주의자, 즉 매국노들을 처단하는 일이었다고 한다. 매국노를 처단하지 않고서는 올바른 국가관이나 가치관을 정립할 수 없다고 판단했기 때문이다. 이뿐만이 아니다. 정서적으로도 도저히 용인할 수 없는 매국노들이었기 때문이다. 이때 처형된 숫자가 300만 명이 넘었다고 한다. 일본 제국주의의 주구가 되어 호의호식했던 친일파들을 단죄하지 못한 우리네와는 많이 비교된다.

　추푸청 선생의 옛 집터에는 추푸청사료진열실이 있다. 1937년 일본군 비행기의 폭격으로 파괴된 것을 2006년 5월 자싱시에서 복원해 추푸청 선생의 동상, 생전의 사진 그리고 추푸청 선생이 국가

추푸청 사료 진열실과 추푸청 선생

의 독립과 부강을 위해 민족민주 정치제도의 건립을 위해 싸웠던 여러 자료를 수집해 전시하고 있다.

추푸청사료진열실 바로 옆에는 근재가 있다. 이미 시탕고진에서 설명한 바와 같이 근재根材·건차이는 나무뿌리조각가인 장정 선생의 뿌리 조각 작품을 전시해 놓은 곳으로 어마어마하게 큰 뿌리 조각 작품을 감상할 수 있다.

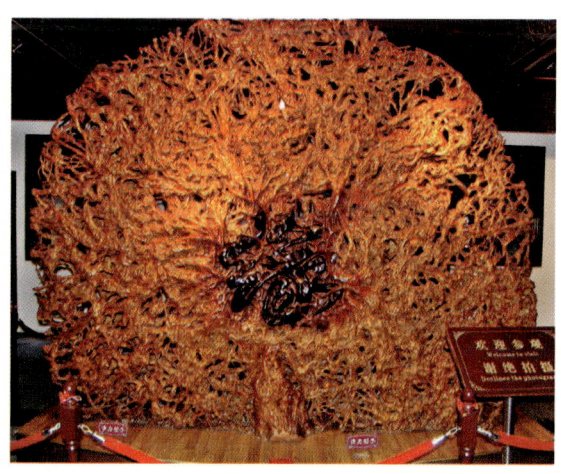

장정 선생 나무뿌리 조각 작품

중국공산당 역사가 살아 숨 쉬는
남호(南湖)

　　　　　　　　　　남호난후는 저장성 3대 유명 호수 중 하나로 중국 공산당이 발족한 곳이며 중국공산당의 역사가 살아 숨 쉬는 곳이다.
　1921년 7월 제1차 중국공산당전당대회가 상하이에서 비밀리에 열렸지만 조계지租界地의 단속을 피해 이곳 자싱 남호에 있던 한 척의 화방畫舫(아름답게 장식한 놀잇배)에서 중국공산당 최초의 강령과 결의문이 채택되었으며, 당 지도부를 선출하고 중국공산당의 탄생을 선포한 곳이다. 그리함으로써 자싱은 혁명성지로 거듭났고 남호는 중국 홍색 발원지가 되었다.
　김구 선생도 1935년 10월 하순에 비밀이 누설되지 않게 하려고 이곳 남호 놀잇배에서 국무회의를 개최한 적이 있다. 선착장에 있는 비좁고 낡은 놀잇배에서는 김구 선생을 비롯한 임정 요인들의 비장함이 묻어나는 체취가 느껴진다.
　남호에는 무료로 이용할 수 있는 낚시터가 있고 매년 민간단체에서 주관하는 낚시 대회가 열린다. 그리고 문인들이 많이 올랐다는 문선교는 200여 년의 역사를 가지고 있으며, 높이 63.36m의 7층

남호 놀잇배

구조로 되어있는 호고탑壕股塔·하오구타은 자싱에 있는 7탑 8사 가운데 하나이다. 탑의 북쪽이 성호城壕와 이어지고 물길이 구불구불하다고 해서 붙여진 이름의 호고탑은 불탑이 아니라 등대역할을 하는 탑으로 이곳에 올라서면 자싱 시내가 한눈에 조망된다. 밤에 남호에서 벌어지는 불꽃 쇼도 볼만하다.

> **TIP**
> 하루의 피로를 풀기 위해서는 마사지만 한 것이 없다. 호텔 내에 있는 마사지 숍은 비싸므로 호텔 주변에 있는 마사지 숍을 찾아가면 가격이 저렴하고 잘한다.

호고탑 / 연우남호(烟雨南湖)

중국 최대 가죽 집산지
하이닝(海寧·해녕)

하이닝은 세계적으로 유명한 조수를 감상할 수 있는 명승지일 뿐만이 아니라 중국 최대의 가죽 타운이 형성되어 있다.

저장성에서는 각 지역마다 특색거리인 쇼핑 천국을 조성했다. 예로 하이닝 중국가죽타운, 원저우溫州(온주) 영가 단추 시장, 원저우 라이터 생산기지, 의무 중국일용품 타운, 남산로 예술·여성 의류 거리, 무림로 유행 여성 의류 거리, 청하방 역사문화 특색거리, 중국 실크 타운 등이다. 상가의 규모도 우리의 상상을 초월할 정도로 거대하다.

하이닝에 들어서면 맨 먼저 '觀潮勝地·皮革之都관조승지·피혁지도' 입간판이 눈에 띈다. "하이닝이 조수를 감상하는데 명승지이고 가죽 타운이 형성되어 있다"라는 뜻이다. 가는 곳마다 눈에 띄는 것은 모두 가죽제품과 관련한 것들이다. 온통 가죽제품의 물결이다. 1994년에 건립된 하이닝 중국피혁성은 시장 총 건축면적이 45만㎡로 현재 2,000여 개의 상점이 입주해 있으며, 2005년에 5성급 문명규범 시장에, 2007년에는 AAAA급 여유경구로 지정되었다. 5성급 호텔과 리조트는 보았어도 5성급 시장은 처음 본다. 역시 중국다운 발상이다.

> **TIP**
> 하이닝 가죽 타운은 정찰제이다. 그러나 표면상 정찰제일 뿐이다. 물건을 흥정하는데도 노하우가 있는 법이며 자기가 사고자 하는 물건값을 대강 어느 정도인지는 알고 흥정을 해야만 바가지를 쓰지 않는다. 필자의 경험에 의하면 3분의 2 정도는 깎아야만 정상가격에 사는 셈이다.

가죽제품 판매장 내부

남북호 풍경구에 들어선 김구피난처(金九避難處)

하이옌海鹽(해염) 현에 있는 남북호 풍경구는 국가 AAAA급 관광구에 속한다. 남북호에는 백범 김구 선생의 피난처를 비롯해 중국의 이름난 문학가이자 번역가인 황위엔黃源(황원) 선생과 중국 고대 건축 조경풍치림 전문가인 천총저우陳從周(진종주) 교수를 기념하기 위해 지은 건물 등이 있다. 산책로를 따라 걷다 보면 '김구피난처'가 나온다. 피난처 주변에는 마치 김구선생의 성정을 나타내기라도 하듯 대나무와 차나무가 무성히 자라고 있다.

입구를 들어서면 김구 선생 흉상이 있고 안에는 김구 선생 약력이 적혀 있다. 내용은 다음과 같다.

김구피난처 입구

"김구는 대한민국임시정부 수반으로서 일제에 빼앗긴 조국의 독립을 위해 투쟁했고, 광복 이후에는 조국의 통일을 위해 한평생을 바친 민족의

김구 선생 흉상

스승이었다. 구한말 서구 열강의 침략으로부터 조선을 구하고자 봉기한 동학 농민군의 선봉장으로서, 의병으로서, 또 한편으로는 교육을 통한 구국운동을 전개하는 등 일찍부터 독립운동에 헌신했다.

1919년 3·1 독립운동 이후 중국 상하이로 망명해 대한민국임시정부의 수립에 참여했고, 경무국장·내무총장·국무위원·국무령·주석 등을 역임했다. 그리고 한국노병회, 한국독립당, 한국국민당 등의 핵심 인물로 활동하며 오로지 독립운동에 매진했다. 광복 후에는 신탁통치 반대와 단독정부수립 저지를 위해 노력하며 조국독립과 민족의 통일을 위해 온 힘을 쏟던 중 1949년 안두희安斗熙가 쏜 총탄에 운명을 달리했다."

전시관 내에는 김구 선생이 황해도 해주에서 아버지 김순영金淳永과 어머니 곽낙원郭樂園 사이에서 외아들로 태어나 44세 때 상하이로 망명해 대한민국임시정부 수립에 참여 경무국장에 임명되었다는 내용이 전시돼 있다. 아울러 54세에 백범일지 상권을 탈고하고, 57세에 이봉창 의사의 도쿄에서 일왕 히로히토 처단 의거 그리고 윤봉길 의사의 상하이 홍구 공원 의거 등 김구 선생과 관련한 내용이 상세하게 기록되어 있다.

이뿐만이 아니다. 당시 함께 활동했던 지인들의 사진과 남호에서 국무회의를 개최한 적이 있는 놀잇배도 흑백사진으로 남아 있다. 참으로 귀중한 사료들이다.

특히 태극기를 배경으로 한인애국단 단장 김구 선생과 함께 촬영한 윤봉길 의사 사진과 윤봉길 의사의 의거를 보도한 1932년 4월 30일 자 동아일보 호외가 눈에 띈다. 당시 동아일보 기자들의 기개는 다 어디로 가고, 광주민중학살의 원흉인 전두환과 노태우 정권을 탄생시키는데 일조한 1980년 당시의 후배 기자들에게 묻고 싶은 충동이 불현듯 이는 것은 필자만의 생각일까.

좁은 공간에는 부엌과 침실 그리고 서재가 있고 서재 책상 위에는 김구 선생이 즐겨 마시던 다기가 놓여 있다. 그리고 백범 김구 선생과 남북호와의 인연도 소개하고 있는데 그 주요 내용은 다음과 같다.

"1932년 4월 윤봉길 의사의 상하이 홍구 공원 의거를 주도한 김구는 일제의 추적을 피해 상하이를 떠나야 하는 상황이었다. 일제

나룻배와 임정 요인들 관련 전시 자료

김구 선생 침실과 부엌

는 김구의 현상금으로 거금인 60만 원을 걸고 김구를 체포하기 위해 혈안이 되었다. 김구는 미국인 목사 피치와 상하이법학원 원장을 지낸 추푸청 선생의 도움을 받으며 자싱의 수륜사창으로 피신할 수 있었다. 그러나 자싱에서도 일본경찰의 포위망이 좁혀오자 김구는 추푸청의 며느리인 주자루이朱佳蘂(주가예)의 안내로 하이옌 남북호 기슭에 있는 재청별장載靑別墅(재청별서)으로 피신했다. 김구는 반년 간 이곳에서 중국인민의 배려와 협조로 생활했다."

추푸청 선생의 며느리인 주자루이는 하이옌 사람으로 1923년 자싱사범학교를 졸업한 엘리트로서 1931년 자싱에 사는 추푸청 선생의 아들인 추펑장褚鳳章과 결혼했다. 1932년 7월에는, 시아버지의 지시에 따라 모든 위험을 무릅쓰고 김구 선생을 재청별장으로 피신시킨 장본인이다.

김구피난처에 남겨있는 다음의 글을 머리에 떠올리며 무거운 발걸음을 돌렸다.

"임시정부 요인들은 중국인 하층 노동자보다도 못한 생활을 하는 등 그 비참함은 말로 할 수 없었다. 그러나 이들은 이러한 생활의 곤궁에 굴하지 않고 가정을 꾸리며 학교를 세워 어린이들을 가르치는 등 조국독립의 꿈을 키웠고 임시정부를 지켜나갔다. … 그러나 경제적으로는 정부의 명의조차 유지할 길이 막연했다. … 몸뚱이와 그림자만 서로 벗하는 신세여서 잠은 정청政廳(임시정부 청사)에서 자고 식사는 직업을 가진 동포들의 집을 돌아다니며 걸식하고 지내니 상등 거지나 다름없었다."

- [김구·백범일지] 중에서 -

남북호 풍경구는 중국에서도 유일하게 산·바다·호수가 하나로 어우러진 풍경명성구로 해와 달이 함께 뜬다는 뜻의 일월병승日月并升으로 유명하다. 남북호 주변에는 수양버들과 귤나무가 많다. 그리고 지붕에 구멍이 뚫려 있는 것이 특징인 후이족 건축물도 많이 눈에 띈다. 안후이성에는 지금도 후이족이 많이 살고 있다. 지붕에 구멍이 뚫려 있는 이유는 이렇다.

지금은 가장 잘살고 있는 성이 저장성이지만 전에는 안후이성이었다고 한다.

안후이성 남자들은 15~20세가 되면 집에서 나와 항저우로 가서 무일푼으로 소금장수를 시작해 20~30년 후에는 본인이 직접 가게를 내 엄청나게 많은 돈을 벌었다고 한다. 소금장수로 많은 돈을 번 후, 이미 결혼한 사람은 고향으로 돌아가서 아내를 먼저 만나지 않고 밤에 지붕 위로 올라가 뚫린 구멍을 통해 아내의 행동을 관찰했다고 한다. 오랜 세월 남편을 기다리지 못하고 다른 남자와 산다면

후이족 마을

그동안 자기가 보낸 돈으로 잘 먹고 잘살라며 그대로 조용히 고향을 떠나고, 그때까지 다른 남자를 만나지 않고 남편을 기다렸다면 지붕에서 내려와 뜨거운 포옹을 한 후 항저우로 데리고 나와 여생을 함께 보냈다고 한다.

후이족 사회에서는 "조강지처를 버리면 벌을 받는다"는 속설을 믿기에 조강지처는 절대 내치지 않는 것이 불문율이다. 후이족 마을 한쪽에서는 취두부臭豆腐·처우더우푸를 튀겨서 파는 노점상이 있어 사서 먹어봤는데 먹을 만하다.

항저우 대한민국 임시정부 옛터 기념관
그리고 김철(金澈) 선생

대한민국 임시정부 항저우 구지舊址(옛터)기념관은 항저우시가 한·중 관계에 있어서 매우 중요한 사적지임을 인식하고 2002년 복원작업에 착수해 저장대학교 건축설계원에 재건설계를 맡기고 대대적인 보수작업을 한 후 저장대학교 한국연구소에서 자료를 모아 조성한 곳이다. 이곳에는 임시정부가 1919~1932년까지 상하이시기를 거쳐 저장시기浙江時期인 1932~1937년까지 김구 선생과 임정요인들이 어떤 이유로 항저우와 자싱까지 피난을 왔고 이곳에서의 활동 상황은 어떠했는지를 여러 자료와 함께 소개해 놓았다. 특히 눈길을 끈 것은 독립운동가 김철 선생 관련 부분이다.

항저우 옛터기념관 안에 전시돼 있는 관련 자료에는 "1934년 6월 29일 한국독립당 이사이자 임시정

대한민국 임시정부 항저우 구지기념관 입구

항저우 구지기념관 건물 외관

부 국무위원인 김철 선생이 항저우 신민로新民路 광지廣濟(광제) 병원에서 급성 폐렴으로 순국했다. 광지병원은 현재 제광로解放路 (해방로)에 위치하고 있는 저장성 제2인민병원이다. 7월 2일 광지 병원에 빈소를 차리고 항저우 법원로 후산탕湖山堂(호산당·예수교 회)에서 추도식을 가진 후, 악왕묘岳王廟 뒤편 리둥산루에 있는 후산탕 공동묘지에 안장했다"라고만 간단히 설명되어 있다.

  김철 선생이 독실한 개신교 신자였기 때문에 후산탕에서 추도회를 갖고 개신교 공동묘지에 안장한 것이다. 악왕묘는 중국 남송의 명장인 악비 장군의 사당이 있는 곳이다.

  호남의 대표적 애국지사인 일강一江 김철 선생은 1886년 10월

15일 전남 함평군 신광면 함정리 구봉마을에서 김동진金東鎭의 4남 1녀 중 3남으로 태어났다. 어려서는 영광군 묘량면에 있는 외가에서 한학을 공부했고, 1908년에는 영광군 소재 광흥光興학교에 입학해 신학문을 공부했다. 광흥학교는 조승찬, 편용무 등 지역 유지들이 뜻을 모아 향교인 명륜당에 세운 사학으로 1년간의 속성과 정학교이다. 광흥학교는 제1회 졸업생 35명을 배출했는데 경술국치 후 한·일합방 반대 구호를 외치며 시위를 계속하다가 일제에 의해 2년 만에 폐교되었다.

이후 선생은 경성법률전수학교를 거쳐 일본 메이지대학교明治大學校 법학과를 1915년 수료했다. 귀국해서는 집안의 소작인들에게 농토 일부를 나눠주고 노속 모두를 방면한 후 고향에 은거한다. 선생께서는 고향에 있는 동안 일제 통치에 협력해 달라는 갖은 회유와 협박을 받았다. 그렇지만 선생은 이를 단호히 뿌리치고 1917년 상하이로 망명한다. 이때 선생은 김정자(일명 '사천댁'으로 불림)라는 예쁜 부인이 있었으나, 나라의 독립이 먼저라는 선생의 신념이 있었기에 망명의 길을 택한다.

김철 선생은 1919년 1월 상하이에서 여운형 등과 신한청년당을 결성한 후 서병호徐丙浩, 선우혁鮮于赫 등과 함께 잠시 국내에 잠입해 3·1운동 거사를 모의하고, 천석꾼이었던 가산을 모두 처분해 독립운동자금을 마련한 후 그해 4월 다시 상하이로 돌아가 임시정부 수립에 참여한다. 선생은 임시정부의 국무위원 전라도 대표와 교통부총장대리 등 주요 요직을 맡는다.

특히 1932년 군무장으로 있을 때는 김구 선생과 함께 윤봉길, 이

봉창 폭탄 의거를 주도한다. 윤봉길 의사의 상하이 훙구 공원 폭탄 의거 후에는 항저우로 피신해 선생의 숙소인 항저우시 소재 청태 2여사 32호실에 임시정부 판공처를 설치해 독립투쟁에 매진한다. 그러던 중 과중한 격무와 그동안 쌓인 피로에다가 영양실조 등이 겹쳐 급성 폐렴에 걸려 항저우에 온 지 2년 만인 1934년 6월 29일 48세의 나이로 눈을 감는다.

김철 선생은 서거할 때까지 오직 조국 광복만을 위해 한 몸을 불살랐다. 전술한 바와 같이 김철 선생이 돌아가신 후 악왕묘 뒤편의

애국지사들이 태극기에 남긴 글

리둥산루에 있는 후산탕 공동묘지에 안장했으나 1978년경 아파트 건립으로 인해 공동묘지가 없어짐으로써 선생의 유해를 찾지 못했다. 무연고 묘로 처리되었더라도 묘비만 있었으면 찾았을 터라는 생각에 아쉬움이 크다.

청춘을 바쳐 독립운동에 헌신했던 선생의 유해를 독립한 고국으로 모시지 못한 후손으로서 참으로 부끄럽고 안타깝다. 기념관 한쪽에는 임정 시절인 1930년대에 사용한 태극기가 빛바랜 채 걸려 있고 유리 상자 안 태극기에는 애국지사들의 염원이 담긴 글들이 적혀 있다. "굳세게 싸우자"·"우리는 자유 독립하자"·"우리의 독립은 단결이다"·"완전 독립을 위해 노력하자" 등의 글귀를 보고 있자니 당시 애국지사들의 독립에 대한 불타는 열망과 비장함이 느껴진다.

전남 함평군에 조성돼 있는
독립운동가 김철 선생 기념관과
상하이 임시정부 청사

함평군에서는 2003년 6월, 김철 선생의 애국정신을 기리기 위해 선생의 출생한 터인 신광면 함정리 구봉마을 산자락 1만 770㎡의 부지에 김철 선생의 동상을 세우고 사당·기념관·수양관·관리사동 등을 건립했다.

기념관 앞에 있는 선생의 동상은 가로 2.1m, 세로 1.8m, 높이 6.2m의 크기이다. 왼손에는 외투를 걸치고 오른손은 번쩍 들어 이곳을 방문하는 모든 분을 다정다감하고 반갑게 맞이하는 모습이다. 동상 받침은 조국 광복을 위해 일생을 헌신하신 선생의 숭고한 애국 애민 정신과 높은 뜻을 기리고자 우리나라의 나라꽃인 무궁화 꽃을 새겼다. 기단석은 우리나라의 번영과 안녕이 만세까지 이어지길 기원하는 의

김철 선생 동상

김철기념관 전경

미로 거북 두 마리를 조각했다. 기념관에는 선생의 살아생전의 모습을 그린 초상화와 유물 등 독립운동 당시의 각종 자료가 전시되어 있다.

　기념관 옆에는 선생이 김구 선생 등과 함께 활동했던 상하이 임시정부 청사 건물이 있다. 중국 현지 건물과 똑같은 3층짜리 붉은 벽돌 건물로 재현해 놓았다. 청사 1층에는 회의실, 주방, 화장실이 있고, 2층에는 김구 선생과 정부 집무실이 있다. 상하이 임시정부 청사 내에 있는 책상, 의자, 침대, 다기, 주방 등 각종 소품에 이르기까지 모두를 그대로 재현했다. 이 모든 소품은 중국 현지에서 직접 제작했다고 한다. 심지어 상하이 임시정부 청사의 삐걱거리는 목재 계단의 폭과 기울기는 물론 커튼, 전구, 숟가락, 재떨이 등도 중국 고건축업체로부터 수집해 들여왔다고 한다. 함평군에서 심혈을 기울여 조성한 독립운동가 김철기념관은 청소년 호국보훈 현장학습은 물론 이곳을 찾는 모든 사람에게 충의의 교육장이 되고 있다.

김철 선생 초상화와 함평군에 재현한 상하이 임시정부 청사

　산봉우리가 아홉 개가 있다 해 이름 붙은 구봉산 자락에는 수령이 250여 년쯤으로 추정되는 소나무가 있다. 나무의 높이가 13m, 둘레가 1.5m나 되는 이 소나무의 이름은 '순절 소나무'인데 일명 '단심송丹心松'으로도 불린다. 이 단심송은 일강 김철 선생의 첫 번째 부인인 김정자 여사가 목을 매 순절한 나무로 알려져 있다.

　구전에 의하면, 김철 선생은 일본 유학을 마치고 고향으로 돌아온 후 얼마 있지 않아 김해 김 씨인 김정자 여사와 결혼했다고 한다. 그러나 신혼의 단꿈도 잠시뿐, 1917년 조국 광복에 투신하기 위해 상하이로 망명한 선생은 부인에게 "나는 조국의 독립을 위해 기꺼이 이 한 몸 조국에 바쳤으니 더는 찾지도 기다리지도 말고 부인께서는 앞날을 알아서 처신하시오"라는 내용의 서신을 보냈다고 한다. 당시 부인을 향한 일제의 감시가 점점 심해짐에 따라 부인은 '부군이신 선생께서 가족 걱정 없이 오로지 독립운동에 전념토록 하려면 죽는 길밖에 없다'라고 결심한 후 이곳 소나무에 목을 매 자

단심송

결했다고 한다. 일명 사천댁으로 불렸으며 걸출한 미모를 지녔던 비련의 김해 김씨 김정자 여사! 김철 선생 후손들이 김 여사의 흔적을 찾기 위해 백방으로 노력했으나 후사를 보지 못하고 순절했기 때문에 여태껏 찾지 못했다고 한다.

김철 선생의 양손자이자 김철기념관 관리인인 김형남金炯南 선생의 설명에 의하면, 선생은 윤보선 대통령(내각수반은 송요찬) 때인 1962년 3·1절에 건국훈장 국민장이 추서되었으며, 1975년 8월 15일에는 구봉산 기슭에 봉분을 만들고 김철 선생 숭모비를 건립했다. 당시에는 선생의 유해봉안운동이 추진되었으나 묘소를 찾지 못해 흐지부지되고 말았다.

그런데 1993년 전라남도 나주시 금계동에 거주하는 향토사학자 나천수羅千洙 박사가 개인적으로 저장성을 방문하게 된다. 나 박사는 아파트 단지로 변모해 버린 후산탕 공동묘지 근처에서 김철 선생 혼령을 위한 초혼제를 지내고 취토봉안取土奉安을 해와 신생의 족질인 김달근金達根 선생에게 인계해 구봉산 기슭에 봉분이 없는 평 묘를 썼다.

1997년에는 나 박사의 도움으로 김철 선생의 셋째 부인인 최혜순崔惠淳 여사의 후손 중 장녀인 김미경 여사(LA거주)가 아들과 함께 저장성을 방문하기도 했다. 선생의 셋째 부인인 최혜순 여사는 전남도립병원 간호사 출신으로 김철 선생과 상하이에서 결혼, 슬하

숭모비와 좌로부터 나천수 박사, 김달근 옹, 김형남 선생

에 미경과 혜경 2녀를 두었으며 최 여사 또한 산파 일을 하며 독립자금을 마련하는 등 선생의 독립운동에 일조한 분이다. 2013년, 단심송이 있는 부근에 김정자 여사의 묘를 조성하면서 나 박사가 취토봉안 해온 흙을 함께 묻었다.

다음은 1920년 1월 10일 독립신문에 기고한 김철 선생의 '신년의 감상'이란 글이다. 이 글을 보면 일본 메이지대학교 법학과까지 수료한 선생이 얼마나 겸손하고, 동포를 믿고 사랑했으며, 순수한 열정으로 독립운동에 매진했는가가 엿보인다. 내용 중에는 이해하기 어려운 옛글이 있어 필자가 괄호 안에 쉽게 풀이했다.

"작년을 돌아보면 감개무량하오. 나도 비재非才(자기 재능의 낮춤말)로 최초부터 제형배동지諸兄輩同志(동지 여러분을 높여 일컫는 말)로 더불어 독립운동 획책의 말석에 참여하는 영광을 득得했거니와 과거 우리 동포의 충성스럽고 용감한 활동은 더 감

김철 선생 일대기 그림

사할 말이 없소. 다행히 우리 동포의 애국심과 단결력은 더욱 치열하고 임시정부의 기초와 각원閣員(각료) 화합도 더욱 공고하며 대정大政(국정)의 방침도 연말까지에 확립했으니, 금년부터는 전년에 배사倍蓰(두 배에서 다섯 배) 대 활동이 있을 줄 믿소. 그러나 정부만으로 어찌하오. 내외의 각 단제와 국민이 일심일체가 되어 일일一日(하루)도 바라는 대사업을 성취하기에 육력戮力(서로 힘을 모아 협력함)하기를 바라오. 대한민국 임시정부 교통총장 대리 김철."

독립운동가 김철기념관 전시실에는 대한민국 임시정부 국무원인 도산 안창호 선생을 비롯한 요인들과 함께 촬영한 선생의 사진과

김철 선생의 상하이 망명 / 2열 좌측 김철 선생, 앞줄 중앙 안창호 선생

김철 선생이 1915년 노속을 해방하고, 1917년 상하이로 망명을 떠나고, 1934년 광지병원에서 서거하는 장면까지를 그림으로 표현한 김철 선생 일대기 작품이 눈길을 끈다.

일강 김철 선생은 독립운동을 전개하면서 자리의 높고 낮음을 따지지 않았고, 맡은 역할에 대해 쉬움과 어려움을 구별하지도 않았다.

특히 독립운동을 하면서 가장 힘든 활동인 독립자금 모금 운동에도 앞장섰으며, 무장 항일투쟁도 서슴지 않았다. 오로지 살신성인 하는 자세로 조국의 독립만을 위해 매진하신 분이다. 그동안 일강 선생은 그 업적과 비교해 대외적으로 크게 알려지지 않았으나, 뒤늦게나마 일강 선생에 대한 재조명이 이루어지고 있으니 천만다행이다.

'남송항성풍정도' 이목, 중국 강남 4대 누각 성황각(城凰閣)

항저우 외곽에 자리한 오산吳山의 산길을 거닐다 보면 '중국 강남 4대 누각'이라 일컫는 성황각청황거이 나온다.

울창한 숲에 파묻혀 있는 성황각은 남송과 원대의 건축양식을 본떠 만든 청나라 때의 건축물로 높이 41.6m, 7층 고건축물이다. 성황각 1층에는 남송항성풍정도南宋杭城風情圖 대형작품이 진열되어 있다. 길이 31.5m, 높이 3.65m인 이 전시물은 남송 시기의 생활 풍속을 모형으로 표현해 놓았다. 1,000여 채의 가옥과 3,000명이 넘는 인물들이 생생하게 입체적으로 묘사되어 있어서 당시의 생활상을 생생히 엿볼 수 있는 작품이다.

다른 한쪽에는 온갖 수공예품을 수레에 싣고 가는 만물 장수의 모습이 재미있게 표현되어 있다. 이 수레에는 실·바늘·염주·소고·노리개·냄비 등 일상용품이 갖춰져 있다. 2층에는 서호의 전설과 중국의 민간 고사를 그림으로 그려 놓은 곳이 있다. 이 중에 '단교상회斷橋相會'라는 고사는 전술한 뇌봉탑에 전해져 내려오는 허선과 백사가 단교에서 서로 만나는 장면을 묘사한 것으로 중국판 러

성황각과 남송항성풍정도

만물장수

브스토리이다.

  매우 느린 엘리베이터를 타고 5층까지 올라가면 서호와 항저우 시내가 한눈에 들어온다. 용정차를 마시며 담소를 나눌 수 있는 카페도 있다. 최근 항저우정부는 한국독립운동과 항저우와의 인연을 중요시해 거액을 투자해 김구 선생과 관련한 임시정부 유적지뿐만이 아니라 고려사 등 한국과 관련된 유적지를 발굴하고 개보수해 양국 국민의 정감을 이어주는 관광지로 개발하고 있다.

저장성 요리

중국 목조건축 걸작, 항저우 필수 관광명소
육화탑(六和塔)

육화탑류허타은 북송 개보開寶 3년인 970년, 승려인 지원선사智元禪師가 창건한 탑으로 첸탕강 북쪽 연안 해발 153m의 웨룬산月輪山(월륜산)에 자리 잡고 있다. 육화탑은 항저우시를 휘돌아 흐르는 첸탕강 강물의 범람을 불력으로 막고자 하는 염원에서 세운 탑이라고 전해진다.

첸탕강은 저장성에서 가장 큰 강으로 예로부터 매년 음력 8월 중추절 무렵만 되면 하류의 양자강 삼각주 지역과 맞닿아 바다의 수위가 높아지면서 첸탕강의 강물이 역류하는 조석해일潮汐海溢 현상이 발생해 거대한 파도가 항저우에 홍수를 일으켜 그 피해가 무척 컸기 때문이다. 그러나 오늘날에는 세계적으로 유명한 관광명소가 되었다. 육화탑과 관련해서 홍수를 막아낸 육화라는 소년이 등장하는 육화진강六和鎭江이라는 전설이 전해지고 있다. '육화진강'은 "육화가 강을 진압했다"라는 뜻이다.

첸탕강에 살던 용왕은 성정이 거칠고 사나웠다고 한다. 아무런 이유도 없이 거센 풍랑을 일으켜 어선을 전복시키고 홍수로 집과

육화탑과 보숙탑 전경

전당이 물에 잠기고 인명 피해까지 입혔다. 이로 인해 인근에 사는 사람들의 원성이 높았다. 용왕의 이런 악행을 지켜본 어부의 아들인 '육화'란 소년은 정위전해精衛塡海의 고사처럼 돌멩이로 첸탕강을 메워 용왕이 다시는 사람들에게 피해를 주지 못하게 하겠다는 맹세를 한다.

육화는 49일간 강물에 돌을 던져 넣어 마침내 용왕의 항복을 받아내기에 이르렀고 후세 사람들이 육화의 장한 행동을 기념하기 위해 웨룬산 산상에 보탑을 세우고 육화의 이름을 따서 육화탑이라 했다. 앞에서 말한 '精衛塡海'는 "정위새精衛鳥가 바다를 메우다"라는 뜻으로 산해경山海經에 나오는 이야기이다. 내용은 이렇다.

　삼황오제의 한 명인 염제 신농씨에게는 '여왜女娃'라는 딸이 있었다. 그녀는 동해에서 헤엄치며 놀기를 좋아했다. 그런데 어느 날 동해로 놀러 갔는데 급작스럽게 폭풍에 휩싸여 빠져 죽었다. 염제 신농씨는 총애하던 딸이 동해에 빠져 죽자 원한이 맺혔고 딸의 영혼을 한 마리의 새로 환생시켰다. 이 새의 울음소리가 "정위, 정위!"로 들렸다 해 정위조라 불렀다.

　정위조는 자기를 삼켜버린 동해를 메우려는 생각으로 서산으로 날아가 돌과 나뭇가지를 물어다가 동해 바닷속에 던져 넣기를 계속했다고 한다. 이렇듯 여왜라는 딸이 죽어서 정위새로 변해 서산의 나뭇가지와 돌을 물어다 동해를 메우고자 했다는 고사에서 유래한 것으로 "불가능한 일을 헛되이 계속한다"라는 의미의 고사성어로 사용되고 있다.

　육화탑은 청말 도광 30년인 1850년, 태평천국의 난 때 불타버렸는데 광서 26년인 1900년, 내외에 이중의 벽돌 벽을 골격으로 하고, 바깥쪽 전부를 목조 회랑으로 둘러싸이도록 재건한 것이다. 보숙탑保俶塔, 뇌봉탑雷峰塔과 함께 항저우의 3개 명탑 중 하나인 육화탑은 전체 높이가 59.89m로 외관은 8각 13층으로 보이지만, 내부는 7층으로 나선형 계단을 이용해 올라갈 수 있는 독특한 구조를 하고 있어 중국 목조건축 분야의 걸작으로 평가받는다.

　오늘날에는 항저우의 필수 유명 관광지로 탑에 올라 전경을 감상할 수 있게 해 놓았다. 특히 꼭대기 층에서는 저장성 제일이라는 첸탕강의 흐름을 한눈에 내려다볼 수 있으며 강남의 경치도 조망할 수 있다.

중국판 '로미오와 줄리엣'
송성천고정(宋城千古情)

항저우시 외곽에 위치한 송문화테마공원은 송나라 시대의 건축과 다양한 생활상을 재현해 놓은 곳으로, 이곳에서는 과거 남송이 항저우를 수도로 정한 후 번성했던 당시의 모습을 엿볼 수 있다.

테마공원 내에 있는 송성극장에서는 중국의 국보급 감독으로 일컫는 장이머우 감독이 연출하고 시뒤랑喜多朗(희다랑)이 음악을 작곡한 송성천고정쏭청치엔구칭의 공연이 있다.

송성천고정은 '송나라 천년의 사랑'이란 뜻으로, 송나라의 역사와 문화와 전설 그리고 신화를 테마로 한 공연이나.

화려한 조명과 장대한 스케일의 무대장치 그리고 300명의 출연진이 등장하는 대형 가무인 송성천고정은 제작비만 5,000만 위안(한화 약 85억 원)이 들었다고 한다. 공연은 모두 4장으로 구성되어 있다.

제1장은 '아름다운 서자호, 아름다운 신화전설'이다. 이미 뇌봉탑에서 설명한 바와 같이 한 마리의 백사와 한 마리의 청사가 아름다

송성극장 외관

운 인간 생활을 동경했는데 백사와 청사가 사람으로 변한 후 백사는 허선이라는 젊은 총각을 만나 사랑에 빠진다.

그러나 불법佛法은 이들의 사랑을 용납하지 않았고, 이들을 갈라놓은 후 백사를 서호 변의 뇌봉탑 아래에 눌러놓았다는 내용이다. 특히 중국판 로미오와 줄리엣이라 할 수 있는 양산백과 주영대라는 젊은 청춘남녀의 사랑얘기를 담은 내용을 화려한 불빛의 레이저 광선을 쏘아 올려 그 속에서 남녀 무용수가 춤을 추고 나비가 나는 장면으로 표현했는데 단연 압권이다.

제2장은 '송궁춤'으로 송나라 궁중 춤이란 뜻이다. 지금으로부터 약 천 년 전, 송나라는 중국에서 가장 영향력 있는 나라로서 이때 항저우는 100만 인구가 모여 사는 대도시였다. 그때 항저우의 모

습은 매우 번화했고 곳곳마다 노래와 춤으로 태평성대를 구가한다는 내용이다. 송나라 황제가 생일을 맞아 황궁에서 연회를 거행하자 모든 문무백관이 황제의 생일을 축하하며 다채로운 서커스와 아름다운 가무를 연출한다.

제3장은 '금과 철마'이다. 송나라는 매우 부유한 나라였는데 북방의 금나라가 송나라를 침략하자 송나라의 악비 장군이 군민을 거느리고 나가 금나라와 치열한 전투를 치러서 승리를 했으나 간신들의 모함에 빠져 결국 살해당한다. 악비 장군의 실제 전투장면이 재현되는데, 무대 중앙에는 대포 소리와 함께 폭포수가 쏟아지는 등 현장감을 한 층 살린 공연이다. 오늘날에도 민족의 영웅으로 추앙받고 있는 악비 장군의 묘는 서호 변에 있다.

제4장은 "세계는 여기로 모인다"이다. 항저우는 국제관광명승

지로서 해마다 세계 각국에서 수백만 명의 관광객들이 항저우를 찾아오는데, 항저우의 관광 사업을 발전시키기 위해 2006년 항저우시 정부와 세계레저조직위에서 세계레저박람회를 개최했다. 제4장 마무리 부분에서는 한국인 관광객들을 위한 장구춤·부채춤·상고 놀이로 이어진다.

  송성천고정 공연을 관람한 후에는, 웅장한 군무와 화려한 옛 왕조의 재현을 지켜보며 항저우 사람들이 풍요로웠던 그 시대의 영광을 다시 한번 꿈꾸고 있다는 생각이 들었다. 아마 이러한 꿈은 멋과 풍류를 아는 항저우 사람들의 현재이자 미래의 모습이란 생각이 든다. 공연장면을 사진 촬영은 할 수 있으나 동영상 촬영은 엄격히 통제한다.

  우리에게는 조선 시대 3대 간신으로 불리는 사람이 있다. 간신의 대명사가 되어버린 임사홍을 비롯해 김자점과 유자광이다. 여기에 이이첨과 이완용을 포함해 5대 간신이라 일컫는다. 간신이란 암군 暗君, 즉 사리에 어둡고 어리석은 임금에게 빌붙어 아첨하면서 권세를 누리고 충신들을 모함해 나라를 누란의 위기에 빠뜨린 신하를 말한다.

  중국에는 10대 간신이 있다. 다른 간신들은 차치하고 남송의 명

저장성 요리

장이자 충신인 악비岳飛 장군을 모함해서 죽인 진회秦檜·친휘이와 관련한 얘기를 하고 저장성 편을 끝맺으려 한다.

진회는 제나라 때의 환공을 모셨던 역아易牙와 진시황 때의 환관인 조고趙高를 포함해 중국 10대 간신에 포함된 인물이다. 진회와 관련해서는 중국인들이 아침 식사로 가장 많이 먹는 '요우티아오'가 있다. 내용은 이렇다.

요우티아오는 약 860여 년 전인 남송 때 생긴 음식이다. 남송의 명장이자 충신인 '악비'는 여진족이 세운 금나라에 맞서 싸운 장군으로 당시 남송의 재상이었던 '진회'의 모함을 받고 임안臨安·린안·지금의 항주에 있는 풍파정風波亭에서 살해되었다. 그의 죄목은 '막수유莫須有' 즉 "아마도 뭔가 있겠지?"라는 애매하게 날조된 죄목으로 처형되었다.

금나라와의 평화론을 주장했던 진회는 두 번이나 재상을 지내는 등 19년 동안 조정의 정치를 좌지우지하면서 적에 대항해 싸우자는 항전파였던 악비 장군이 금나라와의 전쟁에서 연일 승전보를 전해오자 시기심이 발동해 반역을 꾀한다며 '막수유'라는 애매한 죄목을 붙여 모함해 살해한 것이다. 이로 인해 진회는 중국 역사에서 대표적인 간신으로 악명을 남기게 된다.

악비 장군이 억울하게 죽은 사실을 알게 된 임안 백성들은 비통한 마음을 삭일 수 없었다. 당시 풍파정 옆에서 호떡을 팔던 상인은 밀가루 반죽으로 진회와 그의 아내 왕 씨 모양을 빚어 두 개를 비튼 후 기름에 튀겨 진회에 대한 분풀이를 했다. 그리고 진회의 회자를 따서 "진회를 기름에 튀기다"라는 뜻인 '요우자쿠이油炸檜(유작

요우티아오 / 진회와 왕 씨 동상

회)'라고 불렀다. 처음에 백성들은 진회에 대한 울분을 토하기 위해서 유작회를 사 먹었으나 시간이 지남에 따라 맛있고 값도 싸 많은 지역에서 인기를 끌게 되었다. 밀가루 반죽으로 사람을 빚는데 많은 시간이 걸리자 이후에는 점차 길쭉한 모양으로 만들어 기름에 튀겼다. 이름도 유작회에서 '油條', 즉 '요우티아오'로 바뀌게 되었다. <김종원 지음, [중국 서남부 자연·문화유적답사기] 34~35쪽 참조>

이렇게 해서 악비는 중국의 최고 영웅으로 남았고 진회는 중국 간신의 대명사가 되었다. 항저우 서호 부근에 있는 악비 묘에는 포박되어 고개를 숙이고 무릎은 꿇고 있는 진회와 그의 아내인 왕 씨 동상이 있다. 영락없는 죄인의 모습이다. 동상 뒤에는 진회와 왕 씨 임을 알리는 이름이 적혀 있다. 이곳을 방문하는 많은 사람이 이들의 동상에 어찌나 침을 많이 뱉던지 침을 뱉지 말라는 팻말까지 있다. 이뿐만이 아니다. 산둥성 성산각에는 중국 10대 간신들의 조형물을 만들어 놓은 간신경시관奸臣警示館이 있어 이곳을 방문하는 모든 이에게 경각심을 불러일으키고 있다.

끝맺는 글

　중국을 여행하다 보면 작은 거인이라 일컫는 덩샤오핑의 "검은 고양이든 흰 고양이든 쥐만 잘 잡으면 된다"는 黑猫白猫흑묘백묘의 실용주의 노선에 입각한 과감한 개혁개방정책이 얼마나 많은 성공을 거두고 있는지를 직접 눈으로 확인할 수가 있다.

　상상을 초월하는 빛의 속도로 대변신을 꾀해 세계의 중심에 우뚝 선 중국이다. 그렇지만 아직도 도농간都農間의 생활수준 격차는 여전하다. 이를 줄이기 위해 시진핑習近平 주석이 직접 농촌을 방문하는 등 농촌개혁 프로젝트가 한창 진행 중이기 때문에 좋은 결과가 있을 것으로 기대된다.

　실용적인 중국인들에게 있어서 최대의 관심사는 건강과 장수이며, 빌딩이 숲을 이룰 정도로 고도성장의 치열한 경쟁 속에서도 중국인들은 운동과 먹는 것으로 건강을 지켜가는 것을 보았다. 그중에서도 기름진 음식을 즐겨 먹음에도 불구하고 건강을 유지하는 비결은 차茶문화에 있다는 것도 알았다.

　특히 항저우에서 재배하는 녹차인 용정차가 그 대표적이다. 용정차는 항저우의 토양과 기후조건이 최적일 뿐만이 아니라 용정차를 전통방식으로 제조하고 석회통에 보관하는 것이 맛의 비결이라는 것도 알았다.

이 지구상에 수천 가지의 요리를 가지고 있는 유일한 나라 중국, 중국인들은 아침부터 밥상을 차린다는 수고로움 없이 저렴한 가격에 다양한 음식을 골라 먹을 수 있으니 얼마나 행복할까.

우리는 그냥 보고 즐기는 외형적인 의미의 관광觀光을, 느긋한 마음으로 자기 자신을 되돌아보고 즐기면서 재충전한다는 의미인 여유旅遊라 말하는 중국인들, 중국인한테서는 대국적이면서도 느긋한 기질을 엿볼 수 있다. 중국 대륙 어느 곳을 가나 아름다운 사랑의 전설이 깃들어 있고 전 국토가 박물관이자 보물창고이다.

중국 정부에서는 지금보다 진일보한 관광산업을 위해 인문관광, 레저관광, 비즈니스관광 등 고부가가치의 관광 상품을 개발하고 추진하고 있다. 이를 위해 상대방 국가의 문화에 대한 이해도를 높이고, 가이드의 기능과 자질을 향상하고자 한국어에 능통한 가이드의 육성과 기존 가이드에 대해 트레이닝을 시켜 관광객들의 만족도를 높이고자 노력하고 있다.

특히 인터넷 정보를 활용해 양국 국민의 생활방식을 개선하고 서로 존중하며 서로 이해하는 상황을 마련하는데 박차를 가하고 있다. 정말이지 중국은 관광자원도 많은데도 국가적 차원에서 엄청난 투자를 하고 있다.

한·중 양국은 지리적 인접성과 역사문화의 공감대 그리고 동양적 정서와 유대감으로 연계되어 있기에 이에 따른 관련 상품을 공동개발하면 세계 관광시장에서도 무한한 잠재력을 가질 것이다. 그리고 호남대학교 관광경영학과 교수인 안종수安鍾洙 박사가 주창한 '관광자원의 지역 활성화와 여행시간의 국제표준화'도 적극적으로 고려해 볼 만한 사항이다.

이뿐만이 아니다. 한·중·일 3국이 협력해 추진 중인 '베세토Be-Se-To(베이징-서울-도쿄) 관광실크 로드'를 구축하기 위한 사업과 양국 관광교류의 장애 요인으로 지목되는 출입국편리성과 비자 문제와 안전문제 그리고 환율문제 등 실효성 문제에 공동대응 방안을 모색한다면 한·중·일 3국간 관광이 훨씬 활성화될 것으로 기대된다.

정치적인 표현은 삼가겠지만, 중국 인민들의 의식개혁 및 여러 가지 면에서 더욱더 내실을 다지면 참으로 부러운, 진정한 의미에서 세계의 중심에 우뚝 선 중국이 되리라고 믿어 의심치 않는다.

跋

到中国去旅行,你可以亲眼见证被称为"小巨人"的邓小平以实用主义路线推行的改革开放政策取得了何等伟大的成功。中国正以超乎想像的速度发生着巨大变化,日益崛起为世界中心,但城乡间生活水平依然存在巨大差距。为了缩小城乡差距,习近平主席亲访农村,实施了一系列改革措施,相信必将取得值得期待的成果。

中国人一向追求实用,最关心的莫过于健康和长寿,终日在钢筋混凝土丛林中激烈竞争之余,仍注意通过运动和饮食来保持身体健康。对于饮食偏于油腻的中国人而言,保持健康的秘诀就是饮茶文化,其中最具代表性的就是杭州出产的龙井茶。龙井茶的秘密不仅在于该地区适宜的土壤和气候条件,传统的制茶工艺和以石灰筒保存的诀窍也是影响茶香的关键。中国是世界上唯一拥有数千种菜肴的国家,为准备一席盛筵,中国人一早便开始不辞辛劳地精心准备。他们可以低廉的价格挑选、享用各种美食,这是多么幸福啊!

我们所说的"观光"一词仅有外在的观看、游览之意,而中国人说的"旅游"则具有以悠闲的心情省身、在游玩的同时对自己进行补充完善的意思。中国人既有大国公民的风范又懂得享受闲适的生活,由此可见一斑。中国大陆无论到哪里都有许多关于爱情的美丽传说，整个中国就像是一座博物馆和一座宝库。

为进一步发展（针对韩国游客的）旅游产业，中国政府正开发人文观光、休闲观光、商务观光等高附加值的旅游商品，并为此强调深化对客源国文化的理解，提升韩语导游的技能和资质，提高游客的满意程度，特别是努力通过网络信息和互动增进两国公民对彼此的尊重和了解。由此可见中国在旅游业上的成功不仅源于其丰富的旅游资源，政府方面也确实投入了大量资本。

韩中两国地理毗邻，有着天然的历史文化纽带，且同为东洋文化而情感相通，如果两国共同开发相关旅游产品，在世界旅游市场上将具有无限发展潜力。湖南大学（韩）观光经营系安锺洙博士所提出的"旅游资源地区活性化和旅游服务国际标准化"的课题很值得探讨。如果韩·中·日三国正合力构筑的"Be-Se-To（即北京－首尔－东京）旅游丝绸之路"项目得以顺利进行，且寻求共同对策妥善解决目前旅游业界最为关注的出入境手续、签证、安全和汇率等实际问题，韩·中·日三国旅游合作将有望变得更加活跃。尽管我不想过分谈论政治，但我可以断言：只要中国人民继续解放思想、转变观念，在各方面更为脚踏实地，中国将毫无疑问地真正崛起为世界中心。

MEMO

MEMO

하남성 하북성 서안 강소성 절강성
河南省 河北省 西安 江蘇省 浙江省

중국문화유적답사기
中国文化遗址考察记

인쇄·발행 | 2019년 6월 21일
지 은 이 | 김종원
펴 낸 곳 | 여행마인드(주)

발행·편집인 | 신수근
편집디자인 | 한미나

등록번호 | 제2014-54호
주   소 | 서울 관악구 관악로 105 동산빌딩 403호
전   화 | 02-877-5688(대)
팩   스 | 02-6008-3744
이 메 일 | samuelkshin@naver.com

ISBN 978-89-88125-42-7 부가기호 03910 (PUR제본)
정가 29,800원